· Lectures of Schrödinger ·

葡萄饱含着汁液鲜美而香甜，
在那山前，它现出目光深沉的容颜。
太阳在八月蔚蓝色的天空里，
发热、燃烧着，让冷飕飕的山风消散。

紫色的果实把红日引到身边：
请尝一尝串串的果儿馈赠的香甜。
汁液沿太阳的血管缓缓流动，
它蕴藏着给你和他人的欢乐无限。

啊！已临近岁暮，那成熟之年，
夜晚降临了，带来的是凛冽严寒。
云儿在高空飘浮，在那日出之前，
寒霜覆盖着网一般的别致的藤蔓。

——E. 薛定谔

本书列入"十四五"国家重点图书出版规划

科学元典丛书

The Series of the Great Classics in Science

主　　编　任定成

执行主编　周雁翎

策　　划　周雁翎

丛书主持　陈　静

科学元典是科学史和人类文明史上划时代的丰碑，是人类文化的优秀遗产，是历经时间考验的不朽之作。它们不仅是伟大的科学创造的结晶，而且是科学精神、科学思想和科学方法的载体，具有永恒的意义和价值。

科学元典丛书

薛定谔讲演录

Lectures of Schrödinger

[奥地利] 薛定谔 著　范岱年 胡新和 译

北京大学出版社
PEKING UNIVERSITY PRESS

图书在版编目（CIP）数据

薛定谔讲演录/（奥）薛定谔著；范岱年，胡新和译. —2 版. —北京：北京大学出版社，2016.4

（科学元典丛书）

ISBN 978-7-301-26897-1

Ⅰ.①薛… Ⅱ.①薛…②范…③胡… Ⅲ.①薛定谔，E.（1887～1961）–演讲–文集 Ⅳ.①K835.216.11–53

中国版本图书馆 CIP 数据核字（2016）第 020988 号

FOUR LECTURES ON WAVE MECHANICS

By Erwin Schrödinger

London; Glasgow: Blackie & Son, 1928

书　　　名	薛定谔讲演录
	XUEDING'E JIANGYAN LU
著作责任者	[奥地利] 薛定谔 著 范岱年 胡新和 译
丛 书 策 划	周雁翎
丛 书 主 持	陈 静
责 任 编 辑	唐知涵
标 准 书 号	ISBN 978-7-301-26897-1
出 版 发 行	北京大学出版社
地　　　址	北京市海淀区成府路 205 号　100871
网　　　址	http://www.pup.cn　　　新浪微博：@ 北京大学出版社
微信公众号	通识书苑（微信号：sartspku）　科学元典（微信号：kexueyuandian）
电 子 邮 箱	编辑部 jyzx@ pup.cn　　　总编室 zpup@ pup.cn
电　　　话	邮购部 010-62752015　发行部 010-62750672　编辑部 010-62753056
印 刷 者	北京中科印刷有限公司
经 销 者	新华书店
	787 毫米×1092 毫米　16 开本　19.25 印张　彩插 8　340 千字
	2007 年 10 月第 1 版
	2016 年 4 月第 2 版　2024 年 1 月第 5 次印刷
定　　　价	69.00 元

弁　言

• Preface to the Series of the Great Classics in Science •

　　这套丛书中收入的著作，是自古希腊以来，主要是自文艺复兴时期现代科学诞生以来，经过足够长的历史检验的科学经典。为了区别于时下被广泛使用的"经典"一词，我们称之为"科学元典"。

　　我们这里所说的"经典"，不同于歌迷们所说的"经典"，也不同于表演艺术家们朗诵的"科学经典名篇"。受歌迷欢迎的流行歌曲属于"当代经典"，实际上是时尚的东西，其含义与我们所说的代表传统的经典恰恰相反。表演艺术家们朗诵的"科学经典名篇"多是表现科学家们的情感和生活态度的散文，甚至反映科学家生活的话剧台词，它们可能脍炙人口，是否属于人文领域里的经典姑且不论，但基本上没有科学内容。并非著名科学大师的一切言论或者是广为流传的作品都是科学经典。

　　这里所谓的科学元典，是指科学经典中最基本、最重要的著作，是在人类智识史和人类文明史上划时代的丰碑，是理性精神的载体，具有永恒的价值。

一

　　科学元典或者是一场深刻的科学革命的丰碑，或者是一个严密的科学体系的构架，或者是一个生机勃勃的科学领域的基石，或者是一座传播科学文明的灯塔。它们既是昔日科学成就的创造性总结，又是未来科学探索的理性依托。

　　哥白尼的《天体运行论》是人类历史上最具革命性的震撼心灵的著作，它向统治西方思想千余年的地心说发出了挑战，动摇了"正统宗教"学说的天文学基础。伽利略《关于托勒密和哥白尼两大世界体系的对话》以确凿的证据进一步论证了哥白尼学说，更直接地动摇了教会所庇护的托勒密学说。哈维的《心血运动论》以对人类躯体和心灵的双重关怀，满怀真挚的宗教情感，阐述了血液循环理论，推翻了同样统治西方思想千余年、被"正统宗教"所庇护的盖伦学说。笛卡儿的《几何》不仅创立了为后来诞生的微积分提供了工具的解析几何，而且折射出影响万世的思想方法论。牛顿的《自然哲学之数学原理》标志着 17 世纪科学革命的顶点，为后来的工业革命奠定了科学基础。分别以惠更斯的《光论》与牛顿的《光学》为代表的波动说与微粒说之间展开了长达 200 余年的论战。拉瓦锡在《化学基础论》中详尽论述了氧化理论，推翻了统治化学百余年之久的燃素理论，这一智识壮举被公认为历史上最自觉的科学革命。道尔顿的《化学哲学新体系》奠定了物质结构理论的基础，开创了科学中的新时代，使 19 世纪的化学家们有计划地向未知领域前进。傅立叶的《热的解析理论》以其对热传导问题的精湛处理，突破了牛顿的《自然哲学之数学原理》所规定的理论力学范围，开创了数学物理学的崭新领域。达尔文《物种起源》中的进化论思想不仅在生物学发展到分子水平的今天仍然是科学家们阐释的对象，而且 100 多年来几乎在科学、社会和人文的所有领域都在施展它有形和无形的影响。《基因论》揭示了孟德尔式遗传性状传递机理的物质基础，把生命科学推进到基因水平。爱因斯坦的《狭义与广义相对论浅说》和薛定谔的《关于波动力学的四次演讲》分别阐述了物质世界在高速和微观领域的运动规律，完全改变了自牛顿以来的世界观。魏格纳的《海陆的起源》提出了大陆漂移的猜想，为当代地球科学提供了新的发展基点。维纳的《控制论》揭示了控制系统的反馈过程，普里戈金的《从存在到演化》发现了系统可能从原来无序向新的有序态转化的机制，二者的思想在今天的影响已经远远超越了自然科学领域，影响到经济学、社会学、政治学等领域。

科学元典的永恒魅力令后人特别是后来的思想家为之倾倒。欧几里得的《几何原本》以手抄本形式流传了 1800 余年，又以印刷本用各种文字出了 1000 版以上。阿基米德写了大量的科学著作，达·芬奇把他当作偶像崇拜，热切搜求他的手稿。伽利略以他的继承人自居。莱布尼兹则说，了解他的人对后代杰出人物的成就就不会那么赞赏了。为捍卫《天体运行论》中的学说，布鲁诺被教会处以火刑。伽利略因为其《关于托勒密和哥白尼两大世界体系的对话》一书，遭教会的终身监禁，备受折磨。伽利略说吉尔伯特的《论磁》一书伟大得令人嫉妒。拉普拉斯说，牛顿的《自然哲学之数学原理》揭示了宇宙的最伟大定律，它将永远成为深邃智慧的纪念碑。拉瓦锡在他的《化学基础论》出版后 5 年被法国革命法庭处死，传说拉格朗日悲愤地说，砍掉这颗头颅只要一瞬间，再长出这样的头颅 100 年也不够。《化学哲学新体系》的作者道尔顿应邀访法，当他走进法国科学院会议厅时，院长和全体院士起立致敬，得到拿破仑未曾享有的殊荣。傅立叶在《热的解析理论》中阐述的强有力的数学工具深深影响了整个现代物理学，推动数学分析的发展达一个多世纪，麦克斯韦称赞该书是"一首美妙的诗"。当人们咒骂《物种起源》是"魔鬼的经典""禽兽的哲学"的时候，赫胥黎甘做"达尔文的斗犬"，挺身捍卫进化论，撰写了《进化论与伦理学》和《人类在自然界的位置》，阐发达尔文的学说。经过严复的译述，赫胥黎的著作成为维新领袖、辛亥精英、"五四"斗士改造中国的思想武器。爱因斯坦说法拉第在《电学实验研究》中论证的磁场和电场的思想是自牛顿以来物理学基础所经历的最深刻变化。

在科学元典里，有讲述不完的传奇故事，有颠覆思想的心智波涛，有激动人心的理性思考，有万世不竭的精神甘泉。

二

按照科学计量学先驱普赖斯等人的研究，现代科学文献在多数时间里呈指数增长趋势。现代科学界，相当多的科学文献发表之后，并没有任何人引用。就是一时被引用过的科学文献，很多没过多久就被新的文献所淹没了。科学注重的是创造出新的实在知识。从这个意义上说，科学是向前看的。但是，我们也可以看到，这么多文献被淹没，也表明划时代的科学文献数量是很少的。大多数科学元典不被现代科学文献所引用，那是因为其中的知识早已成为科学中无须证明的常识了。即使这样，科学经典也会因为其中思想的恒久意义，而像人文领域里的经典一样，具有永恒的阅读价值。于是，科学经典就被一编再编、一印再印。

早期诺贝尔奖得主奥斯特瓦尔德编的物理学和化学经典丛书"精密自然科学经典"从 1889 年开始出版，后来以"奥斯特瓦尔德经典著作"为名一直在编辑出版，有资料说目前已经出版了 250 余卷。祖德霍夫编辑的"医学经典"丛书从 1910 年就开始陆续出版了。也是这一年，蒸馏器俱乐部编辑出版了 20 卷"蒸馏器俱乐部再版本"丛书，丛书中全是化学经典，这个版本甚至被化学家在 20 世纪的科学刊物上发表的论文所引用。一般把 1789 年拉瓦锡的化学革命当作现代化学诞生的标志，把 1914 年爆发的第一次世界大战称为化学家之战。奈特把反映这个时期化学的重大进展的文章编成一卷，把这个时期的其他 9 部总结性化学著作各编为一卷，辑为 10 卷"1789—1914 年的化学发展"丛书，于 1998 年出版。像这样的某一科学领域的经典丛书还有很多很多。

科学领域里的经典，与人文领域里的经典一样，是经得起反复咀嚼的。两个领域里的经典一起，就可以勾勒出人类智识的发展轨迹。正因为如此，在发达国家出版的很多经典丛书中，就包含了这两个领域的重要著作。1924 年起，沃尔科特开始主编一套包括人文与科学两个领域的原始文献丛书。这个计划先后得到了美国哲学协会、美国科学促进会、美国科学史学会、美国人类学协会、美国数学协会、美国数学学会以及美国天文学学会的支持。1925 年，这套丛书中的《天文学原始文献》和《数学原始文献》出版，这两本书出版后的 25 年内市场情况一直很好。1950 年，沃尔科特把这套丛书中的科学经典部分发展成为"科学史原始文献"丛书出版。其中有《希腊科学原始文献》《中世纪科学原始文献》和《20 世纪（1900—1950 年）科学原始文献》，文艺复兴至 19 世纪则按科学学科（天文学、数学、物理学、地质学、动物生物学以及化学诸卷）编辑出版。约翰逊、米利肯和威瑟斯庞三人主编的"大师杰作丛书"中，包括了小尼德勒编的 3 卷"科学大师杰作"，后者于 1947 年初版，后来多次重印。

在综合性的经典丛书中，影响最为广泛的当推哈钦斯和艾德勒 1943 年开始主持编译的"西方世界伟大著作丛书"。这套书耗资 200 万美元，于 1952 年完成。丛书根据独创性、文献价值、历史地位和现存意义等标准，选择出 74 位西方历史文化巨人的 443 部作品，加上丛书导言和综合索引，辑为 54 卷，篇幅 2 500 万单词，共 32 000 页。丛书中收入不少科学著作。购买丛书的不仅有"大款"和学者，而且还有屠夫、面包师和烛台匠。迄 1965 年，丛书已重印 30 次左右，此后还多次重印，任何国家稍微像样的大学图书馆都将其列入必藏图书之列。这套丛书是 20 世纪上半叶在美国大学兴起而后扩展到全社会的经典著作研读运动的产物。这个时期，美国一些大学的寓所、校园和酒吧里都能听到学生讨论古典佳作的声音。有的大学要求学生必须深研 100 多部名著，甚至在教学中不得使用最新的实验设备，而是借助历史上的科学大师所使用的方法和仪器复制品去再现划时代的著名实验。至 20 世纪 40 年代末，美国举办古典名著学习班的城市达 300 个，学员 50 000 余众。

相比之下，国人眼中的经典，往往多指人文而少有科学。一部公元前 300 年左右古希腊人写就的《几何原本》，从 1592 年到 1605 年的 13 年间先后 3 次汉译而未果，经 17 世纪初和 19 世纪 50 年代的两次努力才分别译刊出全书来。近几百年来移译的西学典籍中，成系统者甚多，但皆系人文领域。汉译科学著作，多为应景之需，所见典籍寥若晨星。借 20 世纪 70 年代末举国欢庆"科学春天"到来之良机，有好尚者发出组译出版"自然科学世界名著丛书"的呼声，但最终结果却是好尚者抱憾而终。20 世纪 90 年代初出版的"科学名著文库"，虽使科学元典的汉译初见系统，但以 10 卷之小的容量投放于偌大的中国读书界，与具有悠久文化传统的泱泱大国实不相称。

我们不得不问：一个民族只重视人文经典而忽视科学经典，何以自立于当代世界民族之林呢？

三

科学元典是科学进一步发展的灯塔和坐标。它们标识的重大突破，往往导致的是常规科学的快速发展。在常规科学时期，人们发现的多数现象和提出的多数理论，都要用科学元典中的思想来解释。而在常规科学中发现的旧范型中看似不能得到解释的现象，其重要性往往也要通过与科学元典中的思想的比较显示出来。

在常规科学时期，不仅有专注于狭窄领域常规研究的科学家，也有一些从事着常规研究但又关注着科学基础、科学思想以及科学划时代变化的科学家。随着科学发展中发现的新现象，这些科学家的头脑里自然而然地就会浮现历史上相应的划时代成就。他们会对科学元典中的相应思想，重新加以诠释，以期从中得出对新现象的说明，并有可能产生新的理念。百余年来，达尔文在《物种起源》中提出的思想，被不同的人解读出不同的信息。古脊椎动物学、古人类学、进化生物学、遗传学、动物行为学、社会生物学等领域的几乎所有重大发现，都要拿出来与《物种起源》中的思想进行比较和说明。玻尔在揭示氢光谱的结构时，提出的原子结构就类似于哥白尼等人的太阳系模型。现代量子力学揭示的微观物质的波粒二象性，就是对光的波粒二象性的拓展，而爱因斯坦揭示的光的波粒二象性就是在光的波动说和微粒说的基础上，针对光电效应，提出的全新理论。而正是与光的波动说和微粒说二者的困难的比较，我们才可以看出光的波粒二象性学说的意义。可以说，科学元典是时读时新的。

除了具体的科学思想之外，科学元典还以其方法学上的创造性而彪炳史册。这些方法学思想，永远值得后人学习和研究。当代诸多研究人的创造性的前沿领域，如认知心理学、科学哲学、人工智能、认知科学等，都涉及对科学大师的研究方法的研究。一些科学史学家以科学元典为基点，把触角延伸到科学家的信件、实验室记录、所属机构的档案等原始材料中去，揭示出许多新的历史现象。近二十多年兴起的机器发现，首先就是对科学史学家提供的材料，编制程序，在机器中重新做出历史上的伟大发现。借助于人工智能手段，人们已经在机器上重新发现了波义耳定律、开普勒行星运动第三定律，提出了燃素理论。萨伽德甚至用机器研究科学理论的竞争与接受，系统研究了拉瓦锡氧化理论、达尔文进化学说、魏格纳大陆漂移说、哥白尼日心说、牛顿力学、爱因斯坦相对论、量子论以及心理学中的行为主义和认知主义形成的革命过程和接受过程。

除了这些对于科学元典标识的重大科学成就中的创造力的研究之外，人们还曾经大规模地把这些成就的创造过程运用于基础教育之中。美国几十年前兴起的发现法教学，就是在这方面的尝试。近二十多年来，兴起了基础教育改革的全球浪潮，其目标就是提高学生的科学素养，改变片面灌输科学知识的状况。其中的一个重要举措，就是在教学中加强科学探究过程的理解和训练。因为，单就科学本身而言，它不仅外化为工艺、流程、技术及其产物等器物形态，直接表现为概念、定律和理论等知识形态，更深蕴于其特有的思想、观念和方法等精神形态之中。没有人怀疑，我们通过阅读今天的教科书就可以方便地学到科学元典著作中的科学知识，而且由于科学的进步，我们从现代教科书上所学的知识甚至比经典著作中的更完善。但是，教科书所提供的只是结晶状态的凝固知识，而科学本是历史的、创造的、流动的，在这历史、创造和流动过程之中，一些东西蒸发了，另一些东西积淀了，只有科学思想、科学观念和科学方法保持着永恒的活力。

然而，遗憾的是，我们的基础教育课本和科普读物中讲的许多科学史故事不少都是误讹相传的东西。比如，把血液循环的发现归于哈维，指责道尔顿提出二元化合物的元素原子数最简比是当时的错误，讲伽利略在比萨斜塔上做过落体实验，宣称牛顿提出了牛顿定律的诸数学表达式，等等。好像科学史就像网络上传播的八卦那样简单和耸人听闻。为避免这样的误讹，我们不妨读一读科学元典，看看历史上的伟人当时到底是如何思考的。

现在，我们的大学正处在席卷全球的通识教育浪潮之中。就我的理解，通识教育固然要对理工农医专业的学生开设一些人文社会科学的导论性课程，要对人文社会科学专业的学生开设一些理工农医的导论性课程，但是，我们也可以考虑适当跳出专与博、文与理的关系的思考路数，对所有专业的学生开设一些真正通而识之的综合性课程，或者倡导这样的阅读活动、讨论活动、交流活动甚至跨学科的研究活动，发掘文化遗产、分享古典智慧、继承高雅传统，把经典与前沿、传统与现代、创造与继承、现实与永恒等事关全民素质、民族命运和世界使命的问题联合起来进行思索。

我们面对不朽的理性群碑，也就是面对永恒的科学灵魂。在这些灵魂面前，我们不是要顶礼膜拜，而是要认真研习解读，读出历史的价值，读出时代的精神，把握科学的灵魂。我们要不断吸取深蕴其中的科学精神、科学思想和科学方法，并使之成为推动我们前进的伟大精神力量。

任定成

2005 年 8 月 6 日

北京大学承泽园迪吉轩

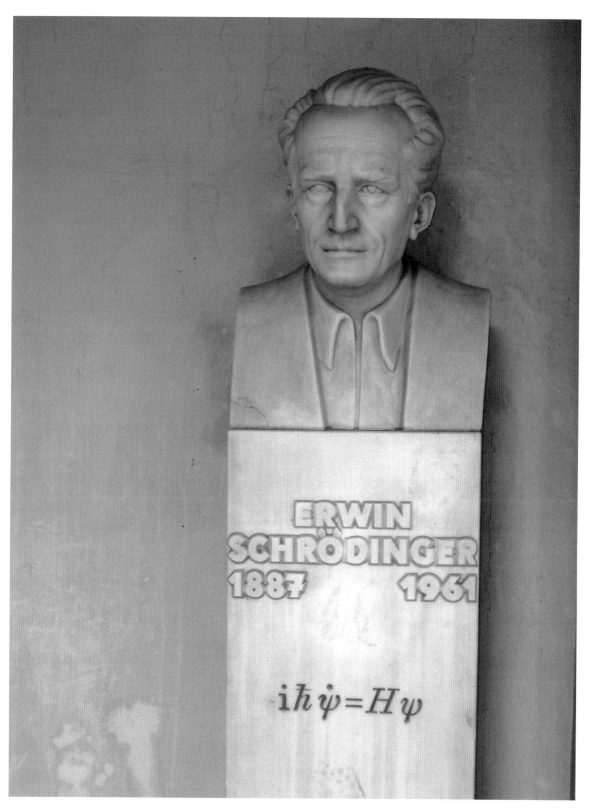

ERWIN
SCHRÖDINGER
1887   1961

$$i\hbar\dot{\psi}=H\psi$$

陈列在维也纳大学主楼廊道的薛定谔（Erwin Schrödinger，1887—1961）雕像

薛定谔和他的母亲乔治妮（1888）。1887年8月12日，薛定谔出生在维也纳埃德堡的阿波斯特尔加斯15号的家中。

薛定谔与外公亚历山大·拜尔（1890）。拜尔是维也纳多种技术研究所普通化学的主席，被人们誉为奥地利化学的铺路石。

1892年，薛定谔和父母、叔叔在奥地利因斯布鲁克。

中学时代的薛定谔。1898年秋天，薛定谔轻而易举地通过考试进入了高级中学，到1906年中学毕业，他在班里总是独占鳌头。

薛定谔在拉丁学校（1905）。

6岁的薛定谔和艾米丽·拜尔姨妈。薛定谔是家中唯一的孩子，从小备受家人宠爱，尤其是他的艾米丽姨妈。

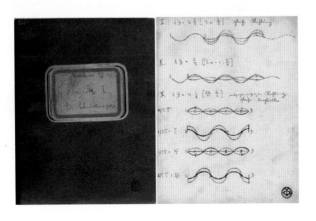

薛定谔读中学时（八年级）的物理练习本封面和其中的手写笔记。

薛定谔的博士论文《潮湿空气中绝缘体表面的导电性》。此项研究工作在1910年的维也纳科学院会议上得到了展示，并发表在科学院的《院刊》上。

玻耳兹曼是薛定谔在维也纳大学理论物理学方面的前辈。按科学谱系树，他是薛定谔的祖父辈。

1910年5月20日，薛定谔获得哲学博士学位。图为薛定谔的博士学位证书。

薛定谔的实验物理导师弗朗茨·埃克斯纳。薛定谔的工作几乎涉及了埃克斯纳的所有研究领域，不过通常都是理论问题。

薛定谔的理论物理导师弗里茨·哈泽内尔教授。薛定谔正是受这位奥地利理论物理学大师的影响，才决定一生从事数学物理学工作的。

1914年薛定谔和他所在的骑兵中队在紧邻意大利边界的普勒蒂尔萨特尔。1914年爆发了第一次世界大战。同年7月31日，薛定谔应征入伍。

1916年，薛定谔中尉在前线炮兵部队。1915年7月26日，薛定谔所在的连队接到命令，在意大利前线安装一个新的12厘米的海军炮台。同年12月，薛定谔因在一次战斗中表现出色获军中传令嘉奖。

1915年的日记封面和9月27日的日记。日记中薛定谔认为战争还在以一种愚蠢的方式进行着，什么也不能阻止它，真是可怕，并对战争什么时候结束、是否会结束感到困惑。

弗利切·克劳斯（1913），薛定谔的初恋情人。由于弗利切家庭的反对，最终被迫解除了私订的婚约。

薛定谔和安妮·玛丽娅的结婚合影（1920年3月）。结婚时，薛定谔33岁，安妮23岁，尽管婚后困难重重，但他们始终忍耐着，一生都维系着婚姻关系。

1920年的婚宴。薛定谔和安妮·玛丽娅举行了两次婚礼。一次是在安妮居住的教区的圣列奥波特天主教堂；而4月6日在新教教堂又举行了一次婚礼，这次相比而言更为正式。

薛定谔和女儿鲁思在一起（1946）。薛定谔的妻子安妮没有生育能力，鲁思是他的情人希尔德·马奇于1934年5月30日所生，也是他的第一个女儿。

薛定谔的情人汉西·拜尔–博姆（1933）。薛定谔一生激情充溢，外遇不断，其对象既有其研究助手的妻子，也有他曾辅导过数学的女中学生；既有闻名遐尔的演员和艺术家，也有年轻的政府职员。薛定谔的这种浪漫风流一直持续到年逾花甲，并且有多个非婚生子女。

1922年薛定谔在妻子的悉心照料下在阿尔卑斯山的阿洛萨疗养了9个月后，困扰他多年的呼吸系统疾病的感染症状都消失了。

维也纳大学。1906—1910年，薛定谔在维也纳大学学习。在此期间，他了解了连续介质物理学中的本征值问题，为他后来的工作奠定了基础。

1925年在苏黎世湖滩（中为薛定谔）。

20世纪20年代的苏黎世大学。1921年7月20日，薛定谔被任命为该校理论物理学教授。此职位是爱因斯坦、德拜、劳厄的继任，受前任辉煌业绩的鼓舞，薛定谔决心取得高水准的物理研究成果。

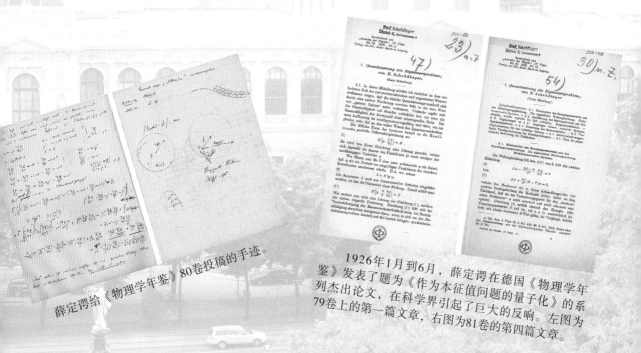

薛定谔给《物理学年鉴》80卷投稿的手迹。

1926年1月到6月，薛定谔在德国《物理学年鉴》发表了题为《作为本征值问题的量子化》的系列杰出论文，在科学界引起了巨大的反响。左图为79卷上的第一篇文章，右图为81卷的第四篇文章。

1928年，薛定谔在英国皇家研究院作了关于波动力学的四次演讲。图为现位于英国伦敦阿尔伯马尔街21号的英国皇家研究院。

1933年，薛定谔从瑞典国王Gustav手中接过诺贝尔奖证书。

1933年，薛定谔成为牛津大学马格达莱学院研究员。同年11月9日，马格达莱学院的校长乔治·戈登告诉薛定谔在《伦敦时报》看到他获诺贝尔奖了。当时校长兴高采烈而又不失幽默地说道："我觉得你可以相信这件事。《伦敦时报》不会无中生有的。但是我却非常惊讶，因为我以为你早已经获过奖了。"图为1934年薛定谔在牛津。

1933年诺贝尔文学奖获得者布宁（左一）与三位物理学奖获得者薛定谔、狄拉克、海森堡（左二至左四）合影。

薛定谔在格拉茨大学授课（1937）。

1939年，薛定谔在根特的课间闲暇。

皇家爱尔兰科学院成员（右起第四位为薛定谔）

1939年，薛定谔在La Panne海滩。

1939—1956年，薛定谔在三一学院、都柏林大学、都柏林高等研究院讲学和做研究。图为1940年的都柏林，从图中可见爱尔兰银行、三一学院、格林学院。

1950年8月在德国塞费尔德。

1951年在阿尔卑巴赫参加欧洲论坛（右边二人为薛定谔夫妇）。

获得诺贝尔奖的薛定谔于1956年4月1日下午4点回到了故乡维也纳。图为1956年4月10日受到联邦教育部门的接待。

1956年4月13日，薛定谔夫妇在维也纳大学就职演讲后的合影。

薛定谔的葬礼。1961年1月4日18:55分，薛定谔在奥地利的阿尔卑巴赫山村病逝。

薛定谔墓碑

目　录

导 读

——关于薛定谔和他的波动力学

范岱年

（中国科学院　研究员）

• Introduction to Chinese Version •

> 永恒的行动和生活已经形成，用温柔的爱的束缚将你簇拥。什么在波动的幻想中躲躲闪闪，与亘古长存的思想一起便高枕无忧。
>
> ——E. 薛定谔

一

埃尔温·薛定谔（Erwin Schrödinger，1887—1961）是 20 世纪杰出的物理学家，波动力学的主要创始人之一。

薛定谔于 1887 年 8 月 12 日生于奥地利维也纳。1906—1910 年，他在维也纳大学物理系攻读数学物理。玻耳兹曼为该系所奠定的学术传统对薛定谔有颇大的影响。薛定谔在大学期间，深入地研究了连续媒质物理学中的本征值问题，为他以后建立波动力学打下了基础。1910 年获得博士学位。毕业后，在维也纳大学第二物理研究所工作。1913 年与 R. W. F. 科耳劳施合写了关于大气中镭 A（即 ^{218}Po）含量测定的实验物理论文，为此获得了奥地利帝国科学院的海廷格奖金。第一次世界大战期间，他服役于一个偏僻的炮兵要塞，利用闲暇研究理论物理学。战后他回到第二物理研究所。1920 年，移居耶拿，担任 M. 维恩的物理实验室的助手。

1921 年，薛定谔到瑞士苏黎世大学任数学物理教授，在那里工作了 6 年。在这期间，他专心从事理论物理学研究，发表了许多论文。开头几年，他主要研究有关热学的统计理论问题，写出了有关气体和反应动力学、振动、点阵振动（及其对内能的贡献）的热力学以及统计理论等方面的论文。也有一部分是有关原子光谱的。他还研究过色觉理论，他对有关红-绿色盲和蓝-黄色盲频率之间的关系的解释为生理学家们所接受。

1925 年年底到 1926 年年初，薛定谔在 A.爱因斯坦关于单原子理想气体的量子理论和 L. V. 德布罗意的物质波假说的启发下，从经典力学和几何光学间的类比，提出了对应于波动光学的波动力学方程，奠定了波动力学的基础。

1926 年 1—6 月，他一连发表了四篇论文，题目都是《作为本征值问题的量子化》，系统地阐明了波动力学理论。后来，有关这个问题的主要论文都已收集在他的《波动力学论文集》（*Abhandlungen zur Wellenmechanik*，

◀古老的维也纳大学，已有 600 多年历史，这是大学主楼。

莱比锡，Barth，1927)中。普朗克曾高度评价薛定谔的波动力学方程,说：
"这一方程式奠定了近代量子力学的基础,就像牛顿、拉格朗日和哈密顿
创立的方程式在经典力学中所起的作用一样。"[①]

1927 年,薛定谔接替 M.普朗克,到柏林大学担任理论物理学教授,与
普朗克建立了亲密的友谊。同年在莱比锡出版了他的《波动力学论文
集》。1933 年,薛定谔对于纳粹政权迫害杰出科学家的倒行逆施深为愤
慨,同年 11 月初移居英国牛津,在马格达伦学院任访问教授。就在这一
年,他与 P. A. M.狄拉克共同获得诺贝尔物理学奖。

1936 年,薛定谔回到奥地利的格拉茨大学工作。1938 年,德国法西斯
吞并了奥地利。此后不久,薛定谔就偷偷穿过意大利前线,离开了法西斯占
领区。他在美国普林斯顿大学做了短期讲学之后,就到爱尔兰的都柏林高
等研究院工作,他在那里工作了 17 年。

在这期间,薛定谔研究有关波动力学的应用及统计诠释,新统计力学
的数学特征以及它与通常的统计力学的关系等问题。他还探讨了有关广
义相对论的问题,并对波场作相对论性的处理。此外,他还写出了有关宇
宙学问题的一些论著。与爱因斯坦一样,薛定谔在晚年特别热衷于把爱
因斯坦的引力理论推广为一个统一场论,同样没有取得成功。

1944 年,薛定谔发表了《生命是什么——活细胞的物理学观》一书(英
文版,1948;中译本,1973)。在此书中,薛定谔试图用热力学、量子力学和
化学理论来解释生命的本性,引入了非周期性晶体、负熵、遗传密码、量子
跃迁式的突变等概念。这本书使许多青年物理学家开始注意生命科学中
提出的问题,引导人们用物理学、化学方法去研究生命的本性,使薛定谔
成为今天蓬勃发展的分子生物学的先驱。20 世纪 50 年代初,克里克和沃
森,就是在薛定谔的影响下,分析了主要的遗传物质——脱氧核糖核酸
(DNA)的有关材料,提出了 DNA 的"双螺旋结构模型",标志着对生命物
质的研究进入了分子水平。

1956 年薛定谔回到了奥地利,在他开始自己的科学生涯的维也纳大
学物理系担任名誉教授。奥地利政府给予了他极大的荣誉,设立了以薛
定谔的名字命名的国家奖金,由奥地利科学院授给。第一次奖金于 1957
年授予薛定谔本人。1957 年他一度病危。1961 年 1 月 4 日,他在奥地利
的阿尔卑巴赫山村病逝。

---

① 参见普朗克：从现代物理学来看宇宙.北京：商务印书馆 1959 年版,第 11 页.

二

薛定谔曾向英国物理学家狄拉克谈起过他建立波动力学的经过：[1][2]他在从事原子光谱的研究时，感到玻尔轨道理论中的量子化条件很难令人满意，他想到原子光谱可能是由某种本征值问题来决定的。1924年，法国物理学家德布罗意发表了关于物质波的论文，把波同做自由运动的粒子联系起来。这对薛定谔有很大启发。他设想，就像几何光学是波动光学的近似一样，经典力学可能也是一种波动力学的近似。他开始尝试把德布罗意波推广到非自由粒子方面。他最后得到了一个简洁的解，推导出来的能级是以某种算符的本征值的形式出现的。他立刻把他的方法应用到氢原子的电子上，同德布罗意一样，他也考虑到了电子运动的相对论性力学。但得到的结果和实验不符。这使他很失望，觉得他的方法毫无长处，因而放弃了它。但在几个月之后，他又回头来研究这个问题。这时他发现，如果非相对论性地处理电子，所得结果将在非相对论性的近似上符合于观测的记录。这样，他才写出论文，在1926年发表，经过一番曲折，以他的名字命名的薛定谔方程终于问世了。

薛定谔的波动力学是正确反映低速微观物理现象的科学规律。如果要反映高速微观物理现象，就需要建立相对论性的量子力学，就要求把薛定谔方程做相对论性的推广。克莱因-戈登方程是薛定谔方程的一种推广。狄拉克方程是另一种推广。克莱因-戈登方程和薛定谔最初所得到的结果是一致的，所以也有人称之为薛定谔-戈登方程。

本书一共包含了四次演讲。在第一次演讲中，薛定谔介绍了他是如何创建波动力学的。他把经典力学和波动力学的关系，类比于几何光学和波动光学的关系。类似于光学中用惠更斯的波动光学代替牛顿的粒子（射线）光学，即几何光学。他指出经典力学只是波动力学的一种近似，经典力学对于非常微小的系统不再适用。这样，薛定谔得到了他的波动力学方程。因为只对于分立的本征频率才能得到满足波动力学方程的正则

---

[1]　参见 P. A. M. 狄拉克（Dirac）为薛定谔所写的讣闻，载英国《自然》（*Nature*）周刊第189卷（1961年）第355—356页.

[2]　参见 P. A. M. 狄拉克：物理学家的自然图景的进化. 科学的美国人（*Scientific American*）. 1963年5月号.

解,这样他就可以自然地得出玻尔的定态能级,而不再是人为的假定了。

在第二次演讲中,薛定谔介绍了氢原子的波函数,并对选择定则和光谱线的偏振定则做了解释,并进一步推导了含有时间的波动力学方程。

第二次演讲介绍了次级辐射理论、色散理论和共振辐射理论,并把单质点波动力学推广到非单质点的系统。

第四次演讲进一步考虑了氢原子中核的运动,讨论了任意系统的微扰,以及两个任意系统间的相互作用。最后,探讨了 ψ 函数的物理意义。在附录 A《波动力学的意义》一文中,薛定谔表达了他对波函数的概率解释的不同意见。

在薛定谔发表关于波动力学的论文之前不久,德国物理学家海森堡等在 1925 年通过用矩阵描述辐射的不连续性,即量子性,建立了矩阵力学,也就是量子力学。这是描述低速微观物理现象的另一种形式体系。1926 年,薛定谔在《论海森堡、玻恩和约旦的量子力学和薛定谔的波动力学之间的关系》[①]一文中,证明了二者在数学上是等价的,可以通过数学变换从一个理论转换到另一个理论。沿着两条不同的思维路线,发展出低速微观物理学的同一理论基础,这在科学史上也是一件比较突出的事例。但是,这种情况的出现,也绝不是偶然的。首先,这是由于他们都是从原子光谱等实验结果出发来建立自己的理论的,并以这些实验结果来检验自己的理论。第二,他们都认为微观世界的物理规律同宏观世界的物理规律有本质的区别,敢于冲破经典力学的框框;而同时又认为当从微观世界过渡到宏观世界时(即普朗克恒量 h 当相对于物理系统的线度和动量的乘积由不可忽略到可以忽略时),微观世界的物理规律应当过渡为宏观世界的物理规律。这在海森堡的工作中,就是"对应原理"的运用;在薛定谔的工作中,就是把经典力学看成是波动力学的近似(好像几何光学是波动光学的近似)。由于薛定谔是在德布罗意的物质波假设的基础上建立起波动力学的,而海森堡的矩阵力学只是对物理可观测量进行唯象的描述和计算,所以薛定谔的理论更为明确地反映了微观世界的波粒二象性。例如,在描述一个电子的薛定谔波动方程中,哈密顿算符 H 包括了电子的动能和位能,体现了电子的粒子性;ψ 是电子的波函数,它体现了电子的波动性;整个方程反映了二者的相互依存、相互制约和相互转化。量子力学的以后发展,主要以薛定谔的理论为出发点,这绝不是偶然的。

---

① 薛定谔:波动力学论文集.伦敦:Blackie 1928 年版,第 45 页.

三

以玻尔、海森堡等为代表的哥本哈根学派从测不准关系出发,提出了互补原理。他们认为:"在原子物理学中,观测者和客体的相互作用引起受测系统不可控制的、巨大的变化。"[①]"我们不能够将一次观测结果完全客观化,我们不能描述这一次和下一次观测间发生的事情。""我们已把主观论因素引入了这个理论。""所发生的事情依赖于我们观测它的方法,依赖于我们观测它这个事实。"[②]他们只承认可观测的现象之间的关系,否认现象后面的物理实体。他们还宣扬非决定论,认为"原子事件的空间时间描述是互补于它们的决定论描述的。"[③]"时空描述和因果性的互补。"[④]他们认为"波动图像和粒子图像是相互排斥的,因为一个东西不能同时是一个粒子又是一个波,但二者却相互补充。"[⑤]

关于量子力学的解释,薛定谔同哥本哈根学派进行了二三十年的长期论战。他的主要论点如下:

第一,微观客体的真实状态是可知的。他在《几何学对微小的物理区域的不适用性》(1934 年)[⑥]中批评了"测量仪器对受测系统的作用在原则上是不可控制的"的论点。他在《基本粒子是什么?》[⑦]一文中指出"测不准关系同不完全知识毫无关系"。为了解释测不准关系,他设想适用于微观世界的几何学不是三维空间而是位形空间。[⑧]

第二,不能在微观物理学中摒弃素朴的实在论。他在《量子力学的现状》(1935 年)[⑨]一文中,提出了著名的"猫的比喻",批评了哥本哈根学派"摒弃素朴的实在论",反对他们以为"实在的……只是知觉、观察、测量"的实证主义观点。在《科学和人道主义——当代的物理学》(1951 年)一书中,薛定谔指名批评了玻尔和海森堡,指出:"他们以为客体不能不依赖于

---

① 海森堡:量子论的物理原理.纽约:Dover 1930 年版,第 3 页.

②③⑤ 海森堡:物理学和哲学——现代科学中的革命.纽约:Harper 1958 年版,第三章:"量子论的哥本哈根解释".

④ 海森堡:量子论的物理原理.纽约:Dover 1930 年版,第 65 页.

⑥ 原载德国《自然科学》(*Naturwissenschaften*),第 22 卷.

⑦ 薛定谔:科学理论和人.纽约:Dover 1957 年版,第 203 页.

⑧ 参见以上二文.

⑨ 原载德国《自然科学》(*Naturwissenschaften*),第 23 卷.

观察主体而存在。他们认为物理学的新近发展已经推进到主观和客观的神秘边界，从而使这一边界已变得不再是一条明晰的边界了。"①在《基本粒子是什么？》(1950年)一文中，薛定谔表示不同意"我们必须放弃用物理世界上真正发生的事情的字句来说话和思考。"②物理学发现本身无权强迫我们结束把物理世界描绘为客观实在的习惯。"③他在《物质的映象》(1952年)一文中指出："有一种广泛流行的假说，说什么在任何以前为人们所相信的解释中的实在的客观映象不能够存在了。只有那些乐观主义者(我认为我是其中的一个)认为这是一种哲学的偏向，是在面临巨大危机时自暴自弃的办法。"④

薛定谔在量子力学的解释问题上，在同哥本哈根学派的激烈论战中，有许多言论是倾向于唯物论方面的。这一点，连他的论敌海森堡也意识到了。他说："所有哥本哈根学派的反对者有一点是一致的。这就是：照他们看来，应当回到经典物理学的实在概念，或者，用更普通的哲学术语来说，回到唯物主义的本体论。"⑤法国著名物理学家德布罗意认为，薛定谔对波动力学的实证主义解释的批评是有巨大意义的。⑥

第三，作为微观物理学的先驱者之一，薛定谔也是物理学界中反对拉普拉斯机械决定论的先驱者之一。早在1922年，他在《自然规律是什么？》一文中就认为："十分可能，自然规律具有彻底的统计性。"⑦但是，他也反对哥本哈根学派否认因果性的论点。他不同意哥本哈根学派的约尔丹把"自由意志"引到微观物理世界中来。他指出："虽然量子定律没有决定单个事件，但当同一种情态一再发生时，它们就预言了完全确定的事件统计学。"⑧

第四，在波粒二象性问题上，薛定谔不同意哥本哈根学派否认一个微观客体同时是一个粒子又是一种波的观点。他在《基本粒子是什么？》一文中指出："大量实验证据倾向于确认，波动特征和粒子特征绝不是单独地出现的，而总是结合在一起的；它们构成同一现象的不同方面，而且对

---

① 薛定谔：科学和人道主义——当代的物理学.剑桥大学出版社1952年版，第50页.
② 薛定谔：科学理论和人.纽约：Dover 1957年版，第203页.
③ 薛定谔：科学理论和人.纽约：Dover 1957年版，第204页.
④ 海森堡、薛定谔等：论近代物理学.纽约：Potter 1961年版，第38页.
⑤ 海森堡：物理学和哲学——现代科学中的革命.纽约：Harper 1958年版，第129页.
⑥ 德布罗意：流行的波动力学解释.阿姆斯特丹：Elsevier 1964年版，第26页.
⑦ 薛定谔：科学理论和人.纽约：Dover 1957年版，第147页.
⑧ 薛定谔：科学和人道主义——当代的物理学.剑桥大学出版社1952年版，第61页.

一切物理现象都确实是这样。这种结合不是很松散和表面的样子。"①长时期以来,他反对物理学界普遍承认的关于波函数的统计解释,想把粒子性归结为波包,以为波函数描述了一种实在的"物质波"。本书的《广义 ψ 函数的物理意义》一节,反映了作者的这一看法。他在 1952 年发表的《波动力学的意义》一文(见本书附录 A)仍坚持这一观点。但是,这种解释却导致了一系列难以克服的困难。有一些物理学家指出:"这样的素朴的解释是不能允许的。为什么呢? 如果电子波和水波一样是实在的波动,按照薛定谔波动方程在整个空间扩展,当观测电子的位置时,由于电子有粒子性就一定能在空间的某一点上把它找到。这意味着,由于观测,波包要突然收缩到一点,而且这种变化不是连续的,不是按照因果关系发生的。"②薛定谔本人在《波动力学的意义》一文中,也指出了这种解释的四点困难(参见本书附录 A),可是他又把解决这些困难的希望寄托在"二次量子化"的方法上。但是,"二次量子化"这个方法能否按照薛定谔的愿望来解决这些困难,那又是一个值得进一步探讨的问题了。

四

薛定谔不仅是一个杰出的物理学家,而且对哲学也有浓厚的兴趣。面对着现代的复杂物理学问题,他迫切需要寻求一种哲学作为他的方法论武器。他早在 1918 年(31 岁)时,就专心研读了斯宾诺莎、叔本华、马赫、R. 西蒙和阿芬那留斯等人的著作。他写了不少哲学性论著,主要有:《科学和人道主义——当代的物理学》(剑桥,1951 年)、《自然和古希腊人》(剑桥,1954 年)、《科学理论和人》(Dover,1957 年)、《心和物》(剑桥,1958 年)、《我的世界观》(Zsolnay,1961 年)以及他死后出版的《自然规律是什么? ——关于自然科学世界观的论文》(Oldenbourg,1962 年)。

薛定谔曾辛辣地批评现代西方科学家为"眼界狭小"、"与世隔绝"、"毫不关心自己的狭窄专业以外的一切,并且挖苦有志于综合全部知识的怪人为半瓶醋"的那种"无比平庸"的人。③ 他号召人们"再一次回头刻苦

---

① 海森堡、薛定谔等:论近代物理学.纽约:Potter 1961 年版,第 197 页.

② 参见坂田昌一著:物理学和方法——基本粒子论的背景(日本白东书馆 1948 年版)一书中《理论物理学和自然辩证法》一文.

③ 薛定谔:科学和人道主义——当代的物理学.剑桥大学出版社 1952 年版,第 6 页.

研究古希腊思想","用古希腊的方式来看待世界"。①

薛定谔自称他在某些主要的哲学观点方面同普朗克是一致的。② 他认为,在物理学研究中、在日常生活中,不能摒弃素朴的实在论,不能取消真实的外在世界的观念。但在根本的世界观问题上,在思维和存在的关系问题上,他却力图把思维和存在、心和物"合二而一",认为世界是由我们的感觉、知觉、记忆所构成。③

薛定谔把他自己的哲学概括为两个普遍原理,并说这两个原理构成了科学方法的基础。第一个原理是自然的可理解性原理。在这方面,薛定谔表现了唯理论的倾向。正是在这一原理的指导下,薛定谔批判了哥本哈根学派的实证主义观点。

第二个原理是所谓客观化原理。这个原理说的是客观世界是由人的主观客观化出来的,因而是可以理解的。"主观和客观就是一个东西。主观和客观之间的界限并不因现代物理学的成果而崩溃,因为这种界限并不存在"。④ 他在临死前一年脱稿的《我的世界观》一书更详尽地表白了他反对思维和存在、心和物的二元论,主张一元论,说人的感觉-知觉是构成外部世界的真正材料。⑤ 在这里,薛定谔继承了古印度吠檀多派的"梵我不二论"(*Doctrine of Identity*),认为外在世界和意识是同一个东西⑥,认为有情(sensitive being)的多样性仅仅是一种幻(maya),实际上它们全是"一"(也就是宇宙精神"梵")的各个方面的表现。⑦

无论如何,薛定谔这种热忱地探索哲学的精神是值得我们钦佩、值得我们学习的。他深邃的哲学思想还有待我们做深入的研究。

---

① 薛定谔:自然和古希腊人.剑桥大学出版社 1954 年版,第 16—18 页.
② 薛定谔:我的世界观(英译本).剑桥大学出版社 1964 年版,第 viii 页.
③④ 薛定谔:心和物.剑桥大学出版社 1959 年版,第 1、51 页.
⑤⑥⑦ 薛定谔:我的世界观(英译本).剑桥大学出版社 1964 年版,第 67、37、101 页.

第一编　波动力学的创立

· Part I . The Establishment of Wave Mechanics ·

他熟悉人类思想和实践的许多领域，他的广博的知识像他的敏锐的思想和创造力一样是惊人的。……我没有能力描绘这位具有多方面才能的杰出人物的形象。他所涉足的许多领域我所知甚少——特别是在文学和诗歌方面。

——M. 玻恩

普朗克
（M.Planck，1858—1947）
量子理论的奠基人。

玻尔
（N.Bohr,1885—1962）
将量子论用于原子结构理论
研究的先驱，提出量子力学
诠释的互补性原理，建立了
哥本哈根学派。

薛定谔
（E.Schrodinger,1887—1961）
创建波动力学，提出薛定谔方程。

狄拉克
（P.A.M.Dirac，1902—1984）
创立相对论量子力学，预言正电子、
反粒子和磁单极子。

海森堡
（W.Heisenberg,1901—1976）
创建矩阵力学，提出不确定性原理。

关于波动力学的四次演讲

• *Four Lectures on Wave Mechanics* •

我的朋友，

生活中什么看起来至关重要？

无论它带来了沉重的压抑，

还是快乐和欣喜。

行动，思想和愿望，

相信我，没有任何意义比得上

在我们所设计的实验中

一个指针的波动。

看穿了自然：也无非只是分子的碰撞，

光疯狂的颤动也不能让你明白基本定律，

更不是你的快乐和战果让生活有了意义。

世界之灵，如果

可能来自千次的实验，

最终得出了如下结果——

这真是我们所做的吗？

——E. 薛定谔

第一次演讲

1. 从通常的力学和几何光学间的哈密顿类比推导出波动力学的基本观念

当一**质点** m 在一以势能 $V(x, y, z)$ 描述的保守力场中运动时，假如你让它从定点 A 以已定的速度，即以已定的能量 E 开始运动，那么，只要适当地瞄准，即让它沿一个明确选定的**方向**开始运动，你就可以让它到达另一任意选定的点 B。一般说来，对应于**一个已定的能量**，总有**一条**确定的从 A 到 B 的动力学轨道。这条轨道具有这样的特性：

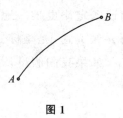

图 1

$$\delta \int_A^B 2T \mathrm{d}t = 0, \qquad (1)$$

并由这个特性[莫培督（Maupertuis）形式下的哈密顿原理]所规定。这里 T 是质点的动能，而这个方程表示：考虑**所有**从 A 联到 B 并服从能量守恒定律($T+V=E$)的轨道的簇，其中实际的动力学轨道具有这样的特点：**对应于这条轨道**和簇中所有同它无限接近的轨道，$\int_A^B$ 基本上取**相同**的值，它们之间的差异为**二阶**无穷小（"无限接近"一词是用来规定**一阶**无穷小的）。令 $w = \dfrac{\mathrm{d}s}{\mathrm{d}t}$ 为质点的速度，我们取

$$2T = mw^2 = m\left(\frac{\mathrm{d}s}{\mathrm{d}t}\right)^2 = 2(E-V) = \frac{\mathrm{d}s}{\mathrm{d}t}\sqrt{2m(E-V)},$$

由此，方程(1)可以变换为

$$\delta \int_A^B \sqrt{2m(E-V)}\,\mathrm{d}s = 0. \qquad (2)$$

这个形式的优点在于变分原理是应用在一个纯粹几何积分上，它不包含时间变数，而且还自动照顾到能量守恒的条件。

◀ 位于利马德河岸的苏黎世大学。这所瑞士最大的综合性大学创建于 1833 年。

哈密顿发现,将方程(2)同费马原理比较是有用的,费马原理告诉我们:在一不均匀的光学媒质中,实际的光线,即能量传播的径迹,是由(通常所称的)"最小时间定律"决定的。现在设同图1相关联的是一个任意不均匀的光学媒质,例如地球的大气;那么,如果在 A 点有一盏探照灯,射出一支轮廓分明的光束,只要将探照灯适当地瞄准,一般地就能够照亮任意选定的点 B。有一条确定的光程从 A 联到 B,它服从这样一条定律:

$$\delta \int_A^B \frac{\mathrm{d}s}{u} = 0. \tag{3}$$

而这条定律也唯一地规定了这条光程,这里,$\mathrm{d}s$ 同前面一样,表示路程元,而 u 是光速,是坐标 x, y, z 的函数。

如果我们假设:

$$u = \frac{C}{\sqrt{2m(E-V)}}, \tag{4}$$

则方程(2)、(3)分别表示的两条定律就变为等同的了,这里 C 必须不依赖于 x, y, z,但可以依赖于 E。这样,我们就做出了一幅关于光学媒质的假想图像,在这幅图像里,可能的光线簇和那个在 $V(x, y, z)$ 力场中以已定能量 E 运动着的质点 m 的动力学轨道簇相重合。光速 u 不仅依赖于坐标,而且也依赖于质点的总能量 E,这个事实是最重要的。

这个事实使我们能够把上面的类比推进一步,这只要将光速对 E 的依赖关系描述为色散,即描述为对频率的依赖关系就行了。为了达到这个目的,我们必须给我们的光线以一确定的频率,它是取决于 E 的。我们要(任意地)假设

$$E = h\nu \quad (h \text{ 是普朗克常量}), \tag{5}$$

而不过多地去讨论这一对现代物理学家讲来是非常富有启示性的假设了。这样,这个不均匀的和色散的媒质就以它的光线提供出一幅关于粒子的一切动力学轨道的图像。现在我们可以再前进一步,提出这样的问题:我们能不能使一个小的"点状的"光信号完全像我们的质点一样运动呢?(到此为止,我们只注意到轨道的几何等同性,完全忽略了时间变率问题)乍看起来,这似乎是不可能的,因为质点(沿着路径,即以不变的能量 E)的速度

$$w = \frac{1}{m}\sqrt{2m(E-V)} \tag{6}$$

是同光速 u 成反比的[见方程(4),C 只依赖于 E]。但我们必须记住,u 当

然是通常的**相速度**,而一个小的光信号却以所谓的**群速度**在运动,令群速度为 g,它可以用下式求得

$$\frac{1}{g} = \frac{\mathrm{d}}{\mathrm{d}\nu}\left(\frac{\nu}{u}\right),$$

或者,在这里,根据方程(5),可以从下式求得

$$\frac{1}{g} = \frac{\mathrm{d}}{\mathrm{d}E}\left(\frac{E}{u}\right). \tag{7}$$

我们要试着使 $g = w$。要达到这个目的,我们可以使用的唯一办法是对 C 的适当选择,这 C 是方程(4)中出现的关于 E 的任意函数。根据(4)、(6)和(7),$g = w$ 的假设变成为

$$\frac{\mathrm{d}}{\mathrm{d}E}\left(\frac{E \sqrt{2m(E-V)}}{C}\right) = \frac{m}{\sqrt{2m(E-V)}}$$

$$\equiv \frac{\mathrm{d}}{\mathrm{d}E}\left(\sqrt{2m(E-V)}\right);$$

由此可知

$$\left(\frac{E}{C} - 1\right)\sqrt{2m(E-V)}$$

对于 E 来说是常数。既然 V 含有坐标,而 C 又必须只是 E 的函数,那么,显然只有使第一个因子等于零才能保证这个关系普遍成立。因此

$$\frac{E}{C} - 1 = 0, \text{或} C = E,$$

由此得出方程(4)的一个特殊形式:

$$u = \frac{E}{\sqrt{2m(E-V)}}. \tag{8}$$

关于相速度的这个假设是唯一能保证质点运动的动力学定律与我们想象的光传播中光信号运动的光学定律绝对符合的假设。值得指出的是:按照(8),

$$u = \frac{能量}{动量}. \tag{8'}$$

在 u 的这个定义中,仍然还有**一种任意性**,这就是说,显然可以用任意加上一个恒量的办法来改变 E,如果在 $V(x,y,z)$ 上加上一个同样的恒量的话。在非相对论性的处理中,这种任意性无法克服,而在这几次演讲中,我们是不准备探讨相对论性的处理的。

现在可把波动力学的基本观念归纳如下:我们以为在旧力学中用描述一个质点运动的方法(即令它的坐标 x, y, z 为时间变量 t 的函数)做了适当

描述的现象,必须用描述一种确定的波运动的方法来正确地————按照这种新观念————加以描述,这种波运动发生在前面考察过的那类波中,这类波所具有的确定的频率和速度(从而也具有确定的波长),也就是我们认为前面我们称为"光"的那种东西所应该具有的。波运动的数学描述不能用一个变量 t 的有限几个函数来实现,而需要用比如这样一些函数的一个连续簇,即用一个(或者可能用几个)x, y, z 和 t 的函数来实现。这些函数满足一个**偏微分方程**,即满足某种**波动方程**。

用描述波运动的方法正确地描述了**真实的**现象,这种讲法并不一定就完全等于说:真实**存在**的就是波运动。在后面我们将看到,在推广到**任意力学系统**的时候,我们将用广义坐标空间(q 空间)中的波运动来描述这样一种系统中真实发生的事情。虽然后者具有完全确定的物理意义,然而把它说成是"存在"的,是不太恰当的;因此,即使是从通常的字面意义上来讲,也不能说这种空间中的波运动是"存在"的。这只是对现象做适当的数学描述。对于我们现在所探讨的单个质点的情况也是一样,波运动也不能过于死板地理解为是真实"存在"的,尽管在这种特别简单的情况中,位形空间和普通空间正好完全一致。

2. 通常的力学只是一种近似,它对于非常微小的系统不再适用

在用波动力学描述来代替通常的力学描述时,我们的目的是要得到这样一种理论,它既能处理量子条件在其中不起显著作用的通常的力学现象,而另一方面,也能处理典型的量子现象。实现这个目的的希望就在下面的类比当中。以前面讨论的方法所建立的哈密顿波动图像包含了某些对应于通常力学的**东西**,这就是:光线对应于力学**路径**,而信号就像**质点**一样地运动。但是用**射线**来描述波运动只是一种近似(在光波的情况下称为"几何光学")。只有碰巧当我们所要处理的波动现象的结构与波长相比甚为粗略而我们又只对它的"粗略结构"感兴趣时,这种近似才能成立。波动现象的精细结构绝不能用射线("几何光学")的处理来揭示,而且总是存在着这样的波动现象,它们都是那么细微,以至于射线方法是毫无用处,而且也提供不出任何知识的。因此,在用波动力学代替通常的力学时,我们可以指望,一方面把通常的力学作为一种近似保留下来,它只对于粗略的"宏观力学"现象才是有效的;而另一方面,又对那些精细的"微观力学"现象(原子中电子的运动)做出解释,关于这种现象,通常的力

学完全不能给出任何知识。至少,如果不做非常人为的附加的假设,是不能做到这一点的,这些假设实际上构成了理论中比力学处理更重要得多的部分。[①]

从通常的力学走向波动力学的一步,就像光学中用惠更斯理论来代替牛顿理论所迈进的一步相类似。我们可以构成这种象征性的比例式:

$$通常力学:波动力学 = 几何光学:波动光学。$$

典型的量子现象就类比于衍射和干涉等典型的波动现象。

对于这种类比的概念来说,通常力学在处理非常**细微**的系统时遭到失败,这一事实是有重大意义的。我们能够立即掌握到可预料通常力学将遭到完全失败的那个数量级,并且将看出这个数量级是分毫不差的。这种波动的波长 λ 是[参见方程(5)和(8)]

$$\lambda = \frac{u}{\nu} = \frac{h}{\sqrt{2m(E-V)}} = \frac{h}{mw}, \tag{9}$$

即普朗克常量除以质点的动量。现在,为简单起见,取氢模型的一个半径为 a 的圆形轨道,但不一定是"量子化"了的。那么,从通常的力学(没有应用量子法则)可得到

$$mwa = n\frac{h}{2\pi},$$

这里 n 是任意正实数(对于玻尔的量子化应该是 $1,2,3,\cdots$;后一方程中 h 的出现暂时只是一种表示数量级的便利方法)。合并上二方程,我们得到

$$\frac{\lambda}{a} = \frac{2\pi}{n}.$$

现在,为了使我们能够可靠地应用通常的力学,必须使这样算出来的路径的大小总是要比波长大得多。可以看出,当"量子数"n 比 1 大得多时,就是这种情形。当 n 变得愈来愈小时,λ 对于 a 的比率就变得愈来愈不利了。可预料通常力学将遭到完全失败的区域正是我们实际碰到这种情况的区域,即 n 具有 1 的数量级的区域,对于那些具有 1 个正常原子的大小(10^{-8}cm)的轨道,情况就该是这样。

---

① 举一个例:虽然对于无条件周期系统,世界上从来没有人知道该怎样去表明它的量子化法则,但说也奇怪,这件事并不妨碍我们把量子化法则实际应用到多电子问题上去。我们简单地把多体问题当成是有条件周期性的,尽管完全知道它并不是这样的。我认为,这说明通常的力学的应用方式并不是很严格的,否则,上述应用会像把刑法应用到行星的运动上一样。

3. 把玻尔的定态能级作为波的本征振动频率推导出来

现在让我们考察一下怎样用波动力学来处理一个通常的力学无法处理的情况；比如说，让我们专门来考察一下，如何用波动力学来处理通常的力学中称之为氢原子中的电子运动。

我们将用什么方法来解决这个问题呢？

啊，这同我们要解决那种求弹性体的可能运动（振动）的问题时所用的方法十分相像。只是，对于后者，因为存在着纵波和横波这两类波而使问题复杂化了。为了避免这种复杂化，让我们考察一种装在一个已定的包壳中的弹性流体。关于压力 p，我们得到一个波动方程：

$$\nabla^2 p - \frac{1}{u^2}\ddot{p} = 0,\qquad(10)$$

式中 u 是纵波传播的**恒定**速度，纵波是在流体的情况下唯一可能发生的波。我们必须尽力找到这个偏微分方程的满足容器表面一定边界条件的最普遍解。求解的标准方法就是试用

$$p(x,y,z,t) = \psi(x,y,z)\mathrm{e}^{2\pi i\nu t},$$

代入方程，由此得出关于 ψ 的方程

$$\nabla^2\psi + \frac{4\pi^2\nu^2}{u^2}\psi = 0,\qquad(10')$$

ψ 和 p 服从同样的边界条件。这里我们遇到一个众所周知的事实，那就是，对于 ψ 的系数的**一切**数值，即对于**一切**频率 ν，不是都能得到一个满足这个方程和这种边界条件的正则解的，而只对于分立的频率 $\nu_1,\nu_2,\nu_3,\cdots,$ $\nu_k,\cdots$ 的无穷集才能得到正则解，这些频率称为这个问题或者这个物体的特性频率或者本征频率（Eigenfrequenzen）。我们称 ψ_k 为属于 ν_k 的解（如不考虑相乘的常数，通常总是唯一的），那么，——因为方程和边界条件都是齐次的——带有任意常数 c_k,θ_k 的

$$p = \sum_k c_k\psi_k\mathrm{e}^{2\pi i(\nu_k t+\theta_k)}\qquad(11)$$

将是一个更普遍的解，而且如果量（ψ_k,ν_k）的集是完备的话，它确实是**这个**普遍解。［说到物理的应用，我们当然只用（11）式的实数部分］

在用波来代替我们想象中的电子运动的情况下，也必须有某个量 p，它满足像方程（10）那样的波动方程，虽然我们还不能讲出 p 的物理意义。让我们暂时撇开这个问题。在方程（10）中，我们必须取（见前）

$$u = \frac{E}{\sqrt{2m(E-V)}}. \tag{8}$$

这不是一个恒量;因为:(1)它依赖于 E,即在本质上依赖于频率 $\nu(=E/h)$;(2)它依赖于坐标 x,y,z,这些坐标包含于势能 V 中。与前述振动流体的简单情况相比较,这就有双重的复杂化了。但这两者都不严重。第一方面,从对 E 的依赖关系,我们受到这样的限制,就是我们只能把波动方程应用于这样的函数 p,它对时间的依赖关系如下:

$$p \sim \mathrm{e}^{\frac{2\pi i E t}{h}},$$

因此

$$\ddot{p} = -\frac{4\pi^2 E^2}{h^2} p. \tag{12}$$

我们用不着担心这一点,因为在任何情况下,在求解的标准方法中也都要做这样的假定(Ansatz)。将(12)和(8)式代入(10),并用 ψ 来代替 p(要注意的是,我们现在同以前一样只研究坐标的函数),我们得到

$$\nabla^2 \psi + \frac{8\pi^2 m}{h^2}(E-V)\psi = 0. \tag{13}$$

现在我们看到,**第二种**复杂化(u 对 V 的依赖关系,即对坐标的依赖关系)只是产生了这样的结果,所得到的方程(13)同方程(10′)相比,多少具有更有意思的形式,这里 ψ 的系数不再是一个**恒量**,而是同坐标有关的了。这实在是可以预料到的,因为一个表达力学问题的方程不能不包含这一问题中的势能。这种"力学的"波动问题的简化(与流体问题相比)在于不存在边界条件。

当我最初接触这些问题时,我曾以为后一种简化是致命的。由于对数学的造诣不深,我就不能想象在**没有**边界条件的情况下怎能出现本征振动频率。后来,我认识到系数的更复杂形式[即 $V(x,y,z)$ 的出现]好像起了通常由边界条件所起的作用,即对 E 的确定值的选择作用。

这里我不能进一步做冗长的数学讨论,也不准备多讲求解的详细过程,虽然求解法实际上同通常的振动问题完全相同,即:引入一组适当的坐标(例如按照函数 V 的形式,可选用球面坐标或者椭圆坐标)并令 ψ 等于几个函数的**乘积**,其中每个函数只包含一个坐标。我要直接说出关于氢原子问题的结果。这里我们必须令

$$V = -\frac{e^2}{r} + 恒量, \tag{14}$$

r 是电子与原子核的距离。那么,可以看出,不是对于 E 的一切值,而只

是对于 E 的下列值，才能够找到正则的、单值的和有限的解 ψ：

$$\text{（A）} E_n = \text{恒量} - \frac{2\pi^2 m e^4}{h^2 n^2}; \quad n = 1, 2, 3, 4, \cdots$$

$$\text{（B）} E > \text{恒量}。 \tag{14'}$$

这个恒量同（14）中的相同，并且（在非相对论性波动力学中）除了我们不能很妥当地令它取通常为简便起见所取的那个值（即 0）之外，它是没有什么意义的。因为，如取它为 0，（A）式中所有的 E 值都将成为负的。而一个负频率，如果它终究还是意味着什么的话，它只能与绝对值相同的正频率意味着同样的东西。那么，为什么一切正频率都是可容许的，而负频率却只能是一组分立的值，这是不可思议的。但是这个恒量问题在这里是无关紧要的。

你们可以看到，我们的微分方程自动选择出来的容许的 E 值是：（A）按照玻尔理论量子化了的椭圆轨道的能级；（B）一切属于双曲线轨道的能级。这是很值得注意的。它表示，不管这种波动在物理上意味着什么，这个理论提供一种量子化的方法，这种方法绝对不需要任意假设这个或者那个量必须是一个整数。这里恰恰给出了整数**如何**发生的观念；例如，假如 ϕ 是一个方位角，而已知波幅总包含一个因子 $\cos m\phi$，m 是一个任意常数，那么，m **必定**应该取作整数，因为否则波函数将不是**单值**的了。

你们将会对于上述 E 值的波函数 ψ 的形式感到兴趣，并将追问是否可用它们来解释任何可观察的事实。事情**正是**这样，但是问题却颇为复杂。

第二次演讲

4. 氢原子中波系的粗略描述。简并性。微扰

波幅函数的主要特性是：属于那组分立的 E_n 值（椭圆轨道）的波幅函数随着离原子核的距离的增长而迅速递减，就是说像指数函数 $e^{-\text{const.}\,r}$ 那样，这实际上是将它们限制在这样一个区域之内，这区域的大小和对应的玻尔轨道具有完全相同的数量级。另一些属于双曲线能级的波幅函数递减得不太快，就是说只像 r^{-1} 那样。

在上述区域中，"椭圆"函数的详细行为由于以下的理由不能很好地用唯一的方法来描述。属于**一个** E_n 值的一般不只有波动方程的一个解，却正好有 n^2 个独立解。从数学观点看来，这是一个例外，那是由于势能 V 的特殊形式，特别是它的球面对称性。属于一个本征值的解的多重性相当于著名的玻尔理论中属于同一能级的轨道的多重性。玻尔理论中称这为"简并性"，我们在波动力学中仍将保留这个名称。现在，既然方程是线性齐次的，任何带有完全任意系数的解的线性组合也是属于**同一**本征值的解。大家都知道，在这种情况下，如果另一组解是由第一组解的独立的线性组合形成的，其数目也和第一组解相同，那么，这两组解就无法区别开来。用这种构成线性组合的方法，我们能得到一些呈现出非常不同的行为的解。举例说吧，有这样一组解，它们的节面是：(1)同心球，(2)同轴锥，(3)通过锥轴的平面，你可以由这组解构成另一组解，在那里，同心球和同轴锥被两组共焦抛物面所代替。这还只是最简单的例子。一般说来，取任意的系数，节面系统将复杂得**多**。

属于各个本征值的解的这种多重性（这在通常的振动问题中已为大家所熟知）在原子问题中极为重要。如果没有多重性（例如，对于最低的频率，$n=1$），那么，势能 V 的一个微小变化，例如相当于加上一个弱外电场，除了使本征值产生微小的位移和使本征解产生微小的变化以外，就不会再引起什么变化了——这就像将一小片金属附加到一个音叉上，只不过稍微改变它的音调和它的振动形式而已。但是一个多重的（比如说 α 重的）本征值在这种情况下却显示出这样一种实际的多重性，它分裂成 α

个稍有差异的不同本征值,其中每一个现在都有完全确定的本征函数,它稍稍不同于属于这多重值的本征函数的完全确定的线性组合。从理论上说来,这种分裂可为最微小的扰动所引起,并且可以由于两种性质不同的扰动而有很大的区别。举例说,一个均匀电场产生前述的抛物面节面,而磁场却产生球面和锥面。

几乎不需要说明,刚才所举两种情况下的分裂正相当于塞曼和斯塔克效应中氢光谱线的分裂。新理论对光谱线的位移所做的定量描述就像旧理论所描述的一样。但是,新理论能够描述更多的东西,那是旧理论所难以办到的,这就是:光谱线的**偏振**状态,它们的**强度**,特别是**不存在**许多这样的谱线,而要是我们考虑到能级分裂的**一切**可能的差异,我们本可以指望这些谱线是会出现的。我们将立即看到这一点。

5. 波函数的物理意义。对于选择定则和光谱线的偏振定则的解释

微扰效应的高度重要性是在于这一事实:简并性一旦被消除,我们就必须立即同唯一地规定的本征函数 ψ_k 打交道,对于所谓 ψ 这个量的物理意义所做的任何假说,现在就可以比较容易地加以检验了。

让我们称

$$E_k = h\nu_k \text{ 和 } \psi_k(x, y, z)$$

为问题的本征值、本征频率和本征函数,它的势能我们设想为是十分不对称的,由此足以消除一切的简并性。那么,带有任意常数 c_k, θ_k 的

$$\psi = \sum_k c_k \psi_k e^{2\pi i(\nu_k t + \theta_k)}, \tag{15}$$

将描述这系统的最一般的"振动"。[①] 既然每个 ψ_k 除了可乘以任意常数以外,它本身是唯一地规定了的,为了避免混乱起见,我们将使各个 ψ_k 都满足归一化条件

$$\iiint \psi_k \, dx \, dy \, dz = 1. \tag{16}$$

或许这里值得一提,这些 ψ_k 自动地具有一个非常重要的性质,那就是它们是相互"正交"的:

---

① 这里我们没有考虑到那种对应于双曲线轨道的"连续谱"。我们或者可以设想这些振动方式不存在,或者认为 $\sum_k$ 包括一个作为极限情形的积分,为了适当地估计到本征值的连续区域,这个积分是必须加上的。然而,我总希望避免公式的不必要的累赘。

$$\iiint \psi_k \psi_l \mathrm{d}x\,\mathrm{d}y\,\mathrm{d}z = 0,当 k \neq l, \tag{17}$$

并且它们构成了一个**完备的**正交集;就是说,同它们**全体**都是正交的函数必然是 0。(对于用这些 ψ_k 来把任一函数展开为级数这件事来说,上述这些性质是十分重要的,但我们将不在这里讨论它,因为我们暂时还不需要)

现在回到一般的振动函数(15)。我们提出这样的问题:能否给 ψ 这个量以一定的物理意义,使得频率为

$$\nu_{kk'} = \nu_k - \nu_{k'}$$

的光的发射成为可理解的? 行,这是做得到的。但是,说来奇怪,这只有当我们利用**复数的** ψ 函数而不是只利用它的实数部分时才能成立,而我们在通常振动问题中是习惯于只取实数部分的。

必须接受的假说是很简单的,这就是令 ψ 的绝对值平方同电密度成比例,这个电密度按照通常电动力学定律引起光的发射。既然 ψ 的绝对值平方是 ψ 乘以共轭复数值的量(我们称它为 $\bar{\psi}$),从(15)式立即可以看出,组成 $\psi\bar{\psi}$ 的项以所要求的频率 $\nu_k - \nu_{k'}$ 的余弦因子这样的形式来包含时间的。更准确地说,让我们令电荷密度 ρ 为

$$\rho = -e\,\psi\bar{\psi} = -e \sum_k \sum_{k'} c_k c_{k'} \psi_k \psi_{k'} \mathrm{e}^{2\pi \mathrm{i}\left[(\nu_k - \nu_{k'})t + \theta_k - \theta_{k'} \right]}, \tag{18}$$

这里 e 表示电子电荷的绝对值。将此式对整个空间积分,并利用方程(16)和(17),我们得出**总**电荷为

$$-e \sum_k c_k^2,$$

这表示我们必须假设

$$\sum_k c_k^2 = 1,$$

以便使总电荷等于电子电荷(我们有意要这样做)。

前面已说过,ψ 实际上是限制在几个埃(Ångstrom)的非常小的区域内,因而 ρ 也是这样。既然频率为 $\nu_k - \nu_{k'}$ 的光辐射的波长要比这个区域大得多,所以,大家都知道,起伏密度 ρ 的辐射同电矩的 z 分量为

$$M_z = \iiint z\rho\,\mathrm{d}x\,\mathrm{d}y\,\mathrm{d}z$$

(类似地可写出 x 和 y 分量)的电偶极子的辐射非常相近。从(18)式计算 M_z,在简单的演算之后,我们求得

$$M_z = -\sum_k c_k^2 a_{kk'} - 2\sum_{(k,k')} c_k c_{k'} a_{kk'} \cos\left[2\pi(\nu_k - \nu_{k'})t + \theta_k - \theta_{k'} \right]. \tag{19}$$

这里 $a_{kk'}$ 是下面的**恒量**的缩写：

$$a_{kk'} = e \iiint z\psi_k\psi_{k'} \ dx \ dy \ dz, \qquad (20)$$

而 $\sum\limits_{(k,k')}$ 表示对于所有的 (k,k') **对**求和。因此这些积分的平方（以及相应的关于 x 和 y 方向的积分）决定着频率为 $|\nu_k - \nu_{k'}|$ 的发射光的强度。强度并不是由它们单独决定的；振幅常数 c_k 当然也起作用。但这是十分令人满意的。因为积分 $a_{kk'}$ 为系统的本性所决定，即为它的本征函数所决定，而不用考虑它的**状态**。$a_{kk'}$ 是相应的电矩的振幅，如果只有 $\psi_k, \psi_{k'}$ 这两个本征振动被激发，并且它们具有相等的强度 $\left(c_k = c_{k'} = \dfrac{1}{\sqrt{2}}\right)$ 的话，$a_{kk'}$ 将由 $\psi_k, \psi_{k'}$ 这两个本征振动所产生。

（19）式中的第一个和式对我们研究的辐射没有意义，因为它表示电矩的一个不随时间变化的分量。

关于 $\psi\bar\psi$ 假说的正确性已经得到了验证，所用的方法就是在那些 ψ_k 已被充分规定了的情况中，即在塞曼和斯塔克效应中计算出 $a_{kk'}$。所谓选择定则、偏振定则和这些图样中的强度分布，都可用这些 $a_{kk'}$ 以下述的明显方式来描述，而这种描述和实验完全符合。

一条预期会出现的谱线的**不存在**（"选择定则"）是用对应的 $a_{kk'}$ 和另外两个关于 x 和 y 方向的恒量**等于零**来描述的。

一条谱线在一个确定方向上的**线偏振**是用这样一个事实来描述的：**只有**对应于**这个**方向的恒量 $a_{kk'}$ 不等于零，而另外两个恒量都是零。类似地，比如 xy^- 平面上的圆偏振是这样来表示的：① z^- 恒量等于零，② x^- 和 y^- 恒量相等，以及③在方程（19）中相应的余弦函数之间有 $\dfrac{\pi}{2}$ 的相差。

最后，氢的斯塔克图样和塞曼图像中那些不等于零的分量之间的**强度关系**是由这些 $a_{kk'}$ 的平方值之间的关系来做正确的表示的；这种关系很能令人满意，因为，尽管我们缺乏关于 c_k 的其他方面的知识，但是关于同一**能级**的精细结构的分量的各个 c_k 是相等的这个假定是富有启发性的。

当然，不可能在这次演讲中把得出上述结论的任何计算都加以介绍；这样得耗费许多篇幅，虽然毫不困难，但却非常烦琐。但不管它们怎样烦琐，令人惊奇的是，一切人所熟知的但却不为人所理解的"定则"从非常平常而又基本的并且绝对令人信服的分析中一个接着一个地显示出来，这就像 $\int_0^{2\pi} \cos m\phi \ \cos n\phi \ d\phi$ 除 $n=m$ 外都等于零这一事实一样。当人们一且做出了关于$\psi\bar{\psi}$的假说,就不需要也不能够做出任何附加的假说;如果这些"定则"不能正确地显示出来,那么谁也帮不了我们的忙。但是,很幸运,它正是这样地显示出来了。

我想我应当提醒大家注意我只在开始时简略地提到过的另一个事实,即玻尔的非常基本的"频率定则":

$$\nu_{kk'} = \nu_k - \nu_{k'} = \frac{1}{h}(E_k - E_{k'}),$$

也可以说是为$\psi\bar{\psi}$假说所解释。在原子中存在着确实以**观测到的**频率在振动着的某种东西,这就是电密度分布的某个部分,或者,如果你愿意,也可以是$\psi\bar{\psi}$的某个部分。

这可能引导我们去做这样的猜想:只有ψ函数的绝对值的平方才有实在的意义,而ψ函数本身则没有实在的意义。而这种设想又会引起这样一种愿望,即想用一个直接描述$\psi\bar{\psi}$的行为的方程来代替波动方程。为了打消这种愿望,我要提醒你们回想一个事例,在这个事例中,由于完全类似的理由或许会引起类似的愿望;但你们全都会承认,要追求这种愿望是注定要失望的。

麦克斯韦方程描述电磁矢量的行为。但这些都不是真正能够观察到的。唯一可以观察到的是有质动力(ponderomotive forces)或者能(如果你愿意的话),因为这些力都是由虚能差所引起的。但所有这些量(能、麦克斯韦应力)都是场矢量的**二次**函数。因此,我们或许会期望用别的方程来代替麦克斯韦方程,这些方程可直接决定场矢量的可观察的**二次**函数。但是任何人都会同意,这无论如何意味着很大的麻烦,而且没有麦克斯韦方程实际上也就不能做到这一点。

6. 含有时间的波动方程(就其本来的意义而言)的推导

我们用来研究氢原子的方程

$$\nabla^2\psi + \frac{8\pi^2 m}{h^2}(E - V)\psi = 0, \tag{13}$$

仅仅提供振动振幅在空间中的分布,它对时间的依赖关系总是由下式表示:

$$\psi \sim e^{\frac{2\pi i E t}{h}}. \tag{21}$$

频率的值E在方程中出现,所以我们实际处理的是一组方程,其中每一个方程只对一个特殊的频率成立。事情正如同在通常的振动问题中一样；我们的方程对应于通常所谓的"振幅方程"[见第 3 节,方程(10′)]

$$\nabla^2 \psi + \frac{4\pi^2 \nu^2}{u^2}\psi = 0, \qquad (10')$$

而不对应于

$$\nabla^2 p - \frac{1}{u^2}\ddot{p} = 0, \qquad (10)$$

前面已讲过从后一方程导出前一方程的方法(即假设 p 是时间的正弦函数)。现在的问题是从相反的方向进行类似的推算,即要消去振幅方程中的参数 E,而用时间导数来代替它。这很容易做到。取方程组(13)中的**一个**(具有一特殊的 E 值),然后,从(21),我们得到

$$\dot{\psi} = \frac{2\pi i E}{h}\psi \quad \text{或} \quad E\psi = \frac{h}{2\pi i}\dot{\psi}.$$

利用这个关系,我们从(13)得到

$$\nabla \psi - \frac{4\pi m i}{h}\dot{\psi} - \frac{8\pi^2 mV}{h^2}\psi = 0. \qquad (22)$$

不论 E 取什么值,都可以得到**同样**的方程(因为 E 已消去)。因此方程(22)对任何本征振动的线性组合都将成立,即对于那种作为这问题的解的最一般的波运动,这方程也是成立的。

我们可以进一步尝试在势能 V 明显地包含时间变数的情况下也利用这个方程。这究竟是不是一个正确的推广,并不是显而易见的,因为可能遗漏了那些包含 $\dot{V}$ 等等的项——从我们得到这个方程的方法看来,它们或许是有可能进入方程(22)的。但是成果会证明我们的做法是否正当。当然,要做出假定,说方程(13)中的 V 是明显地包含时间的,那是荒谬的,因为限制这个方程的条件(21),在一任意变化的 V 函数的情况下,会使这个假定不可能满足(13)。

7. 受交变电场微扰的原子

这个推广使得我们能够解决这样一个重要问题:在交变外电场即入射光波的作用下,原子的行为是怎样的呢? 这是一个非常重要的问题:因为它不仅包含次级辐射特别是共振辐射的机制,并且还包含在适当频率的入射辐射作用下原子态变化的理论,此外,还有折射与色散的理论;因为,众所周知,色散——我指的是一种折射率的现象——是由于初级辐射

和所有次级子波的叠加而形成的,这些次级子波是物体的每单个原子在初级辐射的作用下发射出来的,它们和初级辐射同相。如果入射电矢量 **E** 使得每个原子发射一个次级子波,**就像**电矩偶极子所发射的一样:

$$\boldsymbol{M} = \alpha\boldsymbol{E}, \tag{23}$$

式中 α 是一个恒量。如果单位体积中有 Z 个原子,那么,它们将使折射有一个增量

$$2\pi Z\alpha. \tag{24}$$

因此,研究 α 的值(它通常依赖于频率)就意味着研究折射与色散的现象。

为了考察原子在交变电场作用下的行为,让我们设想方程(22)中的 V 是由两部分组成的,其中一部分描述原子内部静电场 V_0,而另一部分描述光场 $Aez \cos 2\pi\nu t$;A,ν 表示光场的振幅和频率,我们假定这光场是沿 z 方向而偏振的(电子电荷的负号已经考虑到了,这里的 e 是一个正数)。因此方程(22)成为

$$\Delta^2\psi - \frac{4\pi m\mathrm{i}}{h}\dot{\psi} - \frac{8\pi^2 m}{h^2}(V_0 + Aez \cos 2\pi\nu t)\psi = 0. \tag{25}$$

我们将设想 A 较内部场(用 V_0 表示)小得多,并用近似法解这个方程。如果 A 是零,我们将通过假设(21)而回到方程(13)(不同的仅仅是以记号 V_0 代替 V)。我们将假设未受微扰的原子的问题已完全解决,它的归一化本征函数和本征值是

$$\psi_k \text{ 和 } E_k(=h\nu_k).$$

因此,当 $A=0$ 时,(25)的最普遍解是

$$\psi = \sum_k c_k\psi_k \mathrm{e}^{2\pi\mathrm{i}\nu_k t}, \tag{26}$$

式中各个 c_k 是任意复数值恒量。

我们将试用(26)去满足仍带有 A 的方程(25),但是(26)式中的 c_k 现在要随时间做微小的变化(恒量变值法)。考虑到这一点,并考虑到 ψ_k,$h\nu_k$ 是未受微扰方程的本征函数和本征值,将(26)代入(25),我们很容易得到

$$\sum_k \dot{c}_k\psi_k \mathrm{e}^{2\pi\mathrm{i}\nu_k t} = \frac{2\pi\mathrm{i}}{h}Aez \cos 2\pi\nu t \sum_k c_k\psi_k \mathrm{e}^{2\pi\mathrm{i}\nu_k t}. \tag{27}$$

如果左端对于正交函数 ψ_k 的**完备**系展开的**全部**系数和右端相应的展开系数恒等(对于任何时间都恒等),则这个方程将被满足。因此,乘以 ψ_l 并对整个空间积分。取缩写(见第 5 节)

$$a_{kl} = e\iiint \psi_k\psi_l z \, \mathrm{d}x \, \mathrm{d}y \, \mathrm{d}z. \tag{20}$$

那么，由于各 ψ_k 的归一性和正交性，我们得到

$$\dot{c}_l \mathrm{e}^{2\pi i \nu_l t} = \frac{2\pi i}{h} A \cos 2\pi \nu t \sum_k a_{kl} c_k \mathrm{e}^{2\pi i \nu_k t} \quad (l=1,2,3,4,\cdots). \qquad (28)$$

这个常微分方程的无穷集是和（27）**等价的**。分离 $\dot{c}_l$ 并将余弦分裂成指数函数，我们将它写成

$$\dot{c}_l = +\frac{\pi i A}{h} \sum_k a_{kl} c_k \left[\mathrm{e}^{2\pi i (\nu_k - \nu_l + \nu)t} + \mathrm{e}^{2\pi i (\nu_k - \nu_l - \nu)t} \right]. \qquad (28')$$

到这里为止，我们还没有利用任何近似方法。现在我们将用两种不同的方法来进行这一工作，一种方法导出了次级辐射理论（不包括共振的情况）和色散理论，而另一种方法则提供了共振的情况和原子态的变化。

第三次演讲

8. 次级辐射理论和色散理论

在方程（28′）中，我们首先假设所有在指数上出现的组合

$$\nu_k - \nu_l \pm \nu,$$

较

$$\frac{A a_{kl} c_k}{h}$$

的数量级要**大**得多。这表示入射频率和任一个自发射频率的**差**要比原子从外场得到的**势能**所对应的频率大（完全**共振**或接近**共振**时除外）。从这个假设来看，方程（28′）表示 c_l 的**全部**时间导数都比指数函数的时间导数小。在说明了这一点之后，让我们在（28′）中的任何一个方程的右端取出任一指数函数。我们可以假设，在指数函数的一个周期中，它的系数 c_k 是一个恒量。因此，**这**一项将只使 c_l（左端的）产生一个小的周期振荡，当指数函数经过一个周期以后，这个 c_l 将恢复到原状（或者差不多如此）。但是同样的情况对**所有**指数函数都成立。因此**所有**的 c 围绕它们的平均值进行很多的微幅振荡，当 A 消失时振荡当然也就消失。因此，我们可以用一些恒量来代替方程组（28′）**右**端的各个 c，就是说用它们的平均值去代替各个 c，因为略去微幅振荡以后，这里只省略了那些带有 A^2 的项。我们用 c_k^0 表示所说的恒量。现在这些方程很容易积分了。我们得到

$$c_l = c_l^0 + \frac{A}{2h} \sum_k a_{kl} c_k^0 \left[\frac{e^{2\pi i(\nu_k - \nu_l + \nu)t}}{\nu_k - \nu_l + \nu} + \frac{e^{2\pi i(\nu_k - \nu_l - \nu)t}}{\nu_k - \nu_l - \nu} \right].$$

因此，我们的解（26）中的第 l 项将是

$$c_l \psi_l e^{2\pi i \nu_l t} = c_l^0 \psi_l e^{2\pi i \nu_l t} +$$

$$\frac{A \psi_l}{2h} \sum_k a_{kl} c_k^0 \left[\frac{e^{2\pi i(\nu_k + \nu)t}}{\nu_k - \nu_l + \nu} + \frac{e^{2\pi i(\nu_k - \nu)t}}{\nu_k - \nu_l - \nu} \right]. \tag{29}$$

虽然我们还没有到达能和实验相比较的地步，但我们还是要用文字来描述那些在入射光波作用下按照方程（29）而发生的事件。不论每一个本征振动 ψ_l 本身是否一开始就是受激的，它都会被迫进行许多小的附加的受迫振荡，那就是，每一个**被激发到相当程度**的本征振动 ψ_k（$c_k^0 \neq 0$）都

给了它两份"赏赐"。如我们所说的：ψ_l 因受到 ψ_k 的"赏赐"而进行的两个受迫振荡的频率是 $\nu_k \pm \nu$，那就是入射频率同"赏赐"的本征振动频率的和与差。它们的振幅是同外场的振幅和"赏赐的"振动的振幅两者都成比例的；它们也包含一个因子 a_{kl}，这是一个恒量，它掌管着那个频率为 $|\nu_k - \nu_l|$ 的自发射的强度。而且，在两个受迫振幅中出现了两个"共振分母"，当入射频率接近自发辐射频率 $|\nu_k - \nu_l|$ 时，它们使得两个振幅中的一个急剧增大。

在从(26)和(29)得出完全解以前，我们不妨只限于处理最重要的情况，那就是只有**一个**自由振动(比如说是 ψ_k)受激的情况：

$$c_k^0 = 1, \quad c_l^0 = 0, \quad 当 l \neq k.$$

我们可以设想 ψ_k 对应于正常状态。那么，在方程(29)的右端，第一项(除了 $l = k$ 外)和连加号都可以略去，并且我们为了求完全解，得到[把方程(26)中的 k 用 l 来代替]

$$\psi = \psi_k e^{2\pi i \nu_k t} + \frac{A}{2h} \sum_l a_{kl} \psi_l \left[\frac{e^{2\pi i(\nu_k + \nu)t}}{\nu_k - \nu_l + \nu} + \frac{e^{2\pi i(\nu_k - \nu)t}}{\nu_k - \nu_l - \nu} \right]. \tag{30}$$

(注意**现在**指数已同求和指数 l 无关；只有**两个**受迫振动的频率存在。)

为了得到次级辐射的知识，我们从(30)式构成合成电矩的分量[1] M_z。在化简之后，省略二阶的微小项(同 A^2 成比例)，我们得到

$$M_z = -e \iiint \psi \overline{\psi} z \, dx \, dy \, dz = -a_{kk}$$
$$+ \frac{2}{h} A \cos 2\pi \nu t \sum_l \frac{(\nu_l - \nu_k) a_{kl}^2}{(\nu_l - \nu_k)^2 - \nu^2}. \tag{31}$$

第一项 $-a_{kk}$ 同时间无关；它是由于自由振动 ψ_k 的受激而形成的恒定电矩。我们在这里对它没有什么兴趣。第二项决定次级子波。它的频率与入射电力($A\cos 2\pi\nu t$)的频率相同。它的相与入射电力相同或者相反，这要随 $\nu \lessgtr \nu_l - \nu_k$ 而定，就像在经典理论中一样[如果 ψ_k 对应于正常态，所以 $\nu_l - \nu_k$ 永远是正的，这个关系就成立；如果 $\nu_l - \nu_k$ 是负的，则相反的关系成立；色散公式的克拉麦斯(Kramers)项]。从(31)式的右端第二项除去 $A\cos 2\pi\nu t$ 就求得了方程(23)中的量 α，根据表示式(24)，它是决定对折射率的贡献的。分母 $(\nu_l - \nu_k)^2 - \nu^2$ 提供了所有**那些**包含 ψ_k 的指数 k(记

---

[1] 一般说来，对于各向异性的原子，还有 M_y 和 M_x(与入射辐射的偏振正交)。这里我们不想讨论它们。

住我们曾假定只有 ψ_k 这**一个**自由振动被激发）的**发射**（或吸收）频率附近的反常色散现象。分子中的 $\alpha_{kl}{}^2$ 与那个决定自发射 $|\nu_k - \nu_l|$ 的强度的量相同。在所有这些方面，这公式是亥姆霍茨老公式（为克拉麦斯的"负"项所补充）的完整的摹本，它被认为是同实验完全符合的。

另外两点也是值得提出的。你们都知道托马斯（Thomas）和库恩（Kuhn）提出了关于色散公式中全部系数的**总和**的假说，在我们这里是

$$\frac{2}{h} \sum_l (\nu_l - \nu_k) a_{kl}{}^2.$$

按照他们的见解，这应当等于有关**一个**受弹性束缚的电子的系数值，就是说，它必须等于

$$\frac{e^2}{4\pi^2 m}.$$

（在我们这里是乘以 **1**，因为我们处理的是**单**电子原子；一般说来，应当乘以一个整数）

对于我们的色散公式，上述二量的相等是能加以**证明**的，但证明有点儿冗长，因此我要省略它。

第二个注意点如下：也许你们记得那个首先由斯梅卡（Smekal）提出的讲法：频率不同于入射辐射频率 ν 的次级辐射（**因此没有相的关系，因此没有折射现象的影响**）也应当是存在的。预期的频率是

$$\nu \pm (\nu_k - \nu_{k'}).$$

如果我们放弃只有**一个自由**振动是受激的这样的简单化的假定，而假设它们之中至少存在着两个，比如说 ψ_k 和 $\psi_{k'}$，那么现在的理论所给出的正是这些频率的次级辐射。

9. 共振辐射理论，频率与自然发射频率一致或接近一致的入射辐射所引起的原子态变化的理论

在上节的开头，我们曾必须假设像

$$\nu_k - \nu_l \pm \nu$$

那样的全部组合都有不可忽略的大小，这表示入射光的频率 ν 不能与所考察的原子的任何自然频率极其接近，现在我们要研究入射频率非常接近于一个自然频率的情形。为了集中我们的思想，设

$$\nu_k - \nu_l + \nu \text{ 很小，而 } \nu_l > \nu_k.$$

（"很小"意味着数量级为 $A a_{kl}/h$ 或者更小，也可能为零）

回到方程(28′),你们现在会发现方程组的右端有**两个**指数项都是缓慢地变化,这就是

$$e^{2\pi i(\nu_k - \nu_l + \nu)t} \text{ 和 } e^{2\pi i(\nu_l - \nu_k - \nu)t},$$

前者出现在第 l 个方程中,后者出现在第 k 个方程中。(我们将立刻看到)不管入射波的振幅 A 可能是多么小,这些项现在使 c_k, c_l 两个量发生了很可观的"久期的"变化。而所有其他指数,如以前一样,只引起小的周期性扰动。因此,有理由略去它们,因为我们现在处理的是更为粗糙的现象(就是 c_k 和 c_l 的可观的久期变化)。我们甚至可以设想,其他的 c 全都是零;这并没有什么关系,因为它们在我们所指望的准确度范围内都必然是恒量。为了决定 c_k 与 c_l,我们从(28′)得到两个简单的方程:

$$\left.\begin{aligned}\dot{c}_l &= i\sigma c_k \varepsilon^{i\varepsilon t}, \\ \dot{c}_k &= i\sigma c_l \varepsilon^{-i\varepsilon t},\end{aligned}\right\} \tag{32}$$

其中的简写为

$$\sigma = \frac{\pi A a_{kl}}{h}, \varepsilon = \nu_k - \nu_l + \nu.^{①} \tag{33}$$

为了解这两个方程,我们引入新的变数 x, y,取

$$c_l = x e^{\frac{i\varepsilon t}{2}}, c_k = y e^{-\frac{i\varepsilon t}{2}}. \tag{34}$$

结果可改写为

$$\left(\frac{d}{dt} + \frac{i\varepsilon}{2}\right)x = i\sigma y,$$

$$\left(\frac{d}{dt} - \frac{i\varepsilon}{2}\right)y = i\sigma x.$$

这些方程都有**常系数**,也都容易用熟悉的方法解出。解可以写成下列形式:

$$\left.\begin{aligned}x &= \rho\, e^{i(\gamma t + \phi)} + \mu \rho' e^{-i(\gamma t + \phi')}, \\ y &= \mu \rho\, e^{i(\gamma t + \phi)} - \rho' e^{-i(\gamma t + \phi')},\end{aligned}\right\} \tag{35}$$

其中的简写是

$$\gamma = \sqrt{\frac{\varepsilon^2}{4} + \sigma^2}, \mu = \frac{\gamma + \frac{\varepsilon}{2}}{\sigma}, \tag{36}$$

而 ρ, ρ', ϕ, ϕ' 是**任意**的实恒量,如果你愿意,可以令它们不是负的。我们可以把(35)写成下列形式:

---

① 严格地说,ε 应等于 $2\pi(\nu_k - \nu_l + \nu)$。——译者

$$
\left.
\begin{aligned}
x &= \mathrm{e}^{\frac{\mathrm{i}(\phi-\phi')}{2}}\left[(\rho+\mu\rho')\cos\theta + \mathrm{i}(\rho-\mu\rho')\sin\theta\right], \\
y &= \mathrm{e}^{\frac{\mathrm{i}(\phi-\phi')}{2}}\left[(\mu\rho-\rho')\cos\theta + \mathrm{i}(\mu\rho+\rho')\sin\theta\right],
\end{aligned}
\right\}
\tag{37}
$$

其中的简写

$$
\theta = \gamma t + \frac{\phi+\phi'}{2}.
\tag{38}
$$

从(37)我们很容易得出 x 和 y 的绝对值的平方，也就是[由方程(34)]c_l 和 c_k 的绝对值的平方，从而我们得到问题中两个振动间变化着的强度分布的知识——这是主要的意义所在。我们得到

$$
\left.
\begin{aligned}
|c_l|^2 &= |x|^2 = (\rho-\mu\rho')^2 + 4\mu\rho'\cos^2\theta, \\
|c_k|^2 &= |y|^2 = (\mu\rho-\rho')^2 + 4\mu\rho'\sin^2\theta.
\end{aligned}
\right\}
\tag{39}
$$

这些强度之和是恒量，正如所预期的一样。可以认为它是由三个部分所组成，其中有两个"部分"不变地固定在两个振动级上，第三"部分"（就是 $4\mu\rho'$）在它们之间缓慢地振荡。为了集中我们的思想，让我们考察这样的一种情况，在这种情况下，全部强度在某一个时刻都集聚于**一个**振动（比如说下面的一个振动 c_k）。在选择适当的 t 值以使 $\cos\theta=0$ 的同时，这要求

$$
\rho' = \frac{\rho}{\mu}.
$$

那么，我们就得到强度的振荡部分和总强度之比为

$$
\frac{4\mu\rho\rho'}{(\mu\rho+\rho')^2} = \frac{4}{\left(\mu+\dfrac{1}{\mu}\right)^2} = \frac{\sigma^2}{\gamma^2} = \frac{\sigma^2}{\sigma^2+\dfrac{\varepsilon^2}{4}}.
\tag{40}
$$

利用由(36)式可以明显看出的事实，即

$$
\mu = \frac{\gamma+\dfrac{\varepsilon}{2}}{\sigma} = \frac{\sigma}{\gamma-\dfrac{\varepsilon}{2}}.
$$

我们看到，当 $\varepsilon=0$ 时，**总强度是振荡的**。从(33)式可以看出，$\varepsilon=0$ 意味着锐共振的情形。如果共振是不完全的，那么(40)表示只有某一部分强度在振荡，当缺少共振时，即当 ε 较(33)式规定的 σ 大得多时，振荡部分就变得微不足道了[σ 的数量级是原子在光波的电场中由于第 k 个和第 l 个振动方式的合作而形成的电矩所获得的**势能**（除以 h）]。如果能够构成入射光振幅 A 的全面观念的话，量 σ 在一定意义上会给出共振线的天然锐度的度量。我们不拟在这里讨论这个问题。

这里粗略地提出的理论既描述了由于适当的频率的辐射而引起的原子态的变化,也描述了共振辐射的出现。由于**两个**振动 ψ_k 和 ψ_l 的存在,当然会引起它们的天然发射。值得指出的是,由于方程(34)中出现的指数,这种发射的频率**不应该**正好等于 $\nu_l - \nu_k$,而是应该正好等于入射光波的频率 ν。

10. 波动力学向非单质点系的扩展

到此为止,我们只对一种很简单的系统应用了波动力学方法,这系统就是一个在不变的力场或随时间而变的力场中运动的单质点。现在我们要着手研究完全任意的力学系统。我们或许在以前就可以做到了这一点;对前面谈过的关于交变电场作用的一切,只要稍加修改,就可以应用到任意的系统上去,即多电子原子上去。但是我想,在我们的心目中有一个清晰而简单的实例,似乎更好。

在第一次演讲中所做的关于基本波动方程的推导很容易扩展到完全任意的系统,唯一的差别就是发生波传播的"空间"不再是通常的三维空间,而是"位形空间"。

让我们回忆一下曾作为我们的出发点的哈密顿-莫培督原理,就是

$$\delta \int_A^B 2T \ \mathrm{d}t = 0. \tag{1}$$

令

$$2T = mw^2 = m\left(\frac{\mathrm{d}s}{\mathrm{d}t}\right)^2 = 2(E - V) = \frac{\mathrm{d}s}{\mathrm{d}t}\sqrt{2m(E - V)},$$

我们就将(1)变换为

$$\delta \int_A^B \sqrt{2m(E - V)}\,\mathrm{d}s = 0. \tag{2}$$

然后我们将它同关于波传播的费马原理

$$\delta \int_A^B \frac{\mathrm{d}s}{u} = 0 \tag{3}$$

作比较,这就使我们得到

$$u = \frac{C}{\sqrt{2m(E - V)}}. \tag{4}$$

现在,T **一般不取** $\frac{m}{2}\left(\frac{\mathrm{d}s}{\mathrm{d}t}\right)^2$ 这种简单形式,而取

$$2T = \sum_l \sum_k b_{lk} \dot{q}_l \dot{q}_k, \tag{41}$$

式中 b_{lk} 是广义坐标 q_l 的函数。我们现在用下式来**定义**广义的 q 空间中的线元 $\mathrm{d}s$：

$$2T = \sum_l \sum_k b_{lk} \dot{q}_l \dot{q}_k = \left(\frac{\mathrm{d}s}{\mathrm{d}t}\right)^2,$$

或者

$$\mathrm{d}s^2 = \sum_l \sum_k b_{lk} \mathrm{d}q_l \, \mathrm{d}q_k, \tag{42}$$

后式所描述的广义非欧几里得几何正是哈因利希·赫兹（Heinrich Hertz）在他的著名的力学中所应用的几何学，这种几何学使他在处理一个任意系统的运动时，在形式上可以像处理一个单质点的运动一样（在一非欧几里得的多维空间里）。将这种几何学引用到这里，我们很容易看出第一次演讲中导出基本波动方程的一切考虑都可以转换过来，甚至在形式上还稍有简化，就是说我们必须取 $m=1$。用完全像以前一样的方法，我们得到

$$u = \frac{E}{\sqrt{2(E-V)}},$$

而最后得到的波动方程（或者比较恰当地说，是振幅方程）是

$$\nabla^2 \psi + \frac{8\pi^2}{h^2}(E-V)\psi = 0. \tag{43}$$

关于在本来意义上的波动方程，正和以前一样（第 6 节），我们得到

$$\nabla^2 \psi - \frac{4\pi \mathrm{i}}{h}\dot{\psi} - \frac{8\pi^2 V}{h^2}\psi = 0. \tag{44}$$

但是，∇^2 现在既**不能**理解为三维空间中的初等拉普拉斯算符，也不能理解为多维欧几里得空间中的初等拉普拉斯算符（就是关于单个坐标的二阶导数之和），而应该把它理解为拉普拉斯算符在具有像（42）那样的广义线元的情况下的众所周知的推广。在处理广义的问题时，我们常能避免写出这种运算的明显的表示式；我们只需要知道它是一个二阶自伴（Self-adjoint）微分算符（不必介意你是否了解"自伴"的意义，此刻这并不重要）。但为了完满起见，我要写下 ∇^2 的一般表示式。设 a_{lk} 是对应于 b_{lk} 的子行列式除以行列式 $\sum \pm b_{lk}$。令 a 表示 a_{lk} 的行列式。那么

$$\nabla^2 \equiv a^{\frac{1}{2}} \sum_l \frac{\partial}{\partial q_l}\left(a^{-\frac{1}{2}} \sum_k a_{lk} \frac{\partial}{\partial q_k}\right). \tag{45}$$

在笛卡儿坐标中处理质量为 m 的单质点的例子中，这个式子简化为 $\frac{1}{m}$ 乘

上初等∇^2算符（就是$\partial^2/\partial x^2+\partial^2/\partial y^2+\partial^2/\partial z^2$）。或者，如果你选择任何别的坐标，例如极（polar）坐标或椭（elliptic）坐标来描述单质点的运动，你会得到$\frac{1}{m}$乘以那个转换到这些坐标的初等∇^2的表示式。如果这系统是由n个自由质点组成，你可以把各个初等拉普拉斯算符除以相关质量，然后再加起来。

现在这种形式的理论可以应用到任意大于、等于、小于三个自由度的系统。我将很快地说明少数例子，如果它们没有什么物理意义，我将不做详细的计算。

11. 例：振子，转子

举一维谐振子为例。在通常的力学中能量的表示式可以取为

$$T+V=\frac{m}{2}\dot{q}^2+2\pi^2\nu_0^2mq^2.$$

（我们已将势能的系数用由它所引起的经典本征频率ν_0来表示）

由此很容易导出振幅方程：

$$\frac{1}{m}\frac{\mathrm{d}^2\psi}{\mathrm{d}q^2}+\frac{8\pi^2}{h^2}(E-2\pi^2\nu_0^2mq^2)\psi=0.$$

可以证明，只有对于下列E值，这个方程在沿实q-轴的解才是有限的：

$$E_n=\left(n+\frac{1}{2}\right)h\nu_0;\quad n=0,1,2,3,\cdots,\tag{46}$$

本征函数就是所谓正交厄米函数

$$\psi_n=(2^nn!)^{-\frac{1}{2}}\mathrm{e}^{\frac{x^2}{2}}H_n(x),\tag{47}$$

其中

$$x=q\cdot 2\pi\sqrt{\frac{m\nu_0}{h}}.$$

$H_n(x)$是所谓的n阶厄米多项式。(47)式的头5个函数的图形如下图2。

虽然，理论上它们可以伸展到无穷远，实际上它们被指数函数限制在这样一个区域里，它的数量级与对应的经典力学质点的振幅的数量级相同（这很容易证明）。我们尚未讨论我们的广义ψ函数的物理意义。然而下面的陈述是颇有意思的：如果各ψ_n是单电子问题的本征函数，而q是直角坐标之一，我们应当用积分

$$\int q\psi_k\psi_n\mathrm{d}q$$

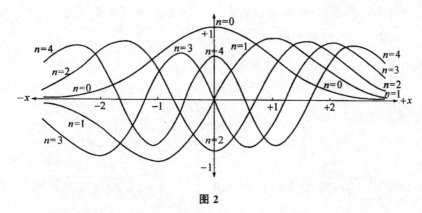

图 2

根据波动学得出的普朗克振子的头 5 个本征振动。在本图中，

在 $-3 \leqslant x \leqslant +3$ 区域之外，这五个函数全都单调地趋近 x 轴。

的平方来估计（按照 $\psi\bar{\psi}$ 假说）频率为 $\frac{1}{h}|E_n - E_k|$ 在 q 方向偏振的发射的

强度。如果**在这里**我们也试图这样做，我们就得到一个最令人满意的结果，就是说，积分**等于零**，除了

$$|k - n| = 1.$$

这意味着除了频率为 $1. \nu_0$ 以外，全部发射频率都是不许可的。后面我们将回到普遍情况下的 ψ 的物理意义问题。

用另一个一维问题作为第二个例子：其轴在空间中固定的简单转子。这里全部能量都是动能，就是

$$\frac{A}{2}\left(\frac{\mathrm{d}\phi}{\mathrm{d}t}\right)^2,$$

这里 $A =$ 转动惯量，$\phi =$ 转动角。振幅方程成为

$$\frac{1}{A}\frac{\mathrm{d}^2\psi}{\mathrm{d}\phi^2} + \frac{8\pi^2 E}{h^2}\psi = 0,$$

这方程有解：

$$\psi = \frac{\sin}{\cos}\left[\sqrt{\frac{8\pi^2 EA}{h^2}}\phi\right].$$

显然，必须限制 ψ 为以 2π 为周期的 ϕ 的周期函数。因此 ϕ 的系数必须是一个整数；这个条件提供了本征值

$$E_n = \frac{n^2 h^2}{8\pi^2 A}, \quad n = 0, 1, 2, 3, \cdots; \tag{48}$$

这同量子论的旧形式**完全**相符。现在让我们如前面一样地试图对辐射强

度做一估计。在通常力学中，如果一个带电粒子固定在离转子重心距离为 a 的地方，它的直角坐标是

$$\left. \begin{matrix} x \\ y \end{matrix} \right\} = a \left\{ \begin{matrix} \cos \\ \sin \end{matrix} \right\} \phi.$$

现在构成

$$\int_0^{2\pi} \psi_n \psi_k \left\{ \begin{matrix} x \\ y \end{matrix} \right\} \mathrm{d}\phi = a \int_0^{2\pi} \left\{ \begin{matrix} \sin \\ \cos \end{matrix} \right\} n\phi \left\{ \begin{matrix} \sin \\ \cos \end{matrix} \right\} k\phi \left\{ \begin{matrix} \sin \\ \cos \end{matrix} \right\} \phi \, \mathrm{d}\phi.$$

既然头两个 $\left. \begin{matrix} \sin \\ \cos \end{matrix} \right\}$ 函数的乘积总是能用 $\left. \begin{matrix} \sin \\ \cos \end{matrix} \right\}$ $(n \pm k)\phi$ 的和或差来表示，那就容易看得出，除非 $|n+k|$ 或 $|n-k|$ 等于 1，或者，实质上也等于说，除非 $|n-k|=1$，上式中所包含的 8 个量都将等于 0。这是众所周知的关于转子的选择定则。现在不假定转子的轴在方向上刚性地固定的，要处理这样的转子是颇有意思的。我们求得振幅方程为

$$\nabla_{\theta,\phi}^2 \psi + \frac{8\pi^2 AE}{h^2} \psi = 0.$$

这里 $\nabla_{\theta,\phi}^2$ 表示初等 ∇ 算符（当用极坐标表示时）中只包含着对 θ, ϕ 这些角微分的**那个**部分。已知上面的方程式只有当常数为两个相接连的整数的积：

$$\frac{8\pi^2 AE}{h^2} = n(n+1), \quad n = 0, 1, 2, \cdots$$

时，它的解才是有限的、单值的，而且此解是 n 阶的球面谐函数[本征值 E_n 是 $(2n+1)$ 重简并的，因为有 $2n+1$ 个独立的 n 阶球面谐函数]。这给出了本征值

$$E_n = \frac{n(n+1)h^2}{8\pi^2 A}; \tag{49}$$

这主要意味着"经典"的公式（48）中的 n 应当由"半整数"来代替[因为 $n(n+1) = \left(n + \frac{1}{2}\right)^2 - \frac{1}{4}$，而在**所有** E_n 中的一个共同常数在构成它们的差时被消去]。已经知道，带光谱的表示常常**不得不**使用"半整数"，并且它们似乎全都同新公式相符合[当然，在使用时，正确的公式是（49）式而不是（48）式，因为分子的轴绝不是刚性地固定下来的]。选择定则可用那个和前一例子中完全相同的方法得出，只是要通过更为麻烦的计算。

第四次演讲

12. 关于氢原子中核运动的校正

在第一次演讲中，我们把氢原子当做一个单体问题来处理，就像它的核是固定于空间中的一样。在通常力学中，人们都熟知，如果我们从二体（质量为 m 和 M）问题开始，我们可以把问题分离成为两个部分，就是：

① 重心的匀速直线运动（惯性运动）。

② 一个具有"并合质量" μ 的物体绕一固定中心的开普勒运动，其中

$$\frac{1}{\mu} = \frac{1}{m} + \frac{1}{M}. \tag{50}$$

按照玻尔的理论，对氢原子的这种精密的处理可以从 He^+ 谱线同**那些**氢谱线之间的频率的微小差异而得到定量的支持，如果原子核具有无穷大的质量，He^+ 谱线就该同那些氢谱线完全重合（换句话说，只要考虑到核的微小运动，He^+ 和 H 的里德伯恒量间的微小差异就可以定量地算出；索末菲）。

我们在波动力学中碰到完全相同的情形。二体问题的六维振幅方程是

$$\frac{1}{m} \nabla_1^2 \psi + \frac{1}{M} \nabla_2^2 \psi + \frac{8\pi^2}{h^2}(E - V)\psi = 0. \tag{51}$$

∇_1^2 和 ∇_2^2 分别表示对于电子的坐标 (x_1, y_1, z_1) 和原子核的坐标 (x_2, y_2, z_2) 的初等拉普拉斯算符。关于 V，我们只需假设它仅仅依赖于

$$r = \sqrt{(x_1 - x_2)^2 + (y_1 - y_2)^2 + (z_1 - z_2)^2}.$$

现在，引入重心的坐标 (ξ, η, ζ) 和 m 对 M 的相对坐标（设为 x, y, z）来代替 $x_1, \cdots, z_2$。我们很容易证明

$$\frac{1}{m} \nabla_1^2 \psi + \frac{1}{M} \nabla_2^2 \psi = \frac{1}{m+M} \nabla_{\xi, \eta, \zeta}^2 \psi + \frac{1}{\mu} \nabla_{x, y, z}^2 \psi.$$

各 ∇^2 的意义是很明显的；μ 由（50）式给出。将此式代入（51），我们得到这样一个方程，只要假设 ψ 是一个只包含 ξ, η, ζ 的函数（设为 ϕ）和另一个只包含 x, y, z 的函数（设为 χ）乘积，这个方程就可以分离成为两个部分。

在分离时,引入这样一个恒量,它在下列方程中用 E_t 表示。对于 ϕ,我们得到

$$\frac{1}{m+M}\nabla^2_{\xi,\eta,\zeta}\phi+\frac{8\pi^2 E_t}{h^2}\phi=0, \tag{52}$$

而对于 χ,我们得到

$$\frac{1}{\mu}\nabla^2_{x,y,z}\chi+\frac{8\pi^2}{h^2}(E-E_t-V)\chi=0. \tag{53}$$

前一方程按照波动力学描述了不受力的重心的运动;常数 E_t 对应于它的平动能量并且可以取任何正值。$E-E_t$ 对应于内能。第二个方程正好是关于在固定场 V 中运动、具有质量 μ 的单体问题方程。因此,对应于内能的本征值同(14′)式只有一个区别,就是其中里德伯恒量中的 m 应由 μ 来代替。这样,前面提到的索末菲的重要结果在波动力学中得到了新的讲法。由于这种推导在分析上的简单性,在文献中关于这个问题未曾有过什么争论。但这实际上是多维波处理中必定有某些东西是正确的这一点的最直接证明之———尽管起初多维波处理也许是令人不满的。

13. 任意系统的微扰

和单电子原子的微扰理论相比,任意系统的微扰理论实际上并不显示什么新的特征。单电子原子微扰理论的一个特例已在第 7—9 节中做了讨论;但我们将重新用一种简明的方式来论述任意系统的微扰理论,以开阔我们的眼界。第 10 节的广义波动方程(44)可以写为

$$\dot{\psi}=\frac{2\pi i}{h}\left(-\frac{h^2}{8\pi^2}\nabla^2\psi+V\psi\right). \tag{54}$$

我们要用 H 来代表**算符**

$$H=-\frac{h^2}{8\pi^2}\nabla^2+V.$$

(V 作为一个**算符**意味着"乘以 V")

那么,由第 10 节(43)式可以看出,本征函数正是**那些**受算符 H 作用后**再现**的函数,且不管一个作为本征值而同它们相乘的恒量:

$$H[\psi_k]=E_k\psi_k. \tag{55}$$

方程(54)可写成简单的形式:

$$\dot{\psi}=\frac{2\pi i}{h}H[\psi]. \tag{56}$$

现在,给 V 加上一个小的微扰场(它可以是也可以不是明显地含有时间),这意味着把算符 H 稍加改变(当然,也可以用其他方法引起 H 的变化,例如改变其中的一个质量,等等。而且也不妨把这种更加一般的情形包括在我们的处理中)。我们把这个改变后的算符叫做 $H + H'$,同时要记住 H' 必定是一个"小"算符。我们必须解

$$\dot{\psi} = \frac{2\pi i}{h}(H[\psi] + H'[\psi]). \tag{57}$$

试代入带有缓慢变化的时间函数 c_k 的

$$\psi = \sum c_k \psi_k e^{2\pi i \nu_k t}; \nu_k = \frac{E_k}{h}, \tag{58}$$

我们在最初得到

$$\sum_k \dot{c}_k \psi_k e^{2\pi i \nu_k t} = \frac{2\pi i}{h} \sum_k c_k H'[\psi_k] e^{2\pi i \nu_k t}.$$

这个方程将得到满足,如果它和**所有**的 ψ_l 都正交的话。[①] 乘以 ψ_l 并在整个位形空间中求积分:

$$\dot{c}_l = \frac{2\pi i}{h} \sum_k c_k a_{lk} e^{2\pi i t(\nu_k - \nu_l)}, l = 1, 2, 3, 4, \cdots, \tag{59}$$

这里

$$a_{lk} = \int dq H'[\psi_k] \psi_l, \tag{60}$$

而 $\int dq$ 总是表示在整个位形空间中求积分。各个 a_{lk} 都是**微小的**量。

我们要假设微扰是保守的。在这种情况下,a_{lk} 就都是恒量,正如以前所处理的一些特例一样,只有指数为零的那些指数函数才使各个 c_l 有不可忽略的变化。首先,认为系统是非简并的。这样,略去只提供微小振荡的其他项,对于每个 c_l 你可以得到

$$\dot{c}_l = \frac{2\pi i a_{ll}}{h} c_l, \quad c_l = c_l^0 e^{\frac{2\pi i a_{ll}}{h} t}, \tag{61}$$

如果你将它代入(58)式,这就不过是意味着频率稍有改变,其改变量是

$$\frac{a_{ll}}{h}.$$

现在,考虑一个简并的例子。设振幅 $c_l, c_{l+1}, \cdots, c_{l+\alpha-1}$ 属于 α 个不同的本征函数,这些本征函数全都是属于同一个本征值 E_l 或本征频率 ν_l 的。那

---

　　① 就本征函数的完备性和正交性说来,一般的情况是同简单的氢原子的情况一样的,这一点我们认为是理所当然的。这是十分可靠的。我们也同以前一样,不明显地考虑本征值的**连续**谱,以避免公式的过分累赘。

么在同它们有关的每一个方程中，你会得到不仅仅是一个而是 α 个等于零的指数，它们都是引起久期变化的。因此这 α 个振幅将由下面一组方程来决定：

$$\dot{c}_{l+\rho} = \frac{2\pi i}{h} \sum_{\lambda=0}^{\alpha-1} c_{l+\lambda} \, a_{l+\rho,l+\lambda}; \quad \rho = 0, 1, 2, \cdots, \alpha-1. \quad (62)$$

这些方程表示，在很小的微扰的影响下，在属于同一本征值的简并振动方式之间，一般将有振幅的交换。说它是一种**交换**，那是正确的，因为从方程（62）容易证明

$$\sum_{\rho=0}^{\alpha-1} |c_{l+\rho}|^2 = \text{常数}.$$

然而当想到这种交换时，我们必须记得本征函数组 $\psi_{l+\rho}$（$\rho = 0, 1, 2, \cdots, \alpha-1$）是可以任意地进行行列式为 1 的正交线性变换的。这引导出振幅 c_l 的类似的变换。给定一个确定的微扰，即给定 $a_{l+\lambda,l+\rho}$ 这些量的确定的值，至少总能够找到各个 $\psi_{l+\rho}$ 的一种正交变换，它可以把方程（62）转化为非简并情形的简单形式（61）。这样，用一种适合微扰的这种特殊形式的方法所选定的这些特殊的本征函数，在微扰的作用下，会有**恒定**的振幅平方值，但它们一般将会属于稍有差别的本征频率。α 重本征值已经被分裂为 α 个稍有差别的本征值；简并性为扰动场所消除，而这个简并问题中所特别选定的本征函数，都成为这样的一种非简并本征函数，它们同这微扰问题的各个本征值都是"零级近似"的。本征值的 α 个微小的改变量可以用"久期方程"

$$\begin{vmatrix} a_{ll} - x & a_{l,l+1} & \cdots & a_{l,l+\alpha} \\ a_{l+1,l} & a_{l+1,l+1} - x & \cdots & a_{l+1,l+\alpha} \\ \vdots & \vdots & \vdots & \vdots \\ a_{l+\alpha,l} & a_{l+\alpha,l+1} & \cdots & a_{l+\alpha,l+\alpha} - x \end{vmatrix} = 0$$

的 α 个根来表示。

当然，还可能碰到这些根并非全都不同的情形；这时，某种程度的简并性仍然保持着。我们或者可以说，一组任意选定的简并函数中的各个函数都以未受微扰的频率在振动，但交换它们的振幅；——或者可以说，这组适当的函数中的各个函数都有固定不变的振幅，但每个函数都有稍微不动的频率；这样两种说法当然是相同的。因为——我们可以说明——或者是：一个具有变动的振幅的振动并没有真正获得我们认为它该有的那个频率；或者是：两个或者更多个稍有不同的频率，在它们相互

叠加时,就引起了"节拍现象",就是说,引起了振幅的变化。

14. 两个任意系统间的相互作用

现取起初没有相互作用的两个任意系统,其中之一是按照波动力学[参见方程(56)]由

$$\dot{\psi} = \frac{2\pi i}{h} H[\psi]$$

来描述,而另一个则由

$$\dot{\phi} = \frac{2\pi i}{h} L[\phi]$$

来描述。将第一方程乘以 ϕ,第二方程乘以 ψ,然后将二者相加;你可得到

$$\frac{\mathrm{d}}{\mathrm{d}t}(\phi\psi) = \frac{2\pi i}{h}(H+L)[\phi\psi],$$

因为算符 H 并不影响 ϕ,而算符 L 并不影响 ψ。最后的方程是"并合系统"——即**想象**上把这两个系统合而为一——的波动方程。(所用的方法恰好和"分离"方程时所经常使用的方法相反,而分离方程时假设解是两个各自依赖于不同的单个变量的函数所形成的乘积。)并合系统的本征函数是第一个系统的任一本征函数和第二个系统的任一本征函数的**乘积**。不难看出,这样两个本征函数的乘积的本征值是各个本征值之**和**(这相当于通常力学中的能量的可加性)。单个系统即使是非简并的,但由于本征值的相加,在并合系统中却有可能出现**新的简并性**(为简单起见,让我们假设是前一种情形)。设 E, E' 是第一个系统的两个本征值,F, F' 是第二个系统的两个本征值,并假设

$$E + F' = E' + F = G$$

或

$$E - E' = F - F'.$$

由此可见,如果两个系统之间存在共同的**本征值差**,那就会出现并合系统的一个二重简并的本征值 G。为简单起见,假设没有别的这一类的关系,**现在**再假设两个系统间发生一个微弱的**相互作用**,将算符 $H+L$ 改变为

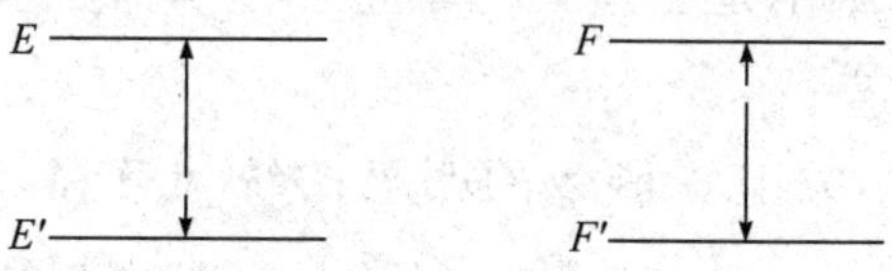

图 3

$H+L+T$,这里 T 当然会既包含第一系统的变量又包含第二系统的变量。那么,属于 $E+F'$ 和 $E'+F$ 的振幅会现出一种缓慢的、久期的交换,而所有其他振幅则基本上保持不变。所讨论的两个振幅的平方和也是常数。从这两个单个系统看来,这只能这样进行解释:F 的振幅因 F' 的振幅的减少而增加,并且好像是用来补偿 E' 的振幅一样,而 E' 的振幅的增加又是以 E 的振幅的减少为代价的。这似乎是旧量子论中所谓一个能量子 $E-E'(=F-F')$ 从一个系统传递到另一系统的适当的波动力学描述。

15. 广义 ψ 函数的物理意义

以上那些结论或许会由于下面这个事实而显得暧昧难解了,这就是,迄今为止,我们没有对函数 $\psi(q_1, q_2, \cdots, q_n, t)$ 的物理解释提出任何明确的假说,这个函数是有关这样一个系统的,它的位形依据通常力学是用广义坐标 $q_1, q_2, \cdots, q_n$ 来描述的。这种解释是一个很微妙的问题。在一般力学系统的情况下,下述观点或许是把电子电荷按照相对密度函数 $\psi\bar\psi$ 而扩展开来的这种做法(这种做法在单电子已提供了令人满意的结果,见第 5 节)的一种明显的推广:真实的自然系统的行为并不像通常力学为它(例如一个具有确定位形的点电荷系统)所建立的图像那样,而却像把这个系统(用 $q_1, q_2, \cdots, q_n$ 来描述)按照相对密度函数 $\psi\bar\psi$ **在它的整个位形空间里**扩展开来而得到的结果。如果一定要用到通常力学图像的话,那么,这就该意味着,实际系统的行为就像这样一幅通常力学的图像:在这图像中,这系统在同一时刻出现在它的一切可能的位形中,不过,在其中某些位形中要比在其他位形中表现得“更强”一些。

我曾在某一时期抱着这种观点。这种观点证明是很有用处的,这可由单电子问题(见第 5 节)中看出。**没有**任何别的关于 ψ 函数的解释能够使我们**理解**那些恒量 a_{kl} 所提供的关于辐射强度和辐射偏振的大量知识。但是这种说明问题的方法肯定是十分不能令人满意的。因为,在以上那些句子中,“其行为像”什么的说法到底是什么意思呢?ψ 函数的“行为”,即其随时间的发展,绝不是受经典力学定律这类东西支配的;它是受波动方程支配的。

有人提出了一个关于 ψ 函数的明显的**统计**解释,认为这种函数完全不和单个系统发生关系,而只是和一个系集(assemblage of systems)发生关系,$\psi\bar\psi$ 确定那些会出现在某一确定位形中的系统(在整个系集中所占的)比率。这种观点有点儿不能令人满意,因为它完全没有说明 a_{kl} 这些量何以能够提供它们确实已提供的一切知识。关于这种统计解释,据说,对于任何一个按照原子的经典图像会有确定的物理意义,并且在原则上(principiell)是可以量度的物理量,都有一些确定的本征值是属于它的(例如有些本征值 E_k 是属于能量的);而且据说对这样一个量的量度结果,总是这一个或那一个本征值,而绝不会是介乎两个本征值之间的。在我看来,这种说法似乎包含着一种颇为模糊的概念,那就是对于一个量(例如能量或动量矩)的**量度**概念,这种概念和原子的经典图像有关,也就是和一种显然错误的图像有关。按照那种我们明知道是错误的图像来解释量度,岂不是有点冒失吗?按照我们终将被迫接受的图像,这些量度会不会具有一种完全不同的意义呢?例如:让一束电子射线穿过汞蒸气之前和之后来量度该电子束在一个电场和一个磁场中的偏斜。按照旧概念,这可以解释为关于汞原子能级差的量度。波动图像则提供了另一种解释,那就是:一部分电子波的频率减小了,其减小量等于汞的两个本征频率之差。说这两种解释不互相抵触,而旧解释是可以同新解释一起站得住脚的,难道这是完全可信的吗?说在宏观现象中不可缺少的能量概念,在微观力学现象中会具有**任何**别的不同于每 h 秒的振动次数的意义,难道这是完全可信的吗?

(本文是薛定谔 1928 年在英国皇家研究院所作的四次演讲的讲稿。——编注)

(范岱年 译)

作为本征值问题的量子化

• *Quantisation as a Problem of Proper Values* •

在理论物理学中，还有什么比他建立波动力学的最初六篇文章更为出色的呢？……他熟悉人类和实践的许多领域，他的广博的知识、敏锐的思想和创造力都是惊人的。……他的名字是物理学出版物中出现最多的。我们中谁没有把薛定谔方程或薛定谔函数写过无数次呢？或许以后几代人也将这么做，并生动地记住他的名字。

——M. 玻恩

第一篇

（《物理学年鉴》1926 年第 4 期，第 79 卷）

§1. 在本文中，我希望首先来考虑简单的（非相对论性的和未受扰动的）氢原子的情形，并且证明通常的量子化条件可以为另一个假设所取代，在这一假设中，无须再专门引入像"整数"这样的概念。而当整数的确出现时，其出现方式就像一根振动弦上的节点数出现时那样自然。我相信，这种新的观念是可以普遍化的，并且深刻地触及了量子规则的真正本质。

后者通常的形式是与哈密顿-雅可比微分方程相联系的

$$H\left(q, \frac{\partial S}{\partial q}\right) = E. \tag{1}$$

寻求这个方程的解，可以表征为函数的和，其中每个函数都是一个独立变量 q 的函数。

现在，我们用一个新的未知函数 ψ 来表示 S，它将表现为单一坐标的相关函数的积，即我们令

$$S = K \log \psi. \tag{2}$$

出于量纲的考虑，必须引入常数 K，其量纲为作用量的量纲。这样，我们得到

$$H\left(q, \frac{K}{\psi}\frac{\partial \psi}{\partial q}\right) = E. \tag{1'}$$

现在，我们并不着手寻求方程（1′）的解，而是按如下操作。如果我们忽略质量的相对论性变化，方程（1′）总可以转换成（ψ 及其一阶导数的）等于零的二次方形式。（对于单电子问题，这甚至当质量变化不被忽略时也成立。）现在，我们寻找一个函数 ψ，使得对于它的任意的变化，我们在整个

◀ 奥地利格拉茨大学一角

坐标空间对于所说的二次形式的积分是稳态的，ψ 是处处实在的，单值的，有限的，二阶连续可导的。[①] 量子化条件为这一变分问题所取代。

首先，我们取 H 为开普勒运动的哈密顿函数，并证明 ψ 的如此选取适用于 E 的所有的正值，但当 E 小于零时，只适用于一组负的分立值。这就是说，上述变分问题有着分立的和连续的本征值谱。

分立的谱系对应于巴耳末项，而连续谱对应于双曲线轨道。为了数值上一致，K 必须取值为 $h/2\pi$。

变分方程的形成中，坐标的选取是任意的，让我们取笛卡儿直角坐标系。于是，在我们的情形中，方程（1′）变成

$$\left(\frac{\partial \psi}{\partial x}\right)^2 + \left(\frac{\partial \psi}{\partial y}\right)^2 + \left(\frac{\partial \psi}{\partial z}\right)^2 - \frac{2m}{K^2}\left(E + \frac{e^2}{r}\right)\psi^2 = 0; \qquad (1'')$$

其中 $e=$ 电荷，$m=$ 电子质量，$r^2 = x^2 + y^2 + z^2$。

我们的变分问题于是变为

$$\delta J = \delta \iiint dx\, dy\, dz \left[\left(\frac{\partial \psi}{\partial x}\right)^2 + \left(\frac{\partial \psi}{\partial y}\right)^2 + \left(\frac{\partial \psi}{\partial z}\right)^2 - \frac{2m}{K^2}\left(E + \frac{e^2}{r}\right)\psi^2\right] = 0, \quad (3)$$

积分对于整个空间进行。由此，按通常方式，我们发现

$$\frac{1}{2}\delta J = \int df\, \delta\psi \frac{\partial \psi}{\partial n} - \iiint dx\, dy\, dz\, \delta\psi\left[\nabla^2 \psi + \frac{2m}{K^2}\left(E + \frac{e^2}{r}\right)\psi\right] = 0. \quad (4)$$

于是，我们必然首先有

$$\nabla^2 \psi + \frac{2m}{K^2}\left(E + \frac{e^2}{r}\right)\psi = 0, \qquad (5)$$

并且其次有

$$\int df\, \delta\psi\, \frac{\partial \psi}{\partial n} = 0. \qquad (6)$$

df 为所进行积分的无穷闭合面上的面元。

（以后将证明，这最后一个条件需要对我们的问题补充一个关于 $\delta\psi$ 在无穷大处行为的假定，以便确保上面提及的本征值的连续谱的存在。见后文。）

方程（5）的解的得出，例如，可通过极坐标 r,θ,φ 的形式，如果 ψ 被写作三个函数的乘积，其中每个函数仅为 r,θ 或 φ 的函数。这一方法已为人们所充分地熟知。角函数表明为面谐函数，如果 r 的函数被称为 χ，我们易于得到微分方程

---

① 我知道这一表述并非完全明确的。

$$\frac{\mathrm{d}^2\chi}{\mathrm{d}r^2} + \frac{2}{r}\frac{\mathrm{d}\chi}{\mathrm{d}r} + \left(\frac{2mE}{K^2} + \frac{2me^2}{K^2 r} - \frac{n(n+1)}{r^2}\right)\chi = 0. \tag{7}$$

$$n = 0,1,2,3\cdots\cdots$$

n 必须限于整数值，以便面谐函数是单值的。我们要求（7）的解对于 r 的所有非负实数都是有限的。现在 [1] 方程（7）在复 r 平面上有两个奇点，位于 $r=0$ 处和 $r=\infty$ 处，其中第二个对所有积分是"无穷点"（本性奇点），而反之，第一个（对所有积分）则不是。这两个奇点刚好构成了我们实区间的边界点。在此种情形中，我们现在知道假设 χ 在边界点的有限性，等价于边界条件。方程一般不存在在两个端点都保持为有限的积分；这种积分仅对方程中某些特殊的常数值存在。现在的问题是确定这些特定的值。这是整个研究的突破点。[2]

让我们首先来检查在 $r=0$ 处的奇点。确定在此点的积分行为的所谓指数方程是

$$\rho(\rho-1) + 2\rho - n(n+1) = 0, \tag{8}$$

其根为

$$\rho_1 = n, \quad \rho_2 = -(n+1). \tag{8'}$$

因此，在此点的两个正则积分有指数 n 和 $-(n+1)$。由于 n 为非负数，二者中只有前者对我们是有用的。由于它拥有更大的指数，它可以由一个以 r^n 开始的通常的幂级数表示。（另一个我们不感兴趣的指数，能包含一个对数，因为两个指标之间的差为一个整数。）下一个奇点位于无穷，因此上述幂级数总是发散的，并代表一个超越积分函数。由此，我们可以证明：

所需的解为（除了一个常数因子）一个单值有限的超越积分方程，它在 $r=0$ 处拥有指数 n。

现在，我们必须研究这一函数在正实数轴上无穷远处的表现。在那一端，我们用代换

$$\chi = r^\alpha U, \tag{9}$$

来简化方程（7），其中 α 如此选择，使得此项随着 $1/r^2$ 衰减。此时，易于证明 α 必然具有 n 和 $-(n+1)$ 这两个值之一。方程（7）的形式于是变为

---

① 关于对求解（7）的指导，我要感谢赫尔曼·外尔（Hermann Weyl）。

② 对于下面未加证明的部分，请见 L. Schlesinger 的 *Differential Equations*（Collection Schubert, No. 13, Goschen, 1900，特别是第三章和第五章）。

$$\frac{d^2 U}{dr^2} + \frac{2(\alpha+1)}{r}\frac{dU}{dr} + \frac{2m}{K^2}\left(E + \frac{e^2}{r}\right)U = 0. \tag{7'}$$

在 $r=0$ 处,其积分拥有指数 0 和 $-2\alpha-1$。关于 α 的值,对于这些积分中的第一个,$\alpha=n$,而对于第二个,$\alpha=-(n+1)$。这些积分中的第二个是一个积分函数,按照(9),它导致所期望的单值的解。因此,如果我们限定自己于这两个 α 值中的一个,我们并不会失去任何东西。于是,取

$$\alpha = n. \tag{10}$$

于是,我们的解 U 在 $r=0$ 处拥有指数 0。方程(7′)被称为拉普拉斯方程。一般类型为

$$U'' + \left(\delta_0 + \frac{\delta_1}{r}\right)U' + \left(\varepsilon_0 + \frac{\varepsilon_1}{r}\right)U = 0. \tag{7''}$$

这里,常数的值为

$$\delta_0 = 0, \quad \delta_1 = 2(\alpha+1), \quad \varepsilon_0 = \frac{2mE}{K^2}, \quad \varepsilon_1 = \frac{2me^2}{K^2}. \tag{11}$$

这一类型方程的处理相对而言是比较简单的,其原因是:通常会**再**导致一个二阶方程的所谓的拉普拉斯变换,这里给出了一阶中的一个。这使得(7″)的解可以由复积分来表示。这里,只给出这一结果。[①] 积分

$$U = \int_L e^{zr}(z - c_1)^{\alpha_1-1}(z - c_2)^{\alpha_2-1}dz \tag{12}$$

是(7″)对积分路径 L 的一个解,对此

$$\int_L \frac{d}{dz}\left[e^{zr}(z - c_1)^{\alpha_1}(z - c_2)^{\alpha_2}\right]dz = 0. \tag{13}$$

常数 $c_1, c_2, \alpha_1, \alpha_2$ 有下述值。c_1 和 c_2 是二次方程

$$z^2 + \delta_0 z + \varepsilon_0 = 0, \tag{14}$$

的根,并且

$$\alpha_1 = \frac{\varepsilon_1 + \delta_1 c_1}{c_1 - c_2}, \quad \alpha_2 = -\frac{\varepsilon_1 + \delta_1 c_2}{c_1 - c_2}. \tag{14'}$$

在方程(7′)的情形中,运用(11)和(10),这些变成

$$c_1 = +\sqrt{\frac{-2mE}{K^2}}, \quad c_2 = -\sqrt{\frac{-2mE}{K^2}}; \tag{14''}$$

$$\alpha_1 = \frac{me^2}{K\sqrt{-2mE}} + n + 1, \quad \alpha_2 = -\frac{me^2}{K\sqrt{-2mE}} + n + 1.$$

---

① 参见 Schlesinger. 此理论来自 H. Poincaré 和 J. Horn.

采用积分(12)的表示不仅允许我们考察当 r 以确定的方式趋于无穷时,解的总体的渐进行为,而且允许我们对于一个确定的解,给出这种行为的一种说明。这种说明始终是一个非常困难的任务。

首先,我们应当排除 α_1 和 α_2 为实整数的情形。当这种情形发生时,它会对两个量都同时发生,并且当且仅当

$$\frac{me^2}{K\,\sqrt{-2mE}} = \text{实整数} \qquad (15)$$

因此,我们假设(15)不被满足。

当 r 以确定的方式趋于无穷时(我们总是认为 r 通过正的实数值趋于无穷),解的总体的渐进行为由两个线性独立的解的行为来描写,[①]我们称之为 U_1 和 U_2,它们由下述积分 L 的路径的特征化而获得。在每种情形中,让 z 来自无穷,并沿同一路径回向那儿,其方向为

$$\lim_{z \to \infty} e^{zr} = 0, \qquad (16)$$

即 zr 的实数部分成为负的且无穷的。条件(13)由此得以满足。在一种情形中,让 z 沿点 c_1(解 U_1)形成一个环路,而在另一个环路中,绕 c_2(解 U_2)形成一个环路。

现在,对于非常大的 r 的正实数值,这两个解可由

$$\begin{cases} U_1 \sim e^{c_1 r} r^{-\alpha_1} (-1)^{\alpha_1} (e^{2\pi i \alpha_1} - 1) \Gamma(\alpha_1)(c_1 - c_2)^{\alpha_2 - 1}, \\ U_2 \sim e^{c_2 r} r^{-\alpha_2} (-1)^{\alpha_2} (e^{2\pi i \alpha_2} - 1) \Gamma(\alpha_2)(c_2 - c_1)^{\alpha_1 - 1}, \end{cases} \qquad (17)$$

所渐进地表示(在彭加勒的意义上),其中我们满足于取 r 的负整幂渐进级数中的第一项。

我们现在必须区分两种情形。

1. $E \geqslant 0$。这保证了(15)的不满足,因为它使得方程左首为一纯虚数。进一步,根据(14″),c_1 和 c_2 也成为纯虚数。由于 r 为实数,(17)中的指数函数因而成为保持为有限的周期函数。来自(14″)的 α_1 和 α_2 的值表明,U_1 和 U_2 二者都像 r^{-n-1} 一样趋于 0。因此,这必然对我们正研究其行为的超越积分解 U 是有效的,尽管它可能是来自 U_1 和 U_2 线性组合。进一步地,(9)和(10)表明函数 χ,即初始方程(7)的超越积分解,随着来自 U 的为 r^n 所倍乘的增长,像 $1/r$ 一样趋于 0。这样,我们可以说:

我们的变分问题的欧拉微分方程(5)对每个正的 E 都有解,这种解处

①　如果(15)被满足,至少文中描述的两条积分路径中的一条不能被使用,因为它产生为零的结果。

处单值,有限且连续;它在连续振荡下随着 $1/r$ 在无穷处趋于零。表面条件(6)也已经被讨论。

2. $E \leqslant 0$。在这种情形中,可能性(15)因而并没有排除,而我们将暂时保持这样一种排除。于是由(14″)和(17),对于 $r \rightarrow \infty$,U_1 的增长将超越所有界限,而 U_2 将呈指数地消失。因此,我们的积分函数 U(同样适用于 χ)将保持为有限的,当且仅当除了一个数量因子之外 U 与 U_2 相一致。然而,情形绝不可能如此,其证明如下:如果环绕 c_1 和 c_2 两点的闭合回路被选为路径 L,则满足条件(13),因为回路确实被选在被积函数的黎曼曲面上。因为 $\alpha_1 + \alpha_2$ 为一整数,因此易于证明积分(12)表征了我们的积分函数 U。(12)可以展开为 r 的一个正幂级数,它对于所有事件都是收敛的,因为 r 足够得小,并且由于它满足方程(7),它必然是与 U 的级数相一致的。因此,如果 L 是环绕 c_1 和 c_2 的闭合回路,U 即为(12)所表征。然而,这一闭合的回路可以如此地被扭曲,使得它看上去为来自上面所考虑的属于 U_1 和 U_2 的两个路径的相加组合;而且因子为非零的 1 和 $e^{2\pi i \alpha_1}$。因此,U 不可能与 U_2 相一致,而是必然也包含 U_1。证毕。

因此,基于上述假说,我们的积分函数 U(它单独地被看做是我们的问题(7)的解)对于大的 r 不是有限的。同时,保留完备性问题,即倘若我们的处理允许我们发现问题所有的线性独立的解,则我们可以说:

对于不满足条件(15)的 E 的负值,我们的变分问题没有解。

我们现在只需去研究那些满足条件(15)的负 E 值中的离散集。于是,α_1 和 α_2 都是整数。(先前给我们以基本值 U_1 与 U_2)的积分路径中的第一条,现在必定无疑地需要修改,以给出一个非零的结果。因为如果 $\alpha_1 - 1$ 确实为正,点 c_1 既不是一个分支点,也不是被积函数的一个极点,而是一个寻常的零点。如果 $\alpha_2 - 1$ 也是非负数,点 c_2 也可以成为规则的。然而,在每一种情形中,都易于发现两条合适的路径,积分也完全为已知函数所影响,因此,解的行为可以被完全地研究。

设

$$\frac{me^2}{K\sqrt{-2mE}} = l; \quad l = 1,2,3,4,\cdots \tag{15'}$$

于是由(14″),我们有

$$\alpha_1 - 1 = l + n, \quad \alpha_2 - 1 = -l + n. \tag{14‴}$$

必须区分两种情形:$l \leqq n$ 和 $l > n$。

(1) $l \leqq n$。于是 c_1 和 c_2 失去每一种奇异性质,而成为积分路径的起点或终点,以便满足条件(13)。这里的第三个特征点位于无穷(负的且实的)。每一条这三个点中的两个点之间的路径产生一个解,而在这三个解中有两个是线性独立的,如果我们计算出这积分的话,易于确认这一点。特别需要指出的是,超越积分解由从 c_1 到 c_2 的路径给出。这一积分在 $r=0$ 处为规则的这一点,可以即刻看出,而无须计算。我强调这一点,是因为实际的计算易于模糊这一点。然而,计算并没有表明对于 r 的正无穷大的数值,积分会趋于正无穷大。对于 r 的很大的值,其他两个积分保持为有限值,但对于 $r=0$,它变为无穷。

因此,当 $l \leqq n$,此问题无解。

(2) $l > n$。此时,由 $(14''')$,c_1 为零,而 c_2 至少为一阶积分的一个极点。于是获得两个独立的积分:一个来自从 $z=-\infty$ 到 0 的路径,以避免极点;另一个来自这一极点的残数。后者是积分函数。我们将给出其计算值,但要为 r^n 所乘,以便我们按照(9)和(10),获得起始方程(7)的解 χ。(常倍数是任意的。)我们发现:

$$\chi = f\left(r\frac{\sqrt{-2mE}}{K}\right); \quad f(x) = x^n e^{-x} \sum_{k=0}^{l-n-1} \frac{(-2x)^k}{k!} \binom{l+n}{l-n-1-k}.$$

$$(18)$$

可以看出这是可被利用的解,因为它对于 r 的所有非负的实数值保持为有限。此外,它满足表面条件(6),因为它指数地消失于无穷。这样,归结关于 E 为负数的结果:

对于 E 为负数,当仅且当 E 满足条件(15),我们的变分问题有解。只有那些小于 l 的值(在我们的安排中至少会有一个这样的值)才能被赋予整数 n,后者标明了出现在方程中的面谐函数的阶数。解依赖于 r 的部分由(18)给出。

考虑到面谐函数中的常数(数值上已知为 $2n+1$),可以进一步发现:

对于任何允许的 (n, l) 的组合,所发现的解正好有 $2n+1$ 个任意常数;因此对一个指定的 l 的值,有 l^2 个任意常数。

由此,我们可以确认对于变分问题的本征值谱,我们通常所论述的主要观点,但这里仍然存在着不足。

首先,我们需要关于上述汇集的本征函数系统的完备性信息,但我在本篇论文中没有论及这一问题。由类似情形的经验,可以假设本征值无一遗漏。

其次,必须记住对于 E 为正数所列出的本征函数,并没有如起初所假设的那样解决变分问题,因为它们仅随着 $1/r$ 在无穷处趋于 0,因此 $\partial\psi/\partial r$ 在一个无穷的球面上,只是随着 $1/r^2$ 而趋于 0。表面积分(6)依然与 $\delta\psi_i$ 在无穷处为同一阶数。因此,如果想得到连续谱,则对此问题必须加上另一条件,$\delta\psi$ 在无穷处将趋于 0,至少趋于一个独立于所趋于无穷的方向的常数值。在后一种情形中,面谐函数导致表面积分趋于 0。

§ 2. 条件(15)得出

$$-E_l = \frac{me^4}{2K^2l^2}.\tag{19}$$

由此得出对应于巴耳末项的著名的玻尔能级。如果对(2)中为量纲原因引入的常数 K,我们给出值

$$K = \frac{h}{2\pi},\tag{20}$$

由此得出

$$-E_l = \frac{2\pi^2 me^4}{h^2l^2}.\tag{19'}$$

我们的 l 为主量子数,$n+1$ 类似于角量子数。通过面谐函数的严格定义,这一数字的分离可以与角量子数分解为"赤道"和"极"量子数相比较。这些数字在这里,确定了球面上的节点线系统。"径向量子数"$l-n-1$ 也精确地给出了"节点球"的数目,因为易于证明,(18)中的函数 $f(x)$ 有着精确的 $l-n-1$ 个正实根。E 的正值对应于双曲轨道的连续区,人们可以在某种意义上把径向量子数 ∞ 归之于它。与之相对应的事实,是在所讨论问题中,在连续振动下,函数的趋于无穷。

令人感兴趣的,是注意到这样一个范围,(18)中的函数在这范围中显著地不同于 0,而在其外面它们的振动则衰减;在每种情形中,这一范围与椭圆的主轴具有一般的量级。径向矢量作为常自由函数 f 的自变量所乘的因子,自然地是一个长度的倒数,这一长度为

$$\frac{K}{\sqrt{-2mE}} = \frac{K^2l}{me^2} = \frac{h^2l}{4\pi^2me^2} = \frac{a_l}{l},\tag{21}$$

其中 a_l 为第 l 个椭圆轨道的半轴。(来自(19)的方程加上已知的关系式 $E_l = -e^2/2a_l$)。

量(21)给出了当 l 和 n 很小时,根的范围的量级;因为人们由此会设想 $f(x)$ 的根为单位量级。当多项式的系数数值很大时,这当然不再成立。目前,我将不对根做更准确的估算,尽管我相信它会非常好地确证上

述断言。

§3. 当然，这会强烈地启示我们，应当尝试把函数 ψ 与原子中的某些振动过程相联系，这将比今日已遭到相当质疑的电子轨道更趋近于实在。起初，我想以这种更直观的方式发现新的量子化条件，但最终还是以上述更为中性的数学形式给出了它们，因为它揭示出了真正本质性的东西。在我看来，真正本质性的东西，在于"整数"假设无须再神秘地进入量子化规则，而是通过进一步回溯问题，从而发现"整数性"植根于某个空间函数的有限性和单值性。

在从新的出发点成功地计算出更复杂的情形之前，我不想进一步讨论这种振动过程的可能表征。尚不能确定这些结果是否仅为通常的量子理论结果的回响。例如，如果求解相对论性开普勒问题，发现会以一种引人注目的方式，得出半整数的部分（径向和角向）量子。

尽管如此，我想对于这种振动的表示做一些新的评论还是允许的。首先，我想说最初引导我走向这些思考的，是德布罗意的启发性论文[①]。通过反思那些"相波"的空间分布，他表明：度量电子的每个周期或类周期的路径，总存在着一个整数。主要的区别在于德布罗意考虑的是行进波，而我们导出的是稳态的本征振动，如果我们把我们的公式解释为代表了振动的话。我后面会表明[②]，爱因斯坦的气体理论也能够建立在这种稳态本征振动的考虑上，德布罗意的相波色散定律已被应用于它。上述关于原子的反思，可以被表示为一种来自气体模型的推广。

如果我们取分离的函数（18），乘之以一个 n 阶的面谐函数，作为本征振动过程的描述，那么量 E 必须与相关的频率有关联。现在，在振动问题中，我们习惯于"参量"（通常称为 λ）与频率的平方成比例。然而在我们的情形中，首先，这样的陈述对于负 E 值，会导致虚数的频率；其次，本能使我们相信，能量必然与频率本身，而不是它的平方成比例。

矛盾是这样得以解释的。对于变分方程（5）的"参量"E，并没有规定自然的零级别，特别是由于未知函数 ψ 的出现为一个 r 的函数所乘，而后者可以为一个常数所改变，以适应于 E 在零能级的对应的变化。因此，我们必须修正我们的预期，以便期待不是 E 本身（继续用同样的术语），而是

---

① L. deBroglie, *Ann, de Physique* (10) 3, p. 22, 1925. (Thèses, Paris, 1924.)

② *Physik, Ztschr.* 27, p. 95, 1926.

为某一个常数所增加的 E 与频率的平方成比例。假设现在，这一常数与所有被允许的负 E 值（它已为（15）所限制）相比都非常大。于是首先，这频率将成为实数，其次，由于我们的 E 值只对应于相对小的频率差异，它们实际上将非常近似于与这些频率的差成比例。再一次地，这是我们的"量子本能"所全部能够要求的，只要能量的零级不是确定的。

振动过程的频率由

$$v = C' \sqrt{C+E} = C' \sqrt{C} + \frac{C'}{2\sqrt{C}}E + \cdots \tag{22}$$

给出（其中 C 是一个与所有的 E 相比都非常大的常数）这一观点，还有另一个非常有价值的优势。它使得我们得以理解玻尔的频率条件。按照这一条件，辐射频率与 E 的差值成比例，由（22），因而也与那些假设的振动过程的本征频率 v 的差值成比例。然而，比之于辐射频率，这些本征频率都非常大，它们彼此之间都非常接近。因此，这些辐射频率看上去像是本征振动自身的深层的"差音"。非常易于想象，在从一种常规振动向另一种的能量跃迁中，某种具有与每一个频率差相关联的频率的东西（我指的是光波），将使得它得以出现。人们只需设想，光波是与这样的拍在因果上相关联的，这些拍在能量跃迁中必然出现于空间中的每一点；这一种光的频率由每秒中拍过程的强度极值重复自身的次数来确定。

人们或许会反对说，这些结论建立在以一种近似的形式来表达（在平方根展开之后）的关系（12）的基础上，由此，玻尔频率条件本身似乎得到一种近似的性质。然而，这仅仅是表面如此；当相对论性理论发展起来，从而使一种深刻的洞见得以可能时，这种情形完全可以避免。很大的常数 C 自然地与电子的静止能量（mc^2）密切相连。频率条件中看上去新的并且独立引入的常数 h（已由（20）所引进）也由相对性理论得以消除，或者说避免。但不幸的是后者的正确确立即刻遇到了某些困难，这一点我们已经间接地提及。

无须强调，想象在量子跃迁中，能量从一种振动形式变化到另一种形式，比起设想电子的跃迁来，要多么令人愉快。振动形式的变化能够在空间和时间中连续发生，而且它能像发射过程在经验上（W. Wien 所做的关于极隧射线的实验）所能持续的时间一样地持久。然而，如果在此转换中，原子在一个相对短的时间里，被放到一个改变本征频率的电场中，那么只要这个场在运作，拍频率即刻会感应地改变。众所周知，这一实验上已确立的事实迄今为止已成为最大的困难。参见玻尔、克拉默斯和斯拉特(Bohr,Kramers and Slater)为解决此难题而提出的著名的尝试。

然而,我们不要忘记,在我们满足于我们在这些问题上的进展时,只要原子没有辐射,就只有一个本征振动被激发这一观念(如果我们必须坚持这一观念的话),已经偏离一个振动系统的自然图像很远了。我们知道一个宏观系统的表现并非如此,而一般产生的是其本征振动的杂汇(potpourri)。本征振动的杂汇对于单个原子也是允许的,因为与此相关联,拍频率的出现与依据经验,原子能够偶尔地发射并没有什么不同。事实上由同一个原子同时发射许多光谱线与经验并不相悖。因此,可以想象只有在标准状态(以及近似地在某种"亚稳态"),原子才以一个本征频率振动,也正是由于这一原因,即由于没有拍产生,才不再辐射。刺激可能由一个或几个其他的本征频率构成,拍频借此产生,并引起光的发射。

无论如何,我相信拥有相同频率的本征函数一般是同时受激的。用以往理论的语言说,即本征值的多重性对应于简并。简并系统的量子化的归约,或许对应于能量在拥有同一本征值的函数之间的配分。

1926 年 2 月 28 日添加的对于证明的修正

在经典力学的保守系情形中,变分问题可以一种比前面所述的更为优雅的形式来表述,并且无须引入哈密顿-雅可比微分方程。由此,让$T(q,p)$为作为坐标和动量函数的动能,V 为热能,而 $d\tau$ 为空间中体积元的"合理的量度",即它并非 $dq_1 dq_2 dq_3 \cdots\cdots dq_n$ 的简单乘积,而是它除以二次形式的 $T(q,p)$ 判别式的平方根(参见吉布斯的《统计力学》)。然后,让 ψ 以这种形式进行"哈密顿积分"

$$\int d\tau \left\{ K^2 T\left(q, \frac{\partial\psi}{\partial q}\right) + \psi^2 V \right\} \tag{23}$$

稳态的,同时满足归一化的附加条件

$$\int \psi^2 d\tau = 1. \tag{24}$$

这样,这一变分问题的本征值是积分(23)的定态值,并且按照我们的论文,产生了能量的量子化能级。

值得注意的是在(14″)的量 α_2 中,我们本质上已经得到著名的索末菲表达式 $-\dfrac{B}{\sqrt{A}} + \sqrt{C}$。(参见 *Atombau*, 4[th](German)ed., p.775)

苏黎世大学物理学研究所

(收稿日期:1926 年 1 月 27 日)

第二篇

(《物理学年鉴》1926年第4期,第79卷)

§1. 力学与光学之间的哈密顿类似

在进一步考察特殊系统的本征值问题之前,让我们来更好地理解存在于力学问题的哈密顿-雅可比微分方程和"相关的"波动方程,即第一部分的开普勒问题情形中的方程(5)之间的普遍对应。迄今为止我们只简略地描述了这种对应的外在的解析方面,通过第一部分中其自身也不好理解的变换(2),也通过同样不好理解的一种转换,即从某个表示式的等于零,到假设这一表示式的空间积分应当是稳态的。[①]

哈密顿理论与波的传播之间的内在联系绝非什么新的观念。哈密顿不仅熟知它,而且还在他的《非均匀介质光学》中,用它作为发展起他的力学理论的出发点[②]。可以证明,哈密顿的变分原理对应于在位形空间(q空间)中波的传播的费马原理,哈密顿-雅可比方程表达了对于这种波的传播的惠更斯原理。不幸的是,在大多数现代重述中,哈密顿的这个强有力的和重要的观念的精髓被作为无足轻重的附饰物剥夺了,以有利于一种更为苍白的解析的对应表述。[③]

让我们先来考虑经典力学中一般的保守系问题。其哈密顿-雅可比方

---

① 这一过程在本文中将不作进一步的讨论。这里只打算对于波动方程和哈密顿-雅可比方程之间的外部联系作一临时的、快速的考察。Ψ 实际上并非论文第一部分方程(2)所述关系中的确定运动的作用函数。另一方面,波动方程与变分问题之间的联系则当然是十分真实的;定态积分的积分函数是波动过程的拉格朗日函数。

② 参见例如 E. T. Wittaker 的 *Anal. Dynamics*,chap. Xi. .

③ 从1891年起,Felix Klein 在他关于力学的演讲中,从一个在更高阶的非欧几里得空间中的类光思考,一再地发展了雅可比的理论。参见 F. Klein, *Jahresber, d. Deutsch, Math, Ver.* 1, 1891, and *Zeits. f. Math. U. Phys.* 46, 1901 (*Ges. Abh.* ii. pp. 601 and 603). 在第二个注解中,Klein 责备地论及他十年前在哈勒的演讲,在其中他已经讨论过这一对应,并强调了哈密顿的光学工作的重要性"尚未得到他所曾期待的普遍重视"。我要感谢索末菲教授在他的友好的通信中,向我提及 F. Klein 的工作。也可见 *Atombau*, 4th ed., p. 803.

程为

$$\frac{\partial W}{\partial t} + T\left(q_k, \frac{\partial W}{\partial q_k}\right) + V(q_k) = 0. \tag{1}$$

W 是作用函数,即拉格朗日函数 T-V 沿着作为端点和时间的函数的系统路径的时间积分。q_k 为代表性的位置坐标,T 为作为 q 和动量的函数的运动能,为后者的二次形式;如所规定的,动量被写作 W 对 q 的偏导数。V 是势能。为求解这一方程,令

$$W = -Et + S(q_k), \tag{2}$$

得出

$$2T\left(q_k, \frac{\partial W}{\partial q_k}\right) = 2(E - V). \tag{1'}$$

如所共知,E 为任意积分常数,标示出系统的能量。与通常不同,我们让函数 W 保持为 $(1')$ 中的形式,而不是引入与时间无关的坐标函数 S。这仅仅是一种表面性。

如果我们运用 H. 赫兹(Heinrich Hertz)的方法,方程 $(1')$ 现在可以非常简单地表示。像所有位形空间(变量 q_k 的空间)中的几何断言一样,如果我们通过系统的动能,把一种非欧几里得的度规引进这一空间,这一方程可以变得特别简单和清楚。

让 T 代表作为速度 $\dot{q}_k$ 的函数的动能,而不是如上述那样作为动量的函数,然后把下式作为线元

$$ds^2 = 2\overline{T}(q_k, \dot{q}_k)dt^2. \tag{3}$$

现在方程右边只外在地包含 dt,表示了(因为 $\dot{q}_k dt = dq_k$ 的) dq_k 的二次形式。

在此约定之后,诸如两个线元之间的角度,正交性,矢量的散度和旋度,标量的梯度,标量的拉普拉斯运算($=\mathrm{div\ grad}$)及其他概念都可以如在三维的欧氏空间中一样简单地运用;我们若想在思维中运用欧氏三维空间而不造成损害,就必须使对这些概念的分析表达式变得非常简单,如线元(3)必须处处取代欧氏线元。我们规定:在这之后,所有 q 空间中的几何表述,都取此非欧几何中的意义。

对于计算的最为重要的一点修正,是我们必须仔细区分矢量或张量的协变和反变分量。然而,这种复杂性丝毫不比在笛卡儿坐标轴的倾斜组合情形中所发生的复杂。

dq_k 是协变矢量的原型。因此,形式 $2T$ 的系数(它依赖于 q_k)具有协变的性质,并构成协变的基本张量。$2T$ 是属于 $2T$ 的反变形式,因为已知

动量为属于速度矢量 $\dot{q}_k$ 的协变矢量，动量为协变形式的速度矢量。（1'）中的左边现在简化为反变的基本形式，其中 $\partial W/\partial q_k$ 被引入作为变量。并区分矢量或张量的协变和抗变形式。后者构成了矢量 $\mathrm{grad}\,W$ 的分量，依其本性是协变的。

（于是，用动量而不是速度来表示动能，具有如此的意义：如果要导出的某样东西是可以理解的、即不变的，则协变矢量分量只能以反变的形式被引入。）

这样，方程（1'）等价于简单的表示

$$(\mathrm{grad}\,W)^2 = 2(E-V),\qquad(1'')$$

或

$$|\mathrm{grad}\,W| = \sqrt{2(E-V)}.\qquad(1''')$$

这一要求很易于分析。设想发现一个形式（2）的函数 W 满足它。于是，如果表面 W 的家族为常数，它被在 q 空间中描述，并且对其每一个成员，W 被指定一个值，则这一函数在每个确定的 t 可以被清晰地表示。

现在，一方面，如下面马上要表明的，方程（1'''）给出了如果已知表面家族的任一成员及其 W 值，要构造其他成员，并得出其 W 值的精确规则。而另一方面，如果用于构造的唯一的必要数据，即一个表面及其 W 值的给出相当任意，那么按照规则，它正代表了两种选择，从而完成了一个满足给定要求的 W 函数。时间暂时被看做是常数，因此构造规则穷尽了微分方程的内容；而它的每一个解，都可由适当选择表面和 W 的值来获得。

让我们来考虑这种构造规则。设在图 1 中，值 W_0 被给定为任一表面。为了找出表面 W_0+dW_0，取给定表面的任意一侧为正的一方，在它的每一点建立起法线，并且（对于 dW_0 的记号）切割出步幅

$$\mathrm{d}s = \frac{\mathrm{d}W_0}{\sqrt{2(E-V)}}.\qquad(4)$$

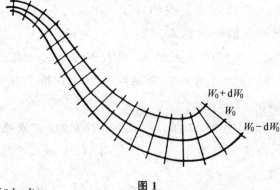

图 1

步幅的终点的轨迹，就是表面 $W_0 + dW_0$。类似地，表面家族可以成功地在两侧构造。

这一构造有着双重的解释，因为作为第一步，给定表面的另一侧也可以被取作是正的。这种含混对于后面这一步则不成立，即在这个过程的任何后面的阶段，我们都不再能任意改变我们已经获得的表面一侧的符号，因为一般这将在 W 的第一个微分系数中涉及一个不连续性。此外，在两种情形中得到的两个家族显然是相同的，只不过 W 的值是在相反的方向上。

现在，让我们来考虑非常简单的依赖时间的情形。对于这种情形，由（2）可知，对于任何以后（或以前）的时刻 $t + t'$，同一组表面说明了 W 的分布，尽管不同的 W 值是与单个成员相联系的，即对每个在时间 t 指定的 W 值，必定有被减去的 Et'。W 值依照一个确定和简单的定律，在表面之间徘徊，而正的 E 则在 W 增加的方向上。然而，我们还可以设想表面以这样一种方式徘徊，它们中的每一个连续地占据这样的位置和下述精确的形式，并总是带有它的 W 值与它一起。这种徘徊的定律由这样的事实给出：表面 W_0 在时间 $t + dt$ 必然总是抵达这样的地方，它在 t 为表面 $W_0 + E dt$ 所占据。这可以由（4）获得，如果表面 W_0 的每一点被允许在正法线方向移动一个距离

$$ds = \frac{E dt}{\sqrt{2(E - V)}}. \tag{5}$$

即表面以垂直速度

$$u = \frac{ds}{dt} = \frac{E}{\sqrt{2(E - V)}}, \tag{6}$$

移动，当常数 E 给定，它是纯粹的位移函数。

现在看来，表面 $W =$ 常数的系统，可以被看做是 q 空间中的一个渐进的然而却是定态的波运动的波面系统，其在空间中每一点的相速度的值由（6）给出。常规的构造可由基础的（半径为（5）的）惠更斯波结构，以及它们的闭合所清晰地取代。"折射率"与（6）的倒数成比例，依赖于位置，但与方向无关。这样，q 空间是光学上不均匀的，但却是各向同性的。基本的波是"球"，尽管当然（让我们再次重申一下）是在线元（3）的意义上。

作用函数 W 在我们的波系统中扮演着相的角色，哈密顿-雅可比方程则是惠更斯原理的表示。现在，如果费马原理如此构造，

$$0 = \delta \int_{P_1}^{P_2} \frac{\mathrm{d}s}{u} = \delta \int_{P_1}^{P_2} \frac{\mathrm{d}s \ \sqrt{2(E-V)}}{E} = \delta \int_{t_1}^{t_2} \frac{2T}{E} \mathrm{d}t = \frac{1}{E} \delta \int_{t_1}^{t_2} 2T \mathrm{d}t, \quad (7)$$

我们就直接导出了莫培督形式的哈密顿原理(这里时间积分有保留地取 $T + V = E$,即使在变分中)。由此,"光线"(即与波表面正交的轨迹)为能量取 E 值的系统的路径,与著名的方程系

$$p_k = \frac{\partial W}{\partial q_k} \qquad (8)$$

一致,这一方程说的是一组系统的路径能由每一个特殊的作用函数导出,就像流体的运动能由它的速度势导出一样。[①](动量 p_k 构成协变的速度矢量,方程(8)断言它等于作用函数的梯度。)

尽管在这些关于波面的考虑中,我们论及了传播速度和惠更斯原理,但我们必须把这种类似看做是力学与几何光学,而不是与物理光学或波动光学之间的类似。因为作为与力学相似的根本特征的"光线"的概念属于几何光学,它只能在后者中得到清晰的定义。同样,费马原理也能应用于几何光学,而无须超越折射率的观念。被看做波面的 W 表面系统与力学运动处于某种松散的关系中,因为力学系统的假想点并不沿着光线以波速 u 运动,相反,它的速度(对于常数 E)与 $1/u$ 成比例。这可由(3)中直接得出

$$v = \frac{\mathrm{d}s}{\mathrm{d}t} = \sqrt{2T} = \sqrt{2(E-V)}. \qquad (9)$$

这种不一致是明显的。首先,按照(8),系统的点速度当 W 的梯度很大时是很大的,即在那里 W 表面密集地拥挤在一起,亦即 u 是很小的。其次,由 W 的定义知,作为拉格朗日函数的时间积分,W 在运动中(随着 $(T-V)\mathrm{d}t$ 在时间 $\mathrm{d}t$ 中)变化,因此,假想点不能连续地保持着与同一 W 表面的接触。

波动理论中的重要概念,如振幅、波长、频率(或者更一般地说,波形)都根本没有进入这种类似,因为不存在其力学对应物;甚至波函数本身也未被提及,除了 W 有波相的意义之外(而由于波形未加定义,这一点也是有些模糊的)。

如果在这整个对应中,我们发现的不过是一种令人满意的思考工具,那么这点缺陷就不会令我们困扰,而把任何弥补它的尝试看做是无足轻

---

① 特别是见爱因斯坦,*Verh. d. D. Physik. Ges.* 19,pp. 77—82,1917. 在所有旧的尝试中,量子化条件的制定是与目前的这一尝试最为类似的,德布罗意已经回到这一点。

重的,相信这完全是与几何光学的一种类似,或至多不过是与某种初级的波动光学形式的类似,而不是与发展完善的波动光学的类似。几何光学仅仅是光的粗略近似,这因而也就无关紧要。而要沿着波动理论的路线,在 q 空间中光学的进一步发展中保持这种类似,我们就必须小心不明显地偏离几何光学的界限,即必须选择[①]波长足够的小,与所有路径的尺度相比很小。于是,这一补充就不会给我们什么新的教益,这一图景不过是添加了些无足轻重的装饰。

这样,我们可以开始我们的考察。但即使是发展这种相似到波动理论的第一步,就导致了如此惊人的结果,一个相当不同的疑虑产生了:事实上,我们今天都知道,我们的经典力学对于每个微小的路径尺度和很大的曲率都失效了。或许这种失效严格地类似于几何光学的失效,即"无穷小波长的光学的失效";一旦障碍物或圆孔比之于真实的、有限的波长不再是很大时,这一点就是显然的了。或许我们的经典力学完全类似于几何光学,因而是错误的,与实在不符;一旦曲率半径和路径的尺度比之于某个被赋予 q 空间的实在意义的波长不再很大时,它就失效了。这样,问题就成为寻求[②]一种波动力学,而最明显的方式,就是从哈密顿相似出发,沿着波动光学的路线去求解。

§2. "几何"力学与"波动"力学

我们首先将假设,在扩展这一类似时,设想上述波动系统由正弦波构成是合理的。这是最简单和最明显的情形,而由这一设想的基本意义所产生的任意性也必须被强调。这样,波函数必须以因子 $\sin(\cdots)$ 的形式包含时间,而波幅是 W 的线性函数。W 的系数必须有作用量的倒数的量纲,因为 W 具有作用量的量纲,而正弦的相位是无量纲的。我们假设它是非常普遍的,即它不仅独立于 E,而且具有力学系统的性质。于是,我们立即可以用 $2\pi \,/\, h$ 表示它。时间因子则是

$$\sin\left(\frac{2\pi W}{h} + \text{const.}\right) = \sin\left(-\frac{2\pi E t}{h} + \frac{2\pi S(q_k)}{h} + \text{const.}\right). \tag{10}$$

由此,波的频率 ν 由下式给出

---

① 对于光学的情形,参见 A. 索末菲和 Iris Runge, *Ann. d. Phys.* 35, p. 290, 1911. 那儿(在 P. 德拜的口头评论中说明)表明了关于相的一阶和二次方程("哈密顿方程")如何能在波长消失的极限情形中,从关于波动函数的二阶和一次方程("波动方程")中精确地推导。

② 参见爱因斯坦,*Berl. Ber.* p. 9 et seq., 1925.

$$\nu = \frac{E}{h}.\qquad(11)$$

这样,我们得到 q 空间波的频率以一种并非明显的人为的方式,正比于系统的能量。[①] 当然,这一点的正确仅当 E 是绝对的,且如同在经典力学中一样,对于一个可加常数的范围并非不确定的。由(6)和(11),波长是独立于这一可加常数的,为

$$\lambda = \frac{u}{\nu} = \frac{h}{\sqrt{2(E-V)}},\qquad(12)$$

并且我们知道在根号下的项为动能的两倍。让我们把这一波长与由经典力学给出的氢的电子轨道的尺度初步作一粗略的比较,注意到 q 空间中的一"步"并非波长的尺度,而是由(3)得出的波长乘以质量的平方根。λ 有着类似的尺度。因此,我们必须用轨道的尺度(比如说 a cm)和 m(电子的质量)的平方根除以 λ。其商的大小的量级约为

$$\frac{h}{mva},$$

其中 v 代表的是此刻电子的速度(厘米/秒)。分母 mva 为力学的动量矩的量级,其大小至少对于开普勒轨道约为 10^{-27} 的量级,这可由电荷和质量的值中计算得出,而独立于所有的量子理论。这样,我们就得出了经典力学的有效性的大约范围,如果我们能确定我们的 h 为普朗克作用量子的话——而这,只是一个初步的尝试。

如果在(6)中,E 由以 ν 表述的(11)来表示,那么我们得到

$$u = \frac{h\nu}{\sqrt{2(h\nu-V)}}.\qquad(6')$$

这样,波速对于能量的依赖就变成了对于频率的特殊依赖,即它变成了关于波的散射定律。这个定律令人极感兴趣。我们已经在§1中表明徘徊的波面仅与系统点的运动有着松散的联系,因为它们的速度是不相等的,也不可能相等的。按照(9),(11)和(6'),系统的速度对于波也有着具体的意义。我们立即可以确认

$$v = \frac{\mathrm{d}\nu}{\mathrm{d}\left(\dfrac{\nu}{u}\right)},\qquad(13)$$

即系统点的速度,是一个波群的速度,包含在一个小范围的频率(信号速

———————

① 在第一部分中,这仅仅是作为一个近似方程出现的,由纯粹的猜测推导得出。

度)中。这里,我们再一次发现了关于电子的"相波"的定理,这是由德布罗意借助于相对论推导出来的,他的这些杰出研究①对于我的这一工作有着很大的启示。我们认为这一定理有着广泛的普遍性,它不仅起因于相对论,而且对于一般力学中的每个保守系都是有效的。

我们可以利用这一事实,在波传播和表征点的运动之间,建立比以往所可能的更加内在的联系。我们可以尝试构造一个在各个方向都有着相对小的尺度的波群,假设这种波群服从与力学系统中单个假想点同样的定律。这样,只要我们能把它看做近似地限定于一个点,即只要我们在比之于系统路径时,能忽略它的扩散,它就等价于一个假想点。这只有当系统路径的尺度,尤其是路径的曲率半径比之于波长很大时才适用。因为如上所说,类似于普通光学,显然不仅波群的尺度不能低于波长的量级,而且相反,如果它要近似地为单色波的话,波群在各个方向的扩散必须大于大数量的波长。然而,这点必须被假设,因为波群必须作为一个整体以确定的群速度运动,并对应于一个能量确定的力学系统(参见方程式 11)。

就我所见,这样的波群可以建立在为德拜②和冯·劳厄③所采用的完全相同的原理上,他们用此原理来解决在普通光学中,对于光锥或光束给出精确的解析表征的问题。由此,出现一个在§1 中未曾描述的非常有趣的与哈密顿-雅可比理论的关系,即著名的积分形式的运动方程的推导,通过哈密顿-雅可比方程的完全积分对于积分常数的微分。如我们即刻会看到的,用雅可比的名字命名的方程系统等价于这一表述:力学系统的假想点连续地对应于这一点,在此,某种波列的连续谱聚合在相等的相位。

在光学中,(严格地关于波动理论的)具有明确限定的有限截面的"光束"(它持续地聚焦,然后又发散)的表征,就这样由德拜实现了。它们被设想为平面波列的连续体,其中每一个都能填满整个空间。连续体的获得是通过让波面法线在整个给定的立体角中变化。于是,波通过在某个双锥外面的干涉,几乎完全彼此销毁。关于波理论,它们准确地代表了所期望的有限的光束,而衍射现象也必然由此限制引起。如果我们允许波群的波面法线仅在一个无穷小的立体角中变化,我们就可以用这种方式来把一个无穷小的光锥表示为就像是有限小的。冯·劳厄在他关于光束

---

① L. de Broglie, *Ann, de Physique* (10) 3, p. 22, 1925. (Theses, Paris, 1924.)

② P. Debye, *Ann. D. Phys.* 30, p. 755, 1909.

③ M. v. Laue, *idem* 44, p. 1197(§2), 1914.

的自由度的著名论文中曾采用这种方法。① 最后，如果我们不是用迄今为止都默认的纯粹的单色波，而是允许频率在一个无穷小间隔内变化，通过波幅和相位的适当分布，也限定扰动在经度方向的一个相对小的区域。这样，我们成功地给予一个相对小尺度的"能量包"以解析表示，它以光速运行，或是在发生色散时，以群速运行。如果详细的结构没有问题的话，由此可以以一种十分可能的方式，给出能量包的瞬间位置，就是空间中的这一点，在这儿所有叠加的平面波以精确一致的相位相遇。

现在，我们将把这些思考用于 q 空间的波。我们在一个确定的时间 t，选择 q 空间中的一个点 P，在这一时刻，波包沿着一给定方向 R 通过它。此外，让平均频率 ν 或是波包的平均 E 值也确定。这些条件精确地对应于在一给定时间，力学系统从一个确定的位形以一给定的速度分量出发。（能量加上方向等价于速度分量。）

为了扩展光学构造，我们首先需要一组具有所期望的频率的波面，即哈密顿-雅可比方程对于所给 E 值的一个解。这个解（比如说 W）具有以下性质：在时间 t 通过 P 的这组表面，我们把它表示为

$$W = W_0, \tag{14}$$

它必定在 P 具有在规定方向 R 上的法线。但是这还不够。我们必须能以 n 折的方式（n 为自由度数）使这组波 W 在一个无穷小的范围内变化，致使波面法线将清除掉 P 点的一无穷小的 $n-1$ 维空间角，并使频率 E/h 在一个无穷小的一维区域中变化。由此，注意如何使无穷小的组波的 n 维连续体在时间 t，在 P 点，在精确一致的相位上得以会聚。于是，在任何其他时刻，问题就在于要找出出现这种相位一致的点在何处。

要做到这一点，充分条件是我们能有一个哈密顿-雅可比方程的解 W 听由我们所使，这个解不仅依赖于常数 E，这里标记为 α_1，而且依赖于（$n-1$）个额外的常数 $\alpha_2, \alpha_3, \cdots \alpha_n$，依赖的方式是它不能被写成为少于 n 个由这 n 个常数构成的组合的函数。因为这样，我们就能首先，把规定于 E 的值给予 α_1，然后其次，确定 $\alpha_2, \alpha_3, \cdots \alpha_n$，致使这个通过 P 点的表面集在 P 点有规定的法线方向。自此，我们由 $\alpha_1, \alpha_2, \cdots \alpha_n$ 来理解这些值，并取（14）为这组在时刻 t 通过点 P 的表面。然后，我们来考虑属于 α_k 值的一个邻近的无穷小的 α_k 区域的集合连续体。一些这种连续体，亦即对于数值为 $d\alpha_1, d\alpha_2, \cdots d\alpha_n$ 的确定的集和变化数值的连续体将给出为

---

① Loc. cit.

$$W + \frac{\partial W}{\partial \alpha_1} \mathrm{d}\alpha_1 + \frac{\partial W}{\partial \alpha_2} \mathrm{d}\alpha_2 + \cdots + \frac{\partial W}{\partial \alpha_n} \mathrm{d}\alpha_n = \mathrm{const.} \tag{15}$$

这一组的数目,亦即在时间 t 通过 P 的单个表面,将由下述常数的选择来确定,

$$W + \frac{\partial W}{\partial \alpha_1} \mathrm{d}\alpha_1 + \cdots + \frac{\partial W}{\partial \alpha_n} \mathrm{d}\alpha_n = W_0 + \left(\frac{\partial W}{\mathrm{d}\alpha_1}\right)_0 \mathrm{d}\alpha_1 +$$

$$\cdots + \left(\frac{\partial W}{\partial \alpha_n}\right)_0 \mathrm{d}\alpha_n, \tag{15'}$$

其中 $\left(\dfrac{\partial W}{\partial \alpha_1}\right)_0$ 等为在微分系数中代入点 P 的坐标和时间 t 的数值所获得的常数(它后来确实只出现于 $\partial W / \partial \alpha_1$ 中)。

对应于 $\mathrm{d}\alpha_1, \mathrm{d}\alpha_2, \cdots \mathrm{d}\alpha_n$ 的所有可能值的集合的表面(15'),构成了它们自己的一个组。它们都在时间 t 通过点 P,它们的波面法线持续地清除一个 $(n-1)$ 维的小立体角;此外,它们的 E 参量也在一个小的区域中变化。表面(15')的组如此形成,使得组(15)中的每一个都对(15')提供一个代表,即这一成员会在时间 t 通过点 P。

我们现在假设属于组(15)的波动函数的相位角刚巧与进入组(15')的那些表示式精确一致。因此,它们在时间 t 在点 P 一致。

我们现在问:在任意时间,是否存在着这样一个点,组(15')中所有的表面在此彼此截断,并且由此在这里,所有属于组(15)的波函数的相位都一致呢?回答是:确实存在一个相位一致的点,但它并非组(15')中表面的共同交点,因为这样的交点在其后任意的时间并不存在。而且相位一致的点是以这样的方式产生的,组(15)持续地交换它们给予(15')的代表。

证明如下。下列表式

$$W = W_0, \frac{\partial W}{\partial \alpha_1} = \left(\frac{\partial W}{\partial \alpha_1}\right)_0, \frac{\partial W}{\partial \alpha_2} = \left(\frac{\partial W}{\partial \alpha_2}\right)_0 \cdots \frac{\partial W}{\partial \alpha_n} = \left(\frac{\partial W}{\partial \alpha_n}\right)_0, \tag{16}$$

对于(15')的所有成员的共同交汇点,必须在任何时间都同时成立,因为 $\mathrm{d}\alpha_1$ 在一个小的区域内是任意的。在这 $n+1$ 个方程中,方程右边是常数,而左边的是 $n+1$ 个量—— $q_1, q_2, \cdots q_n, t$ ——的函数。这些方程为初始数值系统所满足,即为 P 点的坐标和起始时间 t 所满足。对于 t 的另一任意值,它们在 $q_1, q_2, \cdots q_n$ 将无解,但是要比这 n 个量的系统更为确定。

然而,我们可以如此操作。我们首先把第一个方程 $W = W_0$ 搁在一边,然后定义 q_k 为这一时间和依据剩余的 n 个方程的这些常数的函数。让我们称这个点为 Q。自然,由此第一个方程将不被满足,方程左边与方

程右边将有某个值的不同。如果我们回到从(15′)到系统(16)的推导,我们刚才所说就意味着尽管 Q 对于(15′)这一组表面不是共同点,然而它对于从(15′)导出的一组却是共同点,如果我们对方程(15′)的右侧改变一个对于所有的表面都是常数的量。让这个新组为(15″)。因此,对于这组,Q 为共同点。如上所述,这个新组来自于(15′),通过交换(15′)中的代表而得。这一交换由对于(15)中所有的代表,改变这一常数以相同的量而引起。因此对于所有的代表,相位角也改变了相同的量。这些新的代表,即我们称之为组(15″)的成员将会聚于 Q 点,如旧的组一样有一致的相位角。因此,这等于说:

由 n 个方程

$$\frac{\partial W}{\partial \alpha_1} = \left(\frac{\partial W}{\partial \alpha_1}\right)_0, \cdots, \frac{\partial W}{\partial \alpha_n} = \left(\frac{\partial W}{\partial \alpha_n}\right)_0, \tag{17}$$

定义为时间的函数的点 Q,对于整个波组(15)的集合继续为相位一致的点。

在所有 n 个表面中(由此 Q 由(17)表明为共同点),只有第一个是可变的;其余的保持为确定的(方程组(17)中只有第一个包含时间)。$n-1$ 个确定的表面决定了 Q 点的路径为它们的交线。易于证明,这条线为组 $W=$ 常数的正交轨道。因为按照假说,W 在 $\alpha_1, \alpha_2, \cdots \alpha_n$ 总是满足哈密顿-雅可比方程(1′)。如果我们现在让哈密顿-雅可比方程对 $\alpha_k(k=2,3,\cdots,n)$ 微分,会得到这样一个表述:表面 $\partial W/\partial \alpha_k =$ 常数的法线,在它上面的每一点都正交于通过那点的表面 $W=$ 常数,亦即这两个表面中的每一个都包含另一个的法线。如果如通常情形,这 $n-1$ 个确定的表面(17)的交线没有分支,那么这条交线的每个线元作为 $n-1$ 个表面唯一的共同线元,与 W 表面的法线相一致,通过同样的点,即交线是 W 表面的正交轨迹。证毕。

我们可以以一种非常简短或者说速记的方式,对于使我们得以获得方程(17)的这些较为详细的讨论,总结如下:除了常数$(1/h)$之外,W 表示了波函数的相位角。如果我们现在处理的不仅是一个,而是一个波函数系统的连续流形,并且如果这些是通过连续参量 α_i 来连续地安排的,那么方程 $\partial W/\partial \alpha_i =$ 常数表达了这样一个事实:这一流形的所有无限邻近的个体(波系统)是相位一致的。因此,这些方程确定了相位一致点的几何轨迹。如果这些方程是充分的,这一轨迹将收缩到一点;于是这些方程确定了作为时间的函数的这个相位一致的点。

由于方程系(17)与已知的第二雅可比方程系一致，这样我们证明：

某个包含 n 个参量的无穷小的波动系统流形的相位一致点，按照与力学系统的假想点同样的定律运动。

我认为要精确证明这些波动系统的叠加，在一个围绕着相位一致的点的相对小的环境中，确实产生了显著的扰动，是非常困难的；而在所有其他地方，它们实际上都通过干涉彼此破坏，或者说上述陈述证明：至少对一个适当选择的振幅，并且或许对一个特别选择的波面形式是正确的。我将发展这一物理假说，它位列于有待证明理论之列，尚未尝试证明。后者仅当这一假说经受住了试验的检验，且其应用要求有精确的证明时，才是值得的。

另一方面，我们可以确定，微扰所被限定的区域依然在各个方向包含有大数量的波长。这一点是显而易见的，首先因为我们距相位一致点只有几个波长之遥，因此相位的一致是很少被扰乱的，就像干涉的稳定几乎就像在点自身一样。其次，只需看一眼普通光学的三维欧几里得情形，就足以确保这种一般的行为。

现在，我能明确地假设如下：

真正的力学过程，是以一种适当的方式，通过 q 空间的波动过程，而不是通过这种空间中的假想点来实现的。对作为经典力学对象的假想点的运动研究，仅仅是一种近似的处理，与真正的波动过程相比，其所需的辩护正如几何光学，或"光线"光学所需的辩护一样。宏观力学过程可以被描述为上述的波动信号，与路径的几何结构相比，它可以足够近似地视作限定于一点。我们已经看到，适用于这样的波信号或波群的定律，已在经典力学对于假相点的处理中发展出来。然而，当路径的结构与波长相比不再很大时，这种处理方式就失去了其全部的意义。此时，我们必须严格地按照波动理论来处理，即我们必须从波动方程出发，而不是从力学的基本方程出发，以形成可能过程的流形的图景。这些力学方程对于力学过程微观结构的无效，正像几何光学用于说明衍射现象时一样。

现在，作为经典力学的补充，已经成功地获得了对于这种微观过程的一种解释；尽管公认是在新的和相当任意的设定下，这种解释已经带来了最高意义上的实践上的成功。在我看来，非常重要的是这些理论（我指的是为索末菲、施瓦兹谢耳德、爱泼斯坦和其他人所推崇的量子理论形式）与哈密顿-雅可比方程及其解有着非常紧密的关系，即与这样一种已经非常清楚地指明了力学过程的波动特性的经典力学形式有着密切的联系。

哈密顿-雅可比方程对应于(旧的简单形式的,而不是来自基尔霍夫的形式的)惠更斯原理。正像借助于一些在几何光学中不可理解的规则,可以在很大程度上说明衍射现象一样,通过作用函数理论,可以理解原子中的过程。但是,如果我们很自然地试图在这些过程中坚持系统路径的概念,我们就不可避免地卷入无法克服的矛盾;正如我们发现在衍射现象的邻近,追寻光线的路线是无意义的一样。

我们可以论证如下。然而,我不会对于实际过程给出结论性的图像,这种过程肯定不能由这一出发点,而只能由波动方程的研究来达到;我将限于定性地来说明问题。让我们想象一个其性质如上的波群,它以某种方式进入了一个小的封闭的"路径",其尺度约为波长的量级,因而比之于波群自身的尺度是很小的。于是显然,经典意义上的"系统路径",即精确的相一致点的路径将完全丧失了其特权,因为在特定点的前后周围存在着整个点的连续体,其中有着几乎完全的相一致,它们描述着全然不同的"路径"。换言之,波群不仅即刻填充了所有的路径区域,而且在各个方向都远远地伸展出这一区域。

我的确在如此的意义上来解释"相波"(按照德布罗意,这种波伴随着电子的路径):这个意义就是不能赋予电子路径(在原子内部的任何意义上)自身以特定的含义,更不能给电子在此路径上的位置以任何意义。在此意义上我来解释如今已日趋明显的信念:首先,必须否认原子中电子运动的相有真实的意义;其次,我们决不能断言在一个确定的瞬间,电子会在量子路径的任何确定的地方被发现;最后,量子力学的真正定律不包含单一路径的确定规则,但在这些定律中,系统的整个路径流形的元素都被方程约束在一起,因此在不同的路径间存在着某种倒易关系。[①]

不难理解,如果已知实验事实是如上表述的真实过程结构的后果的话,那么对于实验上已知量的仔细分析将导致这种断言。所有这些断言都系统地导向拒斥"电子的位置"和"电子的路径"这样的概念。如果不放弃这些,矛盾就会依然存在。这种矛盾是如此强烈,致使人怀疑原子中发生的事件究竟能否在时空框架中来描述。从哲学的观点看,我认为这样一种结论性的观点无异于完全投降。因为我们无法真的改变在空间和时间中思考的方式,我们不能在空间和时间中理解的东西,就是根本上不能

———————————

① 尤其是参见海森堡、玻恩、约旦和狄拉克此后引用的论文,进一步的文章见 N. 玻尔: *Die Natur-wissenschaften*, January 1926.

理解的。会存在着这样的东西——但我不认为原子结构是这样的东西。然而,从我们的观点看,不存在这种怀疑的理由,尽管,或不如说因为它的出现是非常能理解的。因此,或许一个非常熟悉几何光学的人,在多次尝试用(在宏观光学中值得信赖的)光线的概念来说明衍射但无功而返后,至少会想到几何定律不适用于衍射,因为他持续发现他设想为直线运动和彼此独立的光线,现在突然甚至在单色媒介中,也表现出引人注目的弯曲,和明显的彼此相互依赖。我认为这种类似是非常严格的。即使对于无法说明的弯曲,原子中也不乏其类似——不妨想一想"非力学力",它被设想出以说明反常塞曼效应。

现在,在那些必需的情形中,我们应如何着手力学的波动表述呢?我们必须不是从力学的基本方程出发,而是从 Q 空间中的波动方程出发,考虑依据它过程可能的流形会如何。在此篇论文中,波动方程尚未被清晰地运用,或甚至提出过,关于它的构造,仅有的相关数据是波速,它在(6)或(6′)中分别作为力学能量参量和频率的函数,而凭此数据,波动方程显然并未唯一地确定,甚至未决定它必须确定地为二阶。只不过因为对于简单性的追求,导致我们试图以此作为出发点。因此,对于波函数 ψ,我们有

$$\operatorname{div}\operatorname{grad}\psi - \frac{1}{u^2}\ddot{\psi} = 0, \tag{18}$$

适用于所有通过一个因子 $e^{2\pi i \nu t}$ 依赖于时间的过程。这样,考虑(6),(6′)和(11),我们分别得出

$$\operatorname{div}\operatorname{grad}\psi + \frac{8\pi^2}{h^2}(h\nu - V)\psi = 0, \tag{18′}$$

和

$$\operatorname{div}\operatorname{grad}\psi + \frac{8\pi^2}{h^2}(E - V)\psi = 0. \tag{18″}$$

微分方程被理解为是关于线元(3)的。但是即使在二阶的假设下,上述方程也并非唯一与(6)一致的。因为有可能用

$$f(q_k)\operatorname{div}\left(\frac{1}{f(q_k)}\operatorname{grad}\psi\right), \tag{19}$$

来取代 $\operatorname{div}\operatorname{grad}\psi$ 以加以概括,其中 f 可能是 q 的任意函数,它必然以某种可能的方式依赖于 $E, V(q_k)$,以及线元(3)的系数。(例如,设想 $f = u$.)我们的假设再一次为对于简单性的追求所规定,而我认为在此例子

中,一种错误的推演并非是不可能的。[1]

在原子问题上,偏微分方程取代动力学方程这一步骤,由于这一方程所拥有的大量的解,因而初看起来是非常令人怀疑的。经典动力学已经导致了不止一个,而是相当大数量的解的流形,即导致了一个连续集,而全部的经验似乎都表明,其中只有一些分立的数目得以实现。按照流行的观点,量子理论的问题,就在于依据"量子化条件",由按经典力学可能的连续路径集,来选择事实上的分立的路径集。对于在此方向上的新尝试而言,如果可能解的数目是增加了,而不是减少了的话,那似乎是一个不好的开端。

确实,经典力学也允许自身以偏微分方程的形式出现,即哈密顿-雅可比方程;但问题的解的流形并不对应于方程的解的流形。方程的一个任意的"完备"解,完全地解决了力学问题,任何其他完备的解产生了同样的路径——它们只是以另一种方式被包含在路径的流形中。

无论对于把方程(18)作为原子动力学的基础会表达出什么样的担心,我都不会断言对它无须要求进一步的附加定义。但这些或许不再会像"量子化条件"那样,其性质对于我们全然是陌生的和不可理解的,而是我们在物理学中,已习惯于作为偏微分方程的初始条件和边界条件而去发现的那一类东西。它们无论如何不会类似于量子化条件——因为在迄今为止我已讨论的所有经典力学的情形中,都证明方程(18)在自身中带有量子化条件。在某些情形中(而且的确在那些经验要求的地方),它辨别出自身,即某些频率或能级为仅凭自身对于稳态过程就是可能的,而无须任何不同于下述最明显要求的进一步的假设,这一要求就是:作为一个物理量,Ψ 必须在整个位形空间中是单值、有限和连续的。

这样,在任何涉及能级,或让我们说得更慎重些,涉及频率的情形中,所表达的担心转向了其反面。(对于它自身所坚持的"振动能"问题,我们必须不要忘记,仅在单电子问题中,解释为在真实的三维空间中的振动才是直接有启示意义的)量子能级的定义在两个分别的阶段不再发生:(1)所有路径都是动力学上可能的定义;(2)通过特定的假设,来选择一些解,并抛弃更大部分的解。相反,量子能级被即刻定义为方程(18)的本征值,它在自身中带有其自然的边界条件。

至于在更为复杂的情形中,一种解析的简化在多大程度上能以这种

---

[1] $f(q_k)$ 的引入意味着不仅"密度",而且"弹性"也要随位置变化。

方式行之有效,我现在还没有定论。然而,我期望如此。大多数解析研究有上述的两阶段过程中的感觉,必然会产生(1)一个更为复杂问题的解,对于最终结果确实是必要的:能量作为一个(通常)非常简单的量子数的合理函数。如已知情形,哈密顿-雅可比方程的应用创造了极大的简单性,因为力学解的实际计算被避免了。这足以估计一个代表了动量的积分,这一积分由于仅仅是对于一个闭合的复路径,而不是对一个变化的上限进行的,从而极大地减少了麻烦。哈密顿-雅可比方程的完备解依然必须真实地获取,即由求(面)积给出,这样力学问题的积分必须原则上对于任意的起始值有效。为寻求微分方程的本征值,通常我们实际上必须如此着手。首先,我们寻求方程的解,而不考虑边界条件或连续性条件;然后,由解的形式来挑选参量的值,使得解满足给定的条件。本文的第一篇提供了这样的一个例子。然而,我们也由这一例子——这是本征值问题的典型——看出,一般这种解只是以一种极为不能接受的解析形式给出的(在上述引文中的方程(12)),但它是对于那些属于"自然边界条件"的极为简化的本征值的。我并不是十分有把握说用于计算本征值的直接方法是否已发明出来。这种方法被认为适用于高阶的本征值的分布。但这种极限情形并非这里所感兴趣的,它对应于经典的宏观力学。对于光谱学和原子物理学,一般仅对前 5—10 项本征值感兴趣;甚至第一项本身已是伟大的成果——它定义了电离电势。从这一明确描述的观念,每一个本征值问题都允许自身被处理为极大和极小值之一,而无须直接指涉微分方程。在我看来,用于计算本征值(至少是近似)的直接方法非常有可能,只要有迫切的需求产生。至少应当有可能在单个的情形中加以检验,本征值(通过光谱学,数量上已达到所有所期望的精确度)是否满足这一问题。

这里我想提到,为消除量子困境,另一项研究也在由海森堡、玻恩、约旦和其他杰出的科学家同时进行,[①]这种研究业已取得如此的成功,其中无疑包含着至少部分的真理。就其倾向而言,海森堡的尝试非常接近于我们已提及的当下的工作。但就方法而言,它们是如此的全然不同,我迄今还未能成功地发现两者间的联系。我显然希望,这两种理论进展间能

---

① W. Heisenberg, *Ztschr. F. Phys.* 33, p. 879, 1925; M. Born and Jordan, 出处同上, 34, p. 858, 1925; M. Born, W. Hensenberg, and P. Jordan, 出处同上, 35, p. 557, 1926; P. Dirac, *Proc. Roy. Soc.*, London, 109, p. 642, 1925.

不彼此抵触，而恰恰因为它们彼此出发点和方法的全然不同，它们能彼此补充，一方能在另一方失败的地方获得成功。海森堡纲领的优势，在于它允诺给出谱线强度这一事实，而这是我们现在还不能达到的。而我们这一尝试的优势——如果允许我就此做出评论——在于从物理学的观点看，它引导我们去创造沟通宏观与微观物理过程之间的桥梁，使得它们所要求的表面上不同的处理方式成为可以理解的。就我个人而言，在前一部分结尾所提到的把发射频率看做"节拍"的概念有着特殊的魅力，我相信它将导致对于强度公式的一种直观的理解。

§3. 对于实例的应用

现在，我们将对第一部分所讨论的开普勒问题增添几个例子，但它们将具有非常简单的性质，因为我们暂时限定自己于经典的力学，不涉及磁场。①

1. 普朗克振子。简并问题

首先，我们将考虑一维振子。设坐标 q 为位移乘以质量的平方根。动能的两种形式于是为

$$\bar{T} = \frac{1}{2}\dot{q}^2, \quad T = \frac{1}{2}p^2. \tag{20}$$

势能将是

$$V(q) = 2\pi^2 \nu_0^2 q^2, \tag{21}$$

其中 ν_0 为力学意义上的本征频率。于是在这种情形中，方程(18)读作

$$\frac{\mathrm{d}^2 \psi}{\mathrm{d}q^2} + \frac{8\pi^2}{h^2}(E - 2\pi^2 \nu_0^2 q^2)\psi = 0. \tag{22}$$

为简洁起见，写作

$$a = \frac{8\pi^2 E}{h^2}, \quad b = \frac{16\pi^4 \nu_0^2}{h^2}. \tag{23}$$

因此

$$\frac{\mathrm{d}^2 \psi}{\mathrm{d}q^2} + (a - bq^2)\psi = 0. \tag{22'}$$

引入独立变量

---

① 在相对论中并考虑磁场，哈密顿-雅可比方程的表述将变得更为复杂。在单电子情形中，它断言作用函数的四维梯度(为一个给定矢量所减，四维势)具有一不变值。这一表述转换成波动理论的语言，呈现出更多的困难。

$$x = q \sqrt[4]{b}, \tag{24}$$

于是得到

$$\frac{\mathrm{d}^2 \psi}{\mathrm{d}x^2} + \left(\frac{a}{\sqrt{b}} - x^2 \right) \psi = 0. \tag{22''}$$

这一方程的本征值和函数为已知。[①] 借助于这里所用的符号,本征值为

$$\frac{a}{\sqrt{b}} = 1, 3, 5, \cdots, (2n+1), \cdots \tag{25}$$

函数为厄米正交函数,

$$\mathrm{e}^{-\frac{x^2}{2}} H_n(x). \tag{26}$$

$Hn(x)$ 意味着第 n 阶厄米多项式,可被定义为

$$H_n(x) = (-1)^n \mathrm{e}^{x^2} \frac{\mathrm{d}^n \mathrm{e}^{-x^2}}{\mathrm{d}x^n}, \tag{27}$$

或展开为

$$H_n(x) = (2x)^n - \frac{n(n-1)}{1!} (2x)^{n-2} \tag{27'}$$

$$+ \frac{n(n-1)(n-2)(n-3)}{2!} (2x)^{n-4} + \cdots$$

这些多项式的第一项为

$$H_0(x) = 1 \qquad\qquad H_1(x) = 2x$$

$$H_2(x) = 4x^2 - 2 \qquad\qquad H_3(x) = 8x^3 - 12x$$

$$H_4(x) = 16x^4 - 48x^2 + 12 \cdots$$

$$\tag{27''}$$

然后考虑本征值,我们从(25)和(23)得到

$$E_n = \frac{2n+1}{2} h\nu_0; \quad n = 0, 1, 2, 3, \cdots \tag{25'}$$

这样,作为振子的量子能级,就出现了奇特的"能量量子"的所谓"半整数"倍数,即 $h\nu_0/2$ 的奇数倍。能级之间的间距(其本身对于辐射就是重要的)与在前面的理论中是一样的。值得注意的是我们的量子能级正是海森堡理论中的那些。在比热理论中,这一对于以往理论的背离不无重要性。其重要性首先在于当本征频率 ν_0 由于热的耗散而变化时。此前,它与产生于在普朗克理论的第一种和第二种形式之间作选择相关的老的"零点

---

① 参见 Courant-Hilbert, *Methods of Mathematical Physics*, i, (Berlin, Springer, 1924), v. §9, p. 261, eqn, 43, 和进一步的 ii. §10.4, p.76.

能"问题有关。顺便说,附加项 $h\nu_0/2$ 也影响了能带边缘定律。

如果我们再次从(24)和(23)中引入原初的 q,本征函数(26)变为

$$\psi_n(q) = e^{-\frac{2\pi^2\nu_0 q^2}{h}} H_n\left(2\pi q\sqrt{\frac{\nu_0}{h}}\right). \tag{26'}$$

对(27″)的考虑表明,第一项函数是高斯误差曲线,第二项在原点为零,当 x 为正时对应于二维的"麦克斯韦速度分布",当 x 为负时继续以一种奇函数的方式。第三项函数是偶函数,在原点处为负,而在 $+(-)1/\sqrt{2}$ 时,有两个对称的零,等等。曲线很容易被概略地绘出,可以看出连续多项式的根彼此分离。由(26′)也可看出被看做是数量级的本征函数的特征点(例如对于 $n=0$ 的半宽度,零点,以及最大值等)在经典的振子振动范围内。易于发现,经典的第 n 级振动的振幅由下式给出

$$q_n = \frac{\sqrt{E_n}}{2\pi\nu_0} = \frac{1}{2\pi}\sqrt{\frac{h}{\nu_0}}\sqrt{\frac{2n+1}{2}}. \tag{28}$$

而在我看来,一般来说,对于本征函数的曲线图上经典的转折点的精确的横坐标,无法赋予什么确定的意义。然而,或许可以猜想,由于转折点对于相空间的波具有这种意义,因此,在这些点传播速度变为无穷,而在极大的距离上,则为负数。然而,在微分方程(22)中,这只是意味着 Ψ 的系数的消失,并导致没有奇点。

这里,我想指出的是(而且它是非常普遍有效的,而不仅限于振子)无论如何,传播速度的这种消失和成为虚数是某种非常典型的情形。它是仅仅通过函数应当保持为有限的这一条件,来选择确定的本征值的解析的理由。我想进一步地做一些说明。具有一个实传播速度的波动方程仅仅意味着:函数的值在所有那些其值低于邻近点的值的地方,都有着加速的增加,反之亦然。这样一种方程(如果不是如同在热传导方程中那样即刻且持久)在时间进程中,会导致最大值的拉平,而不允许在任何点有函数的过度增长。而具有虚传播速度的波动方程的意味则恰恰相反:高于周围的平均值的函数值经历了加速的增长(或更为迟缓的减少),反之亦然。因此,我们看到,为这种方程所代表的函数处于最大地超越了所有边界的增长风险中,从而我们必须熟练地操纵事物,以避免这种风险。正是明确确定的本征值使得这得以可能。确实,我们可以从第一部分中处理的例子中看出,一旦我们选择量 E 为正,对于明确确定的本征值的要求就即刻中止了,因为这使得波速在整个空间中全部为实数。

在这段离题的讨论之后,让我们回到振子,问一下当我们允许它有两

个或三个自由度（空间振子，刚体）时，情况会有什么改变。如果不同的力学本征频率（ν_o值）属于分离的坐标，那么什么都没有改变。Ψ被看做是单一坐标函数的乘积；有多少个坐标出现，问题就分离成多少个上面所讨论类型的分离的问题。本征函数是厄米正交函数的积，整个问题的本征值被看做是那些分离问题的本征值的和，考虑其每一种可能的组合。（对于整个系统）没有本征值是多重的，如果我们假设在ν_o值之间没有合理的关系的话。

然而，如果有这样一种关系，同样的处理方式仍然是可能的，但它确实将不再是唯一的。会出现多重的本征值，"分离"当然会影响到其他的坐标，例如，球极坐标中的各向同性空间的情形。①

然而，我们所得到的本征值确实是在每一种情形中都精确相同的，至少就我们（以一种方式获得的）所能证明的本征函数系统的完备性而言。这里，我们认识到一种与以往的量子化方法在简并情形中所遇到的著名关系的完全的类似。只是在一点上，有着并非不受欢迎的区别。如果我们应用索末菲-爱泼斯坦量子化条件，而无视可能的简并，那么我们总会得到同样的能级，但按照坐标的选择，却由于所允许的路径，而达到不同的结论。

现在，这并非这里的情形。确实，我们得到了一个完全不同的本征值系统，如果我们（例如说）所处理的这一振动问题，对应于未受扰动的抛物线坐标中的开普勒运动，而不是我们在第一篇中所用的极坐标的话。然而，这并非提供了可能的振动态的唯一的本征振动，而是这种振动的任意的，有限或无限的，线性的集合。而在其他方式中发现的本征函数也总是这样被描绘的，即它们被发现以一种任意的方式，被描绘为本征函数的线性集合，如果这些本征函数形成了一个完全系的话。

当然，迄今为止尚未考虑的能量如何在本征振动之间真实分布的问题，将会在某个时间被面对。依赖于以往的量子理论，我们将仅倾向于假定在简并情形中，属于一个确定的本征值的一组振动的能量，必须有某一指定的值；而在非简并情形中，这个值则属于一个单一的本征振动。我将仍然把这一问题留作未决，以及这样一个问题，即所发现的"能级"是否是

① 这样，我们就导出了一个 r 中的方程，它可用本文第一部分中开普勒问题里所采用的方式来处理。此外，如果取 q^2 为变量，一维振子将导出相同的方程。我起初直接按这种方式来解决这一问题。关于这是一个厄米多项式问题的提示，我必须感谢赫尔·菲斯（Herr E. Fues）。出现在开普勒问题中的厄米多项式（第一部分中的方程18）是第 $n+1$ 级 Laguerre 多项式的 $(2n+1)$ 阶微分系数，如我随后所发现的。

真实的振动过程的能量台阶,抑或它们仅仅有着频率的意义。如果我们承认节拍理论,那么能级的意义对于说明锐发射频率就不再是必需的。

2. 定轴转子

由于势能的缺乏和欧几里得线元,这是振动理论中可想象的最简单的实例。设 A 为转动矩,Φ 为转动角,我们可清楚地得到振动方程

$$\frac{1}{A}\frac{\mathrm{d}^2\psi}{\mathrm{d}\phi^2} + \frac{8\pi^2 E}{h^2}\psi = 0, \tag{29}$$

其解为

$$\psi = \frac{\sin}{\cos}\left[\sqrt{\frac{8\pi^2 EA}{h^2}} \cdot \phi\right]. \tag{30}$$

这里,辐角必须为 Φ 的整数倍,这是因为否则 Ψ 将既不是单值的,也不会在坐标 Φ 的整个范围内是连续的,如我们所知,$\Phi+2\pi$ 与 Φ 有着相同的意义。这一条件给出了著名的结果

$$E_n = \frac{n^2 h^2}{8\pi^2 A} \tag{31}$$

这一结果与先前的量子化完全一致。

然而,对于带光谱应用的结果,却不能赋予任何意义。如我们一会儿就会知道的,这是一个特别的事实:我们的理论对于自由转子给出了另一个结果。这就一般而言,是正确的。在波动力学中这是不允许的,即设想系统运动的自由被比实际情形更为严格的限定,以便简化计算,即使我们从力学方程的积分中知道在某个单一的运动中,有些确定的自由没有被用上。对于微观力学,基本的力学方程系是绝对不合格的;它所处理的单一路径现在不再有单独的存在。一个波动过程填充了整个相空间。众所周知,即使是波动过程在其中发生的维度的数量也是十分重要的。

3. 自由轴的刚体转子

如果我们引入从核出发的半径的极角 θ 和 Φ 为坐标,那么对于作为转矩的函数的运动,我们有

$$T = \frac{1}{2A}\left(p_\theta^2 + \frac{p_\phi^2}{\sin^2\theta}\right). \tag{32}$$

按照其形式,这是一个束缚在球面上运动的粒子的动能。这样,拉普拉斯算子不过是其空间拉普拉斯算子部分,依赖于极角,振动方程(18″)取如下形式

$$\frac{1}{\sin\theta}\frac{\partial}{\partial\theta}\left(\sin\theta\frac{\partial\psi}{\partial\theta}\right) + \frac{1}{\sin^2\theta}\frac{\partial^2\psi}{\partial\phi^2} + \frac{8\pi^2 AE}{h^2}\psi = 0. \tag{33}$$

由假定 ψ 在球面上应当是单值的,连续的,得出本征值条件

$$\frac{8\pi^2 A}{h^2}E = n(n+1);\quad n = 0,1,2,3,\cdots \tag{34}$$

本征函数已知为球面谐函数。因此,能级为

$$E_n = \frac{n(n+1)h^2}{8\pi^2 A};\quad n = 0,1,2,3,\cdots \tag{$34'$}$$

这一定义不同于所有以前的表述(或许除了海森堡的以外)。然而,从来自实验的论证,我们被引向在公式(31)中将"半整数"值赋予 n。易于看出实际上(34′)给出了如(31)一样的 n 的半整数值。因为

$$n(n+1) = (n+\frac{1}{2})^2 - \frac{1}{4}$$

差异仅仅在于一个小的可加常数。(34′)中的能级差与从"半整数量子化"中所得的相同。这对于短波带的应用也同样正确,在这里,因为"电子跃迁",转动矩在初始态和最终态不同。由于在能带的全部谱线中,至多不过有一个小的常数可加部分,它被淹没在很大的"电子项"或是"核振动项"中。此外,我们以往的分析不允许我们以(比如说)比下式更为确定的方式来说到这一小的部分

$$\frac{1}{4}\frac{h^2}{8\pi^2}\left(\frac{1}{A}-\frac{1}{A'}\right).$$

为关于电子运动和核振动的"量子化条件"所确定的转动矩概念,这里自然地追随着整个思想发展的线索。在下一节,我们将表明我们如何能通过综合第一小节:普朗克振子和第三小节:自由轴转子的情形,来至少近似地同时处理中心振动和双原子分子的转动。[①]

我还愿意指出,值 $n=0$ 对应的不是波函数 ψ 的等于零,而是它的一个常数值,相对应的是一个在整个空间中振幅不变的振动。

4. 非刚体转子(双原子分子)

按照第 2 节结束时的观察,我们必须论及最初具有转子所真实拥有的全部六个自由度的问题。对两个分子选择笛卡儿坐标系,即 x_1,y_1,z_1;x_2,y_2,z_2,并设质量为 m_1 和 m_2,r 为它们之间的距离。势能为

$$V = 2\pi^2\nu_0^2\mu(r-r_0)^2, \tag{35}$$

其中　　　　　　　$r^2 = (x_1-x_2)^2+(y_1-y_2)^2+(z_1-z_2)^2.$

---

① 参见 A. Sommerfeld, *Atombau und Spektrallinien*, 4th edit. , p.833. 这里,我们不考虑势能中额外的非谐项。

而

$$\mu = \frac{m_1 m_2}{m_1 + m_2} \tag{36}$$

可以被称为"合成质量"。由此，ν_0 是中心振动关于连接中心，使之成为固定的线的力学本征频率，而 r_0 则是势能最小的相分离的距离。这些定义都与一般力学中的意义相同。

对于振动方程（18″），我们得到下列方程

$$\begin{cases} \frac{1}{m_1}\left(\frac{\partial^2 \psi}{\partial x_1^2} + \frac{\partial^2 \psi}{\partial y_1^2} + \frac{\partial^2 \psi}{\partial z_1^2}\right) + \frac{1}{m_2}\left(\frac{\partial^2 \psi}{\partial x_2^2} + \frac{\partial^2 \psi}{\partial y_2^2} + \frac{\partial^2 \psi}{\partial z_2^2}\right) \\ \quad + \frac{8\pi^2}{h^2}\left[E - 2\pi^2 \nu_0^2 \mu (r - r_0)^2\right]\psi = 0. \end{cases} \tag{37}$$

引入新的独立变量 $x, y, z, \xi, \eta, \zeta$，其中

$$\begin{aligned} x &= x_1 - x_2; (m_1 + m_2)\xi = m_1 x_1 + m_2 x_2 \\ y &= y_1 - y_2; (m_1 + m_2)\eta = m_1 y_1 + m_2 y_2 \\ z &= z_1 - z_2; (m_1 + m_2)\zeta = m_1 z_1 + m_2 z_2. \end{aligned} \tag{38}$$

代换给出

$$\begin{cases} \frac{1}{\mu}\left(\frac{\partial^2 \psi}{\partial x^2} + \frac{\partial^2 \psi}{\partial y^2} + \frac{\partial^2 \psi}{\partial z^2}\right) + \frac{1}{m_1 + m_2}\left(\frac{\partial^2 \psi}{\partial \xi^2} + \frac{\partial^2 \psi}{\partial \eta^2} + \frac{\partial^2 \psi}{\partial \zeta^2}\right) \\ \quad + \left[a'' - b'(r - r_0)^2\right]\psi = 0, \end{cases} \tag{37'}$$

其中为简洁起见

$$a'' = \frac{8\pi^2 E}{h^2}, \quad b' = \frac{16\pi^4 \nu_0^2 \mu}{h^2}. \tag{39}$$

现在，我们可以认为 ψ 为相对坐标 x, y, z 的函数和质量中心的坐标 ξ, η, ζ 的函数的乘积

$$\psi = f(x, y, z)g(\xi, \eta, \zeta). \tag{40}$$

对于 g，我们得到定义方程

$$\frac{1}{m_1 + m_2}\left(\frac{\partial^2 g}{\partial \xi^2} + \frac{\partial^2 g}{\partial \eta^2} + \frac{\partial^2 g}{\partial \zeta^2}\right) + \text{const.}\, g = 0. \tag{41}$$

这与一个质量为 $m_1 + m_2$ 的粒子在没有力作用情况下的运动方程形式相同。在这种情形下，常数的意义为

$$\text{const.} = \frac{8\pi^2 E_t}{h^2}, \tag{42}$$

其中 E_t 为所说粒子的平移能。设想把这个值插入（41）。关于可认可为

本征值的 E_t 的值的问题，现在依赖于这样一点：对于原初的坐标，以及对于引力中心的坐标而言，整个无限的空间是否是可利用的，而无须新的势能引入？在第一种情形中，每个非负值都是允许的，每个负的值都是不被允许的。因为当且仅当 E_t 为非负的，(41) 有非零解，并在所有空间中保持为有限。然而，如果分子被设置在一个"容器"中，那么后者必然为函数 g 提供边界条件；或者换言之，方程 (41) 由于引入了进一步的势能，将在器壁处突然地改变其形式，这样，一组分立的 E_t 值被选为本征值。这是一种"平移运动的量子化"问题，其主要点我将在后面讨论，表明它导向爱因斯坦的气体理论。[1]

关于依赖于相对坐标 x, y, z 的振动函数 ψ 的因子 f，我们得到其定义方程

$$\frac{1}{\mu}\left(\frac{\partial^2 f}{\partial x^2} + \frac{\partial^2 f}{\partial y^2} + \frac{\partial^2 f}{\partial z^2}\right) + [a' - b'(r - r_0)^2] f = 0, \qquad (43)$$

其中为简洁起见，我们令

$$a' = \frac{8\pi^2(E - E_t)}{h^2}. \qquad (39')$$

现在我们不用 x, y, z 为坐标，而是引入球极坐标 r, θ, ϕ（与先前 r 的运用相一致）。在用 μ 相乘后，我们得到

$$\frac{1}{r^2}\frac{\partial}{\partial r}\left(r^2\frac{\partial f}{\partial r}\right) + \frac{1}{r^2}\left\{\frac{1}{\sin\theta}\frac{\partial}{\partial\theta}\left(\sin\theta\frac{\partial f}{\partial\theta}\right) + \frac{1}{\sin^2\theta}\frac{\partial^2 f}{\partial\phi^2}\right\}$$
$$+ [\mu a' - \mu b'(r - r_0)^2] f = 0. \qquad (43')$$

现在分解 f。依赖于角的因子是一个面谐函数。设其阶数为 n。被旋转的括号（curled bracket）为 $-n(n+1)f$。设想这一式被插入，为简单起见，让 f 现在代表依赖于 r 的因子。这样引入新的因变量

$$\chi = rf, \qquad (44)$$

以及新的独立变量

$$\rho = r - r_0. \qquad (45)$$

代入得出

$$\frac{\partial^2\chi}{\partial\rho^2} + \left[\mu a' - \mu b'\rho^2 - \frac{n(n+1)}{(r_0 + \rho)^2}\right]\chi = 0. \qquad (46)$$

到这一点，分析都是精确的。现在我们来做一个近似（当然我知道，这需要比我在这儿所给出的更为严格的证明）。把 (46) 与前面讨论过的

----

[1] *Physik. Ztschr.* 27, p. 95, 1926.

(22′)相比较。它们在形式上是一致的，不同之处仅在于以 ρ_0/r_0 的相对数量级来表示的未知函数的系数。这一点可由下面看出，如果我们这样展开

$$\frac{n(n+1)}{(r_0+\rho)^2} - \frac{n(n+1)}{r_0^2}\left(1-\frac{2\rho}{r_0}+\frac{3\rho^2}{r_0^2}-+\cdots\right),\qquad(47)$$

代入(46)，并安排为 ρ_0/r_0 的幂形式。如果我们对 ρ 引入一个仅有一小常数之差的新变量，即

$$\rho' = \rho - \frac{n(n+1)}{r_0^3\left(\mu b'+\dfrac{3n(n+1)}{r_0^4}\right)},\qquad(48)$$

于是方程(46)的形式为

$$\frac{\partial^2\chi}{\partial\rho'^2} + \left[a-b\rho'^2+\left(\frac{\rho'}{r_0}\right)\right]\chi = 0,\qquad(46')$$

其中我们命

$$\begin{cases}a = \mu a' - \dfrac{n(n+1)}{r_0^2}\left[1-\dfrac{n(n+1)}{r_0^4\mu b'+3n(n+1)}\right]\\[3mm] b = \mu b' + \dfrac{3n(n+1)}{r_0^4}.\end{cases}\qquad(49)$$

(46)中的符号 $\left[\dfrac{\rho_0'}{r_0}\right]$ 代表了与 $\dfrac{\rho_0'}{r_0}$ 的级数残留相比较小的项。

现在，我们知道了方程(22′)的第一个本征函数。将其与(46′)相比，它在原点两侧的小区域中显著地不等于零。只有那些更高阶的函数逐渐会有进一步的展开。对于中等的阶数，如果我们忽略掉 $\left[\dfrac{\rho_0'}{r_0}\right]$ 项，并记住分子常数的数量级，方程(46′)的区域比之于 r_0 确实是很小的。这样，我们得出结论(我再重复一次，并未做严格的证明)，我们可以此种方式，在它们显著地不同于零处，得到第一本征函数(以及第一本征值)的一个有用的近似。由本征值条件(25)并忽略缩写(49)，(39′)和(39)，而引入一小量

$$\varepsilon = \frac{n(n+1)h^2}{16\pi^4\nu_0^2\mu^2 r_0^4} = \frac{n(n+1)h^2}{16\pi^4\nu_0^2 A^2}\qquad(50)$$

我们易于推出下列能级

$$\begin{cases}E = E_t + \dfrac{n(n+1)h^2}{8\pi^2 A}\left(1-\dfrac{\varepsilon}{1+3\varepsilon}\right)+\dfrac{2l+1}{2}h\nu_0\ \sqrt{1+3\varepsilon}\\[3mm] (n=0,1,2,\cdots;\quad l=0,1,2,\cdots),\end{cases}\qquad(51)$$

其中

$$A = \mu \, r_0^2 \qquad (52)$$

仍然表示转动惯量。

按经典力学的语言，ε 为转动频率对振动频率 ν_0 比率的平方；因此，当应用于分子时，它确实为一小量。除了这一小的修正和另一已提到过的不同外，公式（51）具有通常的结构。它是（25′）和（34′）的综合，其中所加的 Et 用以表示平移能。必须强调这一近似的有效不仅在于 ε 为一小量，而且在于 l 不能太大。然而，实际上，对于 l 只需考虑小的数量。

（51）式中 ε 的修正并不能用于说明中心的振动对于纯谐振类型的偏离。因此，与克拉策（Kratzer）的公式［参见索末菲（Sommerfeld）的前述引文］的比较和与实验的比较是不可能的。我只是想临时地提一下这一案例，作为一个例子，以表明这样一种直观的平衡结构的观念：核系统在波动力学中也保持其意义；并表明它这么做的方式，如果 ψ 的波幅实际上仅在平衡结构邻近的很小区域内不为零的话。这一三维空间中六个变量的波动函数的直接解释，起初无论如何都遇到了抽象本性的困难。

目前，当结合能中的非谐项被加以考虑时，双原子分子的转动-振动问题必须被重新处理。被克拉策巧妙地选来用于经典力学处理的方法，也适用于波动力学。然而，如果我们想把这一计算推进到对谱带结构的精细性是必需的，那么我们必须运用本征值和本征函数的微扰理论，这是当对一个微分方程中的一个未知函数的系数加上一个小的"扰动"时，这一方程的本征值和附属的本征函数所经历的变动。这一"微扰理论"是经典理论中的微扰理论的完全的配对，只是比起来更小些，因为在波动力学中，我们总是在线性关系的区域中。作为第一级近似，我们有这样一个表述：本征值的微扰等于微扰项对"未被干扰的运动"取平均。

微扰理论极大地拓宽了解析范围。作为一个重要的实践上的成功，我要说第一级的斯塔克效应在这里确实与爱泼斯坦公式完全相符，经过实验的确证，后者已经是无可怀疑的。

苏黎世大学物理学研究所

（收稿日期：1926 年 2 月 23 日）

第三篇

微扰理论,借助于对巴耳末谱线的
斯塔克效应的应用

(《物理学年鉴》1926 年第 4 期,第 80 卷)

引言　摘要

如上篇论文结束时所说,[1]通过比较基础性的方法,本征值理论的可应用范围能在"直接可解问题"的范围之外有可观的增加;因为对于这种与直接可解问题的足够密切相关的边界值问题,本征值和本征函数都易于近似地确定。类似于一般力学,我们把所讨论的方法称之为微扰方法。它基于本征值和本征函数所拥有的重要的连续性性质,[2]而就我们的目的来看,它首先是基于它们对于微分方程系数的连续依赖,而较少地基于这一区域的范围和边界条件。因为在我们的情形中,这一区域("整个 q 空间")和边界条件("保持有限")对于未受扰动的和受微扰的问题基本上是相同的。

这一方法与瑞利勋爵在他的《声学理论》(Theory of Sound,第二版,第五卷,pp. 115—118,伦敦,1894 年。)中用于研究带有微小不均匀性的弦振动的方法[3]本质上是相同的。这是一种特别简单的情形,因为未受扰动问题的微分方程有着不变的系数,只有扰动项为沿着弦方向的任意函数。一种完全的推广不仅对于这些点是可能的,而且对于这种有着几个独立变量的非常重要的情形,即对于偏微分方程也是可能的,其中多重本征值出现于未受扰动的问题,而附加的扰动项引起了这些值的分裂,这在著名的光谱学问题中有着极大的兴趣(塞曼效应,斯塔克效应,多重性)。下面第一节中所讨论的微扰问题对于数学家而言,确实没有什么新的东西,我并没有致力于把它推广到最为广泛可能的范围,而是以尽可能清楚的方式,给出非常简单的初步形式。而从后者出发,任何想要的推广都可在需

---

[1]　第二篇的最后两节。

[2]　Courant-Hilbert, chap. vi. $\xi\xi$ 2,4. p. 337.

[3]　Courant-Hilbert, chap. v. ξ 5,2,. p. 241.

要时几乎自动地浮现出来。在第二节,作为一个实例,用两种方法讨论了斯塔克效应,其中第一种类似于爱泼斯坦的方法,用这种方法他首先基于经典力学解出问题,[1]辅之以量子化条件;而第二种则更为一般化,类似于通常的微扰方法。[2] 第一种方法用于表明在波动力学中,微扰问题也能被在抛物线坐标中"区分开",微扰理论将首先被应用于由起初的振动方程分裂而来的通常的微分方程。这样,这一理论将仅仅接管了在旧理论中移交给索末菲优美的复积分的任务,以计算量子积分。[3] 按第二种方法,可发现在斯塔克效应中,相当偶然地,存在一种严格的坐标系统分离,对于微扰问题也同样如此,微扰理论被直接应用于偏微分方程。这后一步进展在波动力学中被证明是更为麻烦的,尽管它在理论上是优越的,且更有可能推广。

第二节也简略地讨论了斯塔克效应中分量的强度问题。表格的计算作为整体,甚至于要比克拉默斯借助于对应原理所作的著名计算与实验更为相符。[4]

(尚未完成的)对于塞曼效应的应用,当然会更令人感兴趣。它看来与对于以波动力学语言来表述相对论性问题有着不可分解的联系,因为在四维表示中,矢势自动地等列于标量。在全文的第一部分中已经提到,相对论性的氢原子的确可以无须进一步的讨论就加以处理,但它导出了"半整数的"角量子数,与实验不符。因此"肯定还有某些东西未能发现"。自那以来,通过乌伦贝克和戈德施米特的最为重要的发现,[5]其后又通过与巴黎(朗之万)和哥本哈根(泡利)的口头的和书面的交往,我知道了所缺少的是什么,即用电子轨道理论的语言,电子围绕其自己的轴的角动量,它给了它一种磁矩。这些研究者的见解与另两篇其重要性略逊一等,由斯拉特,[6]和由索末菲、翁泽耳德(Unsöld)撰写的讨论巴耳末光谱的文章一起,[7]明确地证明了通过引入悖谬然而却又令人愉快的自旋电子的概念,轨道理论就能够克服那些后来积蓄起来的令人烦恼的困难(如反常塞

① P. S. Epstein, *Ann. d. Phys.* 50, p. 489, 1916.

② N. Bohr, *Kopenhgener Akademic* (8), IV., 1, 2, p. 69 *et seq.*, 1918.

③ A. Sommerfeld, *Atombau*, 4th ed., p. 772.

④ H. A. Kramers, *Kopenhgener Akademic* (8), III., 3, p. 287, 1918.

⑤ G. E. Uhlenbeck and S. Goudsmit, *Physica*, 1925; *Die Naturwissenschaften*, 1926; *Nature*, 20th Feb., 1926;也可见 L. H. Thomas, *Nature*, 10th April, 1926.

⑥ J. C. Slater, *Proc. Acad.* 11, p. 732, 1925.

⑦ A. Sommerfeld and A. Unsöld, *Ztschr. f. Phys.* 36, p. 259, 1926.

曼效应,巴耳末谱线的帕邢-贝克效应,规则与不规则的伦琴双线,后者与碱金属双线的类似等)。我们必须把乌伦贝克和戈德施米特的概念吸收到波动力学中。我相信,后者对于这一概念会是非常肥沃的土壤,因为电子在这儿不是被设想为一个点电荷,而是连续地流过空间,[①]从而避免了令人不快的"旋转的点电荷"的观念。然而在本篇文章中,尚未尝试吸收这一概念。

第三节作为"数学附录",收集了一些不那么令人感兴趣的计算——主要是为第二部分所需要的本征函数的乘积。

第一节 微扰理论

§1. 单个独立变量

让我们考虑一个线性的、均匀的、二阶的微分表式,不失一般性,我们假设它为自伴随形式,即

$$L[y] = py'' + p'y' - qy. \tag{1}$$

其中 y 为相关函数,p 和 p' 为独立变量 x 的连续函数,且 $p \geqq 0$。一撇表示关于 x 的微分(因此 p' 表示 p 的微商,这是自伴随的条件)。

现在让 $\rho(x)$ 为 x 的另一连续函数,它为非负的,一般也不为零。我们考虑斯图谟和刘维问题的本征值[②]

$$L[y] + E\rho y = 0. \tag{2}$$

首先,这是一个发现所有那些不变的 E 值("本征值")的问题,对于这些值而言,方程(2)有解 $y(x)$;这些值是连续的,在某个区域内并不同等地消失,并且在边界点满足某些"边界条件"。其次要发现这些解("本征函数")本身。在原子力学所处理的情形中,区域和边界条件总是"自然的"。例如,当 x 表示径矢量或内在地为正的抛物线坐标的数值时,区域从 0 伸展到 ∞,而边界条件在这些情形中为:保持为有限的;或是当 x 表示方位角时,区域为从 0 到 2π 的积分,而边界条件为:在积分终端,重复 y 和 y' 的起始值("周期性")。

只有在周期性条件的情形中,对一个独立变量,才会出现多重的,即

---

① 参见前述论文的最后两页。

② 参见 Courant-Hilbert, chap. v. § 5,1, p. 238 及以下等等.

双值的本征值。由此,我们理解会有几个(其特殊情形是两个)线性独立的本征函数同属于同一个本征值。为简单起见,我们现在排除这种情形,因为它很容易与下述进展联系上。此外,为简化公式起见,我们将不考虑区域扩展到无穷时,会出现"带光谱"(即本征值的连续统)的可能性。

现在,让 $y = u_i(x)$,$i = 1, 2, 3, \cdots\cdots$ 为斯图谟-刘维本征函数系;于是本征函数系 $u_i(x)\sqrt{\rho(x)}$,$i = 1, 2, 3, \cdots\cdots$ 构成这一区域的完全正交系,即如果在第一位,$u_i(x)$ 和 $u_k(x)$ 为属于值 E_i 和 E_k 的本征函数,则

$$\int \rho(x)u_i(x)u_k(x)\mathrm{d}x = 0 \qquad i \neq k. \tag{3}$$

(没有上下限的积分是对整个这一论文所讨论的区域进行的。)表述"完全的"意味着原初任意的连续函数仅仅由于假设它必须与所有的函数 $u_i(x)$ $\sqrt{\rho(x)}$ 正交而宣告完全消失。(更简洁地说:"对于这一系统不存在进一步的正交函数。")我们能够,并将总把所有一般讨论中的本征函数 $u_i(x)$ 看做是"归一化的",即我们想象在说明(2)的均匀性时,其中的每个依然是任意的常数因子,会以如此方式确定,使得积分(3)对于 $i = k$ 取单位值。最后,我们再次提醒读者,(2)的本征值当然都为实数。

现在,设本征值 E_i 和本征函数 $u_i(x)$ 为已知。让我们从现在起,把我们的注意力特别集中到一个确定的本征值,比如说 E_k,和相应的本征函数 $u_k(x)$ 上,来看一看当我们不改变任何方面,而仅在(2)的左边添加一小的"扰动项"时,它们会如何变化。

设此扰动项起初的形式为

$$- \lambda r(x)y. \tag{4}$$

其中 λ 是一小量(扰动参量),而 $r(x)$ 为 x 的一个任意连续函数。因此,这不过是微分表式(1)中系数 q 的微小变动。由引言中提到的本征量的连续性,我们现在知道改变后的斯图谟-刘维问题

$$L[y] - \lambda ry + E\rho y = 0 \tag{2'}$$

在任何情形中,对一个足够小的 λ,都必须有邻近 E_k 和 u_k 的本征量,我们试着把它们写作

$$E_k^* = E_k + \lambda \varepsilon_k; \quad u_k^* = u_k(x) + \lambda v_k(x). \tag{5}$$

在代入方程(2')时,记住 u_k 满足(2)。忽略 λ^2 项,并消除 λ 因子,我们得到

$$L[v_k] + E_k\rho v_k = (r - \varepsilon_k\rho)u_k. \tag{6}$$

为确定本征函数的微扰项 v_k,如(2)与(6)的比较所表明的,我们得出一个

非齐次方程,它正属于为我们的未受扰动的本征函数 u_k 所满足的齐次方程。(因为在(6)中,空间本征值 E_k 占据了 E 的位置。)在此非齐次方程的右边所出现的,除了已知量外,有尚未知的本征值的微扰 ε_k。

ε_k 的出现用以在计算 v_k 之前计算这个量。作为整个微扰理论的出发点,已知非齐次方程对一个齐次方程的本征值有解,当且仅当其右边与所有与其同源的本征函数正交(在多重本征值的情形中,与所有的同源函数正交)。[①](对一个弦振动而言,这一数学定理的物理解释是如果这个力与一个本征振动相谐振,它必须以一种非常特殊的方式分布在整个弦上,使得它不进入所讨论的振动;否则振幅的变化会超出所有的限度,使得稳态条件成为不可能。)

因此,(6)的右边必须与 u_k 正交,即

$$\int (r - \varepsilon_k \rho) u_k^2 \mathrm{d}x = 0, \tag{7}$$

或

$$\varepsilon_k = \frac{\int r u_k^2 \mathrm{d}x}{\int \rho u_k^2 \mathrm{d}x}, \tag{7'}$$

或者,如果我们设想 u_k 已经归一化,则更简单地有

$$\varepsilon_k = \int r u_k^2 \mathrm{d}x. \tag{7''}$$

这一简单的公式表示了用微扰函数 $r(x)$ 和未受扰动的本征函数 $u_k(x)$ 来表述的(一阶的)本征值的微扰。如果我们认为我们问题的本征值意味的是机械能,或类似于它,而本征函数 u_k 可比之于"以能量 E_k 运动",则我们在(7'')中所见到的与经典力学的微扰理论完全类似,即能量的微扰就一级近似而言,等于微扰函数对未受扰动的运动取平均。(或许可以顺便评论一下,作为一个明智的,或是美学的规则,在对整个区域所有积分的积分函数中,应当把因子 $\rho(x)$ 大胆地映衬出来。如果我们这么做,那么在积分(7'')中,我们必须用 $r(x)/\rho(x)$ 而不是 $r(x)$ 作为微扰函数,并在表式(4)中做出相应的变化。然而,由于这一点并不那么重要,我们将仍然坚持用已选定的符号)

我们还须定义来自(6)的本征函数的微扰 v_k。我们通过把 v_k 作为本

---

① 参见 Courant-Hilbert, chap. v. ξ 10,2, p. 277.

征函数的级数，来解此非齐次方程，[①]即

$$v_k(x) = \sum_{i=1}^{\infty} \gamma_{ki} u_i(x),\qquad(8)$$

并通过展开右边，除以 $\rho(x)$，类似于一个本征函数的级数，这样

$$\left(\frac{r(x)}{\rho(x)} - \varepsilon_k\right) u_k(x) = \sum_{i=1}^{\infty} c_{ki} u_i(x),\qquad(9)$$

其中
$$\begin{cases} c_{ki} = \int (r - \varepsilon_k \rho) u_k u_i \, \mathrm{d}x \\[2mm] \quad\ = \int r u_k u_i \, \mathrm{d}x & \text{当 } i \neq k \\[2mm] \quad\ = 0 & \text{当 } i = k. \end{cases}\qquad(10)$$

最后的等式得自于（7）。如果我们把（8）和（9）代入（6），得到

$$\sum_{i=1}^{\infty} \gamma_{ki} (L[u_i] + E_k \rho u_i) = \sum_{i=1}^{\infty} c_{ki} \rho u_i.\qquad(11)$$

由于现在 u_i 以 $E = E_i$ 满足方程（2），得出

$$\sum_{i=1}^{\infty} \gamma_{ki} \rho (E_k - E_i) u_i = \sum_{i=1}^{\infty} c_{ki} \rho u_i.\qquad(12)$$

由方程两边的系数相等，除 γ_{kk} 之外的所有 γ_{ki} 都得以确定。从而

$$\gamma_{ki} = \frac{c_{ki}}{E_k - E_i} = \frac{\int r u_k u_i \, \mathrm{d}x}{E_k - E_i} \qquad i \neq k,\qquad(13)$$

而如我们所理解的，γ_{kk} 保持为完全不确定的。这一不确定性对应于归一化假设对受扰动的本征函数仍然是可得到的这一事实。如果我们在（5）中应用（8），并主张 u_k 的归一化对 $u_k^*(x)$ 也同样适用（忽略阶数为 λ^2 的量），则显然 $\gamma_{kk} = 0$。运用（13），我们现在得到微扰后的本征函数

$$u_k^*(x) = u_k(x) + \lambda \sum_{i=1}^{\infty}{}' \frac{u_i(x) \int r u_k u_i \, \mathrm{d}x}{E_k - E_i}.\qquad(14)$$

（$\sum$ 符号上的一撇表示 $i = k$ 这一项未加在内。）由上可知，同源的微扰的本征值为

$$E_k^* = E_k + \lambda \int r u_k^2 \, \mathrm{d}x.\qquad(15)$$

通过代入（$2'$），我们可以使自己相信，（14）和（15）的确满足了所提出的近似范围内的本征值问题。这一确证是必需的，因为（5）中所作的微扰参量

[①]　参见 Courant-Hilbert，chap. v. ξ 5,1, p. 240, 和 ξ 10, p. 279.

的整数次方的假设并非连续性的必然推论。

这种在这个最简单的例子中解释得非常详细的程序，可以以多种方式推广。首先，我们当然能以一种相当类似的方式，考虑 λ 的二阶，然后是三阶的微扰，在每种情形中首先得到本征值的下一级近似，然后是本征函数的相应近似。在某些情形中，把微扰函数本身看做是 λ 的级数或许是明智的，正如在力学的微扰理论中那样，它的项一个接一个地在分立的阶段起作用。这些问题在赫尔 E. 菲斯（Herr E. Fues）的工作中有详尽的讨论，这些工作现在以与光谱带理论的应用相联系的方式出现。

其次，以相当近似的形式，我们也能考虑以（1）中微分算子 y' 来表示的微扰，正如我们已经考虑了以 $-qy$ 来表示的微扰。这种情形的重要性在于塞曼效应无疑导致的是这种类型的微扰，尽管显然在一个方程中有着几个变量。这样，方程由于微扰，失去了它的自伴随形式；这在单个变量的情形中并非实质性的事情。然而，在一个偏微分方程中，这一失去有可能导致微扰的本征值不再是实数，尽管微扰项是实数；而自然地也是相反的，一个虚数的微扰项，却可能有一个实的、物理上有意义的微扰作为其结果。

我们也能进而考虑用 y'' 来表示的微扰。一般而言，的确完全可能添加一个任意的"无穷小的"线性的[①]且均匀的、甚至比二阶更高的微分算子，以作为微扰项，并用于以与上述相同的方式来计算微扰。然而，在这些例子中，我们将运用这一优势，即事实上本征函数的二阶的和更高阶的微商，可以由零次或一次微商的微分方程自身来表示，由此这一一般的情形可以在某种意义上还原为两种特殊的首先被考虑的情形——以 y 和 y' 来表示的微扰。

最后，显然把方程拓展到高于二阶的情形是可能的。

然而，最为重要的推广无疑是推广到几个独立的变量，即推广到偏微分方程。因为这才的确是一般情形中的问题，并且只有在例外的情形中，才有可能通过引入适当的变量，把被扰动的偏微分方程分离为单独的每个只有一个变量的微分方程。

§2. 几个独立变量（偏微分方程）

我们将用一个符号 x，来在公式中作为几个独立的变量的符号表示，

---

① 甚至于"线性的"限制也并非绝对必需的。

并简略地把对于一个多维区域展开的积分,写作 $\int dx$(而不是写作

$\int\cdots\int dx_1 dx_2\cdots$)。这种类型的一个符号已经被用于积分方程的理论中,并且多少具有这样一种优势,即这一公式的结构并不随变量数目的增加而改变,而仅仅基本上随着那些可能与其相关的新的事件而变化。

因此,现在让 $L[y]$ 表示一个二阶的自伴线性偏微分表达式,它的清晰的形式我们无须限定。进一步地,让 $\rho(x)$ 再一次为独立变量的正函数,它一般不为零。假设"自伴"现在不再是不重要的,因为这一性质现在不再能如仅有单个变量的情形时那样,一般地通过适当地选择一个 $f(x)$ 相乘而获得。然而,在波动力学的特殊的微分表示中,情形依然如此,如它由变分原理而产生的那样。

按照这些定义或约定,我们也可以把 §1 中的方程(2)

$$L[y] + E\rho y = 0, \tag{2}$$

看做是几个变量情形中的斯图谟-刘维本征值问题的公式表示。当本征值为简单的时,如果我们运用与上述一致的简化的符号体系,则那里提到的关于本征值和本征函数的任何事,如它们的正交性,归一性等等,与那里发展的整个微扰理论一样(简言之,整个的 §1)都保持其有效性不变。只有一件事并没有保持有效,即它们必须是简单的。

然而,从纯数学的立场看,在有几个变量时,根之间的彼此不同是通常的情形,而多重性则被看做是特殊性事件,它被承认为应用中的规则,以说明所出现的微分表式 $L[y]$(及"边界条件")的特别简单和对称的结构。本征值的多重性对应于条件周期性系统中的简并性,因而为量子理论所特别感兴趣。

当方程(2)对于 $E = E_k$ 拥有不止一个,而是精确地有着 α 个线性独立的满足边界条件的解时,本征值 E_k 被称为 α 重的。我们将用

$$u_{k1}, u_{k2}, \cdots, u_{ka}. \tag{16}$$

来表示这些解。这样,这 α 个本征函数中每一个都是与属于另一个本征值的其他本征函数中的一个正交的(因子 $\rho(x)$ 被包括在内,参见(3))。相反,这 α 个函数彼此之间通常不是正交的,如果我们仅仅假设它们是关于 E_k 的 α 个线性独立的本征函数,而并没有其他假设的话。因为这样,我们可以用它们自身的 α 个任意的、线性独立的(具有常系数的)线性组合,来同样好地取代它们。我们由此可以用其他方法来表达这一点。函数(16)的级数对于一个(具有常系数的)线性变换的范围起初是无限的,包括了

一个非零的行列式,这样的一个变换通常会破坏彼此的正交性。

然而,通过这样的一个变换,这种彼此的正交性总是能产生的,而且是以无穷数目的方式;后一种性质的产生,是由于正交变换并不破坏彼此的正交性。我们现在已经习惯于简单地把它包含于归一化中,由此得以对所有的本征函数确保其正交性,甚至对那些属于同一个本征值的本征函数。我们假定我们的 u_{ki} 已经是以此种方式归一化的,并且当然是对于每一个本征值。于是我们必须有

$$\begin{cases} \int\!\!\int \rho(x)u_{ki}(x)u_{k'i'}(x)\mathrm{d}x = 0 & \text{当}(k,i) \neq (k',i') \\ \qquad\qquad\qquad\qquad = 1 & \text{当}\,k'=k,\text{且}\,i'=i. \end{cases} \tag{17}$$

于是,(对于常数 k 和变化的 i 而得出的)每一个本征函数 u_{ki} 的有限级数,仅在此范围内仍然是无限的,它属于一个正交的变换。

现在,我们将首先用文字(而不是用公式)来讨论,当一个微扰项被加到微分方程(2)上会有什么结论。一般而言,微扰项的添加将会消除上面提及微分方程的对称性,本征值的多重性(或是其中的一些)正起因于这种对称性。然而,由于本征值和本征函数是连续地依赖于微分方程的系数的,一个小的微扰会导致一组彼此相近,也相近于 E_k 的本征值,并进入 α 重本征值 E_k 的地域。后者由此分裂。当然,如果对称性并未为微扰整个破坏,分裂有可能是不完全的,相等的多重性的几个本征值大体上(仍然部分是多重的)仅仅出现在 E_k 的位置(简并部分消除)。

关于受扰的本征函数(那属于产生于 E_k 的 α 本征值的 α 个成员),由于连续性,显然也必须无穷趋近于未受扰动的属于 E_k 的函数,即 u_{ki},$i=1,2,3,\cdots,\alpha$。而我们肯定还记得,如我们前述所确定的最后命名的函数级数,在任意正交变换的范围内是无限的。这种无限数量的函数中的一个(它或许适用于函数级数 u_{ki},$i=1,2,3,\cdots,\alpha$)将无穷趋近于这个受扰函数级数;并且如果值 E_k 完全分裂,它将会是非常确定的。因为对于由值的分裂所产生的分离的简单本征值,都有着属于它们的完全单一地确定的本征函数。

这种对于未受扰本征函数的独特的特殊限定(或许可以恰当地称之为关于受扰函数的"零阶近似"),由扰动的本性所规定,自然通常是与我们在开始时所偶然采用的未受扰函数不一致的。后者中的每一组(属于一个确定的 α 重的本征值 E_k),在它能作为出发点,即对一个更为精确的扰动本征函数的"零阶近似"之前,将首先经受一个为扰动的类型所规定

的正交代换。这些正交代换(每一个多重的本征值对应于一个)的确定，是由于变量数目的增加而产生(或是从多重本征值而来)的唯一本质上的新颖之点。这些代换的确定构成了在条件周期性系统理论中，对受扰运动发现一种近似的分离系统的精确对应。如我们即刻会看到的，代换的定义总是可以以一种理论上简单的方式进行的。对于每一个 α 重的本征值，它仅要求 α 个(因而是有限数目的)变量的二次形式的主轴变换。

一旦这种代换完成，第一阶近似的计算就几乎逐字逐句地与§2中的情形相同了。唯一的不同在于在方程(14)中的 $\sum$ 上的一撇，必须意味着在加和中，所有属于值 E_k 的本征函数，即所有其分母会消失的项，都必须被略去。或许可以顺便提及的是，在计算一阶近似时，根本没有必要对于所有的多重本征值完成正交代换，而只要对值 E_k 这么做就足以了，我们感兴趣的是它的分裂。至于更高阶的近似，我们当然也需要。然而在所有的其他方面，对这些更高阶的近似的计算，从一开始就完全像简单的本征值一样。

当然，如上面所提及的，无论是一般的，还是在近似的起初阶段，值 E_k 有可能没有完全分裂，因而仍然保留着多重性("简并")。这一点表现为这一事实：对于已经经常被提及的代换，仍然依附有某种不确定性，它或者总是保持着，或是在其后的近似中一步一步地被消除。

现在，让我们用公式来表示这些想法，考虑由前面§1中的(4)所导致的微扰

$$- \lambda r(x) y \tag{4}$$

即我们想象属于(2)所解决的本征值问题，现在来考虑其精确对应的问题(2′)

$$L[y] - \lambda r y + E \rho y = 0. \tag{2′}$$

我们再一次地集中注意于一个确定的本征值 E_k。让(16)为一个属于它的本征函数的系统，并假设它在如上面所描述的意义上为归一化的和彼此正交的，但在所解释的意义上，尚未适合于特定的微扰，因为要发现能导致这种适合的代换，正是我们主要的任务！替代§1中的(5)，我们现在必须提出下述的微扰量

$$E_{kl}^{*} = E_k + \lambda \varepsilon_l; \quad u_{kl}^{*}(x) = \sum_{i=1}^{\alpha} \kappa_{li} u_{ki}(x) + \lambda v_l(x) \tag{18}$$
$$(l = 1, 2, 3, \cdots, \alpha),$$

其中 $v_l(x)$ 为函数，而 ε_l 和 κ_{li} 为有待确定的常数系统，但我们起初并不以

任何方式加以限定,尽管我们知道系数系统 κ_{li} 必然[1]形成一个正交代换。角标 κ 应当仍然被加诸于三种类型的被命名的量,以便表明整个讨论涉及未受扰问题的第 κ 个本征值。我们之所以没有这么做,是为了避免混淆角标的累加。角标 κ 在下面的整个讨论中被设想为固定的,直到相反的情形被说明。

让我们通过对(18)中的角标 l 给予一个确定的值,来选择受扰本征函数和本征值中的一个,并且让我们把(18)代入微分方程(2′),安排为 λ 的幂级数。这样,完全如同§1中的情形,λ 的独立项消失了,因为按照假说,未受扰的本征量满足方程(2)。只有包含 λ 的一阶幂的项保留下来,因此我们可以删去其余项。略去一个因子 λ,得到

$$L[v_l] + E_k \rho v_l = \sum_{i=1}^{a} \kappa_{li}(r - \varepsilon_l \rho) u_{ki}, \tag{19}$$

并且由此再次获得非齐次函数方程的微扰 v_l 的定义,与之相对应的作为齐次方程的,是具有特定值 $E = E_k$ 的方程(2),即为函数集 u_{ki},$i = 1, 2, 3 \cdots, \alpha$ 所满足的方程。方程(19)左边的形式是独立于角标 l 的。

这样,在方程右边出现的有待确定的常数 ε_l 和 κ_{li},我们能够甚至在计算 v_l 之前,就估算出它们。因为只要是方程(19)有一个解,其充分和必要条件就是其右边应当正交于属于 E_k 的齐次方程(2)的所有本征函数。因此,我们必须有

$$\begin{cases} \sum_{i=1}^{a} \kappa_{li} \int (r - \varepsilon_l \rho) u_{ki} u_{km} \, \mathrm{d}x = 0 \\ (m = 1, 2, 3, \cdots, \alpha), \end{cases} \tag{20}$$

即由于归一化(17)

$$\begin{cases} \kappa_{lm} \varepsilon_l = \sum_{i=1}^{a} \kappa_{li} \int r u_{ki} u_{km} \, \mathrm{d}x \\ (m = 1, 2, 3, \cdots, \alpha). \end{cases} \tag{21}$$

如果我们简略地写出常数的对称的矩阵,其计算可由求(面)积得出

$$\begin{cases} \int r u_{ki} u_{km} \, \mathrm{d}x = \varepsilon_{im} \\ (i, m = 1, 2, 3, \cdots, \alpha), \end{cases} \tag{22}$$

则我们由

---

[1] 这来自于这一一般性理论:如果微扰完全消除了简并,受扰函数系统 $u_{kl}^*(x)$ 必须为正交的;而尽管情形并非如此,也可假设为正交的。

$$\begin{cases} \kappa_{lm}\varepsilon_l = \sum_{i=1}^{\alpha} \kappa_{li}\varepsilon_{mi} \\ (m=1,2,3,\cdots,\alpha) \end{cases} \tag{21'}$$

中得到用于计算这 α 个常数 $\kappa_{lm}(m=1,2,\cdots,\alpha)$ 的 α 个线性齐次方程组，其中本征值的微扰 ε_l 依然出现在常数中，并且其本身是未知的。然而，在 κ_{lm} 的计算之前，这用于 ε_l 的计算。由于已知线性齐次方程组（21'）有解，当且仅当它的行列式为零。这就导致下述 α 阶关于 ε_l 的代数方程：

$$\begin{vmatrix} \varepsilon_{11}-\varepsilon_l & \varepsilon_{12} & \cdots & \varepsilon_{1\alpha} \\ \varepsilon_{21} & \varepsilon_{22}-\varepsilon_l & \cdots & \varepsilon_{2\alpha} \\ \vdots & \vdots & \cdots & \vdots \\ \varepsilon_{\alpha1} & \varepsilon_{\alpha2} & \cdots & \varepsilon_{\alpha\alpha}-\varepsilon_l \end{vmatrix} = 0. \tag{23}$$

我们看出这一问题与具有系数 ε_{mi} 的 α 个变量对于主轴的二次形式的变换完全相同。"特征方程"（23）产生出 ε_{mi} 的 α 个根，"主轴平方的倒易"，它们通常是不同的，并且由于 ε_{mi} 的对称性而总是实数。我们由此同时得到本征值的全部 α 个微扰（$l=1,2,\cdots,\alpha$），并且将推导出 α 重本征值会分裂成精确的 α 个通常不同的简单值，即使我们并没有假设这一点，它也是十分明显的。对这些 ε_l 中的每一个，方程（21'）给出一组量 κ_{li}，$i=1,2,\cdots\alpha$，并且如果说所有的 ε_l 确实是不同的，那么作为已知的只有一个（除了一个一般的常数因子外）。此外，已知整个 α^2 个量 κ_{li} 构成系数的正交系，如通常在主轴问题中一样，定义了相对于旧的坐标轴的新坐标轴的方向。我们会并且将采用刚刚提到的未确定因子把 κ_{li} 完全归一化为"方向余弦"，而易于看出，按照（18），这使受扰本征函数 $u_{ki}^*(x)$ 再次归一化，至少在"零级近似"中（即除了 λ 项外）。

　　如果方程（23）有多重根，就会有前面提到过的微扰没有完全消除简并的情形。受扰方程于是也有多重的本征值，而常数 κ_{li} 的确定部分是任意的。其后果不过是（如多重的本征值总是具有的情形）我们必须并且可以默许甚至在微扰被应用之后，在一个本征函数系统中，其许多方面仍然是任意的。

　　借助于这一对主轴的转换，主要的任务已经完成；我们将经常发现它足以应用于量子理论中，以确定一阶近似的本征值，和零级近似的本征函数。常数 κ_{li} 和 ε_{li} 的计算总是无法进行，因为它依赖于一个 α 次代数方程的解。但情况再差,总有一些方法,[1]能通过一种理性的过程,给出任何所希望的近似度的计算。这样,我们现在可以把这些常数看做为已知的,并出于完备性的考虑,来对本征函数计算其一级近似。这一程序与在 §1 中完全相似。

我们必须解方程(19),为此,我们把 v_l 写作(2)的整个本征函数集的级数

$$v_l(x) = \sum_{(k'i')} \gamma_{l,k'i'} u_{k'i'}(x). \tag{24}$$

对于 k' 而言,求和的范围从 0 到 ∞;而对每一个确定的 k' 值,i' 的变化范围为属于 $E_{k'}$ 的有限数目的本征函数。(现在,我们第一次考虑到不属于我们一直关注的 α 重本征值 E_k 的本征函数)其次,我们在本征函数的完备集的级数中,来变化被 $\rho(x)$ 所除的方程(19)的右侧,

$$\sum_{i=1}^{\alpha} \kappa_{li} \left(\frac{r}{\rho} - \varepsilon_l \right) u_{ki} = \sum_{(k'i')} c_{l,k'i'} u_{k'i'}, \tag{25}$$

其中

$$\begin{cases} c_{l,k'i'} = \sum_{i=1}^{\alpha} \kappa_{li} \int (r - \varepsilon_l \rho) u_{ki} u_{k'i'} \, \mathrm{d}x \\ \quad = \sum_{i=1}^{\alpha} \kappa_{li} \int r u_{ki} u_{k'i'} \, \mathrm{d}x \quad \text{当 } k' \neq k \\ \quad = 0 \qquad\qquad\qquad \text{当 } k' = k \end{cases} \tag{26}$$

(最后两个等式分别来自方程(17)和(20))把方程(24)和(25)代入(19),我们得到

$$\sum_{(k'i')} \gamma_{l,k'i'} (L[u_{k'i'}] + E_k \rho u_{k'i'}) = \sum_{(k'i')} c_{l,k'i'} \rho u_{k'i'}. \tag{27}$$

由于 $u_{k'i'}$ 对于 $E = E_k$ 满足方程(2),这就给出

$$\sum_{(k'i')} \gamma_{l,k'i'} \rho (E_k - E_{k'}) u_{k'i'} = \sum_{(k'i')} c_{l,k'i'} \rho u_{k'i'}. \tag{28}$$

通过让等式左右两边的系数相等,除了那些其中 $k' = k$ 的项以外,所有的 $\gamma_{l,k'i'}$ 被确定。由此

$$\gamma_{l,k'i'} = \frac{c_{l,k'i'}}{E_k - E_{k'}} = \frac{1}{E_k - E_{k'}} \sum_{i=1}^{\alpha} \kappa_{li} \int r u_{ki} u_{k'i'} \, \mathrm{d}x \quad (\text{当 } k' \neq k), \tag{29}$$

而那些 $k' = k$ 的 γ 则当然不能由(19)确定。这再次对应于这一事实:我们业已临时地将(18)中的受扰函数 u_{ki}^*(通过 k_{li}' 的归一化)仅仅在零级近

---

① Courant-Hilbert, chap. i. § 3.3, p.14.

似上归一化。再一次地，我们易于意识到，必须让整个讨论中的 γ 量为零，以便导致 u_{ki}^{*} 甚至在一阶近似中的归一化。通过把（29）代入（24），然后把（24）代入（18），我们最后得出受扰本征函数的一阶近似

$$u_{kl}^{*}(x) = \sum_{i=1}^{\alpha} k_{li}\left(u_{ki}(x) + \lambda \sum_{(k'i')}' \frac{u_{k'i'}(x)}{E_k - E_{k'}} \int r u_{ki} u_{k'i'} \, \mathrm{d}x\right) \qquad (30)$$
$$(l = 1, 2, \cdots, \alpha).$$

第二个 $\sum$ 符号上的一撇，表示所有具有 $k'=k$ 的项都被忽略。当这一公式应用于任意的 k，可以观察到 k_{li} 也与我们前面已经专门讨论过的本征值 E_k 的多重性 α 一样，仍然依赖于指标 k，尽管这一点在符号上并没有表现出来。这里让我们重申一下，k_{li} 是被作为方程（21'）的解的系统来计算的和归一化的，因此其平方和为一，其中方程的系数由（22）给出，而（21'）中的量 ϵ_l 取做（23）的根之一。由此，从方程

$$E_{kl}^{*} = E_k + \lambda \epsilon_l. \qquad (31)$$

这个根给出相关的受扰本征值。公式（30）和（31）是 §1 中的（14）和（15）的推广。

毋庸置疑，在 §1 结束时所提到的扩展和推广在这里当然也是有效的。但进行这些一般化的推展通常是不值当的。我们的成功至多不过是在一些特殊的情形中，不是运用那些现成的公式，而是直接借助于那些在本文中或许已经被解释得过于详细的简单的基本原理。我愿意只去简略地思考在 §1 结束时已经提到的那种可能性，即如果说微扰项也包含未知函数的微商，方程（2）或许会失去（并且在多变量的情形中不可挽回地失去了）其自伴性质。由一般性定理，我们知道由此受扰方程的本征值无须再是实数。我们可以进一步说明这一点。通过这一段中的发展，我们易于看出，当微扰项包含微商时，行列式（23）的元素不再是对称的。已知在这种情形中，方程（23）的根无须为实数。

把某个函数展开为本征函数的级数，以便达到本征值或本征函数的一级或零级近似这种要求，会变得非常不方便，或至少使计算变得相当的复杂，在那些延展光谱与点光谱并存，以及点光谱在有限的距离有着极限点（累积点）的情形中。这正是在量子理论中出现的情形。幸运的是，经常（或许总是）有可能出于微扰理论的目的，把自己从这种通常非常麻烦的延展光谱中解脱出来，从一个不拥有这种光谱的方程去发展微扰理论，其本征值不累积在接近一个有限值处，而是随着增加的指标而超越所有界限地增长。在下一节我们将接触到这样的一个例子。当然，这种简化

仅当我们对延展光谱的本征值不感兴趣时才是可能的。

第二节 应用于斯塔克效应

§3. 借助对应于爱泼斯坦的方法计算频率

如果我们添加一项势能$+eFz$到论文第一篇中的开普勒问题的波动方程(5),以对应于一个在正z方向上,场强为F的电场对一个电荷为e的电子的影响,这样,我们就得到下述对于氢原子的斯塔克效应的波动方程

$$\nabla^2\psi + \frac{8\pi^2 m}{h^2}\left(E + \frac{e^2}{r} - eFz\right)\psi = 0, \tag{32}$$

它构成本篇剩余部分的基础。在§5中,我们将直接应用§2中一般的微扰理论于这一偏微分方程。然而现在,我们将通过下述方程,引入空间抛物线坐标λ_1,λ_2,ϕ来减轻我们的任务

$$\begin{cases} x = \sqrt{\lambda_1\lambda_2}\cos\phi \\ y = \sqrt{\lambda_1\lambda_2}\sin\phi \\ z = \frac{1}{2}(\lambda_1 - \lambda_2). \end{cases} \tag{33}$$

λ_1和λ_2从0到∞;对应的坐标表面为两组回转的共焦抛物面,它们以原点为焦点,正的(λ_2)和负的(λ_1)z轴分别为轴线。ϕ的取值为从0到2π,属于它的坐标面为z轴所限定的半个平面的集合。坐标的关系是唯一的。对于函数行列式,我们得到

$$\frac{\partial(x,y,z)}{\partial(\lambda_1,\lambda_2,\phi)} = \frac{1}{4}(\lambda_1 + \lambda_2). \tag{34}$$

由此,空间元为

$$\mathrm{d}x\,\mathrm{d}y\,\mathrm{d}z = \frac{1}{4}(\lambda_1 + \lambda_2)\mathrm{d}\lambda_1\mathrm{d}\lambda_2\mathrm{d}\phi. \tag{35}$$

作为(33)的结果,我们注意到

$$x^2 + y^2 = \lambda_1\lambda_2; \quad r^2 = x^2 + y^2 + z^2 = \left\{\frac{1}{2}(\lambda_1 + \lambda_2)\right\}^2. \tag{36}$$

如果我们用(34)[1]来相乘(以保证自伴形式),在所选择的坐标中(32)的表达式给出

$$
\begin{cases}
\dfrac{\partial}{\partial \lambda_1}\left(\lambda_1 \dfrac{\partial \psi}{\partial \lambda_1}\right) + \dfrac{\partial}{\partial \lambda_2}\left(\lambda_2 \dfrac{\partial \psi}{\partial \lambda_2}\right) + \dfrac{1}{4}\left(\dfrac{1}{\lambda_1} + \dfrac{1}{\lambda_2}\right)\dfrac{\partial^2 \psi}{\partial \phi^2} \\[3mm]
\qquad + \dfrac{2\pi^2 m}{h^2}\left[E(\lambda_1 + \lambda_2) + 2e^2 - \dfrac{1}{2}eF(\lambda_1^2 - \lambda_2^2)\right]\psi = 0.
\end{cases} \tag{32$'$}
$$

这里我们再次可以取函数 ψ 为三个函数的乘积(这是所有解线性偏微分方程"方法"的缘由),这样

$$
\psi = \Lambda_1 \Lambda_2 \Phi, \tag{37}
$$

其中的每一个都只依赖于一个坐标。对于这些函数,我们得到通常的微分方程

$$
\begin{cases}
\dfrac{\partial^2 \Phi}{\partial \phi^2} = -n^2 \Phi \\[3mm]
\dfrac{\partial}{\partial \lambda_1}\left(\lambda_1 \dfrac{\partial \Lambda_1}{\partial \lambda_1}\right) + \dfrac{2\pi^2 m}{h^2}\left(-\dfrac{1}{2}eF\lambda_1^2 + E\lambda_1 + e^2 - \beta - \dfrac{n^2 h^2}{8\pi^2 m}\dfrac{1}{\lambda_1}\right)\Lambda_1 = 0, \\[3mm]
\dfrac{\partial}{\partial \lambda_2}\left(\lambda_2 \dfrac{\partial \Lambda_2}{\partial \lambda_2}\right) + \dfrac{2\pi^2 m}{h^2}\left(\dfrac{1}{2}eF\lambda_2^2 + E\lambda_2 + e^2 + \beta - \dfrac{n^2 h^2}{8\pi^2 m}\dfrac{1}{\lambda_2}\right)\Lambda_2 = 0,
\end{cases} \tag{38}
$$

其中 n 和 β 为两个进一步的"类本征值"(除了 E 之外的)积分常数,仍有待确定。通过对其中的第一个选择符号,我们考虑到这一事实,如果 Φ 和 $\partial \Phi/\partial \varphi$ 为方位角 φ 的连续和单值函数,则方程(38)中的第一个使它取整数值。我们于是有

$$
\Phi = {\sin \atop \cos}\, n\phi \tag{39}
$$

并且如果我们不考虑 n 的负值,它显然是充分的。由此

$$
n = 0,\ 1,\ 2,\ 3,\ \cdots \tag{40}
$$

在用于第二个常数 β 的符号中,我们遵循索末菲($Atombau$, 4th edit. , p. 821)以便易于进行比较。(类似的,下面用 A,B,C,D 我们对(38)的后两个方程一并处理,其形式为

$$
\dfrac{\partial}{\partial \xi}\left(\xi \dfrac{\partial \Lambda}{\partial \xi}\right) + \left(D\xi^2 + A\xi + 2B + \dfrac{C}{\xi}\right)\Lambda = 0, \tag{41}
$$

---

① 就所涉及的事实上的分析细节而言,最简单的得到(32′)的方式,或更一般的,得到任何特定坐标的波动方程,不是转换波动方程本身,而是转换相应的变分问题(参见论文第一篇,第11页),由此重新得到作为欧拉变分问题的波动方程。这样,我们就免除了二次求导赋值的麻烦。参见 Courant-Hilbert, chap. iv. §7, p.103.

其中

$$\left.\begin{matrix} D_1 \\ D_2 \end{matrix}\right\} = \mp \frac{\pi^2 m e F}{h^2}, \quad A = \frac{2\pi^2 m E}{h^2},$$

$$\left.\begin{matrix} B_1 \\ B_2 \end{matrix}\right\} = \frac{\pi^2 m}{h^2}(e^2 \mp \rho), \quad C - -\frac{n^2}{4}, \tag{42}$$

并且上面的符号适用于 $\Lambda = \Lambda_1, \xi = \lambda_1$，而下面的适用于 $\Lambda = \Lambda_2, \xi = \lambda_2$。（不幸的是我们不得不写作 ξ 以取代更为合适的 λ，以避免与 §1 和 §2 中一般理论中的微扰参量 λ 相混淆）

如果我们起初在（41）中忽略斯塔克效应项 $D\xi^2$（对这一所设想的微扰项在场强为零时的极限情形），那么这一方程与论文第一篇中的方程（7）有同样的一般结构，取值也同样为从 0 到 ∞。相应的讨论几乎逐字逐句地是相同的，并且表现出非零解，这种解与它们的导数一起，是连续的，并在取值范围内保持为有限的，仅存在于或者是 $A > 0$（延展光谱，对应于氢轨道），或者是

$$\frac{B}{\sqrt{-A}} - \sqrt{-C} = k + \frac{1}{2} \quad (k = 0, 1, 2, \cdots) \tag{43}$$

如果把它应用于方程（38）的最后两个，并且用下标 1 和 2 以区分两个 k 值，我们得到

$$\begin{cases} \sqrt{-A}\left(k_1 + \frac{1}{2} + \sqrt{-C}\right) = B_1 \\ \sqrt{-A}\left(k_2 + \frac{1}{2} + \sqrt{-C}\right) = B_2. \end{cases} \tag{44}$$

通过加和，平方和运用（42），我们发现

$$A = -\frac{4\pi^4 m^2 e^4}{h^4 l^2} \quad E = -\frac{2\pi^2 m e^4}{h^2 l^2}. \tag{45}$$

这是著名的巴耳末-玻尔椭圆能级，其中作为主量子数出现的

$$l = k_1 + k_2 + n + 1. \tag{46}$$

我们以一种比应用在数学文献中已知的下述结果更为简单的方式，求得了分立光谱项及相关的本征值。我们通过使

$$\Lambda = \xi^{\frac{n}{2}} u \tag{47}$$

首先变换因变量 Λ，然后通过使

$$2\xi \sqrt{-A} = \eta. \tag{48}$$

变换自变量 ξ。我们发现对于作为 μ 的函数的 u，有方程

$$\frac{d^2 u}{d\eta^2} + \frac{n+1}{\eta}\frac{du}{d\eta} + \left(\frac{D}{(2\sqrt{-A})^3}\eta - \frac{1}{4} + \frac{B}{\sqrt{-A}}\frac{1}{\eta}\right)u = 0. \quad (41')$$

这一方程与拉盖尔多项式密切相关。在数学附录中,将表明 $e^{-x/2}$ 与 $(n+k)$ 次拉盖尔多项式的 n 阶导数的乘积,满足微分方程

$$y'' + \frac{n+1}{x}y' + \left(-\frac{1}{4} + \left(k + \frac{n+1}{2}\right)\frac{1}{x}\right)y = 0, \quad (103)$$

并且对一个固定的 n,当 k 取所有非负整数时,所命名的函数构成了刚刚写出的方程的本征函数的完备系。由此得出,对于 D 为零时,方程 $(41')$ 拥有本征函数

$$u_k(\eta) = e^{-\frac{\eta}{2}} L_{n+k}^n(\eta) \quad (49)$$

并且其本征值

$$\frac{B}{\sqrt{-A}} = \frac{n+1}{2} + k \quad (k = 0,1,2,\cdots) \quad (50)$$

且无它值!(见数学附录中,由于显然无伤大雅的变换 (48) 所导致的延展光谱的明显的略去;由此微扰理论的处理变得非常容易。)

我们现在必须计算由包括 $(41')$ 中的 D 项在内,所导致的对 §1 一般理论的本征值的微扰 (50)。如果我们乘上 η^{n+1},方程成为自伴随的。这样,一般理论的密度函数 $\rho(x)$ 变成 η^n。作为微扰函数 $r(x)$ 出现

$$-\frac{D}{(2\sqrt{-A})^3}\eta^{n+2}. \quad (51)$$

(我们形式上让微扰参量 $\lambda = 1$;如果我们期望,我们可以让 D 或是 F 与之相等。)现在公式 $(7')$ 对于第 k 项本征值的微扰给出

$$\varepsilon_k = -\frac{D}{(2\sqrt{-A})^3}\frac{\int_0^\infty \eta^{n+2} e^{-\eta}[L_{n+k}^n(\eta)]^2 d\eta}{\int_0^\infty \eta^n e^{-\eta}[L_{n+k}^n(\eta)]^2 d\eta}. \quad (52)$$

对于分母中的仅用于归一化的整数,附录中的公式 (115) 给出的值为

$$\frac{[(n+k)!]^3}{k!}, \quad (53)$$

而在同样的地方,分子中的积分求值为

$$\frac{[(n+k)!]^3}{k!}(n^2 + 6nk + 6k^2 + 6k + 3n + 2). \quad (54)$$

其结果是

$$\varepsilon_k = -\frac{D}{(2\sqrt{-A})^3}(n^2 + 6nk + 6k^2 + 6k + 3n + 2). \quad (55)$$

方程($41'$)的第 k 项受扰本征值的条件,以及由此,自然地,对于原初的方程(41)第 k 项分立的本征值趋于

$$\frac{B}{\sqrt[+]{-A}} = \frac{n+1}{2} + k + \varepsilon_k \tag{56}$$

(ε_k 为简洁起见同时保留)

这一结果被两次应用,即通过代入常数 A, B, C, D 数值的两个方程组(42),应用于(38)的最后两个方程;由此观察出 n 在两种情形中为相同的数,而两个 k 值如上所述,由角标 1 和 2 得以区分。首先我们有

$$\begin{cases} \dfrac{B_1}{\sqrt[+]{-A}} = \dfrac{n+1}{2} + k_1 + \varepsilon_{k1} \\[4mm] \dfrac{B_2}{\sqrt[+]{-A}} = \dfrac{n+1}{2} + k_2 + \varepsilon_{k2}, \end{cases} \tag{57}$$

据此有

$$A = -\frac{(B_1 + B_2)^2}{(l + \varepsilon_{k_1} + \varepsilon_{k_2})^2} \tag{58}$$

(应用缩略的主量子数表式(46))。为求近似,我们旨在对小量 ε_k 展开,并得出

$$A = -\frac{(B_1 + B_2)^2}{l^2}\left[1 - \frac{2}{l}(\varepsilon_{k_1} + \varepsilon_{k_2})\right]. \tag{59}$$

进一步,在这些小量的计算中,我们可以用近似值(45)于(55)中的 A。这样,我们由(42)得出两个 D 值,

$$\begin{cases} \varepsilon_{k_1} = +\dfrac{Fh^4 l^3}{64\pi^4 m^2 e^5}(n^2 + 6nk_1 + 6k_1^2 + 6k_1 + 3n + 2) \\[4mm] \varepsilon_{k_2} = -\dfrac{Fh^4 l^3}{64\pi^4 m^2 e^5}(n^2 + 6nk_2 + 6k_2^2 + 6k_2 + 3n + 2). \end{cases} \tag{60}$$

此外,在简单的化简后,得出

$$\varepsilon_{k_1} + \varepsilon_{k_2} = \frac{3Fh^4 l^4 (k_1 - k_2)}{32\pi^4 m^2 e^5}. \tag{61}$$

如果我们把这一结果,和(42)中的 A, B_1 和 B_2 代入(59),在化简后我们得到

$$E = -\frac{2\pi^2 m e^4}{h^2 l^2} - \frac{3}{8}\frac{h^2 Fl(k_2 - k_1)}{\pi^2 m e}. \tag{62}$$

这是我们临时的结果。它就是著名的爱泼斯坦关于氢原子光谱的斯塔克

效应项的求值公式。

k_1 和 k_2 完全对应于抛物量子数，它们可以取值为零。同样，由（40）看出，明显与赤道量子数相关的整数 n 也可取值为零。然而，由（46）可知，这三个数的和还必须加上 1 才能得出主量子数。因此是 $n+1$ 而不是 n 对应于赤道量子数。由此，数值零对于后者（赤道量子数）自动地为波动力学所排除，正如为海森堡的力学所排除。[①] 完全不存在本征函数，即没有振动态对应于这样一种子午轨道。这一重要的和令人满意的情形在论文的第一篇中计算角量子数时，已经通过不存在对应于穿核轨道的振动态而被注意到。然而，它的完全的意义，只是通过刚才引用的两位作者的评论才为我所完全明白。

关于再以后的应用，让我们关注"零阶近似"中的方程（32）或（32′）的本征函数系，它属于本征值（62）。它得之于陈述（37），得之于结论（39）和（49），得之于变换（47）和（48）的考虑，以及 A 的近似值（45）。为简洁起见，让我们称 a_0 为"氢的第一轨道半径"。于是我们得到

$$\frac{1}{2l\sqrt{-A}}=\frac{h^2}{4\pi^2 me^2}=a_0. \tag{63}$$

而本征函数（尚未归一化！）读作

$$\psi_{nk_1k_2}=\lambda_1^{\frac{n}{2}}\lambda_2^{\frac{n}{2}}\,\mathrm{e}^{-\frac{\lambda_1+\lambda_2}{2la_0}}L_{n+k_1}^n\left(\frac{\lambda_1}{la_0}\right)L_{n+k_2}^n\left(\frac{\lambda_2}{la_0}\right)\frac{\sin}{\cos}n\phi. \tag{64}$$

它们属于本征值（62），其中 l 的意义为（46）。对于每一组三元 n,k_1 和 k_2 的非负整数值，依据 $n>0$ 或是 $n=0$，有着（按照双重符号 $\sin/\cos$）两个或是一个本征值。

§4. 尝试计算斯塔克效应模式的强度和极化

我在以后会表明，[②]从本征函数出发，通过微分和积分，我们可以计算在海森堡力学中与广义的位置和动量坐标相关的矩阵元素。例如，对于第 (rr') 项矩阵元；按照海森堡，它属于广义坐标 q 本身，我们发现

$$\begin{cases}q^{rr'}=\displaystyle\int q\rho(x)\psi_r(x)\psi_{r'}(x)\mathrm{d}x\\[2mm]\qquad\cdot\left\{\displaystyle\int\rho(x)[\psi_r(x)]^2\mathrm{d}x\cdot\int\rho(x)[\psi_{r'}(x)]^2\mathrm{d}x\right\}^{-\frac{1}{2}}.\end{cases} \tag{65}$$

---

① W. Pauli, jun., *Ztschr. F. Phys.* 36, p.336, 1926；N. Bohr, *Die Nature.* 1, 1926.

② 这本文集中正在进行中的文章。

这里，对于我们的情形，每一个分离的指标代表了一个三元组 n, k_1 和 k_2，此外，x 代表了三个坐标 r, θ, ψ。$\rho(x)$ 是密度函数；在我们的情形中为量 (34)。（我们可以把自伴方程 (32′) 与一般形式 (32) 作比较。）(65) 中的"分母"$(\cdots)^{-\frac{1}{2}}$ 必须加上，因为我们的函数组 (64) 尚未归一化。

现在，按照海森堡[①]，如果 q 意味着一个笛卡儿直角坐标系，那么矩阵元 (65) 的平方就是从第 r 个状态到第 r' 个状态的"转换概率"的量度，或者更精确地说，是与这一转换相关的，在 q 方向上极化的辐射强度的量度。从这一点出发，我在上述论文中表明，如果我们对于"力学场标量"ψ 的电动力学意义作某些简单的假定，则所讨论的矩阵元在波动力学中被容许有一个非常简单的物理解释，即实际上，它是电子周期性振动电矩幅度的分量。分量一词在这里有双重的意义：(1) 在 q 方向上的分量，即在所讨论的空间方向上的分量；(2) 只有这一空间分量的部分以一种时间正弦曲线的方式，精确地随着辐射光频率 $|E_r - E_{r'}|/h$ 而变化。（由此，这是一种傅里叶分析的问题：不是以谐振频率的方式，而是以实际的辐射频率）然而，波动力学的观念不是那种从一个振动状态到另一个突然转换的观念，而是如我将简单地提到的，一种涉及来自于两种本征振动同时存在的偏矩，持续时间与二者同时被激发一样长。

此外，上述确认的 $q^{rr'}$ 与偏矩成正比由此得以更精确的表达。例如，$q^{rr'}$ 与 $q^{rr''}$ 的比率等于当本征函数 ψ_r 与 $\psi_{r'}$ 和 $\psi_{r''}$ 同时受激时产生的偏矩的比率，第一项具有任意的强度，而最后两项的强度彼此相等，即对应于归一化。要计算强度的比率，q 的商必须首先被平方，然后为辐射频率的四次方所乘。然而，后者与斯塔克效应分量的强度比毫无关系，因为在这里，我们只比较了实际上有着同样频率的线的强度。

已知的关于斯塔克效应分量的选择定则和极化规则几乎无须计算，即可由 (65) 中分子的积分和 (64) 中本征函数的形式中获得。它们来自于对 ϕ 的为零或不为零的积分。我们通过在 (65) 中用来自 (33) 中的 z 取代 q，获得其电矢量振动方向平行于场，即 z 方向的分量。对 z 的表达式（即 $\frac{1}{2}(\lambda_1 - \lambda_2)$）并不包含方位角 ϕ。这样，我们由 (64) 即刻可看出：在对 ϕ 积分后的一个非零结果只能产生于如果我们组合本征函数，其第 n 项相等，

---

① W. Heisenberg, *Ztschr. F. Phys.* 33, p. 879, 1925; M. Born and P. Jordan, *Ztschr. F. Phys.* 34, p. 867, 886, 1925.

从而其赤道量子数相等(事实上等于 $n + 1$)。对于其垂直于场而振动的分量,我们必须使 q 等于 x,或者是等于 y(参见方程(33))。这里出现了 $\cos\phi$ 或是 $\sin\phi$,几乎像前面一样易于看出,如果对 ϕ 的积分要产生非零的结果的话,两个组合起来的本征函数的 n 值的差,必须精确地为一。因此,已知的选择定则和极化规则得以证明。进一步地,应当再次回忆起:我们无须在额外的反思后,排除任何 n 值,如在老的理论中所必需的那样,以便与经验一致。我们的 n 比赤道量子数小 1,并且从一开始就不能取负值(非常相同于我们已知的在海森堡理论中所存在的事件状态)[①]。

出现在(65)中的对于 λ_1 和 λ_2 积分的数值估算异常的冗长乏味,尤其是对分子的估算。同样的用于计算的估算在(52)的估值中已经发挥作用,只是问题更为详细一些,因为两个(一般化的)拉盖尔(Laguerre)多项式(它们的乘积正是要被积分的)没有同样的自变量。得益于好运,在我们所主要感兴趣的巴耳末线中,两个多项式之一的 L_{n+k}^n,即与双重离散值状态相关的那一个要么是一个常数,要么是其自变量的线性函数。计算的方法在数学附录中有更完全的描述。下面的表格和图表给出了关于前四项巴耳末线的结果,以对比在每厘米 10 万伏的场强下,关于强度的测量和由斯塔克做出的估算[②]。第一栏表明极化的状态;第二栏给出了通常的描述方式下的项的组合,即在我们的符号中:两组三元数(k_1,k_2 和 $n+1$)的组合,其中第一组指更高的离散态,第二组指双重离散态。第三栏以 Δ 为标题,给出了在多重态 $3h^2 F/8\pi^2 me$ 中项的分解(见方程(62))。下一栏给出为斯塔克所观察到的强度,而零表示未观察到。为斯塔克加上问号的线,或者是由于不相干的线,或者是由于可能的"幽灵"而不能得到保证。在斯塔克看来,由于在摄谱仪上两种极化状态的削弱不相等,对于振动的平行分量∥和垂直分量⊥他的结果是不能彼此相比较的。最后,这最后的一栏给出在相对数中我们的计算结果,它对于一条线,例如 H_a 的分量集合(∥和⊥)是可比较的,但对于 H_a 与 H_β 的集合却是不可比较的,等等。这些相对数被还原为它们的最小的整数,即那些在这四个表中的每一个都是彼此中最基本的数字。

①　W. Pauli, jun., *Ztschr. f. Phys.* 36, p. 336, 1926.

②　J. Stark, *Ann. d. Phys.* 48, p. 193, 1915.

巴耳末线的斯塔克效应中的强度

表 1

H_a

极化	组合	Δ	观察到的强度	计算出的强度
‖	(111)(011)	2	1	729
	(102)(002)	3	1.1	2304
	(201)(101)	4	1.2	1681
	(201)(011)	8	0	1
				和：4715
⊥	(003)(002)	0	} 2.6 {	4608
	(111)(002)	0		882
	(102)(101)	1	1	1936
	(102)(011)	5	0	16
	(201)(002)	6	0	18
				和*：4715

* 未被移动的分量减半

表 2

H_β

极化	组合	Δ	观察到的强度	计算出的强度
‖	(112)(002)	0	1.4	0
	(211)(101)	2	1.2	9
	—	(4)	1	0
	(211)(011)	6	4.8	81
	(202)(002)	8	9.1	384
	(301)(101)	10	11.5	361
	—	(12)	1	0
	(301)(011)	14	0	1
				和：836
⊥	—	(0)	1.4	0
	(112)(011)	2	3.3	72
	(103)(002)	4		384
	(211)(002)	4	} 12.6 {	72
	(202)(101)	6	9.7	294
	—	(8)	1.3	0
	(202)(011)	10	1.1?	6
	(301)(002)	12	1?	8
				和：836

巴耳末线的斯塔克效应中的强度

表 3

H_γ

极化	组合	Δ	观察到的强度	计算出的强度
‖	(221)(011)	2	1.6	15 625
	(212)(002)	5	1.5	19 200
	(311)(101)	8	1	1 521
	(311)(011)	12	2.0	16 641
	(302)(002)	15	7.2	115 200
	(401)(101)	18	10.8	131 769
	(401)(011)	22	1 ?	729
			和：300 685	
⊥	(113)(002)	0	} 7.2 {	115 200
	(221)(002)	0		26 450
	(212)(101)	3	3.2	46 128
	(212)(011)	7	1.2	5 808
	(203)(002)	10		76 800
	(311)(002)	10	} 4.3 {	11 250
	(302)(101)	13	6.1	83 232
	(302)(011)	17	1.1	2 592
	(401)(002)	20	1	4 050
			和：* 300 685	

* 未被移动的分量减半

表 4

H_δ

极化	组合	Δ	观察到的强度	计算出的强度
‖	(222)(002)	0	0	0
	(321)(101)	4	1	8
	(321)(011)	8	1.2	32
	(312)(002)	12	1.5	72
	(411)(101)	16	1.2	18
	(411)(011)	20	1.1	18
	(402)(002)	24	2.8	180
	(501)(101)	28	7.2	242
	(501)(011)	32	1 ?	2
			和：572	
⊥	(222)(011)	2	1.3	36
	(213)(002)	6	} 3.2 {	162
	(321)(002)	6	2.1	36
	(312)(101)	10	1	98
	(312)(011)	14		2
	(303)(002)	18		90
	(411)(002)	18	} 2.0 {	9
	(402)(101)	22	2.4	125
	(402)(011)	26	1.3	5
	(501)(002)	30	1 ?	9
			和：572	

从图表中可以注意到,由于理论强度中的巨大差异,有些理论强度无法真正在尺度上表征,因为它们实在太小。这些由小圆圈来表明。

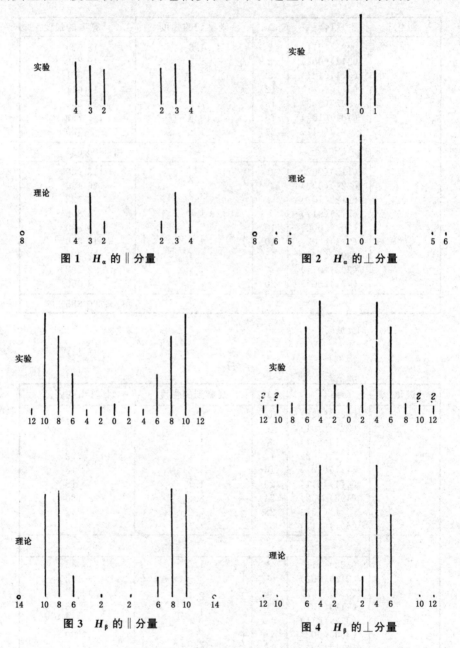

图 1　H_{α} 的 ‖ 分量　　　图 2　H_{α} 的 ⊥ 分量

图 3　H_{β} 的 ‖ 分量　　　图 4　H_{β} 的 ⊥ 分量

对图表的思考表明,对于几乎所有的强分量,这种(理论与实验的)一致程度都是可以允许的,而且总体上考虑,它在某种程度上要好于由对应性考虑而演绎出的数值。[1] 这样，例如，就消除了一个最为严重的矛盾，这一矛盾产生于按照对应原理给出的两个 Δ 为 4 和 6 的强 $\perp$ 分量的强度比，倒转且非常不符，事实上几乎达到了 1∶2，而实验要求的是 5∶4。一件类似的事出现于 H_γ 的平均（$\Delta=0$）$\perp$ 分量，它在实验上取决定性的压倒优势，但由对应原理给出的却太弱。在我们的图表中也是这样，人们承认这种为理论和实验所要求的强分量的强度比之间的"倒易"并非完全短缺的。H_a 的理论上最强的 $\parallel$ 分量（$\Delta=3$）跑出的最远，而按实验它应当位于强度上相邻的分量之间。H_β 的两个最强的 $\parallel$ 分量和最强的两个 $\perp$ 分量（$\Delta=10,13$）也由理论"倒易地"给出。当然，在两种情形中，实验的和理论的强度比，都非常接近于 1。

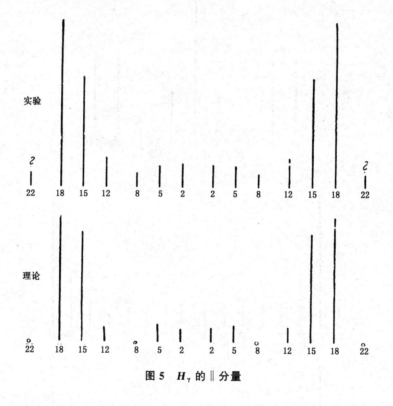

图 5 H_γ 的 $\parallel$ 分量

现在来看较弱的分量。我们首先注意到，对 H_β 对选择定则和极化规则的某些被观察到的弱分量存在的矛盾，当然，仍然保留在新理论中，因为正是新理论给出了这些规则以与旧理论相一致。然而，那些理论上非

---

[1] H. A. Kramers, *Dänische Akademie* (8), iii. 3, p. 333 et seq., 1919.

常弱的分量大部分是不可观察的，或是观察是成问题的。弱分量之间的强度比，或是与更强的分量之间的比，几乎从未哪怕是近似正确地给出，尤其是参见 H_γ 和 H_δ。这些严重的错误在谱线的实验确定中当然都不成问题。

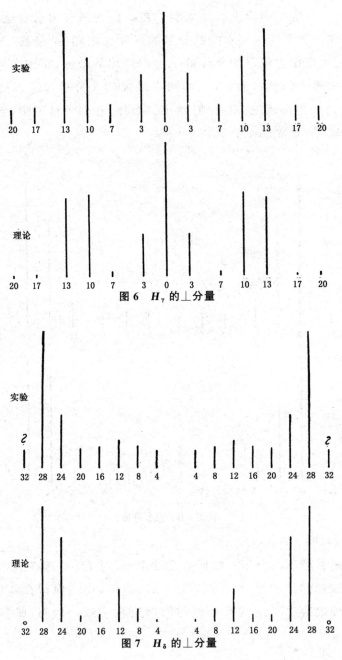

图 6 H_γ 的 ⊥ 分量

图 7 H_δ 的 ⊥ 分量

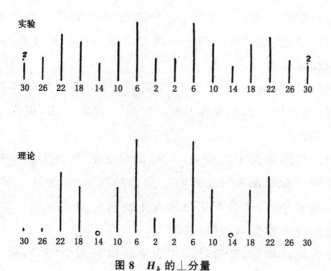

图 8 H_β 的 ⊥ 分量

考虑到所有这些,我们或许倾向于非常怀疑这一论题:积分(65)或是它们的平方是强度的量度。我绝非想把这一论题描绘成不可反驳的。依然有着许多可想象的选择,当理论被进一步拓展时,这些或许可以出于内在的理由是必需的。整个计算已经对未受扰动的本征函数,或更精确地说,对受扰函数的零级近似进行(参见上述§2)。因此,它代表了一个场强为零的近似!然而,正是对弱的,或是几乎消失的分量,我们应当期望随着场强的增强,理论上会有一个相当强的增长,其理由如下:如这一部分一开始所说明的,按照波动力学的观点,积分(65)描述了一个电子偏矩的幅度,它是由原子范围内绕核运动的电荷的分布产生的。当面对一个线分量时,我们作为零级近似,得到的是非常弱或甚至于为零的强度,这在任何方式上都与这样一个事实无关,即两个本征振动的同时存在仅对应于一个不重要的电运动,或甚至与之对应的什么也没有。振动的电物质(如果允许用这一含糊的说法的话)或许可以基于归一化,在所有的分量中同样被表述。这不如说是在电运动中发现高对称性程度情况下,线强度低的理由;通过它只有小的(甚或没有)偶极子运动产生(相反,例如只有一个四极运动)。因此,人们期望在任何种类的微扰呈现中,线分量的消失是相对不稳定的条件,因为对称性或许为微扰所破坏。这样,人们可以预期随着场强的增加,很快会得到弱的或者为零的分量。

这一点现在事实上已经被观察到,并且对于约一万高斯及以上的场强,强度比确实随着场强有相当大的变化;如果我理解得正确的话,变化的方式即为目前所讨论的一般方式。[①] 某些关于这是否真正解释了分歧这一问题的信息,当然只能由对下一级近似的持续计算才能得出,但这是非常麻烦和复杂的。

当然,当前的分析不是别的,仅仅是语言的"转换",转换到为人们已熟知的新理论的语言,正是玻尔[②]通过对应原理的方式,提出了与线强度相关的这一理论。

表中所给出的理论上的强度,同时满足了直觉和实验所确立的基本要求,[③]即所有 ‖ 分量的和等于所有 ⊥ 分量的和。(在加和之前,未被移位的分量必须被减半,以作为其他分量发生在两侧的复制的补偿)这造成了一种对于算法的非常受欢迎的"控制"。

同样令人感兴趣的,是通过运用表中给出的四个"和",来比较四条线的总强度。为此,我将从我的数值计算中撤下四个因子,它们曾经被忽略,以使得在四组线中的每一级中,通过乘上它们,把强度比表现为最小的整数成为可能。此外,对这四个乘积,我乘以适当的辐射频率的四次幂。这样,我得到下述四个数字:

$$\text{对 } H_a \cdots \quad \frac{2^6 \cdot 23 \cdot 41}{3^2 \cdot 5^9} = 0.003433\cdots$$

$$\text{对 } H_\beta \cdots \quad \frac{4 \cdot 11 \cdot 19}{3^{12}} = 0.001573\cdots$$

$$\text{对 } H_\gamma \cdots \quad \frac{2^6 \cdot 3^6 \cdot 11^2 \cdot 71}{5 \cdot 7^{13}} = 0.0008312\cdots$$

$$\text{对 } H_\delta \cdots \quad \frac{11 \cdot 13}{2^{15} \cdot 3^2} = 0.0004849\cdots$$

我以比前面更大的保留给出这些数字,因为在理论上,我对这一频率的四次幂并不确定。我后来发表的研究[④]似乎要求六次幂。上面的计算

---

① J. Stark, *Ann. d. Phys.* 43, p. 1001, *et seq.*, 1914.

② N. Bohr, *Dänische Akademic* (8), iv., 1, 1, p. 35, 1918.

③ J. Stark, *Ann. d. Phys.* 43, p. 1004, 1914.

④ 这本论文集的前一篇论文(On the Relation between the Quantum Mechanics of Heisenberg, Born, and Jordan, and that of Schrödinger)结束时的方程(38)。四次幂适用于这一事实,即辐射是加速度的平方的问题,而不适用于电矩本身。在方程(38)中出现的显然是另一因子 $(E_k - E_m)/h$。这是由于表述(36)中的 $\partial/\partial t$ 面引起的。对于证明的附加修正:现在我意识到,这一 $\partial/\partial t$ 是不正确的,尽管我希望它能使后面的相对论性概括更容易。上述引文中的表述(36)将为 $\psi\bar\psi$ 所代替。由此,关于四次幂的疑问烟消云散了。

方法严格地对应于玻恩、约旦和海森堡的假设。[1] 图表 9 是以图表的方式表示的结果。

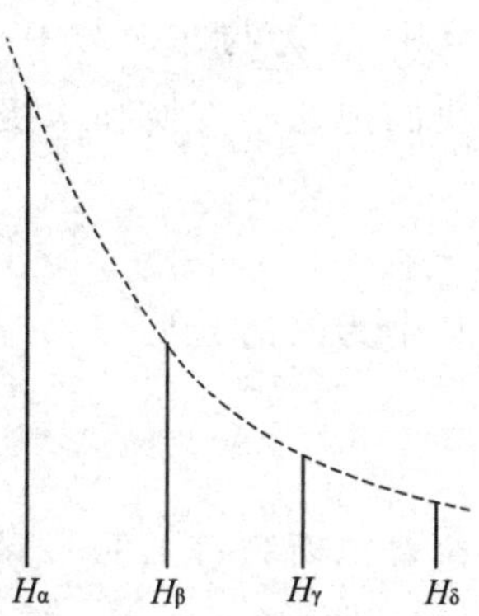

实际测量到的辐射强度（已知它极大地依赖于激发条件）自然不能在这里用于与实验相比较。从其关于相邻的 H_a 和 H_β 的色散和磁旋转的研究中[2]，R. 拉登堡（Ladenburg）与 F. 赖歇（Reiche）一起[3]，对这两条线的所谓"电子数"的比，计算了数值 4·5（限度 3 和 6）。如果我假设上述数字会与拉登堡表达式[4]成比例，

$$\sum \frac{g_k}{g_i} a_{ki} \nu_0 ,$$

那么通过用 $\nu_0{}^3$ 相除，即分别为

$$\left(\frac{5}{36}\right)^3 , \quad \left(\frac{3}{16}\right)^3 , \quad \left(\frac{21}{100}\right)^3 , \text{和} \left(\frac{2}{9}\right)^3 .$$

所除，它们可以被还原为（相对的）"电子数"。

这样，我们得到四个数字

$$1.281, \quad 0.2386, \quad 0.08975, \quad 0.04418.$$

第一个对第二个的比值为 5.37，这与拉登堡的数值能足够好地相符。

图 9　总强度

§5. 用与玻尔相对应的方法来处理斯塔克效应

主要是为了给出 §2 中一般理论的一个例子，我想概述对方程（32）的本征值问题的处理，如果我们没有注意到受扰方程在抛物坐标中也是精确地"可分离的"话，它必定是适用的。因此，我们现在仍然用极坐标 $r, \theta,$ Φ，并因而用 $r\cos\theta$ 取代 z。我们也通过变换

$$2r \sqrt{-\frac{8\pi^2 mE}{h^2}} = \eta , \tag{66}$$

对 r 引入新的坐标 η.（它非常类似于对于抛物坐标 ξ 的变换（48））。对一个未受扰本征函数（45），我们由（66）得到

---

① 参见 M. Born and P. Jordan, *Ztschr. F. Phys.* 34, p.887, 1925.

② R. Ladenburg, *Ann. d. Phys.* (4), 38, p. 249, 1914.

③ R. Ladenburg and F. Reiche, *Die Naturwissenschaften*, 1923, p.584.

④ R. Ladenburg and F. Reiche, 见上述引文, 第二栏中的第一个公式, p.584. 上述表达式中的因子 ν_0 来自这样一个事实: "转换概率" a_{ki} 仍须为"能量子"所乘，以给出辐射强度。

$$\eta = \frac{2r}{l a_0}, \qquad\qquad (66')$$

其中 a_0 为与在(63)中一样的常数。("氢原子最内层轨道的半径"。)如果我们把这个变换和未受扰的值(45)引入待处理的方程(32),则我们得到

$$\nabla'^2 \psi + \left(-\frac{1}{4} - g\eta\cos\theta + \frac{l}{\eta} \right)\psi = 0, \qquad\qquad (67)$$

其中为简洁起见

$$g = \frac{a_0^2 F l^3}{4e}. \qquad\qquad (68)$$

拉普拉斯算符上的一撇,仅用于表示在其中,字母 η 被写作径矢量。

在方程(67)中,我们设想 l 为本征值,g 中的项为微扰项。微扰项包含本征值这一事实在一级近似中无须让我们烦恼。如果我们忽略掉微扰项,方程具有像自然数这样的本征值

$$l = 1, 2, 3, 4, \cdots \qquad\qquad (69)$$

并且没有其他值。(延展光谱再次由技巧(66)所删除,这对于更接近的近似是有价值的)相关的本征函数(尚未归一化)为

$$\psi_{lnm} = P_n^m(\cos\theta)\,\frac{\cos}{\sin}(m\phi).\,\eta^n\,\mathrm{e}^{-\frac{\eta}{2}}L_{n+l}^{2n+1}(\eta). \qquad\qquad (70)$$

这里 P_n^m 表示 n 次勒让德函数的第 m 个"相关"项,而 L_{n+l}^{2n+1} 为 $(n+l)$ 次勒让德多项式的第 $(2n+1)$ 次导数。[①] 所以,我们必然有

$$n < l,$$

否则 L_{n+l}^{2n+1} 将会为零,因为微分数将会大于幂次数。关于这一点,球面谐函数的计数表明 l 为一未受扰方程的 l^2 重本征值。现在我们来研究假设如下所述,由于微扰项的加入,l 的一个确定值的分裂。

按照§2,要这么做,我们首先必须把我们的本征函数(70)归一化。从一个令人厌倦的计算中(借助于附录中的公式[②],它可以轻易地进行),我们得到如果 $m \neq 0$,则归一化的因子为

$$\frac{1}{\sqrt{\pi}}\sqrt{\frac{2n+1}{2}}\,\sqrt{\frac{(n-m)!}{(n+m)!}}\,\sqrt{\frac{(l-n-1)!}{[(n+l)!\,]^3}}, \qquad\qquad (71)$$

---

① 我后来给出本征函数(70)(见论文第一篇),但没有注意到它们与拉盖尔多项式的联系。关于上述表征的证明,见"数学附录"第一小节。

② 注意通常被表示为 $\rho(x)$ 的密度函数,在方程(67)中读作 $\eta\sin\theta$,因为方程必须乘上 $\eta^2\sin\theta$,以获得自伴形式。

但是对 $m=0$，则要用 $\dfrac{1}{\sqrt{2}}$ 乘上这一值。其次，按照（22），我们必须计算常数 ε_{im} 的对称矩阵。那儿的 r 等于我们的微扰函数 $-g\eta^3\cos\theta\sin\theta$，那儿称为 u_{ki} 的本征函数等同于我们的函数（70）。刻画本征值的固定的下标 k 对应于 ψ_{lmn} 的第一个下标 l，而 u_{ki} 的另一个下标 i 现在对应于 ψ_{lmn} 中的另一对下标 n 和 m。在我们的情形中，常数矩阵（22）的形式为一个 l^2 行和 l^2 列的正方形矩阵。运用附录中的公式，求积分非常容易，并得出下列结果。只有这样一些矩阵元不为零，它们在两个本征函数 ψ_{lmn} 和 $\psi_{l'm'n'}$ 结合时，同时满足下列条件：

1. "连带勒让德函数"（associated Legendre function）的上标必须相一致，即 $m=m'$。

2. 两个勒让德函数的阶数的差必须精确地为 1，即 $|n-n'|=1$。

3. 对于每一组三元指标 lmn，如果 $m\neq 0$，按照（70），则有着两个勒让德函数，因而也有着两个本征函数 ψ_{lmn}，彼此的不同仅在于一个包含因子 $\cos m\Phi$，而另一个包含因子 $\sin m\Phi$。第三个条件读作：我们只能用正弦与正弦组合，或是余弦与余弦组合，而不能让正弦与余弦组合。

所想要的矩阵剩余的非零矩阵元，必须用两个指标对 (n,m) 和 $(n+1,m)$ 来刻画。（我们拒绝任何明确地表明指标 l 的想法。）由于矩阵是对称的，一个指标对 (n,m) 就足以了，如果我们规定了第一个指标，比如说 n，这在任何地方都意味着两个阶数 n 和 n' 中更大的那个。

于是，计算给出

$$\varepsilon_{nm}=-6lg\sqrt{\frac{(l^2-n^2)(n^2-m^2)}{4n^2-1}}. \tag{72}$$

我们现在必须从这些矩阵元中形成行列式（22）。基于下列原理，像排列它的列一样，来排列它的行是有利的。（为了确定我们的想法，让我们说列，然后来说刻画两个勒让德函数中第一个的指标对）这样，首先是对于所有 $m=0$ 的项，然后是所有 $m=1$ 的项，接着是 $m=2$ 的项，等等，最后，直到所有 $m=l-1$ 的项，这是 m（像 n 一样）所能取的最大的值。在这些组中的每一个中，让我们这样来排列这些项：首先是所有具有 $\cos m\Phi$ 的项，然后是所有具有 $\sin m\Phi$ 的项。在这些"半组"中，让我们按照 n 的阶数增加来排列它们，其值从 m，$m+1$，$m+2$，…直到 $l-1$，即所有 $(l-m)$ 的值。

如果如此操作，我们会发现（72）的非零矩阵元仅限定于两条第二级对角线，它们紧靠着主对角线。在主对角线上的是有待发现的微扰的本征值，但是是以负数的形式,而其他各处的矩阵元都为零。此外,这两条二级对角线在这些地方为零所中断,在这儿,它们以非常便捷的形式,突破了所谓"半组"之间的边界。由此,整个行列式分解为正如"半组"所呈现出的那么多的更小的行列式的乘积,即$(2l-1)$。我们只需考虑其中之一就足够了。我们把它写在下面,用 ε(没有下标)来表示所要求的本征值的微扰:

$$
\begin{vmatrix}
-\varepsilon & \varepsilon_{m+1,m} & 0 & 0 & \cdots & 0 \\
\varepsilon_{m+1,m} & -\varepsilon & \varepsilon_{m+2,m} & 0 & \cdots & 0 \\
0 & \varepsilon_{m+2,m} & -\varepsilon & \varepsilon_{m+3,m} & \cdots & 0 \\
0 & 0 & \varepsilon_{m+3,m} & -\varepsilon & \cdots & 0 \\
\vdots & \vdots & \vdots & \vdots & & \vdots \\
0 & 0 & 0 & 0 & \varepsilon_{l-1,m} & -\varepsilon
\end{vmatrix} \tag{73}
$$

如果我们用 ε_{nm} 的公因子 $6lg$(参见(72))来除每一项,并在眼下看做为未知的

$$
k^* = -\frac{\varepsilon}{6lg}, \tag{74}
$$

上述$(l-m)$次的方程的根为

$$
k^* = \pm(l-m-1), \quad \pm(l-m-3), \quad \pm(l-m-5), \cdots \tag{75}
$$

其中级数依据次数 $l-m$ 是偶数还是奇数而中断于 ± 1 或是 0(含在内)。遗憾的是这一点的证明在附录中没有,因为我尚未能成功地获得它。

如果我们对于每一个值 $m = 0, 1, 2, \cdots (l-1)$ 求得了级数(75),那么我们在数目上就有了

$$
\varepsilon = -6lgk^* \tag{76}
$$

主量子数 l 的微扰的完备集。为了找出方程(32)的受扰本征值 E(项—层级),我们只需把(76)代入

$$
E = -\frac{2\pi^2 me^4}{h^2(l+\varepsilon)^2} \tag{77}
$$

其中考虑了缩写 g 和 a_0 的意义(分别见(68)和(63))。

对此式化简之后,得出

$$
E = -\frac{2\pi^2 me^4}{h^2 l^2} - \frac{3h^2 Flk^*}{8\pi^2 me}. \tag{78}
$$

与(62)相比表明,k^* 是抛物线量子数的差 $k_2 - k_1$。记住上述提及的 m 的取值范围,我们由(75)看出 k^* 可能也与刚刚提及的差取同样的值,即 0,$1, 2, \cdots (l-1)$。同样,如果我们不怕麻烦把它算出来,我们会发现多重性,其中 k^* 与差 $k_2 - k_1$ 出现同样的值,即 $l - |k^*|$。

　　这样,我们也从一般理论获得了一阶的本征值微扰。下一步将是对 κ 量求解一般理论的线性方程组(21′)。于是,按照(18)(暂时令 $\lambda=0$),这些将产生零阶的受扰本征函数;这不过是本征函数(64)的表征,作为本征函数(70)的线性形式。在我们的情形中,因为根 ε 可观的多重性,(21′)的解自然不会是唯一的。如果我们注意到方程分解成如上述研究的包含像(73)这样的因子行列式一样多(即 $(2l-1)$)具有完全分离的变量的组,或保留前面的半组的表述,解会变得简单得多;而如果我们进一步注意到,在我们选择了一个确定的 ε 的值后,它会允许我们只把一单一的半组变量 κ 看做为在此半组中不为零,而事实上对于它,行列式(73)对于所选的 ε 值为零。于是,变量的此一半组的定义是唯一的。

　　但是我们的目标,即通过一个例子说明 §2 的一般方法,已经充分地实现了。由于对继续计算并无特别的物理上的兴趣,我没有费心去求出行列式的值,我们可以立即以一种更清楚的形式,对于系数 κ 得出这一值,或是以任意其他方式,得出对于主轴的转换。

　　大体上,我们必须承认在目前的情形中,长期微扰的方法(§5)要比对分离系统的直接应用(§3)麻烦得多。我相信在其他情形中也会是这样。如我们所知,在普通力学中,情况通常是相反的。

第三节　数学附录

　　序注:此处并非旨在提供论文中被略去的所有计算的连续性细节。没有这些,目前的论文也已经太长了。一般来说,只有那些他人可以在类似的工作中有效地利用,且无其他更好的方法,将被简略地描述,因为它可以容易地做到。

§6. 一般化的拉盖尔多项式和正交函数

k 次拉盖尔多项式 $L_k(x)$ 满足微分方程[①]

$$xy'' + (1-x)y' + ky = 0. \tag{101}$$

如果我们首先用 $n+k$ 取代 k,然后微分 n 次,我们得出 $(n+k)$ 阶拉盖尔多项式的 n 次导数,我们总是用 L_{n+k}^n 来表示它,满足方程

[①]　Courant-Hilbert, chap. ii. §11, 5, p.78, 方程(72).

$$xy'' + (n+1-x)y' + ky = 0. \tag{102}$$

此外，通过一个简易的转换，我们发现对于 $e^{-\frac{x}{2}} L_{n+k}^n(x)$，下述方程成立

$$y'' + \frac{n+1}{x}y' + \left(-\frac{1}{4} + \left(k + \frac{n+1}{2}\right)\frac{1}{x}\right)y = 0. \tag{103}$$

这可以应用于 §3 中的方程（41'）。相关的一般化的拉盖尔正交函数为

$$x^{\frac{n}{2}} e^{-\frac{x}{2}} L_{n+k}^n(x). \tag{104}$$

顺便注意到，它们的方程是

$$y'' + \frac{1}{x}y' + \left(-\frac{1}{4} + \left(k + \frac{n+1}{2}\right)\frac{1}{x} - \frac{n^2}{4x^2}\right)y = 0. \tag{105}$$

让我们回到方程（103），考虑 n 是一个固定的（实）整数，而 k 是本征值参量。这样，按照前述，在 $x \geqslant 0$ 的区域，无论如何，方程会有本征函数，

$$e^{-\frac{x}{2}} L_{n+k}^n(x), \tag{106}$$

属于本征值

$$k = 0, \ 1, \ 2, \ 3, \ \cdots \tag{107}$$

文中坚持它不再有其他值，而且首先是不拥有连续谱。这对于方程

$$\frac{d^2 y}{d\xi^2} + \frac{n+1}{\xi}\frac{dy}{d\xi} + \left(-\frac{1}{(2k+n+1)^2} + \frac{1}{\xi}\right)y = 0 \tag{108}$$

似乎是悖谬的，方程（103）通过代换

$$\xi = \left(k + \frac{n+1}{2}\right)x \tag{109}$$

转变为它，而它确实拥有一个连续谱，如果说在其中我们把

$$E = -\frac{1}{(2k+n+1)^2} \tag{110}$$

看做是本征值参量，即所有 E 的正值是本征值（参见第一篇，方程（7）的分析）。为什么（103）的本征值 k 不能对应于这些正 E 值的理由，在于按（110），所讨论的 k 值将是复数，而这依据一般定理是不可能的。[1] 按照（110），（103）的每一个实的本征值引出（108）的一个负的本征值。此外，我们知道（参见第一篇）（108）拥有不同于这些引出的绝对非负的本征值，如（110）中来自于级数（107）的那些值。这样，只剩下一种可能性，在级数（107）中某些负的 k 值缺失，这出现于对于 k 的解（110），由于当求根时的双值性。但这也是不可能的，因为所讨论的 k 值被证明在代数上小于一

---

[1] Courant-Hilbert, chap. iii. §4, 2, p. 115.

$\dfrac{n+1}{2}$，并且因此，按一般定理，[1]不可能是方程（103）的本征值。数值级数（107）因此是完备的。证毕。

上述补充表明，函数（70）是（67）与本征值（69）相关的本征函数（具有被抑制的微扰项）。我们只能把（67）的解写作 θ, ϕ 的函数与 η 的函数的乘积。η 的方程易于表现为（105）的形式，唯一的不同在于我们目前的 n 在那儿总是奇数，即在那儿发现的总是（$2n+1$）。

§7. 两个拉盖尔正交函数的乘积的定积分

拉盖尔多项式可以以下述方式获得：在展开为一个所谓的"生成函数"[2]

$$\sum_{k=0}^{\infty} L_k(x)\,\frac{t^k}{k!} = \frac{e^{-\frac{xt}{1-t}}}{1-t}. \tag{111}$$

的级数中，作为辅助变量 t 的幂的系数。如果我们用 $n+k$ 取代 k，然后对 x 微分 n 次，就得到我们的广义多项式的生成函数

$$\sum_{k=0}^{\infty} L_{n+k}^{n}(x)\,\frac{t^k}{(n+k)!} = (-1)^n\,\frac{e^{-\frac{xt}{1-t}}}{(1-t)^{n+1}}. \tag{112}$$

为了借助于它来评估诸如在论文的表达式（52）中首次出现的积分，或者说更一般的，例如在 §4（同样在 §5 中）为计算（65）所必需的积分，我们以如下方式进行。我们重新以假设固定的下标 n 和可变的下标 k' 为条件，写出方程（112），并且用 s 取代未定义的 t。然后，这两个方程相乘，即左边乘左边，右边乘右边。接着，我们进一步用

$$x^p e^{-x} \tag{113}$$

乘，并对 x 积分，x 取值范围为从 0 到 ∞。p 为一个正整数——这对于我们的目标来说已经绰绰有余了。积分在方程右边采用基本的方法是可行的，我们得到

$$\sum_{k=0}^{\infty}\sum_{k'=0}^{\infty} \frac{t^k s^{k'}}{(n+k)!\,(n'+k')!} \int_0^{\infty} x^p e^{-x} L_{n+k}^{n}(x) L_{n'+k'}^{n'}(x)\,\mathrm{d}x$$
$$= (-1)^{n+n'} p!\,\frac{(1-t)^{p-n}(1-s)^{p-n'}}{(1-ts)^{p+1}}. \tag{114}$$

现在，我们在方程左边，有了所期望的积分，就像一条线上的珍珠一样，我

---

[1]　Courant-Hilbert, chap. v. §5, 1, p. 240.

[2]　Courant-Hilbert, chap. ii. §11, 5, p. 78, 方程（68）。

们只需依据我们偶尔的需要,通过在右边寻找 $t^k s^{k'}$ 的系数即可取出一个。这一系数总是一个简单和,并且事实上在文中所发生的情形中,总是一个只有很少几项(上限为 3)的有限和。一般而言,我们有

$$\begin{cases} \int_0^\infty x^p e^{-x} L_{n+k}^n(x) I_{n'+k'}^{n'}(r) dr = p! \ (n+k)! \ (n'+k')! \\ \cdot \sum_{\tau=0}^{\leq k,k'} (-1)^{n+n'+k+k'+\tau} \binom{p-n}{k-\tau} \binom{p-n'}{k'-\tau} \binom{-p-1}{\tau}. \end{cases} \tag{115}$$

和中止于两个数 k 和 k' 中较小的之后。在实际情形中,它经常起始于 τ 的一个正值,随着二项式系数(其较低的数比上面的数更大)而消失。例如,在(52)式分母中的积分中,我们令 $p=n=n'$,且 $k'=k$。于是 τ 仅能取一个值 k,并且我们能确定文中的表述(53)。在(52)的分子的积分中,只有 p 有另一个值,即 $p=n+2$。现在 τ 取值为 $k-2$,$k-1$ 和 k,经简单的化简,我们得到论文中的公式(54)。以非常相同的方式,出现在 §5 中的积分由拉盖尔多项式得以评估。

因此,我们现在可以把(115)这一类型的积分看做为已知,而只需让自己去关注出现在 §4 中的强度计算的积分(参见表达式(65)和在那儿必须被代换的函数(64))。在这一类型中,两个拉盖尔正交函数(它们的积被积分)没有相同的自变量,然而,例如在我们的情形中,却有着自变量 λ_1/la_0 和 $\lambda_1/l'a_0$,其中 l 和 l' 为我们所组合的两个能级的主量子数。作为典型,让我们考虑积分

$$J = \int_0^\infty x^p e^{-\frac{\alpha+\beta}{2}x} L_{n+k}^n(\alpha x) L_{n'+k'}^{n'}(\beta x) dx. \tag{116}$$

现在,我们可以以一种表面上不同的方式来进行。首先,前述程序依然平稳地进行,只是在(114)的右边一侧出现了多少更为复杂的表达式。在分母上出现了二次二项式的幂,而不是前述的二项式。这使得问题有些混乱,因为它使得(114)的右边一侧成为五重的而不是三重的,这样使(115)的右边成为三重的,而不是一个简单的和。我发现下述代换可使得事情更清楚:

$$\frac{\alpha+\beta}{2}x = y. \tag{117}$$

因此

$$\begin{cases} \alpha x = \left(1 + \frac{\alpha-\beta}{\alpha+\beta}\right) y \\ \beta x = \left(1 - \frac{\alpha-\beta}{\alpha+\beta}\right) y. \end{cases} \tag{118}$$

在把两个多项式展开为它们的泰勒级数后(它们是有限的,并且有着类似

的作为系数的级数），运用缩写

$$\sigma = \frac{2}{\alpha + \beta}, \quad \gamma = \frac{\alpha - \beta}{\alpha + \beta}, \tag{119}$$

我们得到下述结果

$$J = \sigma^{p+1} \sum_{\lambda=0}^{k} \sum_{\mu=0}^{k'} (-1)^{\mu} \frac{\gamma^{\lambda+\mu}}{\lambda! \, \mu!} \int_0^{\infty} y^{p+\lambda+\mu} L_{n+k}^{n+\lambda}(y) L_{n'+k'}^{n'+\mu}(y) \mathrm{d}y. \tag{120}$$

由此，J 的计算化简为较为简单的积分类型(115)。在巴耳末线系的情形中，(120)中的双重求和相对而言，对于两个 k 值中的一个是易于处理的，即指涉两个量子能级的那一个，绝不会超过 1，由此 λ 或许至多有两个值，并且如所证明的，μ 至多只有 4 个值。来自指涉两个量子能级的情形表明，没有其他值，而只有

$$L_0 = 1, \quad L_1 = -x + 1, \quad L_1^1 = -1,$$

出现，允许做进一步的简化。不过，我们必须计算出一些表格，而非常抱歉地是，论文的这些表格中表示强度的数字无法让它们的一般结构被看出。幸运地是在平行分量 ∥ 和垂直分量 ⊥ 之间的可加关系保持得很好，由此我们可以有某种可能，感觉自己至少在代数上并没有犯什么大错。

§8. 对勒让德函数的积分

在相关的勒让德函数之间，有三个积分关系，对于 §5 中的计算是必需的。为了他人的方便，我在这儿来表述它们，因为我在论文中的其他地方无法找到合适的地方。我们用惯常的定义

$$P_n^m(\cos\theta) = \sin^m\theta \frac{\mathrm{d}^m P_n(\cos\theta)}{(\mathrm{d}\cos\theta)^m}. \tag{121}$$

于是，下式成立

$$\int_0^{\pi} \left[P_n^m(\cos\theta) \right]^2 \sin\theta \, \mathrm{d}\theta = \frac{2}{2n+1} \frac{(n+m)!}{(n-m)!} \tag{122}$$

此外，

$$\begin{cases} \int_0^{\pi} P_n^m(\cos\theta) P_{n'}^m(\cos\theta) \cos\theta \sin\theta \, \mathrm{d}\theta = 0 \\ \qquad\qquad 对 \mid n - n' \mid \neq 1. \end{cases} \tag{123}$$

另一方面，

$$\int_0^{\pi} P_n^m(\cos\theta) P_{n-1}^m(\cos\theta) \cos\theta \sin\theta \, \mathrm{d}\theta$$

$$= \frac{n+m}{2n+1} \int_0^{\pi} \left[P_{n-1}^m(\cos\theta) \right]^2 \sin\theta \mathrm{d}\theta = \frac{2(n+m)!}{(4n^2-1)(n-m-1)!}. \tag{124}$$

最后两个关系决定了论文 95 页上行列式［即（73）——译注］的"选择"。此外，它们对于光谱理论有着基本的重要性，因为显然，关于角量子数的选择原理依赖于它们（以及依赖于其他两个关系式，它们在这两个关系式中为 $\cos\theta\sin\theta$ 的地方，有着 $\sin2\theta$）。

附加的对于证明的修正

沃尔夫冈·泡利告诉我，通过对于在附录第二部分中所给出方法的修正，他已经得到下述用于计算赖曼（Lyman）和巴耳末线系总强度的闭合公式。对于赖曼系，它们是

$$\nu_{l,1}=R\left(\frac{1}{1^2}-\frac{1}{l^2}\right);\quad J_{l,1}=\frac{2^7\cdot(l-1)^{2l-1}}{l\cdot(l+1)^{2l+1}};$$

对于巴耳末线系，它们是

$$\nu_{l,2}=R\left(\frac{1}{2^2}-\frac{1}{l^2}\right);\quad J_{l,2}=\frac{4^3\cdot(l-2)^{2l-3}}{l\cdot(l+2)^{2l+3}}(3l^2-4)(5l^2-4).$$

总的辐射强度（频率的四次方的幅度的平方）在所讨论的级数内，正比于这些表达式。对巴耳末系，由这些公式获得的数值与第 91 到 92 页（§4 结束处——译注）给出的数据完全相符。

苏黎世大学物理学研究所

（收稿日期：1926 年 5 月 10 日）

第四篇

(《物理学年鉴》1926 年第 4 期,第 81 卷)

摘要：§1. 从振动方程中消去能量参量。实波动方程。非保守系。§2. 把微扰理论推广到明显包含时间的微扰。色散理论。§3. 补充第二节。激发态原子,简并系统,连续光谱。§4. 讨论谐振情形。§5. 推广到任意扰动。§6. 基本方程推广到相对论性和带有磁场情形。§7. 关于场标量的物理意义。

§1. 从振动方程中消去能量参量。实波动方程。非保守系统

第二篇中的波动方程(18)或(18″),即

$$\nabla^2\psi - \frac{2(E-V)}{E^2}\frac{\partial^2\psi}{\partial t^2} = 0 \qquad (1)$$

或

$$\nabla^2\psi + \frac{8\pi^2}{h^2}(E-V)\psi = 0, \qquad (1')$$

构成了在这一系列论文中重建力学的基础。但它的缺陷是它所表达的"力学场标量"ψ 的变化规律既不统一,也不普遍。方程(1)包含了能量(或是频率)参量 E,并且如在第二篇中所明确地强调的,其对于插入的一个确定的 E 值的有效,适用于那些仅通过一个确定的周期性因子

$$\psi \sim (\mathrm{e}^{\pm\frac{2\pi i E t}{h}})\text{的实数部分}. \qquad (2)$$

而依赖于时间的过程。这样,方程(1)实际上并不比方程(1′)普遍,后者考虑到了上面所提到的情况,并且根本不包含时间。

这样,当我们在不同的情形中,把方程(1)或(1′)标示为"波动方程"时,我们实际上是错了,或许称之为"振动"方程或"振幅"方程更为准确。然而,我们发现这样称呼也足够了,因为与其相联系的是斯图谟-刘维本征值问题,而不是真实的波动方程,正如数学上严格类似的弦和膜的自由振动问题。

关于这一点,我们迄今为止已经假设势能 V 为一坐标的纯函数,而不明显地依赖于时间。然而,这就产生出一个急迫的要求,把这一理论推广到非保守系,因为只有以这种方式,我们才能研究系统在规定的外力,如

光波或一个经过的外部原子的影响下，所表现出的行为。一旦 V 明显地包含了时间，显然方程（1）或（1′）就不可能为函数 ψ 所满足，这里函数 ψ 对时间的依赖方式由（2）所给定。于是，我们发现振幅方程不再是充分的，而必须寻找真正的波动方程。

对于保守系，后者是很容易找到的。（2）等价于

$$\frac{\partial^2 \psi}{\partial t^2} = -\frac{4\pi^2 E^2}{h^2}\psi. \tag{3}$$

我们可以通过微分从（1′）和（3）中消去 E，得到下述方程，它以易于理解的符号方式写出：

$$\left(\nabla^2 - \frac{8\pi^2}{h^2}V\right)^2\psi + \frac{16\pi^2}{h^2}\frac{\partial^2\psi}{\partial t^2} = 0. \tag{4}$$

这一方程必定为每一如（2）那样依赖于时间的 ψ 所满足，尽管其中 E 是任意的；因而也能为每一对于时间展开为傅里叶级数的 ψ 所满足（自然也为以作为系数的坐标函数所满足）。这样，方程（4）显然是关于场标量 ψ 的均匀的和一般的波动方程。

显然，这不再是来自振动膜的简单类型，而是一种四阶的，类似于许多出现于弹性理论中的问题的类型。[①] 然而，我们无须害怕这一理论过于复杂，或是必须修改与（1′）相联系的前述方法。如果 V 不包含时间，我们可以从（4）出发，应用（2），然后把算子分解如下：

$$\left(\nabla^2 - \frac{8\pi^2}{h^2}V + \frac{8\pi^2}{h^2}E\right)\left(\nabla^2 - \frac{8\pi^2}{h^2}V - \frac{8\pi^2}{h^2}E\right)\psi = 0. \tag{4′}$$

借助于尝试的方法，我们能把这个方程分解为两个"二中择一的"方程，即分解为方程（1′）和另一个方程，其与（1′）的不同仅在于其本征值参量被称作负 E，而不是正 E。按照（2），这并不导致新的解。（4′）的分解并非绝对令人信服的，因为"乘积仅当至少其一个因子为零时为零"的定理对于算子并不有效。然而，这种说服力的缺乏，正是所有偏微分方程解法的共同特征。这种程序可由随后的这一事实得到证明，即我们可以证明所发现的本征函数作为坐标函数的完备性。这种完备性与（2）中的虚部与实部同样满足方程（4）这一事实相结合，允许任意的起始条件为 ψ 和 $\partial\psi/\partial t$ 所满足。

这样，我们看出其自身包含了色散定律的波动方程（4），确实可以作为前面所发展的关于保守系的理论的基础。然而，对于势能函数随时间

---

① 例如，对一个振动板，$\nabla^2\nabla^2 u + \partial^2 u/\partial t^2 = 0$。参见 Courant-Hilbert，chap. v. § 8, p. 256.

变化的情形则须小心，因为此时会出现含 V 的时间导数的项，而方程（4）由于我们获取它的方式而不能给我们以相关信息。事实上，如果我们试图应用方程（4），就像它能适用于非保守系那样，我们就会遇到看来产生于 $\partial V/\partial t$ 项的麻烦。因而，在下述讨论中，我将采取稍许不同的途径，它很易于计算，并且我认为它原则上是业已被证明的。

我们无须把波动方程的阶数提到 4，以便摆脱能量参量。ψ 对时间的依赖（如果（1'）成立，则它必然存在）可表示为

$$\frac{\partial \psi}{\partial t} = \pm \frac{2\pi \mathrm{i}}{h} E\psi \tag{3'}$$

就像由（3）表示一样。这样，我们就得到两个方程中的一个

$$\nabla^2 \psi - \frac{8\pi^2}{h^2} V\psi \mp \frac{4\pi \mathrm{i}}{h}\frac{\partial \psi}{\partial t} = 0. \tag{4''}$$

我们将要求复波动函数 ψ 满足这两个方程中的一个。由于共轭复函数 ψ 将满足另一个方程，我们可以取 ψ 的实数部分作为实波动函数（如果我们需要它）。在保守系情形中，（4''）本质上等价于（4），因为实算子可以被分解为两个共轭复算子的乘积，如果 V 不包含时间的话。

§2. 把微扰理论推广到明显包含时间的微扰。色散理论

我们主要的兴趣不在于那些其势能的时间和空间变化处于同一量级的系统，而是那些其本身为保守系，却为势能所附加的一个小的给定依时（及坐标）函数所微扰的系统。因此，让我们写出

$$V = V_0(x) + r(x,t), \tag{5}$$

其中，如前面所经常的那样，r 代表整个位形坐标。我们把未受扰动的本征值问题（$r=0$）看做为已经解决的。于是微扰问题可以通过求积来解决。

然而，我们不是立即去处理一般的问题，而是从大量有关这一论题的重要应用中，挑选出色散理论问题，由于其显著的重要性，它确实在任何情形中，都需要一种独立的处理。在这一问题中，微扰力起源于一个变动的电场，它在原子的区域中是均匀，同步振动的；这样，如果我们必须面对的为一频率为 ν 的线性极化的单色光，写作

$$r(x,t) = A(x)\cos 2\pi\nu t, \tag{6}$$

并且因此

$$V = V_0(x) + A(x)\cos 2\pi\nu t. \tag{5'}$$

这里，$A(x)$ 是光振幅与坐标函数的负乘积，而按照一般力学，后者表示了

在电-光矢量方向上,原子电矩的分量(比如说 $-F\sum e_i z_i$,其中 F 为光幅,e_i 与 z_i 为粒子的电荷和 z 坐标,光在 z 的方向上被极化)。我们像从前一样(如在开普勒问题中),尽量少地从一般力学中借来势函数的时间变量部分,我们借的是常数部分。

运用(5′),方程(4″)变成

$$\nabla^2\psi - \frac{8\pi^2}{h^2}(V_0 + A\cos 2\pi v t)\psi \mp \frac{4\pi i}{h}\frac{\partial\psi}{\partial t} = 0. \tag{7}$$

对于 $A=0$,这些方程通过代换

$$\psi = u(x)e^{\pm\frac{2\pi i E_k t}{h}} \tag{8}$$

(现在这只是一种字面意义的代换,而并不意味着真实的代换)变为未受扰问题的振幅方程(1′),而且我们知道(参见§3)未受扰问题的解的总体是以这种方式发现的。让

$$E_k \text{ 和 } u_k(x); \quad k = 1, 2, 3, \cdots$$

为未受扰问题的本征值和归一化的本征函数,我们把它们看做为已知的,并且将假设它们为分立的和彼此不同的(不具有连续谱的非简并系统),这样我们就无须卷入需要特殊考虑的次生的问题。

正如在独立于时间的微扰势中的情形,我们必须在未受扰问题的每一个可能解的邻近,也就是在有着常数系数的 u_k 的一个任意线性组合的邻近(由(8)知,u_k 将与一个适当的时间因子 $e^{\pm\frac{2\pi i E_k t}{h}}$ 组合),来寻找受扰问题的解。位于一个确定的线性组合邻近的受扰问题的解,将有着下述物理意义。如果当光波抵达时,这一首次出现的解,正是一确定的自由本征振动的线性组合被呈现(或许在"激发"中有不重要的变化)。

然而,由于受扰问题的方程也是齐次的(让我们着重强调这一与声学中的"受迫振动"类比意图的表达),在每一个分别的

$$u_k(x)e^{\pm\frac{2\pi i E_k t}{h}}, \tag{9}$$

的邻近寻找受扰解显然是充分的,我们于是会任意地线性组合它们,正如对未受扰的解所做的一样。

因此,为了解(7)中的第一个方程,我们现在令

$$\psi = u_k(x)e^{\frac{2\pi i E_k t}{h}} + w(x, t). \tag{10}$$

[下面的符号,即(7)中的第二个方程且暂放一边,因为它并无什么不同。]附加项 $w(x,t)$ 可被看做一小量,它与受扰势的乘积被忽略。记住这一

点，把（10）代入（7），并且记住 $u_k(x)$ 和 E 为未受扰问题的本征函数和本征值，我们得到

$$
\begin{cases}
\nabla^2 w - \dfrac{8\pi^2}{h^2}V_0 w - \dfrac{4\pi i}{h}\dfrac{\partial w}{\partial t} = \dfrac{8\pi^2}{h^2}A\cos 2\pi\nu t \cdot u_k \mathrm{e}^{\frac{2\pi i E_k t}{h}}, \\
\quad = \dfrac{4\pi^2}{h^2}A u_k \cdot \left(\mathrm{e}^{\frac{2\pi i t}{h}(E_k + h\nu)} + \mathrm{e}^{\frac{2\pi i t}{h}(E_k - h\nu)}\right).
\end{cases}
\tag{11}
$$

这一方程易于为，并且确实也仅仅为下一代换所满足

$$
w = w_+(x)\mathrm{e}^{\frac{2\pi i t}{h}(E_k + h\nu)} + w_-(x)\mathrm{e}^{\frac{2\pi i t}{h}(E_k - h\nu)},
\tag{12}
$$

其中两个函数 $w_\pm$ 分别服从两个方程

$$
\nabla^2 w_\pm + \dfrac{8\pi^2}{h^2}(E_k \pm h\nu - V_0)w_\pm = \dfrac{4\pi^2}{h^2}A u_k.
\tag{13}
$$

这一步本质上是独特的。初看起来，我们显然可以对（12）加上一个未受扰本征振动的任意集合。但这一集合必须假设为一小量，并且是一阶的（因为这是对 w 的假设），因此在眼下不引起我们的兴趣，因为它至多只会产生二阶的扰动。

在方程（13）中，我们最终有了那些我们所期望遇到的非齐次方程，尽管如前所强调的，缺少与真实受迫振动的类比。这一类比的缺乏是极端重要的，并且在方程（13）有下述两点特殊的表现。首先，作为"第二成员"，（"激发力"），扰动函数 $A(x)$ 并不单独出现，而是为一个已经呈现的自由振动的幅度所倍乘。如果适当地考虑物理事实，这一点是不可避免的，因为原子对于入射光波的反应，几乎完全依赖于原子在那一时刻的状态；而已知一个膜（或是片等）的受迫振动是相当地独立于叠加于它们之上的本征振动的，因此，这将会产生对我们例证的一个错误表示。其次，要取代（13）左边的本征值，即"激发频率"，我们并未发现扰动力自身的频率 ν，而只是在不同情形中，对已经呈现的自由振动频率有所加减而已。这也同样是不可避免的。否则，对应于项-频率的本征频率本身，将作为谐振点而起作用，而不是如所要求并由方程（13）所真正给出的，作为本征频率的差。此外，我们满意地看到后者给出的仅仅是事实上被激发的本征频率与所有其他频率之间的差，而不是那些没有成员被激发的本征频率对之间的差。

为了更严密地考察这一点，让我们完成这一解。运用著名的方法，[①]
我们发现方程（13）的简单解

[①]　参见论文第三篇，§1 和 §2，方程（8）和（24）附近的文章。

$$w_{\pm}(x) = \frac{1}{2}\sum_{n=1}^{\infty} \frac{a'_{kn}u_n(x)}{E_k - E_n \pm h\nu}, \tag{14}$$

其中

$$a'_{kn} = \int A(x)u_k(x)u_n(x)\rho(x)\mathrm{d}x. \tag{15}$$

$\rho(x)$是"密度函数",即位置坐标函数,方程($1'$)必须乘上它以成为自伴的。$u_n(x)$被假设为归一化的。进一步的假设是$h\nu$并不精确地与任何本征值$E_k - E_n$的差相符。这一谐振的情形将在后面处理(参见§4)。

如果我们现在运用(12)和(10),从(14)形成整个受扰振动,我们得到

$$\left\{\psi = u_k(x)\mathrm{e}^{\frac{2\pi i E_k t}{h}} + \frac{1}{2}\sum_{n=1}^{\infty}a'_{kn}u_n(x)\left(\frac{\mathrm{e}^{\frac{2\pi i t}{h}(E_k+h\nu)}}{E_k - E_n + h\nu} + \frac{\mathrm{e}^{\frac{2\pi i t}{h}(E_k-h\nu)}}{E_k - E_n - h\nu}\right).\right.$$
$$\tag{16}$$

这样在受扰的情形中,与每一个自由振动$u_k(x)$一起,对那些$a'_{kn}\neq 0$的项,出现了所有那些振动$u_n(x)$的小的振幅。后者正是这样的振动,如果它们作为自由振动存在,与引起辐射的$u_k(x)$一起,其极化将(整个或部分地)与入射波的极化方向一致。因为除了一个因子,a'_{kn}正是原子电矩(在这个极化方向上)的分量振幅,按照波动力学,它以频率$(E_k - E_n)/h$振动,并且当$u_k(x)$和$u_n(x)$一起存在时出现。[1] 然而,同时振动既不与那些本征频率为E_n/h的特殊振动一起发生,也不与光波频率ν一起发生,而是与ν和E_n/h(即一个激发自由频率)的和与差一起发生。

(16)的实的或虚的部分可以被考虑为实的解。然而,在下面,我们着手处理复数解本身。

要认识我们的结果在色散理论中的重要性,必须考察由受激强迫振动与原已呈现的自由振动的同时存在而产生的辐射。为此目的,按照我们前面已经采用的方法[2](在§7中有一个批评),我们构成了复波函数(16)与它的共轭的乘积,即复波函数ψ的模方。我们注意到扰动项较小,因此其平方和乘积可以被忽略。经简单的变形,[3]我们得到

---

① 参见下述和§7。

② 参见海森堡等人量子力学论文的结尾,也可参见本系列论文的第三篇中斯塔克效应中强度的计算。在第一篇被引证的论文中,提出的是$\psi\psi$的实数部分,而不是$\psi\bar{\psi}$。这是一个错误,在本文第三篇得以纠正。

③ 如前面一样,为简单起见,我们假设本征函数$u_n(x)$为实的,但注意到有时它若是实本征函数的复集合更为方便得多,或是必须如此,例如在开普勒问题中,我们用$\mathrm{e}^{\pm m\phi i}$,而不是$\frac{\cos}{\sin}m\phi$。

$$\psi\bar{\psi} = u_k(x)^2 + 2\cos 2\pi\nu t \sum_{n=1}^{\infty} \frac{(E_k - E_n)a'_{kn}u_k(x)u_n(x)}{(E_k - E_n)^2 - h^2\nu^2}. \tag{17}$$

按照关于场标量 ψ 的电动力学意义的启示性假说,如果 x 仅仅代表三维空间坐标,即我们处理单电子问题的话,目前的量(除了一个多重性系数外)代表了作为空间坐标和时间的函数的电流密度。我们记得,同样的假说把我们引向了正确的选择和极化规则,在我们讨论氢的斯塔克效应时,引向了非常令人满意的强度关系表示。通过对这一假说的自然的推广(在§7 中会有更多),我们把下述看做是表征了电流密度的一般情形,它是与经典力学中的一个粒子"相关联的",或是它"起源于其中",或是它"在波动力学中对应于它":$\psi\bar{\psi}$ 对系统的所有那些坐标的积分(在经典力学中,它确定了剩余粒子的位置),乘上某一个常数,第一个粒子的经典的"荷"。得出的在空间中任意点的荷密度,于是由这种对所有粒子的积分的和来表征。

由此,为了发现作为时间函数的总体波动力学偶极矩的无论什么空间分量,我们必须基于这一假说,用作为点系统的位形函数,在经典力学中给出了特定偶极矩分量的坐标函数,来乘以表达式(17),例如,如果我们正处理的是 y 方向上的偶极矩分量的话,则乘以

$$M_y = \sum e_i y_i, \tag{18}$$

这样,我们必须对全部位形坐标积分。

让我们来对此作出计算,用缩写

$$b_{kn} = \int M_y(x)u_k(x)u_n(x)\rho(x)\mathrm{d}x. \tag{19}$$

让我们进一步来澄清 a'_{kn} 的定义(15),通过回忆如果入射电光矢量是由

$$\mathfrak{E}_z = F \cos 2\pi\nu t, \tag{20}$$

给出,则

$$\begin{cases} A(x) = -F \cdot M_z(x), \\ \text{其中 } M_z(x) = \sum e_i z_i. \end{cases} \tag{21}$$

如果我们类比于(19),让

$$a_{kn} = \int M_z(x)u_k(x)u_n(x)\rho(x)\mathrm{d}x \tag{22}$$

则 $a'_{kn} = -Fa_{kn}$,通过算出所设想的积分,我们发现

$$\int M_y\psi\bar{\psi}\rho\mathrm{d}x = a_{kk} + 2F \cos 2\pi\nu t \sum_{n=1}^{\infty} \frac{(E_n - E_k)a_{kn}b_{kn}}{(E_k - E_n)^2 - h^2\nu^2} \tag{23}$$

对所导致的电矩,由入射波所产生的二次辐射将归之于它。

当然,这一辐射仅依赖于第二(时间变量)部分,而第一部分代表的是时间不变的偶极矩分量,它可能与原初存在的自由振动相关联。这一变量部分似乎很有希望,可以满足所有我们通常对"色散公式"所提出的要求。首先,让我们关注那些所谓"负"项的出现,它在通常的措辞中对应于向一个较低能级($E_n < E_k$)的转换概率。克拉默斯(Kramers)首先从一种对应的观点关注到它。[①] 一般而言,尽管思考和表达的方式非常不同,我们的公式确实可以在形式上描画得与克拉默斯的次级辐射公式一样。A_{kn}和b_{kn}之间的重要联系,次级辐射和自发辐射的系数得以表明,而且确实次级辐射也针对其极化条件得以精确描述。[②]

我愿意相信,散射辐射或诱发的偶极矩的绝对值也由公式(23)正确地给出,尽管显然在可能性的边界内,在应用上述引入的启发性假设时,可能会出现数值因子上的错误。无论如何,物理量纲是正确的,来自(18),(19),(21)和(22)的A_{kn}和b_{kn}是电矩,因为本征函数的平方积分被归一化为单一的。如果ν远为偏离了正讨论的发射频率,诱发偶极矩与自发偶极矩的比率,与附加的势能Fa_{kn}对"能级"$E_k - E_n$的比率就在同一个数量级上。

§3. 补充第二节。激发态原子,简并系统,连续光谱

为明晰起见,我们在前面的章节中做出了一些特别的假定,把许多问题放在一边。这些现在必须通过补充的方式来加以讨论。

首先,当光波遇到原子,而后者处于并非迄今为止所假定的仅仅一个自由振动u_k被激发,而是几个,比如说两个,u_k和u_l的状态时,会发生些什么呢?如上面所提到的,我们在提供它们以常(可能是复数)系数(对应于所假设的自由振动的强度,和它们的刺激相位关系)后,在受扰情形中,简单地以加和的方式来组合两个对应于下标k和l的受扰解(16)。在实际操作这一计算前,我们看出在$\overline{\psi\dot{\psi}}$的表达式和用于导出电矩的表达式(23)中,产生的不仅仅有前面获得的项,即表达式(17)或是(23)中用k,然后用l写出的项的相应的线性聚集,我们此外还得到了"组合项",即首先考虑量的最高级,在

$$u_k(x)u_l(x)e^{\frac{2\pi i}{h}(E_k-E_l)t}, \tag{24}$$

---

① H. A. Kramers, *Nature*, May 10, 1924;同上,August 30, 1924; Kramers and W. Heisenberg, *Ztschr. F. Phys.* 31, p. 681, 1925. 在后一篇文章中由对应原理所描述的散射光的极化(公式 27),几乎形式上与我们的完全一致。

② 几乎无须说为简单起见我们称之为"z 方向"和"y 方向"的两个方向不需要精确地彼此正交。一个是入射光的极化方向;另一个是我们特别感兴趣的次波的极化分量。

中的一个项,它再次给出了与两个自由振动的同时存在密切相关的自发辐射;其次是一阶的微扰项,它与微扰场的振幅成正比,对应于属于 u_k 的受迫振动与自由振动 u_l 之间的相互作用,以及属于 u_l 的受迫振动与自由振动 u_k 之间的相互作用。这些出现在(17)和(23)中的新的项的频率不是 ν,而是

$$\left| \nu \pm \frac{E_k - E_l}{h} \right|, \tag{25}$$

这一点仍然无须计算,而可以轻易地看出。(然而,新的"共振分母"不在这些项中出现)这样,我们在这里必须面对次级辐射,其频率既不与激发光频率一致,也不与系统的自发频率相同,而是这二者频率的组合。

这种引人注目的次级辐射的存在,首先为克拉默斯和海森堡出于对应原理的考虑所假设(见前引文),然后为玻恩、海森堡和约旦出于海森堡量子力学的考虑所假设。[①] 据我所知,这尚未为实验所证明。目前的理论也清楚地表明,这种散射的辐射依赖于特殊的条件,它要求特别地依据目的来安排研究。首先,两个本征振动 u_k 和 u_l 必须被很强地激发,由此所有对处于常规态的原子所做的实验(绝大部分情形都是如此)都被拒斥。其次,至少三分之一的本征振动态必须存在(即必须是可能的——它无须被激发),当与 u_k 以及同样与 u_l 相组合时,它们将导致有力的自发辐射。有待发现的非常散射辐射与所讨论的自发发射系数的乘积($a_{kn}b_{ln}$ 和 $a_{ln}b_{kn}$)成比例。组合(u_k, u_l)自身不必引发一个强发射。用旧的理论语言来说,如果这是一种"禁戒跃迁",这并不重要。而实际上,我们必须也要求这条线(u_k, u_l)在实验中被很强地发射出来,因为这是唯一的手段,使我们自己确信下述两条:本征振动在同样的单个原子中被激发,以及在足够大数目的原子中被激发。现在,如果我们反思,在那些被考察最多的有力的项-线中,即在通常的 s 线,p 线,d 线和 f 线中,关系通常是这样的:与第三项很强地组合的两个项,彼此之间却并不如此,因此,如果我们期望所要的散射辐射具有任何确定性的话,一个特殊的对于研究对象和条件的选择似乎是必需的。特别是由于它的频率并非激发光的频率,这样,它不能产生色散或极化平面的旋转,而只有当光向所有侧面散射时被观察到。

在我看来,上面提及的海森堡、玻恩和约旦的色散理论尽管在形式上与眼前的理论有极大的相似性,但并不允许作我们所做的这样的反思。因为它只考虑了一种原子对入射辐射做出反应的方式。它把原子想象为

---

① Born, Heisenberg, and Jordan, *Ztschr. f. Phys.* 35, p. 572, 1926.

永恒的实体,迄今为止仍不能用自己的语言表述这一确定无疑的事实:原子在不同的时间能处于不同的状态,由此,如已经证明的,可以不同的方式对入射的辐射做出反应。[1]

现在,让我们转向另一个问题。在§2中,集体的本征值被假定是彼此不同的和分立的。现在,我们不讨论第二个假说,而是问:当产生多重本征值,或是简并出现时会有什么改变?或许我们预期会出现一些复杂的情形,类似于我们在时间为常数的微扰情形中所遇到过的(第三篇,§2),即一个(适用于特定的微扰的)未受扰原子的本征函数系统,必须被定义为一个"久期方程"的解,然后应用于微扰计算。在任意微扰情形[在方程(5)中,由$r(x,t)$所代表]中的确如此,但在由入射所产生的微扰(方程(6))情形中,情况并非如此——无论如何,就我们通常的一阶近似而言,并且只要我们设想光频率ν并不与所考虑的任何自发发射频率相一致。于是,双重方程(13)中关于受扰振动幅度的参数值就不是一个本征值,这一对方程总是有明确的一对解(14),其中即使当E_k为一多重值,也不会有为零的分母出现。值得注意地是通过这些项(如果其中一项真的出现,即具有非零的a_{kn}),频率$\nu=0$也出现在共振频率中。当然,这些项对"寻常的"散射并没有贡献,如我们从(23)中所看到的,因为$E_k-E_n=0$。

当微扰函数的时间平均值为零,或是同样的,当后者的按时间的傅里叶展开式不包含常数项,即独立于时间的项,简化总是可获得的[2](至少在一个一级近似中,我们不要求特别地考虑任何可能的简并出现)。光波就是这样一种情形。

当我们关于本征值的第一个假设(它们应当是简单的)就此证明自身确实是过分谨慎了时,未加讨论的第二个假设(它们绝对应当是分立的)尽管在原则上不导致变化,但在计算的外观上,却带来了相当可观的变化,就对方程(1′)的连续谱所取的积分,被加到(14),(16),(17)和(23)中的分立的和上而言。这样的由积分表征的理论业已由外尔(H. Weyl)所发展,[3]尽管它只适用于寻常的微分方程,但对于偏微分方程的拓展是允

---

① 特别是参见海森堡关于其论文的最新说明中的结论性文字,与理解时间中的一个事件过程的这种困难有关,见 *Math. Ann.* 95, p. 683, 1926。

② 进一步的讨论在§5中。

③ H. Weyl, *Math. Ann.* 68, p. 220, 1910; *Gött. Nachr.* 1910. 也可参见 E. Hill, *Sitz.-Ber. d. Physik. Mediz. Soc. Erlangen*, 43, p. 68, 1911; *Math. Ann.* 71, p. 76, 1911. 我必须谢谢 Herr Weyl,不仅为了这些参考文献,而且为了非常宝贵的对于这些并不十分简单的问题的口头解说。

许的。为简明起见，这一情形也是如此。① 如果属于非均匀方程（13）的均匀方程，即未受扰系统的振动方程（1′），在点光谱之外还拥有一个连续光谱，这一连续光谱（比如说）从 $E=a$ 延伸到 $E=b$，那么一个任意的函数 $f(x)$ 自然不能如下这样，仅仅展开为归一化的分立本征函数 $u_n(x)$，

$$f(x) = \sum_{n=1}^{\infty} \phi_n \cdot u_n(x), \quad \text{其中 } \phi_n = \int f(x)u_n(x)\rho(x)\mathrm{d}x \quad (26)$$

而必须加上一个按本征函数 $u(x,E)$ 展开的积分，它属于本征值 $a \leqslant E \leqslant b$，这样我们有

$$f(x) = \sum_{n=1}^{\infty} \phi_n \cdot u_n(x) + \int_a^b u(x,E)\phi(E)\mathrm{d}E, \quad (27)$$

这里要强调，我们有意识地选择地同一字母来表示"系数函数"$\phi(E)$，来类似于分立系数 ϕ_n。如果现在我们通过把它与一个合适的 E 的函数相连，一次性对本征解 $u(x,E)$ 归一化，以如下的方式

$$\int \mathrm{d}x\rho(x)\int_{E'}^{E'+\Delta} u(x,E)u(x,E')\mathrm{d}E' = 1 \quad \text{或} = 0 \quad (28)$$

按照 E 是否属于区间 E' 和 $E'+\Delta$，于是在（27）中，在积分的标记下，我们代入

$$\phi(E) = \lim_{\Delta=0} \frac{1}{\Delta}\int \rho(\xi)f(\xi) \cdot \int_E^{E+\Delta} u(\xi,E')\mathrm{d}E' \cdot \mathrm{d}\xi, \quad (29)$$

其中第一个积分符号所指的总是变量群 x 的区域。② 假设（28）得以满足，展开式（27）得以存在（这一表述为外尔证明对通常的微分方程成立），来自（29）的"系数函数"的定义几乎与著名的傅里叶系数一样显明。

在任何具体情形中，最重要也是最困难的任务，是进行 $u(x,E)$ 的归一化，即发现 E 的函数，再乘上（由于尚未归一化）连续谱的本征解，以便条件（28）得以满足。上面所引用的外尔的工作，包含了对这一实际任务的非常有价值的指导，以及一些已经完成的例证。一个关于带谱线强度原子动力学的案例是由 Herr E. Fues 在最近一期的《物理学年鉴》（*Annalen der Physik*）上的一篇论文中完成的。

让我们把它应用于我们的问题，即应用于受扰振动的振幅 w 的方程对（13）的解，其中一如以往，我们假设有一个受激的自由振动 u_k 属于分立的点光谱。我们按照（27）的框架来展开（13），这样

---

① 对这一说明，我必须感谢 Herr Fues。

② 如 Herr E. Fues 所告诉我的，我们会非常经常地忽略实际中的极限过程，而把内部积分写成 $u(\zeta,E)$，即总是当 $\int \rho(\xi)f(\xi)u(\xi,E)\mathrm{d}\xi$ 存在。

$$\frac{4\pi^2}{h^2}A(x)u_k(x)=\frac{4\pi^2}{h^2}\sum_{n=1}^{\infty}a'_{kn}u_n(x)+\frac{4\pi^2}{h^2}\int_a^b u(x,E)\alpha'_k(E)\mathrm{d}E \quad (30)$$

其中 a'_{kn} 由（15）给出，而 $a'_k(E)$ 来自（29），通过

$$\alpha'_k(E)=\lim_{\Delta=0}\frac{1}{\Delta}\int\rho(\xi)A(\xi)u_k(\xi)\cdot\int_E^{E+\Delta}u(\xi,E')\mathrm{d}E'\cdot\mathrm{d}\xi. \quad (15')$$

如果我们想象展开（30）放入（13），然后类似地按照本征函数 $u_n(x)$ 和 $u(x,E)$，展开所欲求的解 $w(x)$，并注意对（13）中左边最后命名的函数取值

$$\frac{8\pi^2}{h^2}(E_k\pm h\nu-E_n)u_n(x)$$

或是

$$\frac{8\pi^2}{h^2}(E_k\pm h\nu-E)u(x,E),$$

然后通过"系数比较"，我们得到作为（14）的推广的

$$w_\pm(x)=\frac{1}{2}\sum_{n=1}^{\infty}\frac{a'_{kn}u_n(x)}{E_k-E_n\pm h\nu}+\frac{1}{2}\int_a^b\frac{a'_k(E)u(x,E)}{E_k-E\pm h\nu}\mathrm{d}E. \quad (14')$$

进一步的程序完全类似于 §2 中的程序。

最后，作为（23）的附加项，得到

$$+2\cos2\pi\nu t\int\mathrm{d}\xi\rho(\xi)M_y(\xi)u_k(\xi)\int_a^b\frac{(E_k-E)a'_k(E)u(\xi,E)}{(E_k-E)^2-h^2\nu^2}\mathrm{d}E. \quad (23')$$

这里，或许我们不能总是未经进一步的考察，就改变积分的次序，因为对于 ξ 的积分可能不是收敛的。然而，作为一种通往极限的严格通道（它在这里可以免去）的直观上的权宜之计，我们能把积分分解成许多小的部分，每一个都有一范围 Δ，它足够地小，以至于我们可以把所有所讨论的 E 的函数看做在每一部分中是不变的，除了 $u(x,E)$ 是一例外，因为我们从一般的理论知道，它的积分不能通过这样一种固定的分割来获得，它是独立于 ξ 的。于是，我们能从部分积分中取出剩余的函数，并且作为次级辐射的电偶矩（23）的附加项，获得最后的结果，除了下述

$$2F\cos2\pi\nu t\int_a^b\frac{(E-E_k)\alpha_k(E)\beta_k(E)}{(E_k-E)^2-h^2\nu^2}\mathrm{d}E, \quad (23'')$$

其中

$$\alpha_k(E)=\lim_{\Delta=0}\frac{1}{\Delta}\int\rho(\xi)M_z(\xi)u_k(\xi)\cdot\int_E^{E+\Delta}u(\xi,E')\mathrm{d}E'\cdot\mathrm{d}\xi, \quad (22')$$

$$\beta_k(E)=\lim_{\Delta=0}\frac{1}{\Delta}\int\rho(\xi)M_y(\xi)u_k(\xi)\cdot\int_E^{E+\Delta}u(\xi,E')\mathrm{d}E'\cdot\mathrm{d}\xi \quad (19')$$

（请注意，与 §2 中没有撇的同样数字的公式完全类似）

当然,前述的计算仅仅是一种一般的概观,以表明已经有着许多讨论的、实验似乎已证明的[①]连续光谱对于色散的影响,是精确地为目前的理论以预期的形式所需要的,并且概述了问题的计算得以解决的方式。

§4. 讨论谐振情形

迄今为止,我们总是假设光波的频率 ν 与任何必须考虑的发射频率都不一致。我们现在假设,比如说

$$h\nu = E_n - E_k > 0, \qquad (31)$$

此外,为简单起见,我们改变 §2 中的极限条件(简单的、分立的本征值,单一的受激自由振动 u_k)。因此,在方程对(13)中,本征值参数取值

$$E_k \pm E_n \mp E_k = \begin{cases} E_n \\ 2E_k - E_n, \end{cases} \qquad (32)$$

即对上面的记号,出现了一个本征值,即 E_n。有两种可能的情形。第一种,方程(13)的右侧为 $\rho(x)$ 所乘,可以正交于对应于 E_n 的本征函数 $u_n(x)$。即我们有

$$\int A(x) u_k(x) u_n(x) \rho(x) \mathrm{d}x = a'_{kn} = 0, \qquad (33)$$

这在物理上意味着:如果 u_k 和 u_n 共同作为自由振动存在,它们将不会产生自发辐射,或极化会正交于入射光极化的方向。在这一情形中,临界方程(13)再一次也有一个解,这个解一如此前,由(14)给出,其中灾难性的项消失了。这在物理上意味着(用旧的术语来说)"禁戒跃迁"不可能通过共振来激发,或是一个即使并不被禁戒的"跃迁",也不能为其振动垂直于将"自发跃迁"所发射的光的极化方向的光所导致。

第二种则不同,(33)不被满足。因此,临界方程没有解。假设了一个与原初存在的自由振动有微小不同(大约在光的振幅 F 的量级)的表述(10),并且在这一假设下是有着最一般可能的,由此将不能达到其目标。因此,不存在与原始的自由振动仅有 F 量级差异的解。这样,入射光对于系统的状态,具有一种变化着的影响,它与光的振幅大小并不相关。这会有什么影响呢? 我们仍然可以无须进一步的计算,而是从共振条件(31)并没有被精确满足,而只是近似的满足的情形出发,来评价这一影响。于是,我们由(16)

---

① K. F. Herzfeld and K. L. Wolf, *Ann. d. Phys.* 76, p. 71, 567, 1926; H. Kollmann and H. Mark, Die Nw. 14, p. 648, 1926.

看到，$U_n(x)$由于一个小的分母的缘故，在一个非同寻常强的受激振动中被激发，并且并非不重要的是，这些受激振动的频率，已经接近于本征振动 U_n 的自然本征频率 E_n/h。[确实，所有这些非常类似于（当然也有着自己的不同）在其他地方所遇到的共振现象，否则我不会如此详细地讨论它]

在对于临界频率的逐渐趋近中，先前并未激发的本征振动 u_n（其可能存在引起了这一危机）被刺激到一种愈来愈强的程度，并且具有一种愈来愈接近自身本征频率的频率。与通常的共振现象形成对比，而呈现不同的是会有这么一个点，甚至在到达临界频率之前，即使是假设我们明显的"无阻尼的"波严格有效的条件下，我们的解也不再能正确地表现这种情形。因为我们事实上把受激振动 w 看做与存在的自由振动相比是很小的，并且忽略了平方项[在方程（11）中]。

我相信目前的讨论已经足够清晰地表明，在共振情形中，理论事实上将给出它应当给出的结果，以便与伍德（Wood）的共振现象一致：导致了危机的本征振动 u_n 增加到一个有限的尺度，与原始存在的振动 uk 可比较时，由此，当然就导致了光谱线（u_k,u_n）的自发发射。然而，我并不期望试图在这儿完全去计算出这一共振情形，因为如果不考虑对发射系统的发射辐射的反作用，这一结果的值会很小。这样的反作用必然存在，不仅仅因为原则上根本没有依据以区分外来的入射光波和为系统自身发现的波，而且因为如果只有一个系统自身，几个本征振动被同时激发的话，自发辐射将无限地持续下去。这要求反馈耦合必须起作用，使得在这一情形中，随着光的辐射，更高的本征振动逐渐衰退，最终只留下对应于系统常规状态的基本振动。反馈耦合显然完全类似于经典电子理论中的辐射反作用（$\left(\frac{2e^2}{3mc^3}\ddot{v}\right)$）。这一类比也缓解了我们由先前忽略了这一反馈耦合而导致的忧惧。波动方程中的（或许不再是线性的）相关项一般会比较小，正如在电子中，辐射的反压一般而言，与惯性力和外部的场强相比非常小一样。然而，在共振情形中，正如在电子理论中一样，如果要正确计算不同本征振动之间的"平衡"（其确定有赖于辐照）的话，由于与本征光波的耦合与同入射光的耦合处于同一量级，因此必须加以考虑。

然而，让我们对此作一明确的评论：反馈耦合项并非为避免共振灾难所必需的！它可能在任何情形中都不会发生，因为按照下面的§7中所提供的归一化的持续性定理，$\psi\bar{\psi}$ 的位形空间积分即使在任意的外界力的影响下，也总是保持归一为相同的值；而且作为波动方程（4）的结论，确实是很自动地这样做的。因此，ψ 振动的振幅不可能无限地增长；它们"平均"总是保持同一个值。如果有一个本征振动增加，那么另一个必须因而减弱。

§5. 推广到任意扰动

如果所讨论的一个任意微扰如§2中开始时的方程(5)中所假设的那样，我们就要把微扰能量 $r(x,t)$ 展开为傅里叶级数，或是对时间的傅里叶积分。于是这一展开的项具有光波的微扰势的形式(6)。我们立即可以看出，在方程(11)的右边一侧，我们简单地得到 e 的两个虚的幂级数(或者可能是积分)，而不仅仅是两项。如果激发频率与临界频率不相符，我们会以与§2中所描述的完全相同的方式得到解，但是当然，是关于时间的傅里叶级数(或者可能是傅里叶积分)。在这里，写出它的形式表达式，与我们的目标无关；更精确地分别计算出这些问题，也超出了本文的范围。然而，这里必须说到在§3中已经提到过的重要的一点。

在方程(13)的临界频率中，由 $E_k - E_k = 0$ 而得出的频率 $\nu = 0$ 也出现了。因为在这一情形中只有一个本征频率，即 E_k 作为本征值参量出现在方程左边。这样，如果频率 0，即一个独立于时间的项出现在微扰函数 $r(x,t)$ 的傅里叶展开式中，我们就不能用与以前相同的方法达到我们的目标。然而，易于看出它必须如何修改，因为一个时间为常数的微扰在先前的工作中已经得知(参见第三篇论文)。于是，我们必须同时考虑受激自由振动的本征值的一个小的变动和可能的分裂，即在方程(10)右边第一项中 e 的幂指数中，我们必须用 E_k 加上一个小的常数，本征值的微扰，来取代 E_k。与在论文第三篇中的§1和§2中完全相同，这一微扰由下述假设得以确定：我们的方程(13)中的临界傅里叶分量的右边，正交于 u_k (或可能正交于所有属于 E_k 的本征函数)。

属于目前这一节所讨论的特殊的问题，为数众多。通过把由不变的电场或是磁场产生的微扰与光波所产生的相叠加，我们得到了磁和电的双重折射，和极化平面的磁旋转。磁场中的共振辐射也出现在这一标题下，但为此目的，我们必须先获得§4中所讨论的共振情形的精确解。此外，我们可以处理一个 α 粒子或是电子飞经原子时的作用，[①]这种经过是以这样的方式，其相遇不会太近，以便两个系统中的一个的微扰，可以由

---

① 一个非常有趣和成功的比较飞行荷电粒子与光波的作用的尝试(通过它们的场的傅里叶分解)，可以见 *Fermi* 的一篇论文，*Ztschr. f. Phys.* 29，p. 315，1924.

另一个的未受扰运动来计算。一旦未受扰系统的本征值和本征函数成为已知,所有这些问题都不过是计算问题。因此,人们期望对于重原子,我们也可以成功地(至少是近似地)确定这些函数,就像是近似地确定属于不同类型项的玻尔电子轨道一样。

§6. 基本方程推广到相对论性和有磁场情形

作为对刚才提到的物理问题(其中迄今为止,在这一系列论文中完全被忽略的磁场起着一个重要的作用)的补充,我愿意简略地给出基本方程(4″)对于相对论性-有磁场情形的可能的推广,尽管其间我只能对单电子情形这么做,并且有着最大可能的保留——这种保留出于两个理由。首先,这一推广暂时还基于一个纯形式的类推。其次,如在第一篇论文中提到的,尽管它确实形式上,在开普勒问题中导出了索末菲的精细结构公式,事实上带有"半整数的"角向和径向量子,这在今天一般被看做是正确的,但仍然缺乏补充,以说明它是为确保数值上正确的氢线的分裂图形所必需的,而在玻尔理论中,这已由戈德斯密特和乌伦贝克(Goudsmit and Uhlenbeck)的电子自旋给出。

关于洛伦兹电子的哈密顿-雅可比偏微分方程,可以容易地写出:

$$\left\{\begin{array}{l}\left(\dfrac{1}{c}\dfrac{\partial W}{\partial t}+\dfrac{e}{c}V\right)^{2}-\left(\dfrac{\partial W}{\partial x}-\dfrac{e}{c}\mathfrak{U}_{x}\right)^{2}-\left(\dfrac{\partial W}{\partial y}-\dfrac{e}{c}\mathfrak{U}_{y}\right)^{2}\\[3mm]\qquad-\left(\dfrac{\partial W}{\partial z}-\dfrac{e}{c}\mathfrak{U}_{z}\right)^{2}-m^{2}c^{2}=0.\end{array}\right. \tag{34}$$

其中的 e, m, c 是电子的电荷、质量和光速;V 和 $\mathfrak{U}$ 为电子所处位置外部电磁场的电磁势,而 W 是作用函数。

现在,从经典(相对论性)方程(34),我尝试从下述纯形式的程序,推导出电子的波动方程;易于验证,它如果应用于一般力学中,粒子运动于任意力场中的哈密顿方程,将导出方程(4″)。在方程(34)中,在取平方后,我用分别的算符,

$$\left\{\begin{array}{l}\dfrac{\partial W}{\partial t},\qquad\dfrac{\partial W}{x\partial},\qquad\dfrac{\partial W}{\partial y},\qquad\dfrac{\partial W}{\partial z},\\[3mm]\text{来取代量}\\[3mm]\pm\dfrac{h}{2\pi\mathrm{i}}\dfrac{\partial}{\partial t},\quad\pm\dfrac{h}{2\pi\mathrm{i}}\dfrac{\partial}{\partial x},\quad\pm\dfrac{h}{2\pi\mathrm{i}}\dfrac{\partial}{\partial y},\quad\pm\dfrac{h}{2\pi\mathrm{i}}\dfrac{\partial}{\partial z}.\end{array}\right. \tag{35}$$

由此获得的双重的线性算子被应用于波动函数 ψ,令结果为零,得出

$$\nabla^{2}\psi-\dfrac{1}{c^{2}}\dfrac{\partial^{2}\psi}{\partial t^{2}}\mp\dfrac{4\pi\mathrm{i}e}{hc}\left(\dfrac{V}{c}\dfrac{\partial\psi}{\partial t}+\mathfrak{U}\ \mathrm{grad}\ \psi\right)$$

$$+ \frac{4\pi^2 e^2}{h^2 c^2} \left(V^2 - \mathfrak{U}^2 - \frac{m^2 c^4}{e^2} \right) \psi = 0. \qquad (36)$$

（这里的 ∇^2 和梯度符号具有基本的三维欧几里得空间的意义。）方程对 (36) 是方程 $(4'')$ 对于单电子情形的相对论性-有磁场情形的推广，因而类似地，意味着复波函数必须满足方程对中的这一个，或是另一个。

从 (36)，用与第一篇论文中所描述的完全相同的方法，可以获得关于氢原子的索末菲的精细结构公式，并且我们也可导出（忽略掉 $\mathfrak{U}^2$ 中的项）正常塞曼效应，同样可获得著名的选择和极化规则，以及强度公式。它们来自于在第三篇论文结尾处引入的勒让德函数之间的积分关系。

出于在本节第一段中给出的理由，我在这里不再给出这些计算的详尽过程；同样在下一节中，也只涉及理论的"经典"版本，而不讨论尚不完善的相对论性-有磁场情形。

§7. 关于场标量的物理意义

场标量 ψ 的电动力学意义的启发性假说，过去曾用于单电子问题，被立即推广到 §2 中荷电粒子的任意系统，并在那儿许诺了对这程序的更为彻底的描述。我们已经计算了在如下空间中任意点的电荷密度。我们选择一个粒子，确定在一般力学中描述其位置的三元坐标组；用 $\psi\bar{\psi}$ 对系统所有剩余的坐标积分，并对结果乘以一个常数，所选电子的"电荷"；我们对每个粒子（三元坐标组）作相同的事，在每一情形中给所选电子以相同的位置，即我们想知道电荷密度的空间那点的位置。这一密度等于部分结果的代数和。

这一规则现在等价于下述概念，它允许 ψ 的真实意义更清楚地突现出来。$\psi\bar{\psi}$ 是系统的位型空间中的一种权重函数。系统的波动力学位型，是许多（严格地说是所有运动学上可能的点的力学）位型的叠加。这样，每一个点的力学位型对真正的波动力学位型贡献某种权重，它正是由 $\psi\bar{\psi}$ 给出的。如果我们喜欢悖谬的说法，我们可以说系统存在于所有运动学上可以想象的位置，但并非在各处都有同等强度的可能性。在宏观运动中，权重函数实际上集中于一个很小的不能辨别的位置区域内。这一区域在位型空间中的引力中心运行的距离是宏观上可觉察的。在微观运动问题中，我们在所有情形中感兴趣的也都是（在某些情形中甚至主要是）区域中变化着的分布。

这种新的解释起初可能会令我们震惊，因为我们以前经常以这么一种直观具体的方式，把"ψ 振动"说成仿佛是某种相当真实的东西。但在目前的概念背后,也有着某种确实真实的东西,即非常真实的、电荷空间密度的电动力学上有效的涨落。ψ 函数所起的作用,恰恰在于允许这些涨落的总体,能以单个偏微分方程从数学上把握和考察。我们已经反复强调[①]了这一事实:ψ 函数本身不可能,也不可以直接以三维空间的语言来解释,无论单电子问题如何趋向于把我们误导向这一点,因为它一般而言是一个位型空间中,而不是真实空间中的函数。

关于在上述意义上的这么一种权重函数,我们希望它对整个位型空间的积分,保持其归一化为同一不变的值,最好是单位值。我们很容易证实:如果系统的总电荷在上述条件下保持不变,这就是必然的。即使是对非保守系,显然也必须假设这个条件。因为很自然,系统的电荷在下述这样的过程中并没有改变,例如光波落于系统上,持续了一段时间,然后中止的过程。(注意:这对于电离过程也有效。一个粒子的瓦解仍然被包含在系统内,直到分离逻辑上也(通过位形空间的分解)完成)

现在出现的问题是:是否所假设的归一化的持续,事实上为以 ψ 为对象的方程(4″)所保证。如果情形并非如此,我们的整个概念将实际上会破产。幸运的是,情形并非如此。让我们形成

$$\frac{d}{dt}\int \psi\bar{\psi}\rho dx = \int\Big(\psi\frac{\partial\bar{\psi}}{\partial t}+\bar{\psi}\frac{\partial\psi}{\partial t}\Big)\rho dx. \tag{37}$$

现在,ψ 满足两个方程(4″)中的一个,$\bar{\psi}$ 满足另一个。因此,除了一个倍增常数外,这一积分变成

$$\int(\psi\nabla^2\bar{\psi}-\bar{\psi}\nabla^2\psi)\rho dx = 2i\int(J\nabla^2 R - R\nabla^2 J)\rho dx, \tag{38}$$

其中目前,我们令

$$\psi = R + iJ.$$

按照格林定理,积分(38)必然为零;而对此,函数 R 和 J 所唯一必须满足的必要条件(在足够大的无穷时为零)的物理意味,不过是所考虑的系统实际上应限定于一个有限的区域。

我们以一种稍许不同的方式来提出这一点,不是对整个位形空间积分,而是仅仅通过格林变换,把对权重函数的时间求导,改为求散度。通过这一变换,我们得到的是一种权重函数流,进而是电流的问题。两个方程

$$\frac{\partial\psi}{\partial t} = \frac{h}{4\pi i}\Big(\nabla^2 - \frac{8\pi^2}{h^2}V\Big)\psi \tag{4″}$$

---

① 第二篇的结尾(原书第 39 页);关于海森堡量子力学的论文(原书第 60 页)。

$$\frac{\partial \overline{\psi}}{\partial t} = -\frac{h}{4\pi i}\left(\nabla^2 - \frac{8\pi^2}{h^2}V\right)\overline{\psi}$$

分别乘上 $\rho\overline{\psi}$ 和 $\rho\psi$ 后相加。由此有

$$\frac{\partial}{\delta t}(\rho\psi\overline{\psi}) = \frac{h}{4\pi i}\rho \cdot (\overline{\psi}\nabla^2\psi - \psi\nabla^2\overline{\psi}). \tag{39}$$

为了进行方程右边的转换,我们必须记得我们的多维非欧拉普拉斯算子的明确表达式[①]

$$\rho\nabla^2 = \sum_k \frac{\partial}{\partial q_k}\left[\rho T_{p_k}\left(q_l, \frac{\partial \psi}{\partial q_l}\right)\right]. \tag{40}$$

通过一个小的变换,我们易于得出

$$\frac{\partial}{\partial t}(\rho\psi\overline{\psi}) = \frac{h}{4\pi i}\sum_k \frac{\partial}{\partial q_k}\left[\rho\overline{\psi}T_{p_k}\left(q_l, \frac{\partial \psi}{\partial q_l}\right) - \rho\psi T_{p_k}\left(q_l, \frac{\partial \overline{\psi}}{\partial q_l}\right)\right]. \tag{41}$$

右边一侧出现的,是作为多维实矢量的散度,它显然可以被解释为位形空间中权重函数的流密度。方程(41)是权重函数的连续性方程。

由此,我们可以获得电流的连续性方程,而且确实,这样的一个单独的方程适用于"由每个单独的粒子产生的"电荷密度。例如,让我们确定第 α 个粒子。设它的"电荷"为 e_a,质量为 m_a,为简单起见,它的坐标空间由笛卡儿坐标 x_a, y_a, z_a 表示。我们用 dx' 来简略表示其余坐标的微分的乘积。我们固定 x_a, y_a, z_a 不变,让方程对后者积分。其结果,方程右边除了三项之外全部为零,我们得到

$$\begin{cases} \dfrac{\partial}{\partial t}\left[e_a\displaystyle\int \psi\overline{\psi}dx'\right] = \dfrac{he_a}{4\pi i m_a}\left\{\dfrac{\partial}{\partial x_a}\left[\displaystyle\int\left(\overline{\psi}\dfrac{\partial \psi}{\partial x_a} - \psi\dfrac{\partial \overline{\psi}}{\partial x_a}\right)dx'\right]\right. \\ \left. + \dfrac{\partial}{\partial y_a}\left[\displaystyle\int\left(\overline{\psi}\dfrac{\partial \psi}{\partial y_a} - \psi\dfrac{\partial \overline{\psi}}{\partial y_a}\right)dx'\right] + \cdots\right\} \\ = \dfrac{he_a}{4\pi i m_a}\mathrm{div}_a\left[\displaystyle\int\left(\overline{\psi}\mathrm{grad}_a\psi - \psi\mathrm{grad}_a\overline{\psi}\right)dx'\right]. \end{cases} \tag{42}$$

在此方程中,散度和梯度有着通常的三维欧氏意义,而 x_a, y_a, z_a 被解释为实空间的笛卡儿坐标。方程是"产生于第 α 个粒子的"那个电荷密度的连续性方程。如果我们以类似方式形成其他粒子的方程,并把它们加总,我们就得到了总的连续性方程。当然,我们必须强调,把方程右边的积分解

[①] 参见关于海森堡理论的论文中方程(31)。那儿标示为 $\Delta_\rho^{-\frac{1}{2}}$ 的量为我们的"密度函数" $\rho(x)$(例如,在球坐标中为 $r^2\sin\theta$)。T 表示的是作为位置坐标和动量函数的动能,T 的下标标示出对动量的区分。在上述引文中的方程(31)和(32)中,很遗憾下标 k 被错误地用了两次,一次用于加和,然后也被用在函数的自变量的表征性下标中。

释为电流密度的分量,像其他所有这类情形一样,并非绝对必需的,因为此外,一个无散度矢量也是可加的。

为给出一个例证,在单电子保守系中,如果 ψ 由下式

$$\psi = \sum_k c_k u_k e^{2\pi i \nu_k t + i\theta_k} \quad (c_k, \theta_k) \tag{43}$$

给出,我们对流密度 J 得到

$$J = \frac{he_1}{2\pi m_1} \sum_{(k,l)} c_k c_l \left(\frac{u_l}{u_k} - \frac{u_k}{u_l}\right) \cdot \sin\left[2\pi(\nu_k - \nu_l)t + \theta_k - \theta_l\right]. \tag{44}$$

这对一般保守系都有效。我们看到,如果只有单一的本征振动被激发,电流分量消失,电流的分布在时间中为常数。这一点也可由 $\psi\bar{\psi}$ 对于时间而言成为常数这一事实,而即刻成为显然的。即使当有几个本征振动被激发时,如果它们都属于同一个本征值,情形也仍然如此。而另一方面,电流密度由此不再需要为零,而是呈现为(通常一般也是)一种稳态的流分布。由于在任何情况下,这一点或是其他都发生在未受扰的常态下,我们在某种意义上可以说回复到电磁的原子模型。以这种方式,通常状态中辐射的缺失确实找到了一处惊人简单的说明。

我希望并且相信,眼下这种陈述将被证明为对于原子和分子的磁性质的说明是有用的,并且对于进一步说明固体中的电流也是有用的。

同时,在对复波函数的应用中,无疑仍然有着某种不成熟。如果这是原则上不可避免的,而不仅仅是计算上的简单化方式,这可能意味着在原则上有着两种波函数,它们必须一起应用,以获得系统状态的信息。我相信:这一多少有些不可接受的推论会承认,系统状态的最为合适的解释,是由一个实函数和它的依时导数给出的。我们对于这一点之所以不能给出更为精确的信息,是与下述事实密切相关的:在方程对(4″)中,我们面前只有一个或许是四阶的实波函数的(确实非常便于计算的)替代品,然后,对非保守系情形,我还不能成功地构造它。

苏黎世大学物理学研究所

(收稿日期:1926 年 6 月 23 日)

(本文节选自薛定谔在 1926 年发表在德国《物理学年鉴》的六篇论文。论文的发表标志着波动力学理论的创立。——编注)

(胡新和　译)

位于月球的南极附近的"薛定谔坑"

维也纳大学校徽

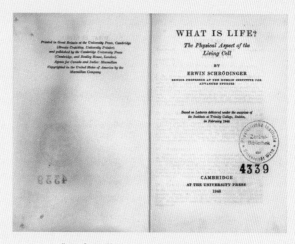

《生命是什么——活细胞的物理学观》（剑桥大学出版社，1948年出版）。书中薛定谔试图用热力学、量子力学和化学理论来解释生命的本性，引进了非同性晶体、负熵、遗传密码、量子跃迁式的突变等概念。此书引导人们用物理学和化学方法去研究生命的本性，使薛定谔成了今天蓬勃发展的分子生物学的先驱。

量子力学中著名的薛定谔方程,它揭示了微观世界中物质运动的基本规律。

钱币和邮票中的薛定谔

洪堡大学的埃尔温·薛定谔中心

薛定谔在爱尔兰毗邻克朗塔夫城堡的故居。1939—1956年，薛定谔居住于此。在此期间，他创建了都柏林高等研究院。

德国洪堡大学。1927年薛定谔接替普朗克成为德国洪堡大学理论物理所所长。

各种形象有趣的薛定谔猫。1935年薛定谔写下了《量子力学的现状》一文，在这篇文章中出现了著名的薛定谔猫的悖论。这是科学史上的一个著名的思想实验。

如何解释和理解量子力学的成果是学界，尤其是科学哲学上的热门话题。爱因斯坦和玻尔为之争论了一辈子，"薛定谔猫"则被爱因斯坦认为是最好地揭示了量子力学的通用解释的悖谬性。"薛定谔猫"佯谬假设了这样一种情况：将一只猫关在装有少量镭和氰化物的密闭容器里。镭的衰变存在概率，如果镭发生衰变，会触发机关打碎装有氰化物的瓶子，猫就会死；如果镭不发生衰变，猫就存活。根据量子力学理论，由于放射性的镭处于衰变和没有衰变两种状态的叠加，猫就理应处于死猫和活猫的叠加状态。显然，既死又活的猫是荒谬的。薛定谔提出这一悖论，想要阐述的物理问题是：宏观世界是否也遵从适用于微观尺度的量子叠加原理。"薛定谔猫"佯谬巧妙地把微观放射源和宏观的猫联系起来，旨在否定宏观世界存在量子叠加态。然而随着量子力学的发展，科学家已先后通过各种方案获得了宏观量子叠加态。

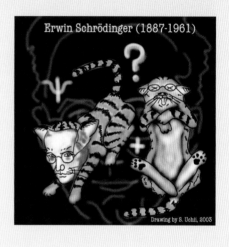

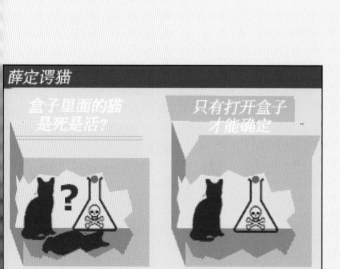

1900—1926年是量子力学的酝酿时期，此时的量子力学是半经典半量子的学说，称为旧量子论，开始于普朗克对黑体辐射的研究。他因有关量子理论方面的发现而获1918年诺贝尔物理学奖。

普朗克（左）和爱因斯坦（右）。爱因斯坦第一个意识到普朗克量子假设的革命性意义，即能量量子化与牛顿力学和麦克斯韦电磁场理论是不相容的，还进一步发展了能量子概念，并大胆地提出了光量子假设。利用光量子假设，提出了光电效应定律，为此，他获得了1921年的诺贝尔物理学奖。

1911年10月29日，在能斯特的组织下，主题为"辐射理论与量子"的第一届索尔维会议在布鲁塞尔召开，各国的物理学家们共同讨论了恼人的量子问题。此次会议使量子思想声名远播，并使更多的人投入到量子问题的研究中。

1911年卢瑟福提出原子核模型。

前排坐者从左至右依次为：能斯特 布里渊 索尔维 洛伦兹 瓦尔堡 佩兰 维恩 居里夫人 庞加莱

后排立者从左至右依次为：戈德施米特 普朗克 鲁本斯 索末菲 林德曼 德布罗意 克努森 哈泽内尔 奥斯特莱 赫尔岑 金斯 卢瑟福 开默林·昂内斯 爱因斯坦 朗之万

第一届索尔维会议合影

玻尔与爱因斯坦对量子问题的最早论战。爱因斯坦主张完备的光理论必须以某种方式将波动性和粒子性有机地结合起来，并且波和粒子这两个侧面可以因果性互相联系起来，而玻尔却坚持光的经典波动理论，否认光量子假设的有效性。

玻尔是量子力学中著名的哥本哈根学派的领袖。他们不仅创建了量子力学的基础理论，并给予合理的解释，使量子力学得到许多新应用，如原子辐射、化学键、晶体结构、金属态等。更难能可贵的是，玻尔与他的同事在创建与发展科学的同时，还创造了"哥本哈根精神"——这是一种独特的、浓厚的、平等自由地讨论和相互紧密地合作的学术气氛。

1930年出席在哥本哈根理论物理研究所召开的一次会议的代表。前排左起第二、三、四为玻尔、海森堡、泡利。

1916年，密立根通过光电效应实验，证实了爱因斯坦的理论工作，也证明了普朗克常数独立于黑体辐射。

1921年，在玻尔的倡议下成立了哥本哈根大学理论物理学研究所。它在量子力学的兴起时期是全世界最重要、最活跃的学术中心。图为当时的理论物理学研究所。

1923年，当旧量子论面临困境时，德布罗意在《哲学研究》上发表论文，提出了物质波的概念和理论，把量子论发展到一个新的高度，并最终导致了量子力学的波动形式——薛定谔方程的发现。德布罗意因发现电子的波动性而获得1929年诺贝尔物理学奖。

海森堡（右图）和玻恩、约旦第一次提出了一种系统的量子理论。在这个理论中，经典的牛顿力学方程被矩阵形式的量子方程所代替，此理论就是矩阵力学。

1924年，玻色提出了一种新的方法来解释普朗克辐射定律。他把光看做一种无（静）质量的粒子（现称为光子）组成的气体，这种气体遵循全同性质的统计理论。爱因斯坦立即将玻色的推理应用于实际的有质量的气体，从而得到一种描述气体中粒子数关于能量的分布规律，即玻色-爱因斯坦分布。

佛罗里达州立大学科学图书馆的狄拉克塑像。狄拉克和薛定谔分享了1933年诺贝尔物理学奖，他们获奖的工作是"因为发现原子理论新的有效形式"。

1926年，费米推导出服从泡利不相容原理气体的统计性质。

1927年10月24日到29日，由洛伦兹主持召开了第五届索尔维会议。在这次会议上，薛定谔被认为是理论物理界的世界领袖之一，被重金聘请在会上做演讲。薛定谔的报告题目为"波动理论"。他解释了依赖于时间的波动方程对理解光谱跃迁的重要性。

前排坐者：朗缪尔 普朗克 居里夫人 洛伦兹 爱因斯坦 朗之万 古伊 威尔逊 里查森
中排坐者：德拜 克努森 布拉格 克莱默 狄拉克 康普顿 德布罗意 玻恩 玻尔
后排立者：皮卡尔德 亨利厄特 埃伦费斯特 赫尔岑 德唐德 薛定谔 费尔夏费尔特 泡利 海森堡 富勒 布里渊

玻尔和海森堡、泡利在哥本哈根讨论量子问题。

薛定谔与伦敦在柏林（1928）。1927年，伦敦和海特勒将海森堡的共振理论应用于氢分子的共价键。结果证明了电子自旋函数的稳定性，并否定了相同氦键的稳定性。

玻恩和儿子在德国格丁根（1924）。尽管玻恩是矩阵力学的创建者之一，但他对薛定谔的波动力学情有独钟，1926年6月他首次提出了量子力学的概率波解释。

1938年，泡利（左）与狄拉克（右）在一起。

海森堡（左）和狄拉克（右）在一起。

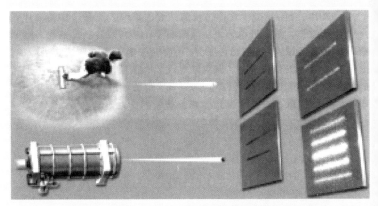

电子的波粒二象性示意图。在宏观世界里，将球投过前一块板的狭缝，球必定会击中后一块板正对着狭缝的位置。但在微观世界里，电子却不一定击中后一块板正对着狭缝的位置，而是出现衍射现象。

1932年，冯·诺伊曼利用希尔伯特空间等数学工具，严格证明了矩阵力学和波动力学之间的数学等价性。

1962年，玻尔去世，他的工作室的黑板上还画着当年爱因斯坦那个光子盒的草图。

第二编　薛定谔评传

胡新和

（中国科学院大学　教授）

· *Part* Ⅱ. *Biography of Schrödinger* ·

回首前尘,四十年等闲度,
比起身边的基督教徒,
他的人生经历少得多。
可对于这世界的成因,
他懂得不少,
却从不敢提起,
虽然他并不"过于谨慎谦虚"。

幸运的是,他的知识将同他一起死亡,
现在他还可以同天使共享,
不过他所讲的是否会是个奇迹,
地球上,他永远也无法猜想。

——E.薛定谔

导　言

20 世纪之初的物理学,宛如夏夜晴空:群星璀璨,交相辉映,像墨绿丝绒里镶嵌着明珠,物理学巨星的灿烂辉光在漫漫银河中有星云相衬,愈见其夺目光华。

——每位巨星都有段辉煌岁月。

20 世纪之初的物理学,好似壮丽史诗:风云际会,英雄辈出,像箛角鼓号召唤着金戈铁马,物理学英雄驰骋疆场,开辟了人类从未涉及的新世界。

——每位英雄都有其彪炳千古的功勋。

这是片需要明星、也造就着明星的天空;

这是个期盼着英雄、也孕育了英雄的时代。

本书的主人公正属于这片天空,属于巨星的辉煌,他的无愧于时代的业绩在科学的银河中占有了灿烂的一席。

曾几何时,19 世纪末之前的物理学天空似乎还是风和日丽,碧空万里。经典物理学的殿堂恢弘雄伟,物理学家进军的锋芒所向披靡。牛顿力学作为科学史上第一个具有现代意义的完整科学体系,不仅成功地给天体运动和地面物体运动以统一描述,实现了物理学上的第一次重大理论综合,而且其质点模型被成功地应用于流体力学和刚体力学,从而获得了巨大的声誉。可以说在牛顿的《自然哲学之数学原理》发表之后的两百年里,它几乎在很大程度上决定着众多物理学家的思想、方法和研究的方向。在数学上,经过达朗贝尔、拉格朗日和拉普拉斯等一流大师的精心雕饰,牛顿力学得以分析化,方程化,解析方法贯穿其中,逻辑结构严谨一致,从而极具一种令人震撼和神往的美感;而在哲学上,基于牛顿力学而发展起来的机械(力学)自然观主张:用坚硬的不可入的惯性粒子在绝对时间和绝对空间中按力学规律所作的运动,来解释宇宙间所有物理(乃至于化学、生命等)现象。甚至只要知道所有的初始条件和边界条件,并具有足够的分析能力,就能够把宇宙万物的运动用一个公式概括起来,从而不仅能知道其过去,而且也决定其未来。这种自然观确实先后在声学、热学、光学,甚至电磁学等领域取得了极大成功,一个又一个堡垒被攻克,一批又一批现象被解释,于是乎一时间物理学家们踌躇满志,怡然自得,他们确信:他们手中已攥着打开宇宙间所有奥秘的钥匙,他们已建起了天地间最神圣最辉煌的科学殿堂,它将天长日久,永不可摧。因为只要在新的领域里应用牛顿力学时稍加扩充,建立起方程并代进边界条件,即可解决新出现的问题。因此物理学是个硝烟已尽、只待清理的战场,它的辉煌只属于过去,它的理论已臻完美。从这一战场上披挂勋章、凯旋的物理学权威们谆谆告诫那些满腔热血、壮志凌云的后来者,这是个大功告成,伟业已就的领域,想在这儿一展身手是没有前途的。物理学中剩下的,只是些具体应用和定量的精确化,"未来的物理学真理将不得不在小数点后第六位去寻找"。

然而,在大多数物理学家陶醉于胜利的喜悦中,沉溺于把他们的理论当做物理学发展的终极的里程碑时,物理学的晴空中却积聚着两朵乌云,即经典物理学中以太及其相对运动理论和经典能量均分原理与实验结果的矛盾,简单地说,就是经典理论无法解释以太漂移实验的零结果,无法给出与实验结果一致的黑体辐射公式。或许过分的乐观和自信,使他们把它们当做势在必克的另两个堡垒,看做唾手可得的下一批战利品;但也确有少数目光敏锐、头脑清醒的物理学家从中看到了隐含的威胁。英国科学界泰斗开尔文勋爵在皇家学会的演讲中专门分析了这两朵乌云,指出它们遮蔽了经典理论的优美性和明晰性,而法国著名科学家彭加勒则明确警告数学物理学面临着严重危机,几乎所有原理都遭受着危险。

确实,这两朵乌云不是飘忽不定、聚散无常的浮云,它们历久不散、浓密有加——

"风起于青萍之末",它们的历久不散,预示着随之而来的"山雨欲来风满楼";

"云谲波诡而成观",它们的浓密有加,云屯雾集,终演成"黑云压城城欲摧"之势。

到19世纪末,除了上述光以太的特异性质及观测上的困难、黑体辐射实验与理论的矛盾外,经典理论中绝对时空、绝对运动等基本概念的先验性与相对运动的逻辑矛盾，力学决定论与热力学的统计性质的矛盾，电磁学中物理实在从粒子变为连续的场，相互作用从瞬时超距作用变为以有限速度传播的接触作用，伽利略时空变换关系和相对性原理不再成立等一系列理论困难，以及经典理论与原子光谱、光电效应等实验的矛盾，特别是电子、X射线、放射线三大发现对经典理论中传统概念和原理的强烈震撼和冲击，使经典物理学面临着强有力的、部分已证明为不可克服的挑战，从而也面临着普遍的、尖锐的和深刻的危机。

这两朵乌云体现了科学思维的本质精神，它将充分发挥人类的智慧不断去探索自然界和人类自身的奥秘，为探求真理它不尊崇任何偶像，不信奉任何教条，同样不允许把自己的阶段性成果、哪怕是已被实践证明为相当成功的理论僵化为这种偶像和教条。

这两朵乌云也昭示着历史发展的辩证法，全部人类文明是在对自然和人类自身的不断认识和否定中得以建立、丰富和完善起来的，只要人类存在，这种认识和否定的过程就永远不会完结，真理只能蕴涵在这一全过程中，而不可能依附于任何一个具体的理论，就像爱因斯坦用其一生比任何人都更多地探究了大自然的奥秘后所感叹的："最不可理解的是这个世界是可理解的。"新的谜，新的困境总在出现。

一场翻天覆地、激动人心的物理学革命已势在必至了。

世纪之交的物理学革命是一场翻天覆地的革命，它几乎彻底变革了包括物质观、时空观、运动观、规律观和因果性在内的整个物理学概念框架和原理体系，即变换了物理学本体论或研究纲领，影响所及，遍布几乎所有物理学领域，并开创出全新的研究领域。

世纪之交的物理学革命是一场激动人心的革命，在短短二三十年里，一批新时代的弄潮儿在汹涌澎湃的大潮中应运而生，在风雷激荡的形势下脱颖而出，他们逐鹿中原，鼎新革故，长于批判，建立起全新的理论体系，为新世纪物理学的发展奠定了基础。

正是上述的两朵乌云，成为诱发这场革命的火花：其中以太飘移实验及其相关问题，引发了爱因斯坦于1905年建立的狭义相对论，而黑体辐射问题及其定律的研究，导致了普朗克于20世纪元年——1900年提出能量子概念，标志着量子理论的诞生。相对论和量子理论，是构成20世纪物理学基础的两大支柱。

也正如美国著名科学史家和科学哲学家托马斯·库恩所说，一批初出茅庐的年轻人再次成为革命中的主力军。他们如初生牛犊，锋芒毕露，血气方刚,虽名不见经传,却颇具克敌制胜的胆识,涉世不深使他们比起前辈和权威们更少受传统观念和理论的束缚,年少气盛又使他们不乏发现问题的敏锐和克服困难的勇气。辅之以各自的天赋和学识,他们更易于察觉并不满经典物理的危机,更善于把握困难的症结,并进而去探寻新的途径。风云际会,英雄少年,由此演出了一出出威武雄壮的人戏。

爱因斯坦首举义旗,他坚持其唯理论信念,坚信各种自然现象的内在统一性,面对电磁理论的困境,在休谟和马赫批判思想影响下,抓住同时性概念的分析这一线索,抛弃绝对时间,把伽利略相对性原理推广到所有惯性参考系从而得到狭义相对性原理;立足经验事实并为保证麦克斯韦方程变换不变性而得到光速不变原理——并由这两个基本原理演绎出整个狭义相对论的理论体系,得出了洛伦兹变换、时空的相对性等一系列重要结论,实现了人类时空认识史上的一次重大变革。

如果说爱因斯坦创立狭义相对论是一出几乎全部由他一人出演的独角戏,一出几乎一次完成的独幕剧,那么量子理论的建立则是一出剧情跌宕、高潮迭起的多幕剧,其中依剧情发展可分为三部曲——

首先,普朗克于 1900 年提出能量子概念以解释黑体辐射实验,爱因斯坦于 1905 年提出光量子概念以解释光电效应实验,量子概念逐步确立;

其次,玻尔把量子概念应用于原子结构问题的研究,在卢瑟福原子有核模型的基础上提出定态假说和频率法则,成功地构造起其量子化轨道模型,解释了氢原子光谱规律;

最后,由海森堡、玻恩和约旦发展起来的矩阵力学,与由本书主人公所建立的波动力学,从两个不同方向,按两种不同框架和方法,构造起量子力学的形式体系。

量子力学的建立,标志着这场轰轰烈烈的物理学大革命已进入鼎盛高潮,也为人类认识打开了崭新的天地——

它向人们展示了一个前所未见、奥秘无穷的微观世界,展现了新的宇宙观;

它为一系列新的物理学分支学科——如原子物理、固体物理、核物理、粒子物理等提供了基础;

它甚至在各个相关领域——如化学、生物学、宇宙学等中发挥着关键作用。

于是,人们把这个世纪叫做"量子世纪";

人们把量子物理学以来的物理学叫做现代物理学;

人们更把各种荣誉直至科学中的最高勋章——诺贝尔物理学奖奉献给那些为量子力学的建立做出了卓越贡献，立下了显赫战功的功臣，物理学史上也永远铭刻下了这些光辉的名字：

爱因斯坦、玻尔、玻恩、海森堡、德布罗意、狄拉克、泡利……

在这个伟人的行列里，本书的主人公不仅无疑有其一席之地，而且还必须大书一笔；这不仅是因为他独自一人几乎一口气连续发表六篇论文，完整地构造起量子力学中的波动力学体系，不仅因为波动力学的普遍性、成熟性和优雅性及其时至今日仍是我们解决量子力学及相关问题的最便捷有效的工具，更因为那个用他的名字命名的数学关系式——薛定谔方程。

薛定谔方程——20 世纪科学文献中最常用，最具有代表性的方程，甚至比爱因斯坦的质能关系式 $E=mc^2$ 更为人们所熟知；它是描述所有微观客体运动规律的基本方程，被广泛应用于原子物理、分子物理、固体物理、核物理和粒子物理等各个分支学科，应用于理论化学领域，甚至有时也出现于生物学文献中。

薛定谔方程——不仅仅是一种数学关系式，它表示着一种完备的描述原子、分子和亚原子粒子的数学和物理的方式：波动力学。波动力学分析和处理物质中那些我们过去所不知道的原子和亚原子现象，而它从提出到完成几乎完全归功于这一个名字：**薛定谔**。

普朗克指出：薛定谔方程"奠定了近代量子力学的基础，就像牛顿、拉格朗日和哈密顿创立的方程式在经典力学中所起的作用一样。"

爱因斯坦评论："你的文章的思想表现出真正的独创性。"

玻恩则感叹："在理论物理学中，还有什么比他在波动力学方面的最初六篇论文更为壮观的呢？……他的名字是物理学出版物中出现最多的。我们中谁没有把薛定谔方程或薛定谔函数写过无数次呢？也许以后几代人也将这么做，并生动地记住他的名字。"

著名哲学家康德说过：人为大自然立法。人类总是按照自己的思维形式和概念框架去认识和确立自然界的法则。

20 世纪是量子世纪，人类对大自然的认识已深入到微观领域、量子层次，人类在探索这些不能依赖感官的直接观察的现象时愈来愈依赖于自己的知识积累、智慧和创造性。如果要问，在康德的意义上，在进军这个神秘而新奇的量子王国的征途中，历史挑选了谁作为自然界底蕴的阐释者，作为量子王国法规的制定者，那么答案无疑是——

薛定谔

薛定谔：量子王国的立法者。他建立的薛定谔方程是量子王国里的基本法则，他建立的波动力学是解决量子问题的基本形式——他的名字几乎为所有理科学生所熟知，为所有科学文献所刊载。

薛定谔：奥地利 20 世纪最著名的科学家。他的学识和性格都渗透着维也纳人的特征，他也至死不渝地深深眷恋着自己的家乡和祖国——他是奥地利人民引以为自豪的儿子。

薛定谔：20 世纪最伟大的科学家之一。除了量子力学外，他在统计力学、广义相对论和宇宙学、统一场论等几乎所有当代理论物理学前沿都颇有造诣并做出过贡献，甚至在生物学、生理学和气象学方面也产生过重要影响——被誉为百科全书式的博学才子。

薛定谔：一位伟大的、真正意义上的哲学家，哲人科学家。他从青年时代起始终对哲学抱有浓厚的兴趣，毕生追寻作为意识主体的自我与自然界的关系及其在历史长河中的地位：我们是谁？我们来自何处，又去往何方？——他先后写下了《科学与人道主义》、《大自然与希腊人》、《科学理论与人》、《心与物》、《我的世界观》和《自然规律是什么》等多部哲学论著，并最终走向了东方智慧，走向了古印度吠檀多哲学。

薛定谔，毕生都在为人类对自然和自我的理解而奋斗。他的足迹给我们留下了一座座的路标，使后来者从中获得激励和启示。

一、校园骄子

　　埃尔温·薛定谔（Erwin Schrödinger）于 1887 年 8 月 12 日出生于奥地利首都维也纳。维也纳，这个举世闻名的"世界音乐之都"，当时的古老的哈布斯堡王朝的首都，正如他在接受诺贝尔物理学奖时的简短致词中所说的那样，是一座"生气勃勃的和自由自在的城"，其悠久的文化传统和生活方式给薛定谔以深刻的影响。他生于斯，长于斯，在这儿完成了学业，也从这儿开始其研究生涯。尽管而立之年以后，他长时期地生活和工作于异域他乡，但终其一生，他的性格中一直保持着维也纳人的气质，对家乡的眷恋之情也无时不使他梦魂萦绕。正因为此，他在生命旅途的最后几年，重新回返故乡，安度晚年，从而闭合了一个完整的维也纳人生命之曲的圆圈。

维也纳乐章

　　维也纳位于北海、波罗的海和亚德里亚海之间欧洲的腹地，通航的多瑙河畔，靠近阿尔卑斯山和喀尔巴阡山的缺口，处于具有国际意义的水陆路交通的交叉点，自古以来就是西方和东方通商的巨大的转运点和集散地。无论是沿多瑙河流域的从西向东的贸易，还是从莱茵河流域到黑海之间由北向南的往来，维也纳都处于一个关键的位置。正是这种特殊的开放的地理环境，为维也纳带来了经济和贸易的繁荣，促成了其丰富多彩的特有文化传统，也造就了其欧洲历史名城的地位。

　　维也纳的历史可以追溯到新石器时代和青铜器时代。到公元前 4 世纪，这里成为一些凯尔特人部落居住地。随着罗马帝国对多瑙河流域的征服，约于公元一世纪这里建成了帝国北方疆界的一所军事城堡——文多波纳。然而这里的地理形势是无险可守，却对贸易和交通极为有利。来自罗马的移民、特别是手工业者和商人大批涌入，而来自东方的拜占庭帝国的部落和斯拉夫人部落也常常来此居住或由此去往意大利或欧洲的更西部,此外还有来自北部、西部的丹麦、德国和西班牙等地的民族,共同创造出了这一地区的文化和文明。维也纳利用其地处各条商业通道的交叉路口的优势,从过境贸易的税收及其他方面很快积聚起财富,也推动了本身的手工业、城市人口和基本设施的发展。从 12 世纪中叶起,维也纳开始被称为城市,并初步获得了自己的行政和司法权;到 1221 年,维也纳获得了最终的城市特权,其中包括市民的人身不可侵犯权和所有权,市议会对市政管理、经济法和民法及城市防卫等的决定权,与其他欧洲商业中心的进出口和转口贸易特权。自从公元 1276 年直到 1918 年第一次世界大战结束,在长达 642 年的时间里维也纳几乎始终是古老的哈布斯堡王朝、后来的奥匈帝国的首都。

奥地利于公元 12 世纪形成公国。自从哈布斯堡王朝统治以来,始终致力于稳步扩张其帝国的版图,使奥地利帝国在欧洲大陆政治中始终处于举足轻重,甚至几度是支配性的地位,而哈布斯堡家族的首领在 19 世纪前的大部分时间里也都被选为神圣罗马帝国的领袖。帝国的扩张,为其首都带来了各方面的极度繁荣,特别是吸引了大量的文化、艺术大师们汇集到这里,建筑、雕塑、装饰、绘画、音乐、戏剧、诗歌等都获得了空前的发展。在维也纳,人们今天仍能从已有 800 年历史的哥特式圣斯蒂芬大教堂、巴洛克式的哈布斯堡王朝的霍夫堡宫、叶夫根尼亲王的美景宫和圣彼得大教堂等建筑中欣赏到艺术大师们的杰作和奥地利人巧夺天工的技艺,而在位于市郊的玛丽亚·铁列西娅女皇的花园式夏宫里珍藏的文物中,甚至有中国古代的精美瓷器、装饰画、家具和工艺品,还有以中国宫廷风格装饰的"中国宫"。市内还有珍藏着大量艺术精品的约 30 所国立和市立博物馆。

这期间维也纳的文学作品也留下了一些传世之作,如 A. 格仑和 N. 列劳的诗歌,但最著名的还是 F. 格里尔帕策的剧作,他被认为继承了歌德和席勒的创作传统。维也纳人非常喜爱戏剧,无论是平民、学者还是贵族,都爱去城市剧院观看通俗戏剧和轻喜剧,在剧作家 F. 雷蒙德和 J. 奈斯托伊的作品中,也总是以幽默欢快的语言表现出维也纳人中的多元民族特征和多彩生动的人物性格,同时辛辣地嘲讽当时政府的各种专制法规和书报审查制度。

当然,维也纳文化传统中最为著名的还是音乐和歌剧。"世界音乐之都"的美誉有口皆碑,号称"世界歌剧中心"的国立歌剧院每年的除夕音乐晚会驰名遐迩,霍夫堡宫中少年合唱团的唱诗声余音绕梁,遍布大街小巷的音乐家雕像、故居、纪念馆等等令人流连忘返。许多世界著名的音乐大师在此出生、生活、工作和逝世，游人在此到处可见他们的踪迹；海顿、莫扎特和贝多芬形成的维也纳经典乐派创造出包括歌剧、交响乐、协奏曲、独奏和合奏、教堂音乐等在内的大量声乐和器乐的不朽乐章，舒伯特则为家乡父老留下了上百首浪漫曲，李斯特、勃拉姆斯、A.布鲁克纳等保持和扩展了维也纳的音乐传统，而约翰·施特劳斯父子所创作的维也纳华尔兹舞曲，则赞美了风景秀丽、苍翠幽静的维也纳森林，也反映出维也纳人欢愉快乐的生活气氛和对音乐舞蹈的热爱。

在戏剧的幽默和舞曲的欢快后面，隐藏着维也纳人性格特征的另一侧面。数百年来，东面抵御土耳其人奥斯曼帝国的扩张，西面与法兰西王国争夺西欧的领导权（特别是西班牙王位继承权），为保持对天主教的信仰、反对新教而进行的宗教战争，这三点构成了奥地利帝国史的特征，而王朝内部的争夺也时有发生。连绵不断的战争和内乱使维也纳人饱受颠沛流离之苦和战火纷扰的忧患，但他们顽强地生存下来，并培养起保持平衡的生活技巧和沉静的生活态度。他们不乏灵活，不排斥必要的暂时的折中和妥协，而又始终坚持自己的原则。民族文化的多元特色，使他们善于吸收和综合不同传统中的精华为己所用，形成自己的独特风格，所有这些历史传统和文化背景在维也纳人性格和气质中的折射和积淀，在他们的精神代表——知识分子和科学家身上得以典型的表征。如果说全部维也纳人的生活是一支既有欢快谐谑、又不乏雄浑凝重的交响组曲的话，那么，这一组曲的主旋律必然会回响在每一个典型的维也纳人的生命奏鸣曲中。这个民族的风格同样也渗透在薛定谔的生命之中。

童年幻想曲

与爱因斯坦和发现 X 射线的伦琴一样，薛定谔也出生于一个手工业主的家庭。他的祖辈原先居住在德国巴伐利亚的奥伯伐尔茨，在几代之前迁移到维也纳定居。他的父亲鲁道夫·薛定谔继承了家族的油毡工厂，虽然经营方式比较陈旧保守，但生意却相当不错，这就足以保证全家无经济窘迫之忧，使薛定谔从小生活在比较优裕的家庭环境中。

薛定谔的父亲具有良好的文化修养。尽管为家庭生计他要操心生意的经营，但他真正的兴趣却在自然科学和艺术上。他受过相当广泛的教育,起先师从维也纳工业学院的 A. 拜尔教授学习化学,其卓越的才识与人品使教授对他十分欣赏;以后的数年中,他曾醉心于意大利绘画的欣赏和研究,并自己动手绘制了一些风景画和铜版画;而最后,他又转向植物学研究,整天与植物箱和显微镜打交道,并在《维也纳动植物学学会论文和纪要》杂志上发表过一系列文章。

薛定谔的母亲乔治妮出身于书香门第,她是鲁道夫的化学教授拜尔的三位千金中的第二位,昔日的高足成了乘龙快婿。薛定谔曾这样地描述他母亲的形象:"我的母亲非常和蔼慈爱,性情快乐,她身体不太好,也不太会操持家务,但却谦逊有礼,温文尔雅,从不摆架子。"她在他们唯一的孩子身上倾注了无尽的照料和关怀,使薛定谔总是对她怀有深深的敬意和思念。薛定谔的外祖母是英国人,他在孩童时就曾跟随长辈去过外祖母的故乡,这使他从很小时就开始接触和学习英语,以至于长大后应用英语的流利程度几乎和母语——德语一样,对他日后的研究、生活和交流成果具有非常重要的作用。

然而,在薛定谔的早期教育中,具有决定性的影响还是来自他父亲。薛定谔几乎没有上过小学,在 11 岁以前,总是每周两次把家庭教师请到家中给他上课,只有当他父母到因斯布鲁克去休假时,他在当地的小学里上过几星期课。父亲常常陪着薛定谔玩耍嬉戏,注意在保持和满足孩子的好奇心中开启他的智力资源,培养他对大自然中的万事万物的广泛兴趣,薛定谔的父亲充分利用了自己的良好教育和修养,耐心地在对话中诱导,在游戏中启发,与他的小薛定谔一起分享活泼有趣的精神生活,为小薛定谔的思想品格发展付出了无限爱心。薛定谔在他获诺贝尔奖的致词中回忆起他父亲时说:"对于他的成长中的儿子来说,他是一个朋友,是一位老师,也是一名不知疲倦的谈话讨论的伙伴,他是一个陈列着所有吸引着我、令我着迷的事物的殿堂。"薛定谔的父亲对于他儿子的关心和支持即使在儿子成年后仍一如既往。有这样一个例子,当第一次世界大战结束后,经济萧条,百废待兴,大学里任教的薪俸很低,当时薛定谔正准备结婚,忧虑继续任职于学术性职位难以维持家庭生活费用,于是问他父亲:"是否让我也来参与你的生意?"而已近风烛之年的鲁道夫·薛定谔却断然回答:"不,我亲爱的孩子,你不应当来干这个,我不希望你从事这种营生。你要留在大学里继续你的学术生涯。"虽然这之后不到一年,这位可敬的老人和伟大的父亲即于 1919 年 12 月告别人世,没能亲眼看到他儿子在学术上的辉煌时刻,但正是他这种对儿子的真正的父爱,这种对于科学和文明的追求和推崇,这种不计个人劳苦得失的远见卓识,使薛定谔得以全身心地投入研究,并在其后的六七年中,做出了他的对于量子力学乃至于对于全部人类文明的重大贡献。

多主题变奏

薛定谔在父母的亲切关怀和精心培养下,度过了无忧无虑的梦幻般的童年时代,健康成长起来。1898 年,在他 11 岁时,进入了维也纳高等专科学校所属预科学校,相当于现在的中学。这种预科学校按照惯例,强调人文学科的教育,特别是拉丁文、希腊文等古典语言的教学,但同时也开设了部分水平颇为不错的数理课程。薛定谔的天赋和学习能力在学校里很快表现出来。他曾这样总结自己的中学时代:"我是一个好学生。我并不注重主课,却喜欢数学和物理,但也同样喜欢古老语法的严谨的逻辑。我讨厌的只是死记硬背那些偶然的历史事件和人物传记中的年代等各种数据。"他说"我喜欢德国的诗人和作家,尤其是剧作家,但是嫌恶对他们的作品作学究式的繁琐分解与考证。"而他的中学同学 R. 海德纳在回忆起他们的中学时代时,说薛定谔当时在学校里总是名列前茅,特别给他留下深刻印象的是"我不记得有任何一次我们中的这位佼佼者曾回答不了老师的课堂提问。我们都知道他确实在课堂上就掌握了老师讲授的全部知识,他绝不是那种花上大量课余时间闷头苦学的人……特别是在物理学和数学中,薛定谔发展起一种理解才能,能够迅速甚至是立刻抓住老师讲解的关键,并马上做出布置的习题,不用等到回家去进一步求解。在最后三年级中教我们这两门课的纽曼教授常常会在讲完当天的课程后,把薛定谔叫到黑板前,给他出一些练习,而薛定谔解答这些问题就跟玩儿似的轻松……确实,薛定谔总是把下午的富裕时间用于学习他欢喜的其他课程,而不必去刻苦地抠那些课上学的内容。他特别是花了大量时间去学习英语,而英语和法语在当时奥地利的预科学校里是不教的。此外,他还热衷于体育活动,花大量的时间参加许多运动,特别热衷于徒步旅行和登山运动。他当时最好的哥儿们是雷拉,雷拉从 1932 年起任维也纳工业学院的数学教授,死于 1945 年 4 月战争结束前几天的俄国流弹下。"

中学时代的薛定谔,常表现出其非凡的敏捷和沉着镇定。海德纳说有一次,已经是毕业班学生的薛定谔在课堂上偷偷地看别的课程,"突然哈伯尔教授问他一个关于古希腊历史的问题，像闪电一样，薛定谔很快地让自己的思绪回到课堂上，从容而正确地回答了这个提问。"

 然而，薛定谔对于数学和物理的喜爱并不是偏爱，并不排斥其他课程的学习。他兴趣广泛，特别爱好文学，这使他对学校里连续开设的希腊和拉丁语课也非常喜欢，并由此得以接触灿烂的古希腊文学、文化，特别是哲学。他对于古希腊哲学的强烈兴趣，最早至少可以从一本毕业班时期的题为"希腊研究备忘录"的笔记本中窥其一斑，在上面他简要记叙了希腊哲学从米利都的泰利斯到柏拉图的发展。这种兴趣在他的一生中不时地萦绕在他的心怀，因为他的哲人科学家的气质使他为古希腊哲学与欧洲科学的起源之间的内在关系所吸引。例如，当 1948 年 5 月他在伦敦国王学院作希尔曼系列演讲时，致力于证明希腊哲学传统在现代科学、包括在相对论和原子理论中的延续。他在开场白中解释自己回到古希腊思想的动机时说："对古希腊思想家的叙述和对他们观点的评论，并非出自自己近年来的嗜好，从（理论物理学的）专业角度看也不是一种茶余饭后的闲暇中的消磨时光，而是希冀这有助于理解现代科学，特别是现代物理学。"这些演讲经修改补充后发表时的书名，就叫《大自然与希腊人》。

 薛定谔课余时间兴趣广泛，多才多艺。除了参加体育活动外，最突出的是对文学和语言的爱好。和他的维也纳同乡一样，薛定谔醉心于戏剧演出，看戏入迷，瘾头极大，是城市剧院的常客和忠实观众，并且特别崇拜格里帕尔策的戏剧。在他保留的剪贴簿上，藏有他所看过的所有演出节目单，并对演员的表演作了认真的评论。薛定谔对文学的另一个爱好是诗歌，他不仅仅阅读欣赏德语作家，如席勒、海涅等人的诗作，也阅读欣赏各种语言、各个时代的诗歌；他也不仅仅限于阅读欣赏，还自己动手创作，以至于后来（1949 年）还出版过一本个人的诗集。紧张的学习工作之余，他还会把古希腊诗人荷马的著名史诗译成英文，或把法国古普罗旺斯的诗歌译成德文以作消遣，愉悦身心。这当然得力于他的语言天赋：他能说许多种语言，在演讲中能根据不同国籍的听众用德、英、法、西四种不同语言来表达。

 但是与他对戏剧、诗歌和语言等的爱好及才能相比，薛定谔对维也纳人文化生活中的另一传统——音乐却兴趣不大。他也出席音乐会，但并不着迷，他的夫人解释说："他能告诉你这音乐好听还是不好听，但却不迷恋于此。"他的母亲非常喜欢音乐，想让他学些乐器，一位音乐教师曾让他在自己演奏钢琴时跟着唱这曲调，而薛定谔说："我又不是钢琴，我不唱。"

但另一方面,他却继承了他父亲的艺术爱好,具有对古老的和现代的绘画的鉴赏力,并在闲暇时从事雕塑创作,作为艺术享受。薛定谔的天分之高和兴趣之广泛,使他得以轻松愉快地完成中学学业并奠定了以后发展的根基,使他少年时代的乐章成为一曲欢快的多重变奏。

大学生进行曲

1906年,薛定谔以优异的成绩通过毕业考试,这使他很容易地进入维也纳大学,主修物理和数学。

维也纳大学是一所历史悠久的高等学府,始建于1365年,由哈布斯堡公爵鲁道夫四世建立,是德语国家中最早建立的大学。历经沧桑和改革,它成为东部德语地区的一流大学,并以医学、法律和神学著称于世。特别是1848年革命时,这里成为革命中心,1850年实行重大改革,包括师生享有很大自由、教学采用讨论方法、广开选修科目等,自然科学、社会科学、人文学科等都有了很大发展。就以物理学为例,自1850年之后在维也纳大学任教的具有国际声誉的奥地利物理学家中,就有发现了著名的多普勒效应的J.多普勒,在许多数学和物理领域做出重要贡献的A.冯·爱丁豪森,提出了著名的斯忒藩-玻耳兹曼热辐射定律的J.斯忒藩,在实验物理学、生理学和科学认识论上都有巨大贡献的E.马赫,统计物理学的奠基人之一的L.玻耳兹曼,以及后来成为薛定谔老师的理论物理学家F.哈泽内尔和实验物理学家F.埃克斯纳等,而他们中大部分人本身也毕业于维也纳大学。如此雄厚的师资,浓郁的学术气氛,加上丰富的藏书,悠久的传统,为新生们提供了优越的环境,充分的知识和成长发展的广阔空间。

薛定谔在入学时,注册为主修物理和数学,辅修化学和天文学的学生,而没有追随他父亲对于化学和生物学的爱好。这首先是由于在预科学校时人文课程为主,理科课程很少,基本没有接触过化学和生物学领域,而在物理和数学的学习中他已显露出他的天赋和才华,培养起了兴趣爱好,也增强了信心。另外,他对古老语法中严谨逻辑的喜爱,表现出他的逻辑思维能力,而对古希腊哲学的兴趣则触及一些深刻的哲学问题,这些无疑都更适宜于物理和数学领域。

当薛定谔进入维也纳大学时,正逢玻耳兹曼逝世,整个校园沉浸在一片悲哀的气氛中。这位当时奥地利最杰出的理论物理学家奠定了维也纳

大学特殊的物理学传统,也奠定了统计物理学的基础。他1866年毕业于
维也纳大学获博士学位,任本校物理研究所的助理教授,并先后任格拉茨
大学、维也纳大学、慕尼黑大学、莱比锡大学教授,并最后又回到维也纳大
学。他发展了麦克斯韦的分子运动学说,致力于通过分子的碰撞,用力学
规律和统计方法来解释气体的平衡态,对统计物理学作出了巨大贡献,这
可以由下列一系列命名中看出:如麦克斯韦-玻耳兹曼分布定律、玻耳兹
曼输运方程和H定理、对熵的玻耳兹曼统计定义式,玻耳兹曼常数、斯忒
藩-玻耳兹曼热辐射定律等,在实验上他测定了许多物质的折射率,从而证
实了麦克斯韦的预言:光的折射率是它的相对介电常数和磁导率的乘积
的二次方根,即

$$n = \sqrt{\varepsilon\mu},$$

并从实验上证实了各向异性介质中光速的不等,推动了麦克斯韦理论在
欧洲大陆物理学界的传播。在哲学上他是一位唯物论者,认为科学理论
的任务是建立外部世界的图像,以作为全部思想和实验的指南,坚信物质
的原子论,并与马赫的经验主义和W.奥斯特瓦尔德的唯能论展开了一场
轰动奥地利乃至全欧洲物理学界的大辩论。而由于马赫在维也纳大学开
设的"归纳科学的历史和理论"讲座在学术界具有广泛和深远的影响,同
时有利于原子论的实验证据稍后才得以发现,玻耳兹曼深感孤独,而劳累
过度导致的视力下降、夜里气喘、心绞痛和头痛等顽症缠身,玻耳兹曼终
于在1906年9月5日于意大利度假时自杀身亡。

斯人虽去,风范犹存。玻耳兹曼以要求严格但从不以权威自居,鼓励
学生充分讨论并确定研究课题的教学方法著称,并培养出像F.厄任费斯
脱、哈泽内尔、埃克斯纳和后来发现了核裂变的L.迈特纳这样优秀的学
生。他所奠定的科学传统和他的哲学倾向,直接地或通过他的学生,极大
地影响了薛定谔一生的工作和思想。薛定谔曾深情地说:"玻耳兹曼的思
想路线可以称为我在科学上的第一次热恋,没有别的东西曾如此使我狂
喜,也不会再有什么能使我这样。"

薛定谔如饥似渴般地开始了大学学习,一头扎进了课程堆里,扎进了
他所喜爱的数理知识的海洋。从他的笔记本看,仅数学课程,他所学习的
就有微积分,概率理论,高等代数,函数理论,微分方程,数理统计、连续群
理论、数论、三体问题以及微分几何、解析几何、球面三角几何、旋转几何
等,大量的数学知识使他的爱好得到极大的满足,也为他以后的发展打下
了良好的基础,提供了必要的工具。在数学教师中,给他印象最深的是

F. 默顿和 W. 温廷格，前者曾以提出关于素数分布的"默顿假说"而对数论作出贡献，后者则被德国著名数学家 F. 克莱因称为"奥地利数学界的希望"，发展了黎曼-克莱因的 θ-函数理论，并在几何、代数、数论、不变量理论、概率、相对性理论等方面做出过贡献。薛定谔始终和温廷格保持着通讯联系，在创立波动力学时还向他请教过一些数学问题，并把自己的著名论文寄给他以表谢忱。

薛定谔还选修过气象学、球体天文学、无机化学、有机化学等课程，但他主要的精力还是在物理和数学上。他选修了哈泽内尔的几乎所有的理论物理学课程，内容包括统计力学、哈密顿力学、连续介质力学、热学、光学、电磁学及其声学。哈泽内尔，这位玻耳兹曼的高足不但接任了导师的理论物理讲座，也继续了导师的传统。他在自己的就职演讲中充满激情地介绍了这位物理学巨人和现代原子论先驱的主要成就。哈泽内尔曾对电磁波理论、黑体辐射、电子理论等作出了贡献，而且在 1904 年得出空腔辐射等价于物质的表观增加，与一年后爱因斯坦狭义相对论中的质能关系式非常类似。他也继承了玻耳兹曼的教学风格，"在公众场合总是愉快的欢乐的，充满了独创性的幽默，即使在一些学生感到难堪尴尬的场合也从不伤害他们的自尊心，总是充满好意，乐于助人。"像他的导师一样，他也培养起一代年轻的奥地利理论物理学家，如 L. 弗拉姆、K. 赫兹费尔德、F. 考特、薛定谔和 H. 蒂林格。薛定谔对哈泽内尔满怀敬意，他正是从哈泽内尔的讲授中掌握了以后工作的大部分基础，因为他自己说课堂上的学习对他来说更为重要，他不太善于从书本文献中去掌握领会。他后来在 1929 年曾说，他作为一名科学家的个性的形成，要归功于哈泽内尔，当他 1933 年获得诺贝尔奖，发表获奖演讲时，他说："假如哈泽内尔没有去世的话，那么他现在当然会站在我的位置上。"这或许并不仅仅是谦词，而说明薛定谔认为哈泽内尔与他有相同的知识结构、思想倾向和气质，但无疑在研究上远远走在他的前面。

天赋加勤奋，使薛定谔很快在大学校园里崭露头角，为同学们所赞叹。他的低一年级同学和朋友，以后多年担任维也纳大学理论物理学教授的蒂林格这样描述他与薛定谔的初次相遇："那是 1907—1908 年度的冬季学期，当时我是刚刚入学的新生，常去数学讲习班图书馆看书。有一天当一个淡黄头发的大学生走进屋里时，旁边的同学突然推了我一下说：'这就是薛定谔。'我以前从未听说过这个名字，但如此表达出的尊敬和同学们的眼光给我留下了深刻的印象，并从一开始就产生了这样的信念：他绝非碌碌之辈。这种信念随着岁月流逝而日益坚定。"蒂林格又接着说："相识很快发展成为友谊,在这种友谊中,薛定谔总是帮助人的一方。在复习功课准备考试时,在讨论老师课堂上讲的那些难以掌握的方面时,我的朋友(即薛定谔)总是起着兄长般的作用,他的优越的智力条件被毫无嫉妒地公认。远在他获得建立波动力学的成功之前,他的小圈子里的朋友们就都深信他肯定会做出某些非常重要的贡献。我们非常清楚他那种火一样的工作激情,他用这种学术热情去艰苦工作,寻求解释,打破狭隘的特殊专业的界限,去开辟新的探索自然之路。"

薛定谔的这种声誉逐渐不仅限于同学们之间,他也日益为教授们所重视和赞赏。有这么一件事,大约发生在 1910 年夏季,即他快要毕业时。当时马赫作为物理学界的老前辈,对物理学家 P. 格伯的一份手稿中提出的引力和电磁学之间的关系感兴趣,但又得不出一个清楚的看法,因此要求大学里另一位老资格的物理学家 G. 雅格研究一下这份手稿,而雅格把这个问题交给了搞理论的晚辈哈泽内尔。哈泽内尔大略看了看,认为值得注意;而当雅格征求玻耳兹曼的另一位学生、后来科学哲学中的维也纳学派的主要成员 P. 弗兰克的意见时,后者却认为手稿中概念混淆,数学推导也不能令人满意。马赫又把它交给数学家温廷格,坚持要他再作进一步推敲。而温廷格后来在给马赫的信中这样报告:"我把格伯的论文交给了一位年轻的电子研究者,他在其他领域中也表现得相当出色,他提供了下述详细的见解。"这位年轻的研究者就是薛定谔,他经过细心的研究,得出了与弗兰克相似的结论,认为这篇论文的一些关键之处很不清楚。温廷格把这位年轻人的回答总结为:"薛定谔博士的回答相当详尽,给我深刻印象的是他的反对意见认为,当考虑另一种辐射物质时,这种关系就会有很大变化。"

所有这些,都足以显示出薛定谔的理论才华,但他并没有把自己局限于理论问题。他认真地出席埃克斯纳的实验物理讲座,细心地进行各种实验操作,并从中去体会物理学的特征和本质,去具体把握物理学的基本观念及其与实验观察的关系。埃克斯纳在薛定谔学生时代和工作初期都曾指导过他,给了他很大影响,埃克斯纳对于因果性和偶然性的论述,也成为他日后许多科学观念的萌芽。

薛定谔的博士论文,是于 1910 年在埃克斯纳主持的第二物理研究所完成的。这是一项实验性研究,也是他独立从事的第一次科学研究,主题是"潮湿空气中绝缘体的导电性"。这一选题,体现了维也纳大学物理教学传统中对于实验的重视，事实上，当年哈泽内尔在学生时代尽管也偏爱数学和理论物理，并发表过一些有关文章，但他的博士论文也选的是实验物理题目：流体的介电常数与温度的关系，并由已留校任教多年的埃克斯纳具体指导。而薛定谔的论文题目，是当时第二研究所正从事的大气电学研究中的一个难题，因为大气电流的测量必须保持必要的绝缘，而即使最好的绝缘体，如琥珀、石英玻璃、硫黄、石蜡、硬橡胶等也常常不能满足要求，因为其表面由水、雾、雪、昆虫分泌物而形成导电薄膜。当时主持大气电学研究的 E. 冯·施维德勒具体指导了他的工作。薛定谔说："我从众所周知的静电实验在潮湿空气中很难成功这一事实出发，去研究湿气对实验室中常用的绝缘材料的影响。"他把硬橡胶、玻璃、摩擦过的琥珀、硫黄或石蜡等制成的棒一端用锡箔包好，与蓄电池连接，另一端接上验电器。在干燥的空气中，验电器没有显示，而在湿气影响下则被充电，棒表面成为导体。薛定谔特别测量了验电器的充电速率，推导出材料的电阻是湿度的函数的结论。他发现对于大气电流测量，玻璃是最差的绝缘体，而石蜡是最好的。

薛定谔把这一研究成果写成论文，提交维也纳大学的学位评审委员会。同时，他已于同年 5 月按时通过了获取博士学位必需的物理、数学和哲学考试。他终于以优异的成绩完成了学业，戴上了博士帽，为自己的大学生进行曲画上了一个圆满的休止符。

二、锋芒毕露

薛定谔于 1910 年从维也纳大学毕业。同年秋季按规定服兵役一年，次年秋季回到维也纳大学，开始了他的研究生涯。此后的十年余间，他潜心研究，努力钻研，尽管其间曾一度为第一次世界大战所中断，但"寒窗十载终不负，锥处囊中待时发"，他先后就一系列众所瞩目的课题发表了许多论文，其范围几乎包括当时物理学界所关注的所有热门课题，也涉及一些不为人们所看重的冷僻领域。所有这些，都给他带来了很大声望，初步确立了他作为国际知名的理论物理学家的地位。

人才基地

薛定谔于 1911 年 10 月回到维也纳大学第二物理研究所，任埃克斯纳的替补助手。从这时候起到 1914 年夏季第一次世界大战爆发，不到三年的时间里，他先后发表 10 篇论文和一篇为《物理学手册》撰写的关于电介质的评论，内容包括大气电学、X 射线衍射图形理论、点阵动力学、物质的介电性质等，并于 1914 年 1 月获得了大学教师资格认可，这是他在科学生涯中的第一次晋升。

维也纳大学第二物理研究所，其前身是由著名的物理化学家丁·洛喜密脱领导的物理化学实验室。正如我们已知道的，1850 年的校园改革极大地推动了自然科学和社会科学诸学科的发展，而对物理教学来说，这种推动首先体现在维也纳大学物理研究所的建立上。这个研究所具有最新的实验仪器装置，其初衷是培训预科学校（中学）物理教师的实验技能，这不仅是奥地利、也几乎是所有欧洲国家和大学的第一个这种性质的研究机构。研究所的所长同时兼任维也纳帝国大学的实验物理学正教授。作为当时的奥地利帝国第一个具有国际声望的物理学家，多普勒主持了这个研究所的设计、建立和组织，并从 1850 年起出任第一任所长。但仅三年之后，多普勒英年早逝，爱丁豪森接任所长。从这以后，物理研究所的所长职位形成了一种师生相传的继承关系,即爱丁豪森之后由他的学生斯忒藩继承,斯忒藩则由他的学生玻耳兹曼继承,再以后分别是哈泽内尔和他的学生蒂林格。科学界的这种师生继承关系和家族关系(如爱丁豪森的侄子是发现热电效应的著名物理学家,而他的儿子则是著名的古生物学家),对于奥地利科学事业的早期发展和研究传统的建立起着基本的作用,但在一定阶段和一定程度上,也由于其封闭性和"近亲繁殖"影响了与国际学术界的交流,影响了自身知识结构的调整和对最新学术动向的追踪。

爱丁豪森1862年患病后,他的学生斯忒藩被选为所里的常务负责人。斯忒藩是一位全能型的物理学家,他关注着物理学的所有领域,在理论和实验上都有重要贡献,特别是在气体运动学、热力学、气体和液体中的热传导和热扩散、声学等方面,例如他通过描述双电流之间的相互作用以支持法拉第、麦克斯韦的电动力学连续场概念,通过测量热传导以证明气体运动学的预言、特别是建立了黑体的热辐射定律等,为奥地利的物理学赢得了极大的荣誉。他于1863年被晋升为维也纳大学的高等数学和物理学教授,三年后正式就任物理研究所长兼实验物理教授,并先后担任过维也纳大学学位委员会主任、校长,帝国科学院数学部秘书、副院长、帝国枢密顾问官及几个其他国家科学院的外籍院士,被选为在维也纳举行的国际电气博览会科学委员会主席和国际音乐音程大会主席。正是在他近三十年的指导下,并凭借他的巨大声望,物理研究所得到了充实和发展,并培养出了玻耳兹曼及哈泽内尔这样的优秀的年轻一代。也正是他,在刚刚就职物理研究所所长时,就慧眼识英才,邀请当时还未成名的洛喜密脱来与他一起共事。

洛喜密脱和多普勒一样在科学上是自学成才的。他起初是埃克斯纳的父亲、当时布拉格大学的哲学教授老埃克斯纳的学生,主修语言学和哲学,并在后者的引导下开始对数学和科学感兴趣。1841年他随着老埃克斯纳来到维也纳大学继续学习,毕业后先后在一些实验室和企业里从事化学研究。1866年他来到物理研究所任无薪讲师,两年后晋升为物理化学临时教授。并于1872年任正教授和物理化学实验室主任。他首创多价原子的双键或三键的图解表示,例如提出碳原子的环链,用于有机或无机化合物;也构造过以太的数学-力学模型;但最为著名的还是对物质粒子的研究,即首次精确估计了气体分子的大小。他由气体分子运动论推导出单位体积分子数 N、分子的平均自由程 L 和分子直径之间的关系式,并由

此得出了 S 和被称为"洛喜密脱常数"的 N 的估计值。此外,他还应用热力学第二定律于溶液和化合物,讨论了这一定律的力学基础,特别是提出"可逆性论证"以反对熵增导致热寂的说法,认为如果以纯力学过程为基础,力学运动转化为热,那么因为任何力学过程都会有可逆的过程,其中熵是递减的。

洛喜密脱对埃克斯纳的成长具有很大影响,并于 1891 年由后者接任为物理学教授和物理化学研究所(1905 年后改称第二物理研究所)所长。当时研究所的条件非常简陋,只有三间房子加一个门厅,这三间房屋还分设在一幢租来的老式楼房的三层,讲演厅由拆去两间房间的隔断墙形成,学生必须在膝盖上记笔记。房间的地板老到脚步稍重些,就整个房间颤悠的地步,所有敏感的仪器都必须与墙固定在一起。但当街道上狂风肆虐时,甚至连墙也会哆嗦起来,而仪器设备也少得可怜。然而正是在这样的环境里,特别是在埃克斯纳就任后一批批优秀的物理学家却像雨后春笋般成长起来。曾任埃克斯纳助手的奥地利物理学家 H. 本道尔夫回忆说:"我们像一群志趣相投的朋友,簇拥着敬爱的导师。我们总是在傍晚聚集在'父亲'周围喝茶,每个人报告自己的工作和活动,没有秘密可言,也没有优先权之争,所有的成功都产生于密切的交流中,因而属于每个人。我们谈论着上帝和世界,经常为科学问题争得面红耳赤,也完全能与埃克斯纳争辩,因为他总是承认矛盾,只要它确能揭露问题。他从不表现出优越感,总是像年轻人堆里的一个年轻人。"正是埃克斯纳的这种品质和他倡导的讨论和研究风气,使他的助手和学生互相促进,你追我赶,孜孜不倦地钻研,又彼此毫无保留地献计献策,以至于第二研究所几乎成为当时奥地利的物理学人才基地。本道尔夫能一口气报出了 22 名出自埃克斯纳门下的大学教授(包括他本人、冯·施维德勒、哈泽内尔、薛定谔等),并指出当时(1927 年)奥地利的所有实验物理学教授都曾是埃克斯纳以前的助手,除了埃克斯纳本人的职位外,而埃克斯纳本人并未动一个指头去在任何地方建立他的学派。埃克斯纳及其第二研究所在奥地利物理学发展中的地位由此可见一斑。

初试牛刀

薛定谔是在第二物理研究所完成其博士论文的。当他重返这个充满朝气、自信和动力的学术集体中,他无疑已站到了一条新的起跑线上。此时,曾指导他论文的冯·施维特勒已于夏季被聘为因斯布鲁克大学的教授,接替他任埃克斯纳首席助手的,是出身物理学世家,早薛定谔三年毕业的校友 F.科尔劳施。科尔劳施擅长实验物理研究,特别是放射性和大气电学问题,他与脑瓜儿偏重理论的薛定谔共同主持研究所的大型物理实验课程,确实是珠联璧合,相得益彰,合作愉快。科尔劳施在各方面都给了薛定谔很大帮助,不仅成为薛定谔事业上的兄长,推动了他对大气电学、放射性及以后的颜色理论的实验研究,也成为他生活上的密友,是他和他夫人最初相识时的介绍人。薛定谔后来回忆道:"在那(1911 年)以后的几年中,作为埃克斯纳的实验室助手,在与我的朋友科尔劳施的密切配合中,懂得了进行实验操作意味着什么,而光我自己则不能真正学会它。"1913 年夏季,薛定谔在萨尔茨堡附近泽海姆冯·施维德勒的别墅运用科尔劳施设计的高压设备做了一系列的实验,探测"泽海姆大气中 Ra-A的含量",这一论文曾获帝国科学院的海丁格奖。他们还合作测量了 γ 射线导致的软 β 次级射线,并对它的性质和机制进行了理论分析。

然而,这期间薛定谔的工作主要是在理论上。他的第一篇论文是关于磁的运动学理论,用理论方法分析金属的抗磁性质,尽管问题的最终解决有待于量子统计的发展,但这篇文章在数学方法和理论的明晰上都是成功的。紧接着,他又试图追随玻耳兹曼,把这种运动学理论推广到电介质以至一般固体,并分析评论了荷兰著名物理学家 P.德拜数月前发表的"绝缘体的运动学理论的若干结果"。关于物质的介电性质他还发表过另外两篇文章,一篇是为慕尼黑大学主编的 5 卷本《物理学手册》撰写的长达75 页的"电介质",另一篇是关于反常电散射理论的一个简短笔记。针对当时新近发现、讨论热烈的贯穿辐射现象,他向帝国科学院提交了《贯穿大气辐射的高度分布理论》,分析了辐射源的三种可能:地表放射性物质;大气中悬浮的放射性物质;星际辐射源假说。他重点分析了第二种可能,并推导出了高度分布方程以与实验探测数据对照。他的这一理论分析对于宇宙射线的发现具有重要的参照作用。

晶体点阵动力学和固体的原子结构,是当时国际物理学界研究的热点,也是薛定谔所工作的又一领域。19 世纪气体分子运动论和统计理论、连续介质理论的发展,已建立起关于气体和液体的较好模型,固体的物理研究就突出起来。由于 19 世纪末 X 射线、电子和放射性三大发现,也由于矿物学、晶体学和材料科学等应用科学发展的需要,固体物理及其原子结构成为物理学研究的一个前沿领域。德国物理学家 M. 冯·劳厄当时在慕尼黑大学任教,这所德国当时最大的大学的理论物理学教授是 A. 索末菲,而实验物理学教授兼物理研究所所长是 W. 伦琴——X 射线的发现者。X 射线的发现曾引起极大的轰动,其发现者也因此而赢得了巨大的荣誉,于 1901 年获得首次颁发的诺贝尔物理学奖。但关于 X 射线的本性问题却众说纷纭,看法不一。劳厄基于自己多年的物理光学研究,坚信 X 射线是电磁波,具有波动性质,并在与一位博士生 P. 厄瓦耳的讨论中,产生了把 X 射线应用于晶体的空间点阵结构研究的想法。在他的指导下,索末菲的助教 W. 里德里奇和伦琴的博士研究生 P. 克尼平于 1912 年 4 月进行了这次实验,得出了清晰的晶格衍射光谱照片和干涉样片。这些被称做“劳厄图形”的照片既一举解决了 X 射线的本性问题,又初步揭示出晶体的原子结构,被爱因斯坦称为“物理学中最美的实验”。劳厄随后从光的衍射理论出发,成功地建立起 X 射线在晶体中的衍射理论,以解释实验结果,并因此而获 1914 年诺贝尔物理学奖。

劳厄的成功极大地推动了晶体理论的研究。当时在格丁根大学任教的德国物理学家 M. 玻恩与 T. 冯·卡门合作,以爱因斯坦的比热理论为出发点,引用劳厄关于晶体原子结构的成果,发表了《关于空间点阵的振动》一文,从空间点阵理论得出了类似于爱因斯坦的比热方程。而当时继爱因斯坦任苏黎世大学理论物理学教授的德拜则提出了一个晶体的弹性连续体模型,得出固体比热方程。这种连续体模型当然为坚持玻耳兹曼的原子论倾向的维也纳大学物理学家们所难以接受。当时已成为哈泽内尔助手,在第一物理研究所工作的蒂林格经常找薛定谔讨论,并“按照薛定谔的建议,把一个严格的空间固体能量的普遍公式(积分方程)展开为一个有用的级数表示”,从而构造出其结果与德拜相符的原子点阵模型。而薛定谔本人曾先后发表了题为《论 X 射线产生的干涉图像的明晰性》、《论德拜效应理论》和《论弹性耦合点阵系统的动力学》三篇论文,分别讨论了劳厄的 X 射线干涉图像和晶体点阵动力学。在第一篇论文中,通过一系列分析和计算,得出一个简单的函数关系式,从中可以看出:(1)随着晶体温度的升高,干涉图形以近似对称的方式变宽并模糊起来,其宽度正比于绝对温度;(2)干涉图形的中心强度反比于能量,即反比于绝对温度;(3)总辐射强度不依赖于温度。在第二篇文章中,他为回答别人的质疑,作了进一步的澄清和展开。而第三篇论文中,薛定谔则基于固体原子结构的发现和玻耳兹曼的原子论立场,提出首要的任务是“所有那些基于连续介质模型而导出的严格的微分方程,也必须能基于分子模型而导出",而迄今"这种工作仅在气体分子运动论领域最为成功"。他以一维点阵模型为例尝试建立固体运动学理论,并证明其原子结构,获得了相当的成功。

综观这一时期薛定谔的工作,有三个特点。首先,从研究领域看,他并没有限定自己的研究途径,既有实验研究(大气电学、放射性等),又有实验现象的理论描述(贯穿辐射、X 射线干涉图形),还有纯理论问题的研究(点阵动力学等);其次,从研究方法看,他特别注重实验现象与理论描述的内在关系,一方面恰当地确定实验情形的地位,另一方面又力求从最基本的原理和假设出发推出理论结果,从而使自己的工作表现其极大的清晰合理性;最后,他的研究主题既有传统的、经典的,更注意追踪最新的实验发现和理论发明,表现出扎实的理论功底和年轻人特有的敏锐和激情。

这一时期的薛定谔确实是春风得意,少年得志。在由埃克斯纳和哈泽内尔领导的人才济济的物理学集体中如鱼得水,挥洒自如,在刚刚起步的不到三年中发表了十余篇论文并紧盯着最新进展,使他在学术界崭露头角,小有名气,而在生活上,经过他的密友科尔劳施的介绍,他结识了来自萨尔茨堡的安妮·玛丽娅小姐,并且迅即堕入爱河,开始热恋。六年之后,他把一篇发表了的论文寄给他的媒人,并在献辞中风趣地写道:"1919年 10 月 1 日附录:如我所知,1913 年夏季泽海姆的大气中,除了 Ra-A、B、C 外,肯定还有一些其他东西,而我的测电器却没能指示其踪迹。这是由于它发现了萨尔茨堡的玛丽娅小姐,她吸引了作者的全部注意力。"而后来薛定谔夫人回忆他们的初次相识时说:"他给我很深的印象,首先因为他非常英俊,他有一张很吸引人的脸……而在这之前我对他印象就不错,因为科尔劳施已向我介绍过他。"

事业一帆风顺,生活甜蜜幸福,所有这些显示出薛定谔前途远大,未来光明。但突然间,一切都被战争所淹没了。

战争噩梦

第一次世界大战前,奥地利帝国通过 1867 年与匈牙利的合并,形成了雄踞中欧、幅员广大的奥匈帝国。它北临德国,南濒亚德里亚海和塞尔维亚,西与瑞士、意大利为邻,东与俄国和罗马尼亚接壤,其国土除了今天的奥、匈两国外,还包括波兰、捷克、斯洛伐克、罗马尼亚、前南斯拉夫和意大利的各一部分。作为这个庞大帝国的政治和行政中心,维也纳也达到了其极度辉煌的鼎盛时期,成为欧洲的著名都市之一。它商业繁盛,工业发达,拥有许多巨大的教育和文化设施,人口已达二百多力。

然而,这个古老的帝国在经历了 1859 年撒丁战争和 1866 年的普奥战争之后,已经内忧外患,矛盾重重,开始衰落了。虽然几经变革,但传统的专制制度和僵硬的官僚统治已病入膏肓,这不仅难以应付经济和工业发展所导致的繁荣与危机交替出现的急剧变化,更无法解决其固有的复杂尖锐的民族问题。它至少主要由德意志、匈牙利、捷克、斯洛伐克、波兰、斯洛文尼亚、克罗地亚、意大利和塞尔维亚等民族组成,从而具有极其错综复杂的民族关系,各种民族运动的兴起始终是帝国的一个不稳定因素。而最终,正是这种民族主义情绪,点燃了第一次世界大战的导火索。

1914 年 6 月 28 日,奥匈帝国皇位继承人斐迪南大公在波斯尼亚首府萨拉热窝为塞尔维亚族青年 G. 普林西波所暗杀。对塞尔维亚觊觎已久的奥匈帝国在德国的支持下一个月后向塞尔维亚宣战,并由此导致德、奥、意组成的同盟国与英、法、俄为主的协约国两大军事集团之间的全面战争,把整个欧洲拖入了一场旷日持久的血腥厮杀中。第一次世界大战是一次帝国主义性质的侵略和争夺霸权的战争,除了塞尔维亚等少数小国是为了维护国家主权,反对帝国主义侵略外,各参战大国都是为了各自的战略利益和争霸野心,而牺牲了自 1870—1871 年普法战争以来欧洲大陆上的整体和平,牺牲了已取得重大进步的工业、科技、文化及整个文明。在"保卫祖国、抵抗侵略"的旗帜下,在"为了国家的荣誉"的口号声中,煽动起了民族主义的狂热,即使那些被认为是代表着民族和人类的理智和良知的知识分子、那些优秀的科学家和艺术家中的绝大部分也不例外。这一点至少可以从当年 10 月 93 名德国科学家《关于民族战争的声明》和次年发表于《物理学期刊》的《关于德意志物理学家参战的总的看法》等文中得到例证,有 150 名奥匈帝国和德国的物理学家在后文上签了名,而且有许多人是主动签的。可以说这些长长的名单中几乎包括了两国物理学界当时所有知名人物,除了爱因斯坦等少数人之外。

战争的巨大机器无情地运转起来。当时的欧洲,除了英国之外,都实行普遍的征兵制,所有适龄健康的青壮年都必须在战时服兵役,因此薛定谔也在战争一开始,就应征入伍,成为帝国的一名炮兵军官。他后来把这段历史用寥寥数语作了概括："接着战争开始了,那时我作为一名炮兵军官驻扎在东南前线,没有受伤,没有生病,也没有获得什么荣誉。"他所属的部队转战了几个战场,先是在现在意大利南克林提亚的赖伯尔,后是匈牙利的多瑙河港口城市科马罗姆,然后又是戈里齐亚,普罗塞考和的里雅斯特地区等。他成了炮兵连里指挥发射的炮长之一,但一开始并不顺利,操作总出故障,延误发射,他也常被长官臭骂一通。只是在反复检查操作的每个部件,熟悉了性能后,事情才顺利起来。但这时战斗已相对平寂下来,他在日记中写道,"我不知道为什么我们很少受到轰炸,因为我们用的是带有浓烟的黑色火药,目标很大,而飞机又在搜寻着我们。"

薛定谔在这里描述的,是当时意奥战线东部戈里齐亚的战役。第一次世界大战爆发后第三天,意大利脱离三国同盟,宣布中立。由于它与奥匈帝国历史上的领土争端,随着德国当时在马恩河战役的失利,在协约国的争取和许诺下,意大利于 1915 年 5 月 23 日正式向奥匈宣战,次日宣布与德国断交。但意军在短暂的进军后即受到顽强抵御,与奥军在伊桑佐河沿岸形成对峙,而薛定谔参加的正是这段第二次伊桑佐河战役后的战壕战。双方都没有大规模的行动,只有零星的你来我往的炮战。薛定谔在日记中描述了他们的掩体,说"我们所花费的劳动是值得的,这使我们能安全地回击来自对方的炮火,只要炮弹不正中掩蔽部顶上"。"一般来说什么也不会发生,损失被看成是意外伤亡,一颗枪榴弹突然击中了掩体或观察哨,四五个人血肉横飞。人可不能有坏运气"。尽管战报上总是屡屡报捷,而他们军官也知道在塞尔维亚等战场形势并不妙,但这里却是"西线无战事",双方僵持着。薛定谔每天只能靠咖啡和溜达度日,穷极无聊,单调乏味,他总是问自己,"除了回想往日、聊天交往、思考时间概念这些基本的意识行为外,你还有什么可干的?"他甚至反复回想起 1912 年 9 月与一位年轻女士的短暂交往,那是他的一次不成功的经历,而现在,他设想当时他若能沉着镇静,充满自信又当如何,以此来寻求安慰,并再三强调了这种交往的至理名言是:"冷静,冷静,冷静。沉默,不要被人愚弄。沉默得像块铁,像块石头。"在战争的残酷面前,他更感到了生活甜美的难得,在战争所带来的时间荒废中,他也更领会到了生命和时光的可贵。

薛定谔确实冷静下来,并开始厌倦和谴责这场给人民带来巨大灾难的战争。尽管一开始他曾非常热情,认为情况很好,但现在"情况真是糟透了,我开始想念我的科学工作了。如果这场战争继续持续下去,我的身体和精神都要枯竭了。一个又一个很好的想法出现在我脑海中,但如果战争不结束,它们又有什么用?"他的生活中除了吃、睡,就是玩,整个是一种惰性的缺乏创造力的日子,于是他反躬自问:是什么原因使你无事可做? 这是你追求的生活吗? 是不是你过于希冀创造力的天性,使你与环境不合? 他在苦恼中安慰自己,好在你还年轻,不要过于悲观。但他又有一种深深的恐惧,似乎现在问题不是什么时候战争能结束,而是它究竟还会不会结束? 因为一年多的战争似乎已是旷日持久,战争的结束好像遥遥无期,人们已逐渐适应了战争的环境,并开始问"为什么我们要维持和平?"人们比他们原先所设想的更能经受和容忍战争的灾难,这样一种悄悄地变化是令人恐惧的。"我们拥有战争,这句话在许多人听起来像是句笑话,因为大家已觉得战争并非个别的稀罕情况。"

但是战争毕竟是血腥的,残酷的,薛定谔所经历的这段南线的相对平静倒是真正不多的例外。在其他战场上,一批又一批的热血青年和民族精英倒下了,倒在了帝国主义重新瓜分世界的罪恶战争的战场上,倒在了嗜血成性的垄断资本家和专制寡头为了各自利益而驱使各族人民彼此屠杀的血泊中,而许多人至死还喊着"保卫祖国"的口号。在这些人中,有许多著名的画家、诗人、作家,也有许多优秀的物理学家,更有大批极富才华和创造性的青年学生。这些人正是人类的希望,这些星辰还未进入灿烂期就这样轻易地坠落了。仅以德奥一方为例,战死疆场的就有弗赖堡大学极富天才的实验物理教授 M. 雷因加纳姆,汉堡大学的资深教授 E. 格里姆色、弗赖堡大学的放射学教授 F. 科尔劳施、乌尔茨堡大学副教授 M. 康托等及一大批讲师、助教、博士生等,他们大多数都获得了德国最高战争勋章"铁十字勋章"。此外,还有死于军事实验的爆炸中的德国最优秀的年轻物理化学家、凯撒威廉研究所物理-电化学研究室主任 O. 萨克,死于在战争前线患上的可怕疾病的天体物理学家 K. 施瓦兹西尔德,这是一位做出了许多第一流贡献的科学家,刚刚分别就量子理论和爱因斯坦新近提出的广义相对论发表了两篇论文,其中第二篇中提出了著名的施瓦兹西尔德度规,得出了广义相对论的第一个解。而最令薛定谔震惊和悲痛的,是他敬爱的导师哈泽内尔的阵亡。哈泽内尔在战争爆发后立即主动从军,先后在北方战线的普热米什尔和克拉科夫从事不同使命。和他的学生一样,他也是不安于克拉科夫森林中指挥部的被动工作,要求担任飞机上的航空观察员工作。而当南方战事爆发,热衷于登山运动,把阿尔卑斯山看做好朋友,每年来此度假的哈泽内尔又在北方待不住了,决心来保卫"他的"提罗尔山区。他于 1915 年 7 月 20 日首次负伤,刚刚有所恢复又上战场，结果于 10 月 7 日率队冲锋时阵亡。哈泽内尔的死，使奥地利失去了一位正值创造性高峰的优秀物理学家，甚至帝国皇帝本人也致电他的遗孀表示衷心哀悼。但无论如何，这种惨痛的损失是无法挽回和弥补的。

几经转战，战争后半期薛定谔的军旅生涯是在后方度过的，这或许是为了保护科学人才，但确实发挥了他的专长。他在距维也纳 30 千米左右的小城镇里，给一批批即将赴任的防空部队军官讲授气象学的基本概念和事实，例如大气的构成，太阳辐射，大气的分布及其每天、每年的变化，气压，高、低压区，大气环流特别是大洋、大陆和山区的风，气候分界线，风暴，云层结构，天气图的解释等。这些课程尽管不过是重复他在大学学过的知识，但毕竟使他有时间坐下来阅读文献，重续科学研究的旧梦，并焕发出创造的活力。他很快又向《物理学期刊》寄出了一篇题为"论大气声学"的论文，讨论了大气中声波的传播方程，认为"即使在绝热空气中，声音的传播也不是按照通常的波动方程，而是按一个稍有变动的方程，它应由把普遍的流体动力学方程应用于声波传播中得出。"与此同时，他还关注着广义相对论、量子统计和涨落理论、原子物理学等领域的最新进展，为战后迅速恢复研究工作做好了充分的准备。

尽管这里远离前线，条件优裕，工作顺心，但薛定谔无法压抑对战局的忧虑，企盼着战争的早日结束，企盼着和平之神的早日光临。在一首抒怀小诗中，他向自己，也向每一个追求真理、正义与和平的人发问：

> 两支大军在 1914 年踏上征程，
> 其中一支至今仍鏖战不停。
> 另一支队伍的战士们秘密地为和平而努力，
> 请选择！你将为哪一方驱使效命？

梦醒时分

1918 年 11 月 3 日和 11 日，奥、德两国先后宣布投降，人类历史上空前残酷的、给人民带来深重灾难的第一次世界大战终于结束了。大战导致了奥匈帝国的总崩溃，根据圣日耳曼条约，捷克斯洛伐克、匈牙利、波兰和南斯拉夫等国宣布独立，而奥地利的疆土在划归意大利等国后只剩不到一半，昔日的强国地位一落千丈，这无疑给整个民族及其生活留下了深深的痕迹。而对薛定谔个人来说,大战的结束和帝国的崩溃也对他的生活发生了戏剧性的影响。

薛定谔在他的生命的最后时刻写下的《我的世界观》一书的"前言"中写道:"在 1918 年我 31 岁时,曾很有希望继任 J.盖特勒在切尔诺维兹大学的理论物理学副教授的职位。我准备以我所敬爱的教师哈泽内尔(他被战争夺去了生命)的杰出演讲为最高典范,认真讲授理论物理课程。空余时间我准备研究哲学,当时我深深为斯宾诺莎、叔本华、马赫、理查德·西蒙和阿芬那留斯的著作所吸引。我的保护天使出来干涉了这一计划:切尔诺维兹不再属于奥地利(现在属乌克兰,称切尔诺夫策)。因此什么也没发生,我只能仍专注于理论物理学,而令我吃惊的是,从中我不时地获得一些成功。"战争的结果,阻止了他在讲课之余献身哲学的计划,保证了他日后在物理学上的发现,但这个计划本身,也来源于战争中现实状况激发了他原有的哲学兴趣,促使他去思考一系列哲学问题。

首先是时间概念的基本哲学意义。正是在意奥前线靠回忆度日的岁月里,薛定谔对时间概念进行了哲学和心理学分析。他首先认为感觉和回忆是人们对时间意识的两大类型,而以红颜色的感觉和回忆为例,他认为对"红"的感觉包括了所有对它的回忆,并且感觉包含有回忆所不具备的可触知性,即某种实在性质,而回忆则会由于生理光学效应等造成歪曲而不可靠。时间概念的产生,就在于同一基本事件(既包括感觉、也包括回忆)的重复发生。时间概念根源于基本事件之间的联系。

在战争临近结束时的一篇手稿中,他讨论了因果性问题,至少在师从埃克斯纳之后他就开始思考这个物理学和哲学中的基本原理。针对亥姆霍兹把因果性原理看做是"先于任何经验的思维规律",他说"我完全否认这种说法。在这个意义上康德的先验性总是被曲解了。先验性并不意味着时间在先,而是指逻辑顺序在先。如果康德说空间和时间是形成概念的先验形式,这显然并不意味着我们在任何经验之前,已经拥有某些神秘的、生来就有的关于空间和时间的知识,而不过意味着当拥有这些概念时,我们可以而且必须把它们看做是所有各个可想象经验的性质,这样,当且仅当我们拥有这些概念,我们才能以确定性或必然性去预言每个未来经验的条理性"。

显然,薛定谔是幸运的,命运女神使他在人生选择的十字路口没按初衷去充分发挥他的哲学爱好,而爱智(哲学)女神对他的垂青又使他具有哲人气质,常常对一些像因果性这样的本质问题进行哲学思考,这对于他毕生的科学工作和研究方向具有决定性的影响。

　　战后，薛定谔重返第二物理研究所，全力以赴从事理论物理学研究。由于战争后期的大量信息和思考的储备，他一连发表了好几篇论文。其中关于广义相对论的两篇题为《引力场的能量分量》和《广义协变引力场方程的解系统》，他计算了 16 个能分量以观察其变换不变性，发现在一特殊坐标系中所有能量分量在引力圈外都消失了，而这或者意味着能量动量守恒不成立，或者意味着真实存在的引力场具有消失着的能分量。薛定谔的两篇文章都引起了爱因斯坦的极大关注，并分别撰文讨论和回答。而薛定谔同时还撰写了三本未发表的关于张量分析和应用的笔记。

　　量子统计和涨落理论，是薛定谔的又一工作重点。薛定谔继承了玻耳兹曼的方法论原则，即把有限大小的宏观系统及其状态和变量，用大量微观系统状态和变量的统计平均来描述，这样统计力学方法和对动力学平衡态的偏离（涨落）等都成为重要课题，而玻耳兹曼的物体分子运动论和能量均分定理等也就成为理论分析的典范和工具。在这些工作中，他再次能愉快地和科尔劳施、蒂林格等合作，并先后发表了三篇文章。

　　薛定谔的工作还包括一个验证光量子理论的实验，这也是他所做的最后一个认真的物理实验。他对于爱因斯坦的光的本性理论发生了兴趣，指出"一连串的理论支持这么一种观点，即光的发射过程中由一连串很小的基本过程构成，每个发射只在很小的空间角度进行。"因此他设计出一个实验，通过同一光源发出两束大角度的光，观察是否有相干性和干涉现象来验证光量子理论。

　　尽管薛定谔在近两年的工作中一切顺利，在国际物理学界知名度大增，但他已无法再在第二物理研究所继续待下去了。战争带来了巨大灾难，作为战败国的割地赔款压得人喘不过气。新生的奥地利共和国是随战争结束而产生的新国家中最弱小、最贫穷的国家，却要承担旧帝国军队所犯战争罪行的赔款重担，于是教育经费极度紧张，教员薪俸微薄可怜，生计难以维持，更何况他又筹划着结婚，要考虑婚后家庭的开销。他开始考虑要找一个比较宽裕稳定的生活和工作环境。

　　1920 年 4 月 6 日，薛定谔与安妮·玛丽娅小姐结婚。新婚燕尔，他离开了他的母校和故乡，而这一去就是 36 年。他和夫人先是移居德国耶拿，任耶拿大学 M. 维恩的助手一个学期，此后又任斯图加特工学院副教授一个学期。在这期间，他收到来自基尔大学、布累斯劳大学和母校维也纳大学的三份正教授聘书。无疑，回返母校，继承哈泽内尔的事业，对他有极大的诱惑力,但当时奥地利大学教授的经济条件和工作状况实在窘迫,收入微薄,物价飞涨,使他无法作此选择。薛定谔夫人解释说:"当时维也纳经济形势糟透了,他要的薪水校方无法支付,而校方能提供的又实在无法维持生活。蒂林格由于有其他方面的经济来源,因而接受了这一工作。"薛定谔夫妇去了布累斯劳。在那儿数周之后,他收到并接受了苏黎世大学理论物理学教授的职务聘书。薛定谔生命中最辉煌的一章开始了。

三、困 境

1921 年 10 月 15 日，继爱因斯坦和冯·劳厄之后，薛定谔被任命为苏黎世大学理论物理学教授。这一任命对于薛定谔来说，具有双重的甚至三重的意义。一方面，它是对薛定谔以往工作和成就的肯定和褒奖，虽然他尚未做出个人的突破性的重大发现，但他始终工作在物理学前沿领域，他的成果和水平已为他在国际物理学界获得了很高的声誉，使他得以跻身知名物理学家的行列；这一点，或许可以从他被邀请参加同年举行的第三届索尔维国际物理学会议中表现出来，这一会议照例只邀请著名的物理学家出席，十年前的第一届会议，出席会议的奥匈帝国代表是维也纳大学的哈泽内尔和布拉格大学的爱因斯坦。另一方面，这一任命也使薛定谔摆脱了经济和工作条件方面的困扰，远离喧嚣烦闹困难重重的社会环境，从而能安心地专注于教学和研究，不让自己探求自然奥秘的思想遨游进程为世俗事务所干扰；尽管苏黎世远不及战前的维也纳繁荣，人口也只有其十分之一左右，但性情沉静的薛定谔并不喜欢热闹，他喜爱这儿依山傍水的秀丽景色，喜爱它的悠久的历史文化传统，更喜爱这里人民安居乐业、经济繁荣兴旺的稳定环境，由于在第一次世界大战中保持中立，瑞士没有为战火所祸及。而第三重意义，是从历史的眼光看，正是苏黎世特有的学术环境和气氛，刺激和推动了他的研究工作，并提供了他走向成功，走向波动力学的机遇。

苏黎世畅想曲

苏黎世，是苏黎世州的首府，瑞士的第一大城市，世界金融中心之一。它位于阿尔卑斯山北部，苏黎世湖畔，海拔 410 米，利马特河穿城而过，与其支流西尔河在此汇入苏黎世湖。美丽的苏黎世湖是著名的山地湖泊，形状宛如一弯新月，湖面宽阔，碧波荡漾，从东南向西北延伸 40 千米，最深处达 140 多米。依山傍水，气候宜人，风景秀丽，充满诗情画意，优越的自然条件使苏黎世适合于人类的栖息居住,早在后石器时期就开始了它的史前文明阶段。公元前58年,罗马人攻占了这块凯尔特人海尔维第部落定居的地方,并在这儿设立关卡,筑起利马特河渡口的要塞。以后,日耳曼人阿里马尼部落又战胜了罗马人,并把这儿定名为苏黎世。公元853年,查理大帝的孙子路德维希德意志国王为他的女儿修建了大人修道院大教堂,这是瑞士最大的罗马式建筑,高约60米。大教堂的建立、优越的自然条件、加上苏黎世处于从西部的法国去往东欧和从北部的德国到南部的意大利的商路要冲,地理位置有利,工商业很早就很兴盛,使苏黎世逐渐成为一个教会、政治和经济中心。公元10世纪,它获得市场权,1218年成为自由帝国城市,1351年加入瑞士同盟。1436—1450年,它与施维茨等州发生战争,而在1476年,它又成功领导了瑞士各州反对勃艮第的战争。1519年元旦,宗教改革家H.兹温列在苏黎世开始进行瑞士的宗教改革,苏黎世成为来自各国的新教徒的避难所和庇护地。在与意大利的通商中,丝织技术进入苏黎世并很快发展起来,对苏黎世的经济起着很大作用,使其成为中世纪阿尔卑斯山以北的丝织业中心之一。而在近现代,苏黎世的工业则以机器制造、汽车、电子仪器、化工、建材、食品等为主,在瑞士名列第一,它的金融业不仅在瑞士,而且在西欧也举足轻重,它的证券交易所和黄金交易市场在全欧洲名列前茅。作为瑞士国内外的交通枢纽,它拥有瑞士最大的国际机场和火车站。

苏黎世不仅是瑞士的工商业和金融中心,也是它主要的科学和文化中心。它的文学传统可以追溯到13世纪末,一连串如哈劳伯、J.伯德默、S.盖斯勒及世界著名的J.K.拉瓦特等名字使苏黎世在18世纪成为德语地区的文化中心。在19世纪又出现了H.佩斯塔洽兹、G.凯勒尔和C.F.迈耶这样优秀的代表人物。在建筑艺术上,苏黎世是中世纪与现代风格相结合的城市,它有包括著名的国家博物馆、苏黎世图书馆、社会档案馆在内的许多博物馆、图书馆、文物馆、艺术馆,有众多的画廊、歌剧院和音乐厅,有著名的苏黎世交响乐团。而分别建立于1833年和1855年的苏黎世大学和苏黎世综合工业大学(即后来著名的苏黎世联邦工业大学)则为苏黎世、也为瑞士带来了世界性的荣誉和影响。

苏黎世大学是瑞士继巴塞尔大学(建于1460年)之后的第二所大学。它起初只设有神学、政治学、医学和哲学四个系,而在哲学系的六名教授中,有三人分别是讲授自然史、自然哲学和生理学、实验化学和医用化学、动物学的科学家,但却缺乏物理学教师。从1835年开始,A.莫森开始在苏黎世大学讲授理论物理和实验物理,并于 1855 年起兼任综合工业大学的物理学教授。为了加强苏黎世大学物理学研究的力量,自 1855 年起担任综合工业大学物理学教授的著名德国物理学家、热力学的奠基人之一 R. 克劳修斯被聘为苏黎世大学的第二物理学教授。克劳修斯以 1850 年关于热力学的论文而闻名于学术界,在其中他从焦耳由实验确立的热功当量出发,提出了热与功的比例关系的基本定理和热力学第一定律、第二定律的表达式。而在苏黎世的日子里,他致力于热力学理论的完善、第二定律的应用和热的运动论,引入了"熵"、"热寂"等新概念。苏黎世大学和综合工业大学的这种双教授制开创了苏黎世物理学研究的优秀传统,也奠定了这两所大学物理学合作研究的基础,成为日后取得许多成果的开端。

苏黎世综合工业大学于 1855 年 10 月 16 日创建时,有建筑、工程、机械工业、化工和林业五个学院,以后又增设了第六个师范学院,开设了数学、科学、文学、语言、法律、经济、历史等课程。这里的数学教学非常有名,先后拥有 J. 贝德金、E. 克里斯托弗尔、F. 普赖姆、H. 施瓦兹、H. 韦伯、A. 胡尔维茨和 H. 闵可夫斯基等一流数学明星在此执教,形成了一个优秀的数学学派。而在物理学界,它则由于 1896 年 10 月注册于师范学院的一个学生而日后扬名四海,这个学生就是爱因斯坦。爱因斯坦在回忆自己的学生时代时说:"我非常着迷于盖瑟教授的无穷小几何讲座,这是教育艺术的真正杰作,并对我后来致力于广义相对论帮助极大。""我们有非常优秀的教师(例如胡尔维兹、闵可夫斯基),所以我获得了扎实的数学教育,但我的大部分时间用于物理实验室,沉醉于直接接触经验。"但当时的物理教学却不能与数学同日而语,韦伯教授讲授的都是亥姆霍茨之前的经典物理,而物理学的最新进展全靠学生自己私下自学,爱因斯坦特别感兴趣的是麦克斯韦、赫兹、洛伦兹和玻耳兹曼等人的工作。当他在韦伯指导下以热传导问题的毕业论文于 1900 年毕业后,由于习惯独立思考,"不合时宜",没能获得助教职位而失业。两年之后,他才获得了伯尔尼的瑞士专利局技术员的工作,负责发明专利申请的技术鉴定,从而能利用业余时间从事物理研究,并于 1905 年一举在三个领域做出四个具有划时代意义的贡献,即分子运动论中布朗运动分子大小测定的方法和公式、光量子论、狭义相对论、作为相对论一个推论的质能相当性,从而推动了世纪之交的物理学革命,并创造了科学史上的奇迹。同年,爱因斯坦以其第一项工作写成论文《分子大小的新测定法》,在苏黎世大学通过了论文答辩,获得了博士学位。三年后他兼任伯尔尼大学编外讲师,而仅一年之后,这位因对最新理论做出重大贡献而享誉理论界的物理学奇才,在普朗克和彭加勒的大力推荐下,就任苏黎世大学的理论物理学副教授,开始了物理学研究的专业生涯。他的到来,给苏黎世大学的理论物理教学和研究注入了活力,使它开始摆脱自克劳修斯 1867 年离去后的衰落而重振雄风。爱因斯坦的讲课内容,他的讨论班教学形式和自然随和的态度,与他的巨大声望一样,吸引了许多学生来听课,而像 W. 能斯特、A. 索末菲这样著名的学者也前来苏黎世与他讨论物理学的最新进展,这些都奠定了苏黎世大学理论物理学研究再度繁荣的基础。尽管爱因斯坦在此只执教三个学期,就前往布拉格大学任理论物理学教授,但接任而来的,先后有索末菲的学生和助手德拜,普朗克的学生和助手冯·劳厄,他们都以在各自的领域的出色工作而小有名气。爱因斯坦于 1912 年经彭加勒和居里夫人推荐,回到母校任理论物理教授,更使苏黎世的理论物理学一时间兵精将强,势力雄厚。但好景不长,德拜和劳厄分别回归祖国,分别担任荷兰乌得勒支大学和德国法兰克福大学的正教授,而爱因斯坦则被普朗克邀请前往柏林就任普鲁士科学院院士和柏林大学教授。因此,从 1914 年起,尽管苏黎世大学的实验物理依然势头不减,但理论物理学研究却由于缺乏一流人才带头而趋于停滞,缺少具有创造性的工作。一俟战争结束,由于在战争中保持中立而元气未伤的瑞士学术界,便开始注意搜集人才,以相对优厚的条件招揽名士,以求发展。应聘而来的,有经索末菲推荐于 1919 年春季来苏黎世大学任教的 P. 艾泼斯坦,他由于 1916 年从玻尔-索末菲原子结构理论中推导出氢光谱线的斯塔克效应而名噪一时;有于 1920 年重返苏黎世任联邦工业大学物理研究所所长的德拜和他的学生 P. 谢乐,德拜由于前一时期对光的分子散射、塞曼效应的解释、类氢原子的精细结构、原子的 X 射线光谱等方面的重大贡献,特别是与谢乐一起发展出 X 射线的粉末晶体分析法而远近闻名;也有已经在理论物理学领域做出了第一流工作,但刚刚担任副教授一学期的薛定谔。

才华横溢的教授

1921 年 10 月,薛定谔夫妇终于结束了他们婚后一年半来不断的迁居转移,摆脱了生活于战败国中经济和心理上的压力和阴影,在苏黎世安定下来。在一封给他的维也纳同乡 W. 泡利（将离开德国格丁根大学去丹麦哥本哈根大学玻尔的理论物理研究所）的信中，他说："我希望你不要回去，因为现在想象回到德国去在我看来是令人恐怖的，我想你也会感到这点。人们确实要有点悠闲安逸，即不为生计操心，但如果面包和黄油的价格总随货币贬值而变化，你就无法安下心来。"当然，在瑞士靠教授的薪水养家度日也算不上富裕阶层，他在给慕尼黑的索末菲的信中甚至说一个普通教授那时也只能属于可怜的低级阶层，当举办一个著名的舞会时，当地的富翁们占据着三百瑞士法郎的包厢而大摆其阔，他却只能让其他教师们陪着他夫人去出席，因为"在我看来要用两张 25 瑞士法郎的入场券去换取那很成问题的愉悦是太昂贵了"。但无论如何，这里物价稳定，人民安居乐业，他也至少无饥饱之虑，从而能安心于教学和研究。

薛定谔的就职演讲以"自然规律是什么"为题，继承了玻耳兹曼的传统和埃克斯纳的思想，讨论了因果性与机遇的问题。他主张我们所说的自然规律不过是自然事件中观察到的规则性，而这种规则性的基础与其说是绝对的因果性，毋宁说是随机性或机遇。因为服从因果律的宏观物体是由无数微小粒子组成的，"机遇是所有观察到的与规律严格一致的现象的共同根源，至少在绝大多数自然过程中是这样，正是这些过程的规则性和不变性导致了普遍因果性假设的建立"。他反对物理学家中普遍存在的拉普拉斯机械决定论倾向，反对用绝对的因果性来解释所有物理现象，而主张像玻耳兹曼那样，用大量随机过程的统计规则性来表征科学世界图景中的规律。他分析了当时物理学家运用电动力学描述原子结构时面临的困难及其严重的内在不一致，并以此论断作为演讲的结束："我愿意相信，一旦我们抛弃了根深蒂固的绝对因果性偏见，我们就能成功地克服这些困难，而不再期望用原子理论去证实因果性教条。"薛定谔关于原子过程概率性的这些论断是很有预见性的。机遇作为统计规则性基础，也得以与因果性与规律协调起来。

这位新来的教授，以其思想的深刻性和独立性，给听众留下了深刻的印象。他所开设的一系列理论物理学课程吸引了许多学生，他所主持的讨论班上也总是围绕物理学中的基本问题和进展展开热烈的讨论。薛定谔还鼓励进行校际交流，经常和联邦工业大学共同举行活动，而他自己也和联邦工业大学的数学家 H. 外尔和物理学家德拜成了莫逆之交。德拜与薛定谔神交已久，两人都对固体比热、X 射线干涉图形、原子结构等问题感兴趣，并已各自在刊物上讨论过对方的观点，现在能当面切磋，一起琢磨,真是相见恨晚,倍感快慰。外尔是 20 世纪上半叶最著名的数学家之一,D. 希尔伯特和 F. 克莱因的学生,早期在分析学、黎曼曲面等方面做出过重要贡献。1913 年任教于联邦工业大学以来,致力于用优雅的数学框架来表述物理学概念和理论,自 1917 年起,发表了一系列"空间-时间-物质"演讲并成书出版,他尝试把引力场和电磁场概括成一个统一的物质理论,20 年代中期他研究连续群的表示,把群论应用于量子力学中,解决了一系列物理、化学问题。能与这么一位热心于物理学问题的卓越数学家共事,不时地请教或讨论一些数学上和物理上的问题,对薛定谔的帮助是很大的。薛定谔是个很重友情,也很需要友谊的人,与情投意合的德拜、外尔的交往,既满足了他感情上的需求,也成为他学术上一些成就的刺激和动力。

苏黎世是一个美丽的旅游城市,也是由北方的德国各著名大学去往南方的海滨度假时的落脚点,每年都有一群群的学者来参加这里的现代物理学讨论会,带来了各自研究的最新成就和各种信息。这种开放的环境和动态的交流,使薛定谔和他们的讨论会得以保持较高的水准,也使苏黎世的研究集体和工作更为外界所知。他们的讨论会生动活泼,形式不拘,有时常常是在户外的郊游和旅行中进行。薛定谔喜欢登山和旅行,在大自然中陶冶性情。有一段时期,每周六他们都外出,边旅游边讨论,置身于大自然中去探求它的底蕴。薛定谔的学生 W. 海特勒回忆道:每个星期六这种由薛定谔夫人安排的小旅游"总是以到了一个可爱的小客栈和一两瓶葡萄酒而结束。"1927 年,海特勒与薛定谔的另一助手 F. 伦敦一起,联名发表《中性原子的相互作用与同极性键的量子力学研究》一文,运用薛定谔刚刚建立的波动力学求解氢分子的薛定谔方程,从而建立了基于量子力学的化学键理论,宣告了量子化学的诞生。

苏黎世时期,成为薛定谔的又一个创造性高峰。仅从 1922 年到 1926 年早期,他就在教学之余发表了二十篇论文,其范围也非常广泛,其中有四篇关于原子结构的,四篇关于量子比热理论的,六篇气体统计理论的,五篇关于颜色理论和生理光学的,一篇关于相对论的。这些论文粗略而言,可以分为三类,即原子结构理论、量子统计理论、颜色和视觉理论,第一类是当时理论物理学界关注的中心,第二类则是用量子方法处理和修改气体运动论和固体比热理论,既是薛定谔的多年爱好,也是当时的热门,而第三类文章则比较令人奇怪了。

颜色理论,是生理光学的中心问题之一,而生理光学,则是生理学和光学之间的边缘学科。早在古希腊时期，亚里士多德就讨论过这一问题，但直到牛顿经过色散和分光等一系列实验分析，才给出颜色的物理定义。到 19 世纪末，色觉理论上主要有两种观点，一种是杨-亥姆霍兹的三色理论，认为视网膜中有三种光谱敏感峰分别在红、绿、蓝区域的感光细胞，它们发出信号经过神经系统的分析处理引起不同的颜色感觉，颜色的三变量性和对脊椎动物视网膜的单个视锥细胞的吸引特性的研究，都为这一理论提供了佐证。而 C. 赫林的桔抗色理论则认为颜色中有三对单一的感觉反应：红-绿、黄-蓝、黑-白，它的解释与许多感觉经验相符，特别是对负后像的解释。由于后一种理论缺乏定量基础，大部分物理学家都倾向于前一种理论，但对颜色的亮度、饱和度等属性还缺乏一种较好的定量表述方法。

　　尽管在这一领域作出贡献的不乏一些著名的物理学家，但显然对物理学来说，对颜色和色觉的研究既非正宗，也不是前沿。薛定谔之所以涉足这个领域，可能有其家学渊源，但更受师辈影响，埃克斯纳和科尔劳施都发表过这方面的成果，而最主要的还是他本人工作中的那种把不同理论、不同学科结合起来研究的统一科学的倾向，这种倾向一再地在他一生的研究中突现出来，并成为他获得成功的一条重要方法论原则。他清楚地认识到色觉在连接外部实在与人们内在世界中具有的认识论意义，并把爱因斯坦广义相对论中的数学工具用于三维颜色空间的描述，提出了颜色度规概念、线性仿射空间和弯曲黎曼空间分类、空间线元及其系数的测量计算方法等一系列理论和方法。在为新版的《物理学手册》所写的长达 105 页、44 节的《视觉》一文中，他系统地介绍了人们在昼夜对光的感知、光作用的时空生理效应、感知的阈值、不同框架的色觉理论的比较等。他的理论能很好地解释许多观测数据，也得到了生理学家的承认。

　　然而，对颜色理论的研究尽管为薛定谔提供了一块自由发挥、有所作为的空间，但那毕竟理论性不强，也不为众所瞩目，他把它戏称为"为逃避原子结构理论的绝望困境而遁入光学领域的一次小小的旅行"，一种松弛心情、换换脑筋的休息。他真正热衷的，仍然是量子统计和原子结构这两大领域，也正是这两方面工作的结合，开辟了他的通往波动力学之路。关于前者，他先后写出了同位素和吉布斯佯谬、固体比热、光和声的热平衡、氢分子比热、气体兼并、熵的定义等文章，而关于后者，他虽然写出了几篇有分量的文章，却缺乏系统全面的研究。这从主观上讲，是因为他不喜欢当时量子力学的进展路线，从客观上讲，则是因为这种进展本身正面临着巨大的理论困境。

玻尔的原子结构"三部曲"

量子理论的建立以 20 世纪元年普朗克引入能量子概念为标志。黑体辐射实验曲线与经典理论的背离,是当时物理学天空上经久不散的一朵乌云,普朗克在他的黑体辐射研究中,为了得出在各种频率下都与实验结果相符的公式,通过由经验假定而限制熵的定义,得出了与最新实验数据完全一致的普朗克辐射公式。为了使这个公式不仅仅是侥幸的猜测拼凑而具有真正的物理意义,就必须从理论上推导出它。普朗克在推导中为了消除矛盾,克服能量发散导致的违背实验困难,首先放弃了他一贯的热力学途径而借助于玻耳兹曼的统计方法来定义熵,其次放弃了能量的连续性原理,把能量看做由有限数量的分立的量组成,其中每个量即能量子 E,它等于普朗克常量 h 和振子频率 ν 的积。这就是普朗克的能量子假说。它突破了经典物理学中视为基本教条的运动连续性原理,认为物体在发射和吸收辐射时,能量不是连续变化,而是以不可分的最小单位 E 的整数倍跳跃变化的,即一份一份地释放和获得的,从而揭示了能量的不连续性质和微观世界的量子化特征,宣告了量子纪元的开端。

然而,能量子假说的革命性意义,起初并没有为物理学界所注意和认识,甚至包括其创始人在内,因为它大大超出了物理学家们为概念框架和常识所囿的视界。而年轻的天才的爱因斯坦却敏锐地注意到这点并从中受到启发。他于 1905 年发表的《关于光的产生和转化的一个启发性观点》一文中,从分析麦克斯韦电磁理论与物质原子理论在能量的连续性和不连续性上的矛盾入手,指出波动理论在观测上的成功只同时间平均值有关,而在涉及黑体辐射、光致发光、光电效应等光的产生和转化的瞬时现象时则与实验不一致,因此要采用"光的能量在空间不是连续分布的这种假说"来解释后一类现象,即"从点光源发射出来的光束的能量在传播中不是连续分布在越来越大的空间中,而是由个数有限的、局限在空间各点的能量子所组成,这些能量子能够运动,但不能再分割,而只能整个地被吸收或产生出来。"这就是光量子假说,它成功地解释了光电效应等实验现象,大大地拓展了量子概念的应用及其影响,在科学思想史上首次提出了波粒二象性概念,并为以后的密立根实验和康普顿效应所支持,使量子概念逐步确立起来。

量子理论的第二次重大进展来自当时物理学界关注的原子物理领域,其高潮则以玻尔的原子结构理论为标志。1911 年,英国著名实验物理学家 E. 卢瑟福在 α 粒子散射实验基础上,提出了原子有核模型,成功地得出了散射公式。但按照经典电磁理论,这种绕核运动的电子不断被加速,必然连续辐射电磁波而形成连续光谱,同时能量不断减少,轨道连续收缩,很快落入核中,这与原子线状光谱和稳定性事实显然不符。理论上的这种困境,极大地刺激了卢瑟福的学生、丹麦著名物理学家 N. 玻尔的工作。

玻尔具有洞察理论进展的本质,并迅速广泛地接受新思想的能力。他在以往的工作中,已经察觉到经典理论的缺陷,因此认识到问题可能出在它不适用于原子的动力结构,而必须代之以新的力学理论,这种新的理论则可能出自于当时刚刚成为热门的量子之谜。经过一系列紧张工作,玻尔于 1913 年发展了被人们称为"伟大的三部曲"的分三部分发表的长篇论文《论原子构造和分子构造》,从原子稳定性和光谱线公式这两个经验事实出发,摒弃无法解释它们的经典理论,把普朗克的辐射量子论应用于卢瑟福的原子有核模型,成功地构造了原子中电子绕核公转的量子化轨道运动理论。玻尔的基本假设是:(1) 量子化规则:电子只能在一组特定的圆轨道上运动,电子运动的轨道角动量量子化,只能取 $\dfrac{h}{2\pi}$ 的整数倍;(2) 定态假说:轨道电子处于稳态,并不发射能量;(3) 频率法则:当电子在不同轨道间跃迁时,发射或吸收辐射,辐射频率满足普朗克关系 $\Delta E = h\nu$。"已表明应用这些假说于卢瑟福原子模型,就可能说明连接元素线光谱中不同谱线的巴耳末和里德伯定律。再进一步,元素的原子结构理论和化学结合的分子形成理论的轮廓也已经给出。它们在几个地方证明与实验一致。"

玻尔理论是量子理论发展中的一座里程碑,标志着它在物理学中地位的最终确立。玻尔理论不仅成功地解释了一系列实验现象,而且把量子化规则引入原子结构和电子运动的研究,开辟了量子理论研究的全新领域。他提出了角动量量子化和量子跃迁这两大量子概念以揭示原子行为中的特殊规则,根本上摆脱了经典的连续性演化图像,奠定了物质结构问题中量子论的基础。此后十余年,量子理论不乏重大成就,但基本上是在玻尔的框架中发展。1915 年 A. 索末菲把电子绕核运动的量子化轨道拓展到椭圆情形,并考虑了轨道电子的相对论性效应以解释光谱线的"精细结构"。1916 年爱因斯坦研究了原子系统与光相互作用的问题,用统计方法分析了光的吸收和发射过程,建立了这一问题的唯象理论。1918 年玻尔为了克服量子理论应用中的困难,深化对它的理解,并探索它与经典理论间的关系,又提出了著名的"对应原理",认为人们必须借助于经典理论的概念和定律去构造量子理论,而量子理论也必须在一定条件下包括经典理论来解释难以解决的谱线相对强度、塞曼效应等问题。

但是在这过程中,玻尔理论的缺陷也暴露出来。在理论上,它缺乏概念的自洽和逻辑一致性,表现为"各种互不相干的假设、原理、定理和计算方法的混合",它的理论框架很大成分上是经典动力学的,量子化条件仅是一种外加的补充,并需要对应原理来转化为量子理论的语言,定态假说等的引入也缺乏普遍的基础。它需要数学上概念上的完整一致。而在实践中,对最简单得多体问题氢原子能级的计算、反常塞曼效应、史特恩-格拉赫效应、电子间的相互作用等也不能提供满意的结果。显然,它仍然是一个半经典半量子化的过渡性理论,量子力学革命的最终胜利,要求着一种具有更强的逻辑性、更强的解释能力的完整的量子力学体系。

海森堡的矩阵力学主旋律

量子力学的最终凯歌,它的三部曲中的最后一部,是由两重主旋律汇合奏出的,其中的第一重,就是海森堡等人建立的矩阵力学。

W. 海森堡出身于一个德国知识分子家庭。身为慕尼黑大学古代语言和历史学教授的父亲喜欢用游戏作为手段来启发孩子的智力,使他从小就对科学很感兴趣,培养起爱动脑筋的好习惯,同时又尽力为他聘请高师,以把他领上科学前沿突破的正确方向。海森堡先是师从索末菲在慕尼黑大学专攻理论物理,通过博士考试后又应格丁根大学 M. 玻恩教授之邀去那儿工作,此后还到哥本哈根和玻尔一起工作一段,而慕尼黑大学、格丁根大学和哥本哈根大学正是当时量子力学的理论中心,索末菲、玻恩和玻尔也都是工作在理论前沿的一流权威,在他们的身边,聚集着一批青年天才,其中 W. 泡利、E. 费米、D. 狄拉克也包括海森堡本人等日后都成为诺贝尔物理学奖的获得者。

海森堡从索末菲那儿获得了处理和解决物理学问题的基本训练,甚至入学不久,就首先引入了半整数量子数,解决了磁场中的反常塞曼效应,从而体现出他主张的"为解题的成功,要勇于大胆思维、突破传统框架"的原则。

海森堡从玻恩那儿学到了理论问题的数学处理方法,也体会到了玻尔原子理论的某种危机——它在数学上的不严密和对大多数实验现象的无能为力,并投身于用新的量子力学取代旧量子论的尝试;格丁根大学素以拥有数学王子高斯、数学大师克莱因、希尔伯特等而著名,而且数学家和物理学家结成了紧密同盟,希尔伯特本人就对原子理论很感兴趣,并认为其真正突破有待于数学家的帮忙。

海森堡从玻尔那里则更多地学到了哲学,学到了基本的认识论观点,这是他作出重大理论突破的切入口。玻尔在一次散步中谈到他的原子图像,实际上并不是理论计算的结果,而是立足于经验推出来的:稳态假说基于原子稳定性,频率法则基于光谱学公式,但这种图像的日常语言表述给人的直观印象并非原子结构的直接描述,却常常引人误以为真,从这种语言和直观图像设置的理论误区中走出来是海森堡走向成功的第一步。

海森堡从他景仰的爱因斯坦创立相对论的方法论原则获得了启发:不可观察的概念是没有意义的——因此绝对速度、绝对同时性等概念应当抛弃,同样,玻尔原子中具有确定半径和转动周期的电子轨道和有关经典量也应抛弃,而仅立足于实验中可观察到的光谱线的频率和强度等物理量去寻求它们之间的关系。在 1925 年 7 月的论文《关于运动学和动力学关系的重新解释》中,他从玻尔的对应原理出发,由经典运动方程加量子条件,得出了一个仅以可观察量为基础的量子力学运动方程,并用这一方程求解一个较简单的非谐振子量子力学系统,得出了与实验相符的频率和跃迁概率。这一成功,奏响了矩阵力学的动人旋律,也成为量子力学迅速进展,胜利凯旋欢庆曲的第一乐章——突破口一旦打开,大军挺进也就势如破竹了。

两个月后,玻恩和他的学生 P. 约旦发表《论量子力学》一文,用矩阵代数的形式系统地表示海森堡理论,矩阵元对应于可观察量,矩阵乘法规则与海森堡运算规则一致,得出的矩阵方程相当于海森堡量子条件。

紧接着,他们又与海森堡合作,共同发表《论量子力学 II》,系统地发展起矩阵形式的量子力学体系,成功地处理了一系列问题。

泡利应用这种新力学于氢光谱,得出与玻尔结果相符的定态能值;同时狄拉克针对海森堡理论中量子力学量的不可对易性特征,把对易子与泊松括号联系起来,提供了处理量子论中动力学变量的更为简洁、优美的数学方法。

矩阵力学高歌猛进,捷报频频,很快就形成了完整的体系。人们为理论的巨大进展而喜悦,但也有一些人对于它的彻底的经验论纲领不满,有些人则对它独特的、不为人熟悉的数学形式难以接受和理解,但所有这些对于新理论的不同态度尚未展开,人们尚未来得及去思索它的全部含义,体会它的韵味,又一重主旋律加入了进来,量子力学的另一种形式——波动力学诞生了。

四、石破天惊

平地一声惊雷！波动力学的诞生是如此突兀，如此令人震惊，而又如此受到广泛欢迎，确实有如石破天惊，顷刻间大厦已成。

正当人们瞩目于矩阵力学的成就，或为之雀跃，或为之踌躇，或为之振奋，或为之疑虑，尚未能从它所激起的冲击波中冷静下来、清醒过来的时候，又一股更大的理论浪潮冲向他们，又一重新的主旋律奏响在量子力学进军的凯旋曲中，又一座理论丰碑矗立在理论物理学的前沿——

从 1926 年 1 月 27 日到 6 月 23 日，在短短不到五个月的时间里，薛定谔接连发表了六篇关于量子理论的论文，其内容囊括了量子理论、原子模型、物理光学、哈密顿光学-力学相似、光谱学、微扰理论等众多物理学领域，并熔玻尔原子理论、矩阵力学、爱因斯坦波粒二象性思想和德布罗意相波理论等量子理论的成果于一炉：这些论文致力于用波函数来描述微观客体在时空中的定态和运动变化，并建立起相应的波动方程，求解这些偏微分方程得出的本征值就是量子化假设中的分立能级，对氢原子、一维线性谐振子、定轴和非定轴转子、双原子分子、斯塔克效应等实例，都求出了与实验相符的理论解。论文还分析了微观系统和宏观系统的关系，证明了这种波动力学与矩阵力学在数学上的等价，从而一举构造起集前人研究成果之大成，但在理论上比较严谨自洽、实际应用更为广泛有效的完整的量子力学形式体系。

新的力学体系的问世，将绝大部分困扰着物理学家的理论难题一扫而光，而且用的是为大家熟悉的偏微分方程的数学形式，所建立的波动方程具有经典的美感，量子化条件也不再是附加条件而成为方程自然的解，特别是它在世界观上与原有物理图景的哲学观一致。这一切都使它受到普遍的赞赏和青睐 ——

普朗克致信薛定谔："我正像一个好奇的儿童听解他久久苦思的谜语那样，聚精会神拜读您的论文，并为在我眼前展现的美而感到高兴。"

爱因斯坦也去信大加赞赏："我相信您以那些量子条件的公式取得了决定性的进展"，"您的文章的思想表现出真正的独创性。"

玻尔认为薛定谔迈出了原子理论进展中决定性的一步,并为此深表谢忱。

索末菲也认为这是 20 世纪惊人发现中最惊人的一个。

J. S. 斯莱特在总结量子力学的发展时把波动力学比之为与牛顿力学和麦克斯韦电磁理论同样卓越的理论综合。

而玻恩则感叹地说:"在理论物理学中,还有什么比他在波动力学方面的最初六篇论文更为出色的呢?"

巨大的轰动和潮水般的赞叹同时,人们也非常震惊和诧异,这种势如破竹般的进展怎么会发生在远离慕尼黑、哥廷根、哥本哈根这些量子力学研究中心的苏黎世?这种横扫千军般的气势和魄力又怎么会来自一个已步入中年,而对量子力学既无师从和训练,也没有什么研究和名气的薛定谔呢?

人们的这种大惑不解是有道理的:重大的理论突破,往往需要集体的协作、讨论、切磋、磨砺,需要思想和精力的长久聚焦,以激发出创造性的火花,因此它常常发生在大兵团麇集的主战场,形成于有名师指点和训练有素的研究集体中。重大的理论突破,由于需要敏锐的洞察力和巨大的勇气,需要突破传统框架的创造性,因而又常常由年轻人手中实现,仅以量子群英为例,当发表使他们成名的第一篇论文时,爱因斯坦 26 岁,玻尔 28 岁,海森堡 24 岁,泡利 25 岁,狄拉克 24 岁,约旦 23 岁,以后成名的乌伦贝克和哥德斯密特则分别是 25 岁和 23 岁,而薛定谔则以年近 40 岁作出了在全新思想方向上的这一重大开拓,确属罕见而难能可贵。

但追根究源,薛定谔的成功并非偶然:尽管他从学生时代起,缺乏对量子理论的系统训练和研究,但他始终关注着有关的理论进展,尽管他远离量子理论进军的主战场,但小舞台也能唱出大戏来,他的基本的哲学信念,广泛的知识基础和执著的理论追求,都为他的理论创造提供了充分的条件——如同一座火山在爆发前积聚能量一样,爆发前表面的平静掩盖了地表下涌动着的炽热岩浆,一旦寻得了突破口,喷发向上的炽热和辉煌当然会令对之毫无预感的人们为之惊诧而倍感震惊了。

能量在积聚

薛定谔涉足量子理论,可以回溯到他的维也纳时代。或许维也纳大学校园里最早对量子理论作出卓越贡献的要数比薛定谔大三岁的 A. 哈斯了。1910 年 2 月,哈斯在他为申请物理学史讲师资格而提交的一篇论文中,甚至早于玻尔三年,第一个试图把普朗克作用量子应用于原子的构造,并且取得了很有意义的成果。

　　自从普朗克为推导正确的黑体辐射分布曲线而提出普朗克公式 $E = h\nu$ 和引入作用量子 h 以来,对作用量子的理论解释就一直是物理学界关注的一个难题。普朗克本人一开始也不相信它的实在性,而只作为"纯粹是一个形式上的假设";爱因斯坦的光量子假说发展了它,但也长期得不到包括普朗克在内的许多物理学家承认,其原因之一就是作用量子的理论意义不清楚。爱因斯坦首先在 1909 年 3 月的《物理学期刊》上撰文指出,麦克斯韦理论不能解释电子的存在和辐射量子论这两个缺陷间肯定有某种联系,从关系 $h = \dfrac{e^2}{c}$ 中可知,当修改这一理论使之包含电子基元 e 时,则也会把辐射量子论包含进去;而 W. 维恩则在《数学科学百科全书》中评论说,能量子的物理意义也许只能从原子的性质中推导出来。哈斯正是由此受到启发,并在当时汤姆逊的氢原子模型基础上,"试图用电动力学来解释普朗克的作用量子。它的目标将是推导一个等式,用以把常数 h 同电子论的各基本量关联起来……这等式还将为更精确地计算氢原子半径提供基础。"

　　哈斯成功地实现了他的目标,通过把能量元与原子中电子的库仑引力势能相联系,他很快就得出了原子基态的量子条件,并确立了作用量子与原子半径之间的关系 $h = 2\pi e \sqrt{ma}$,从而使普朗克作用量子可以从原子的有关性质中推导出来。哈斯的工作具有重要的意义,尽管它只涉及基态而没考虑激发能级,从而不能与光谱学资料相联系,尽管它不是用作用量子去说明原子的稳定而是反过来用原子大小导出作用量子,但它揭示出了量子论与原子结构的关系,而这正是量子论下一步发展的突破口。

　　然而维也纳大学的物理学家由于目光短浅,痛失了这一作出理论突破的良机,他们甚至嘲讽哈斯的这一想法,连哈泽内尔也认为把属于热力学的量子论和属于光学的光谱学这样风马牛不相及的领域扯到一起不值得重视,而在自己的量子理论研究中,又退回到用普朗克谐振子,而不是实际原子来描述量子力学系统,结果没能把握住历史老人提供的机遇。

　　哈泽内尔的这一失误,究其原因肯定很多,但其中缺乏知识背景和敏锐的洞察力是主要原因。囿于传统的学科界限和理论框架,常常会面对作出重大科学发现的机遇而失之交臂,因为机遇只能为有准备的头脑所把握,而新理论也常常以不同学科和理论的结合部为其成长点。如果说"不想当元帅的士兵不是好士兵"的话,那么特别是在传统理论面临困难,科学革命即将到来时,不敢打破传统,大胆尝试的科学家,也就很难作出理论创新而青史留名。这一教训对哈泽内尔和他的学生或许都将铭记不忘。

三年之后,玻尔原子结构理论问世,赢得哈斯及维也纳物理学家们曾有希望染指的那一片辉煌。但玻尔理论的卓越之处在于他立足于卢瑟福的原子的行星轨道模型,并把光谱学公式解释为相应的能级差,提出了量子跃迁概念这一精髓,而且把作用量子作为最基本的物理量,把原子的存在看做作用量子的函数和结果,这种彻底的量子论精神与哈斯力图用经典理论来推导和解释作用量子的企图正好背道而驰。

然而,恰恰是在关键的量子跃迁这个概念上,薛定谔对玻尔理论很不满意。和他的精神上的导师玻耳兹曼一样,薛定谔是个很有哲理性头脑的科学家,他的科学研究很受哲学思想的影响,他曾形象地把哲学比喻为"探求知识道路上迈进的大军中的一支先遣队",比喻为"建造知识大厦中不可或缺的脚手架"。他从对玻耳兹曼思想的"热恋"中所继承的,不仅仅是原子论和统计思想等物理方法,更主要的是"自然界能以自然的和明显直观的方式去理解"的信条,这一信条渗透到他的思想和工作中,成为他在研究工作中的准则和出发点。按照这种自然的和明显直观的理解自然的方式,就要求一个原子理论必须坚持原子现象的时空描述和因果性,必须能从普遍原理中演绎出量子化条件,而不是作为外加的不一致的条件引进来。量子跃迁既不能在时空中描述,又是概率性的而背离了经典的因果性,量子化条件也不能作理论说明,这些都使薛定谔在感情上难以接受玻尔理论,在维也纳时也很少作相关的研究。

历史的脚步并不因个人的好恶而停缓,相反,个人只有调整自己去适应历史大潮才能跃上时代的浪尖。

薛定谔没有让自己完全为情感倾向所左右。玻尔理论的成功和进展使他不能不关注这原子物理的最前沿,而来到苏黎世后的教研职责更要求他对这一领域作出自己的贡献,也只有熟悉和掌握玻尔理论,才能去修改和发展它。实际上,从1919年他访问慕尼黑大学结识索末菲并与同乡泡利会面,到先后在德国的耶拿、斯图加特、布累斯劳等具有量子论传统的大学任教,他已开始进入原子内部结构的研究。他研读了索末菲刚刚发表的《原子结构和光谱线》一书,不断与玻尔、索末菲、泡利、H. 克拉默斯、A. 朗德等大师和专家通信讨论,交流资料,以自己特有的执著和理解能力,去把握理论的现状,并发掘出适宜自己的课题。

薛定谔的投入很快就得了一系列重要结果:

1921 年,他为了解释碱金属原子光谱线的非整量子数这一当时的难题,提出了外层电子轨道贯穿内层的概念,即用电子间的相互扰动解释次级谱线,获得了成功并为玻尔所采用;

1922 年,他把外尔在推广广义相对论时得出的"一个矢量的模方能像矢量一样经历平行位移"的结论应用于轨道电子,从而发现电子绕核运动中其模方将为一相因子 $\exp(\dfrac{h}{2\pi i})$ 所倍乘,这种类波性质的相因子日后成为他接受德布罗意相波理论的动因之一;

同年,他应用爱因斯坦光量子理论,推导出原子光谱线的相对论性多普勒效应,并立即被认可为对原子理论的重要贡献;

1924 年,他又撰文支持玻尔、克拉默斯和斯莱特提出的 BKS 理论,即用一组虚振子来谐调辐射的波动性质和在康普顿效应等中表现出的粒子性质,即光量子假说在能量和动量的统计意义守恒条件下成立,并具体计算了能量的守恒;等等。

可以看出,薛定谔对量子理论的最新发展已经有了相当深入的了解,并且做出了一些重要的、但尚不系统的研究。事实很快表明,BKS 理论是错误的,这无疑使他很沮丧。量子理论的建立是一项巨大的历史性的事业,需要共同切磋和彼此砥砺的研究集体,而相对孤立的他尽管在进攻这一方向上艰难的阵地战中偶有突破,但却实在是困难重重,几近绝望。他躲进了颜色和色觉理论去休养生息,换换脑筋;他又进入量子统计领域去扬己所长,发挥专业优势;但他并没有放松对原子结构和量子物理的关注和追踪,他在养精蓄锐,积聚力量,他在寻觅着新的突破口,一个利于运用自己的有利条件直插纵深的进军方向。

思想的闪电

L. 德布罗意的相波理论,开创了新的量子力学的进展方向,并成为薛定谔建立波动力学的契机。

德布罗意出身于名门望族，是法国一个显赫贵族世家的后裔。他的祖先曾因战功显赫和政绩斐然而被封为公爵乃至亲王，子孙世袭，他们家族也先后为法国的政坛和军界提供过诸如总理、国会领袖、外交部长、教育部长、驻英大使和高级将领这样的军政大员，但到了他们这一代，德布罗意身为公爵，却和他哥哥莫里斯·德布罗意亲王一起迷上了科学，并以其出色的工作而为法国的理论物理学赢得了巨大的国际声誉。

德布罗意和薛定谔一样，始终对文学、历史和哲学问题感兴趣，他从中学时代起就开始崭露出文学才华，大学时代一开始则主修历史，专攻法学史和中世纪政治史，并于 1910 年获巴黎大学文学学士学位。他把历史研究作为理论工作的基本要求，却不满足于仅局限在历史上，更不满意当时人文科学的研究方法，在他哥哥莫里斯的影响下，他又转向研究数学和物理学，并于 1913 年获理学学士学位。

莫里斯·德布罗意是一位著名的实验物理学家，拥有一个装备优良的私人物理实验室，他对辐射、X 射线衍射等方面的研究工作受到人们广泛赞扬。由于父亲在他十四岁时就去世了，德布罗意以后是由哥哥教育和抚养的，因而哥哥对他的影响很大，他也常去实验室看哥哥做实验，对当时量子理论在物质结构和辐射结构上面临的困境比较了解。尽管第一次世界大战期间，他在埃菲尔铁塔上的军用无线电报站服役而中断了研究，但战争结束后，德布罗意一边在哥哥的实验室工作，一边仍沉迷于困扰他的量子之谜，正如他自己所说，那种爱因斯坦视为一切科技成就的源泉的"神圣的求知欲"，也是他研究工作的动力，与薛定谔一样，他也"好奇和酷嗜猜想"。这是哲人科学家的创造本性。

1923 年美国物理学家 A. 康普顿对他发现的光照射在带电粒子上波长发生改变的这一实验现象（即康普顿效应）作出了有利于爱因斯坦的光量子假说的解释，德布罗意的哥哥则成为康普顿效应的粒子解释的积极支持者，并经常和德布罗意探讨 X 射线的性质，这些讨论使德布罗意"陷入总需要把波的状态与粒子状态结合起来的沉思中"。尽管当时许多著名的物理学家、甚至包括玻尔仍然对光量子假说所要求的光的波动和粒子两重性表示困惑，但具有历史眼光的德布罗意却不仅仅接受了它，而且从中抓住了解开他的量子难题的钥匙，从而举一反三，把波粒二象性概念用于物质结构，在量子力学的概念发展中迈出了突破性的一步。

德布罗意的良好的历史素养，使他熟知光学发展史，他知道早在近百年前，爱尔兰著名的物理学家和数学家 W. 哈密顿就指出了经典力学与几何光学在数学结构上的相似性,并得出与几何光学基本原理——费马原理相对应的哈密顿原理以导出力学的全部基本定理和运动方程;也清楚光学史上粒子说和波动说之争,一度成功的几何光学为波动光学所取代,而作为波动光学在光波波长 $\lambda \rightarrow 0$ 的极限情况下的近似;那么,如果我们接受了光的本性的第三个理论——光量子假说,认为经典理论中其本质是波的光或辐射具有粒子结构,则这种波粒二象性是否也相应的适用于物质粒子,是否能由哈密顿光学-力学相似得出某种与波动光学相应的波动力学,即从物质粒子的波动结构来解释量子理论在物质结构方面的困扰呢?

德布罗意的这一思路逻辑是很清楚的,但由此得出的假设却是十分大胆、甚至是近似疯狂的,特别是对那些墨守成规的经典理论家们而言。试想以爱因斯坦的成就和名气,他提出的光量子假说在有一系列实验支持的情况下,尚难以使光的粒子性为像玻尔这样的革新派领袖人物所信服,更何况德布罗意这样初入物理学殿堂的无名小卒,竟幻想物质粒子会有波动性。

诚然,大胆的假设和猜测作为科学和发现的泉源,其成功率并不高,但德布罗意的这一假设却恰恰揭示了物质的一个根本属性。他先是在1923年秋季的一系列短文,然后在1924年11月底提交的博士论文《量子理论的研究》中,完善了他的这一想法,提出像辐射的量子化一样,原子结构中的频率辐射 $E = h\nu$ 和标志稳定的整数(光学中对应于干涉现象和本征振动的出现)启示我们,物质粒子特别是电子的运动也必然为一频率由 $E = h\nu$ 决定的周期现象所伴随,并且只有通过研究这种周期现象的传导才能了解粒子连续位置的信息。这种周期现象他称之为相波。从量子论的普朗克公式和相对论的质能关系式,得出

$$h\nu_0 = m_0 c^2,$$

但分别考虑相对论运动质量变化效应和运动物体内部时钟变慢效应,得出

$$\nu = \frac{mc^2}{h} = \frac{m_0 c^2}{\sqrt{1 - v^2/c^2}} = \frac{\nu_0}{\sqrt{1 - v^2/c^2}},$$

$$\nu_1 = \nu_0 \sqrt{1 - \frac{v^2}{c^2}}.$$

两种频率的差别正是德布罗意的出发点。他引入频率为 ν、相速度 $u = \dfrac{c}{p}$

$=\dfrac{c^2}{v}$ 的假想波，证明如果起始条件为这种波和运动物体内部的振动 $\sin 2\pi\nu_1 t$ 同相，"这种相的和谐将保持下去。"这个结果说明"任何运动物体都由一个波所伴随，不可能把物体的运动和波的传播拆散。"他还由哈密顿定理和费马定理的等价证明，来说明粒子和波都能用于描述物体运动，进一步证明相波假设，并指出"关于自由粒子的新的动力学和旧的动力学之间的关系，完全同波动光学和几何学之间的关系一样。"德布罗意的相波理论使玻尔的定态假设很自然地得到解释：只有轨道周长为相波长整数倍的轨道才是稳定的；它突破了经典的物质概念，提出物质粒子也具有波动性质，并预言电子束穿过小孔时会像光一样具有衍射现象，其波长为

$$\lambda = \frac{h}{p},$$

即著名的德布罗意关系式。这一关系式于 1927 年为 C. J. 戴维孙和 G. P. 汤姆孙的电子衍射实验所证实，两人因而获 1937 年诺贝尔物理学奖，而德布罗意则于 1929 年因"发现电子的波动性"而获诺贝尔物理学奖。

通向成功之路

德布罗意的思想像一道闪电，划过了乌云翻滚、孕育着惊雷的物理学天空。它所揭示的粒子的波粒二象性，开拓了量子力学的崭新方向。

然而这一道闪电却并没有引起以哥本哈根、格丁根、慕尼黑为中心的大多数量子物理学家的重视，没有激起他们的灵感和创造性火花，因为传统的物质概念根深蒂固，海森堡等人后来构造的矩阵力学更是从坚持粒子图像和可观察量出发，他们很难放弃自己的基本立场，去接受一个初出茅庐的物理学家设想的如此奇异的相波，而把它看做纯粹的凭空杜撰和数学虚构。

历史再一次显示出爱因斯坦的敏锐的洞察力和惊人的创造性。当法国著名的物理学家，当时任巴黎大学物理学教授的 P. 朗之万收到德布罗意的博士论文，对其中新颖大胆的思想拿不定主意，而向老朋友爱因斯坦征求意见时，爱因斯坦立刻认识到这一工作的重要性。爱因斯坦的基本哲学信念是唯理论，这使他坚信并毕生追求各种自然现象的内在统一性。而按自然界的对称性，粒子的波动性恰恰是他揭示的辐射的粒子性的逻

辑对应。他在给朗之万的回信中称赞："德布罗意的工作给我留下了深刻的印象，一幅巨大帷幕的一角卷起来了。"又写信给身在格丁根的玻恩，建议他读一读这篇别具一格的论文，并且马上把德布罗意的思想应用到自己关于理想气体的量子统计研究中，在 1925 年 2 月发表的《单原子理想气体的量子理论》的第二篇论文中引用了它，认为这种相波理论"包含了比仅仅是相似关系更多的东西。"爱因斯坦的推荐和引用，强化了德布罗意工作的现实意义，并使这稍纵即逝的思想的闪电成为引爆薛定谔积蓄已久的能量和创造性的导火索。

薛定谔无疑具备较多的吸收和发展德布罗意思想的有利条件，这既包括在思想倾向上的志趣相投，也包括在知识文化背景上的异曲同工。他们都酷好猜想，坚持自然的可理解性，热衷于科学中的哲学问题，面对量子之谜，都不满于玻尔理论的不一贯性和量子跃迁概念，试图从整体框架上取而代之：德布罗意把量子化条件处理为"相波的谐振"，薛定谔则从他所熟悉的连续介质力学中借来兵器，认为能级应作为"本征值问题"而由一般原理中自然导出；他们都有广泛的知识背景，追求理论的统一，主张以相对论和量子论的结合作为新的原子力学的出发点，并对哈密顿相似非常熟悉，其中薛定谔在 1918—1922 年间写下的三本《张量分析力学》中，就有专门一节论"光学相似：惠更斯原理和哈密顿偏微分方程"。

但具备了条件，并不就代表把握了机会，薛定谔一开始并没能细致研究和很快接受德布罗意的理论，并将它用之于原子动力学。正如我们所说过的，为了躲避对量子之谜苦思不得其解的困境，薛定谔先是跑到颜色视觉理论领域中去换换脑筋，然后又埋头于量子气体理论，并就此于 1925 年先后发表了"关于理想气体熵的统计定义的评论"和"单原子理想气体的能级"两篇文章，而正是在关于理想气体的量子统计研究中，他读到了爱因斯坦对德布罗意思想的推荐。

爱因斯坦的推荐，引起了薛定谔对德布罗意工作的注意，紧接着他的苏黎世同事们又给了他新的动力。德拜等人也注意到了德布罗意的工作，却感到无法理解它，因而要求薛定谔在他们定期举行的研讨会上作一次关于德布罗意工作的讲演，这更促使薛定谔去认真研读德布罗意的论文。

蓄之既久，其发必速。薛定谔于 1925 年 11 月 3 日致信爱因斯坦："几天前我以极大的兴趣阅读了德布罗意的天才论文，最终掌握了它；借助于它，您的第二篇论文简介的工作对我也首次成为完全清楚的了。德布罗意对量子规则的解释在我看来以某种方式与我在 1922 年 12 月 23 日的《物理学期刊》上的短文有关，短文中表明了外尔的'规范因子' $e^{-\int \phi i dn_i}$ 沿每个准周期值得注意的性质。依我所见数学情形是相同的，不过我的更为形式化，不够优雅，没表明真正的一般性。显然德布罗意在他庞大理论框架中的考虑总体上比我的单个论述有史大的价值，我起初不知道如何处理这个论述。"由此德布罗意工作至少有两方面引起了薛定谔的重视，一方面它澄清了薛定谔对爱因斯坦量子统计论文中引用德布罗意思想那部分的认识，另一方面它对原子轨道量子化的解释与薛定谔自己几年前发现的玻尔轨道的一个性质相似。正是沿着这两个分离但却平行的研究方向，薛定谔试图进一步应用和发展德布罗意相波理论，并从而走向了他的波动力学。

他先致力于原子理论，在他看来这种相波理论似曾相识，并不陌生，在几年前把玻尔关于广义相对论的工作应用于轨道电子时，他就得出过一个"量子化轨道上单个电子的值得注意的性质，"即电子绕核运动中的一种周期现象，其形式与德布罗意对量子化条件的"相波谐振"解释有惊人相似，因此他觉得发展原子结构的相波理论应当是驾轻就熟，比较顺手的。在同年 11 月 16 日给朗德的信中，他谈到自己正努力构造一种运行波，其折射足以使运行路线与一定能量的玻尔-索末菲轨道相一致，由此来决定这一能级的电子的相波结构。但是这一方法由于轨道很小，曲率太大而使折射的构造面临难以克服的困难。于是他暂时放弃了这种努力，转向相波理论对量子气体理论的应用，于 12 月 15 日完成了第三篇关于这一理论的文章《关于爱因斯坦的气体理论》，其中他舍弃了粒子模型，不是把气体当做单个粒子的集合，而是应用 1910 年德拜推导普朗克辐射定律的方法，用经典统计把气体作为具有特征频率的振动模式的叠加，并首次运用德布罗意相波理论计算每个模式的振动频率，得出与爱因斯坦粒子气体模型相符的结果。

这一成功使薛定谔很受鼓舞，精神大振，他认为这"意味着我们必须认真对待德布罗意-爱因斯坦运动粒子的波动理论，按照这理论粒子不过是波动背景上的一种'波峰'而已"，因而重新回到原子结构理论，但比德布罗意走得更远和更彻底，他对德布罗意思想的发展表现在：

不再把相波作为伴随粒子运行出现的一种周期现象、一种假想的波，而认为这种波是物理上真实的、实在的波，把粒子还原为相波的波包——"物质波理论"；

不再把这种物质波作为原子结构中绕核运行、形成稳态轨道的运行波处理，而看做是为边界条件特征化了的驻波，从而克服了高曲率折射困难——"驻波图像"；

而最为关键的是，由于上述两点进展，薛定谔很自然地立即着手去寻找支配这种实在的波、特别是电子驻波的波动方程，从而踏进了波动力学理论框架的门槛。

云开日出

从相波到物质波（及从行波到驻波）是薛定谔发展德布罗意思想的关键一步。一旦认识到这种波动性质是实在的、甚至是更为基本的，那么去寻求表述这种波的性质和规律的波动方程，从而去解出特定边界条件下的解，以对应于分立能级，从理论上讲对于一个理论物理学家来说就是顺理成章的，而从实践上讲，对于已从教和研究多年并对相关知识相当熟谙的薛定谔来说，也就不是什么难以克服的困难了。

波动方程，以数学语言来表达在空间以特定形式传播或振动的波的性质，给出波函数随空间坐标和时间变化的关系。通过对带有特定的边界条件的波动方程求解，能够深入刻画波的传播规律，认识波的本质。

经典的波动方程，是线性二次偏微分方程即双曲型偏微分方程的一种，其一般形式为

$$\left[\nabla^2 - \frac{1}{v^2} \frac{\partial^2}{\partial t^2} \right] F(r.t) = 0,$$

其中 v 是波速，$F(r.t)$ 是波函数，r 和 t 分别是空间坐标和时间。

显然，薛定谔在用 n 维空间波函数 $\psi(q.t)$ 取代 F 后，只要基于德布罗意关系式和哈密顿光学-力学相似，求出相应的波速 v 后，波动方程就瓜熟蒂落了。进一步，通过建立与原子结构中束缚电子相应的驻波方程，引入边界条件求解方程，就可得出分立的驻波振动模式即分立频率以说明原子的定态能级。

成功在望！薛定谔立即投入了紧张的工作，甚至在欢乐的圣诞假期中也全力以赴，毫不松懈。他首先试图建立相对论性波动方程以解释氢原子光谱。他一贯追求理论的数学美和普遍性，寻求科学的统一，因而力求以量子理论与相对论的结合为构造体系的出发点，何况在量子理论发

展中，索末菲正是用相对论效应解释了氢原子光谱线的精细结构，德布罗意理论也完全是用相对论方法构造的。在圣诞节前，他已得出了氢原子的相对论性波动方程，并在 12 月 27 日给《物理学年鉴》杂志主编 W. 维恩的信中说到"现在我正致力于一种新的原子理论。如果我懂得更多的数学多好！我对这个理论非常乐观，并且希望我能解决它，它将非常美妙。我认为我能以一种比较自然的方式，而不是通过特设性假说，来详细说明一种具有像氢的频率项那样的本征值的振动系统。……我希望我很快能以更详细的和可理解的方式报告这件事。目前我必须学一点数学以便完全解决振动问题——一个类似贝塞尔方程但不那么著名的线性微分方程。"

薛定谔于 1926 年 1 月初，解出了这一相对论性波动方程，但发现结果与索末菲公式不符，得到的量子数中出现了半整数。半整量子数对应于电子的自旋，但自旋概念当时还不为人们所熟知。薛定谔因不能解释半整数的出现而对这一结果十分失望。但"东方不亮西方亮"，他很快发现，若对相对论性方程退而求其非相对论性近似，得出的解与非相对论近似的观察相一致。这使他一跃而起，奋笔疾书，从 1 月 26 日起，在颇负盛名的一流德国杂志《物理学年鉴》上，以《作为本征值问题的量子化》为题，连续发表四篇论文，建立起非相对论波动力学的理论体系。

在论文 I 中，薛定谔首先用变分原理推导出定态非相对论性波动方程，并求解氢原子的相应方程，得出分立的玻尔能级。这种推导方式反映了他对新的量子理论的一个最根本的要求——从最普遍、最基本的原理出发去构造新的理论框架，去逻辑推演出包括量子化条件在内的假说和实验事实，而哈密顿原理和变分原则，正是经典力学中的普遍原理和构造新动力学方程的基本方法。

论文 I 的成功，标志着薛定谔理想的实现，宣告了波动力学理论框架的建成。因为他是从一个普遍的运动方程中，作为特例求解出氢原子的玻尔能级的，这样求解其他原子能级在很大程度上仅仅成为数学技巧问题。

论文 II 中，薛定谔首先采用哈密顿光学-力学相似重新推导方程。如果说论文 I 中的推导方式是纯粹数学形式上的，那么这后一种推导，其物理意义则更为直观和合乎逻辑，数学处理上也很方便。新的力学形式应运而生以取代经典力学，就像波动光学之取代几何光学一样，是由于体系的波动性质不可忽略，对经典波动方程由德布罗意关系式可纳入薛定谔的波动方程。这种方式使波动力学的建立在理论的逻辑承继和发展上更为顺理成章，也突出了其描述对象的物理特性，因而更有说服力，也更为薛定谔日后所常用。

重新推出方程后，薛定谔在论文Ⅱ中求解了线性谐振子、定轴和自由转动、双原子分子等特例的波动方程，得出了与实验一致的能量本征值。

论文Ⅲ的重点是定态微扰理论。薛定谔在论文Ⅲ的结尾已指出把新理论推广到"直接可解"问题之外的适用性，以及对相近条件可获得近似解。在论文Ⅲ中，他详细说明了与时间无关的微扰理论，特别对简并情况下，微扰使能级分裂、简并部分消除的斯塔克效应作出了解释，计算出的频率和转换强度与实验普遍一致，所采用的方法至今仍为量子力学教科书中奉为经典。这一复杂而成功的计算被认为是"波动力学最早的定量成就"。

论文Ⅳ中，薛定谔导出了更为普遍的、即与时间有关的薛定谔方程

$$\mathrm{i}\,\frac{h}{2\pi}\,\frac{\partial\psi}{\partial t}=-\frac{h^2}{8\pi^2 m}\Delta\psi+U\psi,$$

这就是量子力学的基本方程，反映了微观体系的状态随时间变化的规律。他还提出了含时微扰理论，用以解释色散现象；证明了选择定则；建立了相对论性波动方程；并开始着手系统阐述波动力学的物理解释。

在论文Ⅱ和Ⅲ之间，薛定谔还发表了两篇有关波动力学的论文。在较短的《从微观物理学到宏观物理学的连续转换》一文中，他尝试用一群本征振动代表一个粒子作为其波动力学的物理图像，即认为物理系统的微观本质是波，而其宏观表象——粒子是一群波的叠加。在另一篇《论海森堡、玻恩和约旦的量子力学与薛定谔的量子力学之间的关系》中，他从数学上证明了波动力学与矩阵力学的等价。

正如上一章中所介绍，量子理论的发展三部曲在玻尔理论之后曾一度陷入困境，但突如其来的理论进展一下子就把整个量子史诗推向了高潮，而且在这一乐章中奏出了两种不同的主旋律，因此这两种主旋律能否和谐，就成了当时众所瞩目的中心问题。

矩阵力学和波动力学看上去是两种形式完全不同的理论体系，它们的研究纲领、物理图像和数学方法都完全不同。矩阵力学立足于经验的可观察量，从粒子图像出发，采用处理离散量的矩阵代数方法，构筑起表征可观察量关系的力学体系；而波动力学立足于普遍力学原理，从波动图像出发，采用描述连续量的偏微分方程，去求解自然边界条件下的分立的

本征值；两种理论的创始人一开始都对对方的理论表示不满。

然而，由于这两种理论都获得了各自的成功，如果它们都是对于微观体系的正确描述的话，相互之间必然有某种本质的联系和沟通，正如同同一个人的两套服装尽管风格、面料等方面可能迥然相异，但如果剪裁得体的话，必然在尺寸、比例上反映出相同的特征。这种本质的联系无疑是深深地隐藏着的，甚至玻尔在苏黎世的讨论班上也一时难以回答。但发现这种联系无疑对薛定谔的新理论又是一次考验。

"解铃还需系铃人"，薛定谔放下了论文Ⅲ的写作，采用算符表示法和本征函数构造矩阵元的办法，率先证明两种理论的等价，紧接着美国物理学家 C. 埃斯卡特和泡利也先后用不同方法证明了它。

等价证明再一次为波动力学赢得了荣誉，成为量子力学进一步发展的里程碑。一种统一的量子力学建立起来，其中两种表象和方法可以交替使用。但由于薛定谔的波动力学方法从理论上看立足于普遍的力学原理，并建立了普适的基本运动方程，从实践上讲则更为简洁，易于掌握，为物理学家所熟悉，因而易于为人们所接受，一经问世，立即受到广泛赞赏和运用——

柏林大学、慕尼黑大学、哥本哈根大学这些量子物理中心和美国的威斯康星大学、加州理工学院、哥伦比亚大学等地，争相邀请薛定谔前往报告他的波动力学，薛定谔每到一地，都引起一阵轰动：

因为他用经典的方法，用易于理解的概念，解决了矩阵力学中极其复杂难以解决的量子力学问题。

因为他建立了以后用他的名字命名的描述微观体系运动变化规律的量子力学基本运动方程——薛定谔方程。

因为他证明了两种力学体系的等价，从而开辟了统一量子力学体系的道路。

波动力学的创始人一时间成了享誉国际学术界的风云人物和科学明星，他终于收获到了辛勤耕耘十数载后的成功喜悦。

在柏林：两位量子论巨人张开臂膀欢迎着薛定谔，普朗克称自己以"充满兴趣和振奋的心情沉浸在对这篇具有划时代意义的著作的研究中"，"为展现在面前的美而高兴"，认为薛定谔方程"奠定了近代量子力学的基础，就像牛顿、拉格朗日和哈密顿创立的方程在经典力学中所起的作用一样。"爱因斯坦也对薛定谔的成就留下了深刻的印象，说"我相信您以关于量子条件的公式表述取得了决定性的进展，正像我同样相信海森堡-

玻恩的路子出了毛病一样"。

在慕尼黑:薛定谔也受到凯旋般的欢迎,他的学术报告中数学上的巨大成功折服了所有听众,他的波动图景也为以任慕尼黑大学校长的维恩为代表的老一代物理学家所欢迎,以致当海森堡提问,指出它无助于解释普朗克的辐射定律时,竟被维恩堵了回去,让他好好学习,那些问题薛定谔先生自会一一解决,等等。

在哥本哈根:薛定谔以"波动力学的基础"为题向丹麦物理学会发表了演讲,波动力学在数学上的清楚简单,处理量子问题方法上的便捷有效再一次受到普遍欢迎,但他试图用物质波类比于时空中的电磁波来解释量子现象,进而取代量子跃迁的思想则受到玻尔的坚决反对。

在威斯康星,在加利福尼亚,在纽约……薛定谔的美国之行也受到了年轻的美国理论物理学界的热诚欢迎。

波动力学风靡一时,迷住了整个物理学界,薛定谔则意气风发,气宇轩昂,成了凯旋的英雄。

这首先是由于对于所有物理学家来说,他提供了处理量子问题的形式优美巧妙,方法简洁有效的数学形式,以取代计算方法困难复杂的矩阵力学,提供了表述微观客体运动规律的基本方程。时至今日,在量子力学,场论等教科书和实际运用中,使用的也都是他的方法。

这同时也是由于对于许多经典物理学家来说,他似乎"允诺了一个长期受挫折而又不可压抑的愿望的实现",复活了用时空中的连续运动取代新奇怪异、格格不入的量子不连续性概念的希望,即他提出了微观客体的波动图景。

波动图景及其命运,将在下一章介绍。但无论如何,波动力学的建立及其巨大成功,最终确立了为全体物理学家所接受的量子力学理论体系,奠定了理论的发展完善及其具体应用的基础,也把其创始人的光辉名字,永远铭刻在了人类文明发展史的里程碑上。

正如著名的物理学史家 J. 雅默所说:"薛定谔的光辉论文无疑是科学史上最有影响的贡献之一。它深化了我们对原子物理现象的理解,成为用数学求解原子物理、固体物理及某种程度上核物理问题的便利基础,最终打开了新的思路。事实上,非相对论性量子力学以后的发展很大程度上仅仅是薛定谔工作的加工和运用。"

也诚如薛定谔的老朋友、诺贝尔物理学奖得主玻恩所言,"由于量子世纪中大量物理问题中都要用到量子力学基本方程和波函数描述,他的名字是物理学出版物中出现最多的。我们中谁没有把薛定谔方程或薛定谔函数写过无数次呢？大概以后几代人也将这么做，并清晰地记住他的名字。"

五、死猫还是活猫

"忽如一夜春风来,千树万树梨花开。"

波动力学的建立,一扫量子探索中的困惑和阴霾,辟崎岖山道为坦途,筑理论大厦于一统。

波动力学的成功,也开辟了薛定谔研究生涯中的新时代,葬多年的徘徊困扰于既往,扬思想的征帆赴新程。

他没有辜负老父亲的含辛茹苦和愿望,也无愧于恩师们的谆谆教诲和培养,他用自己不间断的努力,作出了青史留名、彪炳千古的业绩,也为自己的无止息的追求,赢得了更广阔的发展空间——

波动力学是他多年孕育的产儿,是他辛勤耕耘的果实,是他以往工作的结晶。

波动力学使他成为一跃而起的明星,一夜之间,天下扬名,奠定了他作为一流理论物理学家的威望。

波动力学也是他进一步工作的出发点:他致力于发展和完善波动力学理论,通过研究相对论性量子力学,即狄拉克电子理论,通过试图在广义相对论提供的时空框架中,用波动力学来描述空间中物质的分布,特别是通过提出一种合乎其初衷的波动力学的物理解释,以取代他所反对的量子跃迁概念。

他在自己的理论探索道路上继续踏踏实实地走下去。

柏林的美妙岁月

波动力学的建立,使薛定谔成为世界闻名的物理学家,而他在柏林所作的学术报告,也给普朗克、爱因斯坦等留下了很好的印象。他对各种知识运用自如的理论功底、处理技术问题得心应手的数学素养、特别是追求在时空中清晰直观地描述物理对象的经典实在论倾向,都令普朗克和爱因斯坦大为赞赏。

普朗克是当时德国科学界的中心人物,在国际物理学界享有崇高的声誉。他不遗余力地致力于发展德国的科学事业,不仅致力于建设和完善各种科研机构和设施,还亲自出面邀请杰出的科学家到柏林工作。早在 1913 年,他就和能斯特亲赴苏黎世,劝说当时任教于苏黎世联邦工业大学的爱因斯坦应聘前往柏林,就任普鲁士科学院院士、柏林大学教授兼威廉皇家物理研究所所长的职位,给爱因斯坦提供了既有权讲课和按自己的选题举行讨论会、又不必参加某些教学活动的工作条件,以便爱因斯坦能自由从事其硕果累累的创造性理论思维;而 14 年后,他又再次向一位工作于苏黎世的成名物理学家——薛定谔发出了热诚的邀请。

普朗克自从 1892 年起就开始担任柏林大学理论物理学教授,作为进入 20 世纪以来德国首屈一指的理论家,他在这一职位上呆了 34 年,直到 1926 年才以 68 岁高龄离任。由谁来接任普朗克的职务,主持这一德国最大的柏林大学的物理系,无疑成为一项为物理学家们所瞩目的极高的荣誉,它要求被提名人作为普朗克的继承人,具有很高的声望、突出的成就和优秀的教学才能。第一人选是一代量子论大师,当时在另一个量子理论研究中心慕尼黑大学任理论物理学教授的索末菲,他既有在早期量子论中提出椭圆轨道、轨道的空间量子化等概念以成功解释光谱线的精细结构和正常塞曼效应,从而发展了玻尔理论的杰出成就,也有培养出以德拜、海森堡、泡利和 H. 贝特等诺贝尔奖得主为代表的一代物理学家的为师经验,德高望重,堪当重任。但他却不愿离开任职已整 20 年的现职和亲手创建的慕尼黑大学理论物理研究所,因而婉言谢绝了这一令人尊敬的提名。恰逢此时,薛定谔以建立波动力学而红极一时,并深受普朗克的赏识,并且他已有在大学执讲理论物理的多年经验,因此柏林大学向薛定谔发出了继任普朗克的教席的邀请。

无疑,这一邀请对于年仅 40 岁的薛定谔来说是个极高的荣誉,极具诱惑力,同时也是对他的才能和自信心的一种挑战。普朗克和索末菲都是他仰慕已久的前辈和权威,柏林在当时享有物理学首都的声誉,而柏林大学更是群贤毕至,人才济济。然而他对苏黎世大学也不无留恋,这儿提供了他走向成功的外部环境,这儿有他熟悉亲切、彼此砥砺切磋的科学集体,苏黎世大学也以优厚的条件,包括兼任联邦工大理论物理教席的双职双薪这种特殊待遇来极力挽留他;因此薛定谔不无犹豫,难作取舍。

最终,还是普朗克的话促使薛定谔作出了决断。普朗克表示,如果薛定谔能成为他的继任者,他将会感到很高兴。这既是莫大的荣耀,更是一种召唤。1927 年，薛定谔举家迁居柏林，就任柏林大学理论物理学教授，并于次年在普朗克的推荐下成为普鲁士科学院院士。在去普朗克家登门拜访时，薛定谔在普朗克家的来客纪念册上留下了一首诗，诗的最后几行，谈到了普朗克这一表示对他的感召：

> 辞藻华丽的信件，
>
> 时间长久的言谈，
>
> 绘成的是粉饰的虚幻。
>
> 而在值得倾心相敬的我们之间，
>
> 话儿简单，
>
> 却宛如指南。
>
> 总之一句话：
>
> "我将很喜欢。"

薛定谔很快就喜欢上了柏林的学术环境。"这里有两所大型高等学府、帝国学校、威廉皇家研究所、天文台、众多工业实验室，使得许多第一流的物理学家聚集在当时的柏林。每周欢聚在一起的讨论会，给人们留下了深刻的印象；在这种集会上讨论当前至关重要的问题，确实是一件十分愉快的事。"在柏林大学，除了普朗克和爱因斯坦外，与薛定谔共事的还有能斯特、劳厄、他的同乡和校友 L. 迈特纳、W. 威斯特伐尔、F. 哈伯和 O. 哈恩这些杰出的物理学家和化学家，其中绝大部分是或将是诺贝尔奖得主。他们每周三聚集在位于国会大厦附近的威廉皇家物理研究所，报告和讨论物理学的最新进展和疑难，这种高层次的探讨和交流使薛定谔精神上得到了极大的愉悦和满足。比之于维也纳和苏黎世，柏林远离了他酷爱前往旅行和登山的阿尔卑斯山区，更加喧嚣和都市化，但这点缺陷却由于学术环境的优越而得到加倍的补偿。如果说在维也纳和苏黎世，他或许会因曲高和寡而感知音难觅，那么在柏林，他则如鱼得水，并感到了逆水行舟，不进则退的压力，周围个个都是科学中的顶尖高手，代表着物理学和化学的最新成就，用一句最贴切最通俗的话来说，在这儿，物理学正在人们的手中进展。

在柏林的年代里，薛定谔与自己素所仰慕并同自己科学和哲学观点相似的普朗克和爱因斯坦建立了亲密的友谊。他和妻子经常出席相距不远的普朗克住宅中举行的家庭舞会，亲身感受到爱因斯坦的这一评价："同普朗克生活在一起——这是一种愉快。"他也常去波茨坦附近滕普林湖畔的卡普特,爱因斯坦在那儿森林茂密的山坡上盖了一幢别墅,两人一起在湖面上泛舟畅游,讨论物理学问题,交换彼此对量子力学解释问题的看法。同时薛定谔那座位于格吕内瓦尔德的住宅中也经常举行"维也纳小灌肠晚会",这很快成为科学家的聚会和交往的中心。"在柏林大学的年代是我一生中最幸福的年代"——他在 1947 年 6 月复信给邀请他重任旧职的洪堡大学数学自然科学系主任时这样写道,他补充说,他仍然感到自己是倾心于柏林大学的,并经常考虑"甚至仅仅作为一个领退休金者返回到那里去的可能性。"

薛定谔以极大的热忱投入了教学工作,他和普朗克、爱因斯坦、能斯特、劳厄、迈特纳等一起,使柏林大学物理系的教学水平达到了前所未有的高度。我国著名核物理学家王淦昌当时正在迈特纳的指导下读研究生,从事 β 衰变能谱研究,也曾听过薛定谔开设的课程,留下了深刻的印象。薛定谔不仅在课堂上循循善诱,也欢迎学生们去他家中探讨物理学问题,显得平易近人,不摆架子。后来成为著名物理学家的 W. 艾尔萨塞回忆起他对薛定谔家的拜访时,提到甚至一位著名的哲学家在访问柏林时,也慕名前往薛定谔家中造访,并在与薛定谔的讨论中不时从皮包里拿出一本又一本书来论证自己的观点,而薛定谔只能偷这位哲学家翻阅书籍的空隙,向坐在角落里的艾尔萨塞使眼色,脸上表现出一种温和的幽默和无奈,似乎是说:瞧瞧一个名人都要承受些什么,我可不能全陷在这些事里。

确实,薛定谔没有让已取得的成就和名望成为自己继续前进的羁绊,而是作为新的起步的起点。在教学之余,他致力于完善和推广波动力学的成果,并努力在研究中把相对论和量子力学这 20 世纪物理学的两大支柱理论统一起来。他在原子理论中发展相对论性波动力学,即狄拉克电子理论,写下了若干论文和五本研究笔记,曾提出过克服负能态困难的方案,在天体物理和宇宙学中则提出在广义相对论的时空框架中,用波动力学来描述空间物质的分布,认为引力波和物质波服从同样的规律。而占据他这一时期的研究精力的另一中心,就是量子力学的诠释问题。

物质是波吗

物理解释是一个成功的物理学理论不可或缺的部分,它常常作为模型来表征人们对于物理实在与时空的性质和结构的认识,成为物理学理论与其描述对象的中介,把理论的数学框架和实验基础连接起来。在经典物理学中,牛顿力学的质点模型——用质点在时空中按力学规律的运动来解释物理现象——是一个成功的范例,而麦克斯韦电磁理论的波动模型——用波在时空中按电磁规律的传播来解释光、电、磁现象则是又一个范例。粒子和波动在经典物理学中,成为两种完全不同并截然对立的物质形式和物理性质。

薛定谔从本质上说,和大多数老一代物理学家一样,是一个传统的物理学家,经典物理学对他的影响是根深蒂固的。尽管他在变革旧概念和构造新体系的物理学革命中发挥了杰出的作用,但他在量子力学的诠释中仍致力于重现经典物理学的理想,试图用经典物理学的方法,用一种时空中的图像化模型来形象直观地理解和解释微观世界。因此,他对于玻尔理论中的量子跃迁等跳跃性变化概念耿耿于怀,因为它们拒斥时空描述,而构造出新的理论消除这些概念,正是他建立波动力学的动力之一。

薛定谔提出的量子力学的物理解释,简言之就是波动图像,或物质波理论,即认为微观物质的本质是波,把量子客体归结为波,用一群波长略有不同的波构成的波包表征粒子,束缚电子是驻波的叠加,从而提供量子现象的时空描述和因果说明。这种波动图景无疑是与传统物质理论的粒子图景大相径庭、尖锐对立的,薛定谔之所以不惜舍弃经典观念而提出它,首先是因为量子跃迁等概念是基于粒子图景出现的,为了保证物理解释的简单性、明晰性和直观性,他不得不丢卒保车,其次则是因为在量子理论的研究中,微观客体的波动性质确实一步步地显露出来:

1922 年,他曾在量子论研究中发现轨道电子的一种类波性质;

1924 年,他积极支持玻尔等人提出的 BKS 理论,即引入一组虚谐振子取代原子来说明光谱的产生;

当然,决定性的进展还是来自于德布罗意相波理论的提出和他的波动力学的建立——

波动力学的成功极大地增强了薛定谔的信心,使他认为有理由相信:波动力学中波函数所描述的是实在的物质波,正如声学所描述的声波,光学所描述的光波和电动力学所描述的电磁波是实在的一样。他在《从微观物理学到宏观物理学的连续转换》一文中,试图表明至少在线性谐振子情况下,一群本征振动能以波包形式取代粒子,而矩阵力学和波动力学的等价证明,又使他能利用作为矩阵力学出发点的电磁辐射来解释波函数的物理意义。他在论文 IV 中用波函数来构造电荷密度和电流密度,从而把原子辐射处理为同时激发的不同振动方式或场的干涉,把量子跃迁用在时空中连续发生的振动方式的转换所取代。

薛定谔认为他终于用物质波解释消弭了他所厌恶的量子跃迁概念,重建了可作时空描述的图像化模型,他曾对此满怀希望和信心。他的这种尝试也曾受到一些老一辈物理学家的赞赏,当他在慕尼黑大学演讲时,维恩就曾在演讲中忍不住站起来称赞:量子跃迁的概念现在显然被合理的东西取代了!薛定谔的解释,代表了当时一批物理学家重建经典表述方法的愿望。

然而,把微观物质纯粹归结为波,忽略其粒子性质,必然面临一系列理论上和实验上的困难,它们集中反映于洛伦兹给薛定谔的信中。洛伦兹是当时国际物理学界的领袖人物,生前担任着历届索尔维国际物理学会议的固定主席,负有对重大发现和贡献作出评价和公断的义务。他在给薛定谔的信中赞扬了波动力学的杰出成就和对揭示微观物质之谜的贡献,指出:“如果我现在必须在你的波动力学和矩阵力学之间作出选择,我宁愿选择前者,因为它更为直观明了,这仅就人们论述的是用三维坐标 X、Y、Z 而言,然而如果有更多的自由度,则我无法从物理上解释波和振动,必须决定支持矩阵力学。”即波动图景的第一个困难是波动力学描述的是 n 维($n > 3$)抽象位形空间中的波,它并非三维空间中的实在波,其物理意义难以解释;洛伦兹接着指出第二个困难是波包在运动中必然扩散而趋于模糊,不适宜表示稳定的单个粒子;第三,电子分解为波包后,无法解释光电效应和热金属电子,也难以重新会聚;第四,用同时激发的振动频率的和与差取代跃迁,即使问题复杂化,又要求比实验显示出的更高能量。

洛伦兹所指出的这些困难,特别是第三、四两点在实验解释上的困难,对薛定谔的波动图景是致命的。而它们在同年十月薛定谔对哥本哈根的学术访问中,被玻尔以更加尖锐的方式再三提了出来。玻尔作为一代量子论宗师,首开原子结构中量子理论的研究,也首倡用量子跃迁概念解释光谱学实验规律,在他和以他为代表的量子理论研究群体看来,量子跃迁概念揭示了原子客体行为的本质特征,是人们在认识量子世界中取得的关键性进展。他不能同意薛定谔用波来取代量子跃迁的企图,更不能容忍在量子领域回到经典描述方法的老路上去。玻尔和薛定谔展开了激烈的争论:

薛定谔力陈量子跃迁概念与经典理论和定律的矛盾,指出它拒绝时空表述和定律支配,而用波动图景则很容易解释并消除矛盾。

玻尔则强调量子跃迁涉及的是微观的间接的客体,当用表达经典的直观的客体的概念加于它们时,必然会显得不充分,但这并不证明量子跃迁不存在,波动图景由此去怀疑量子理论的基础显然是不对的,它无法解释大量关于微观客体的粒子性、突变性的实验。

玻尔的毫不妥协使薛定谔深感失望,他最终不加掩饰地宣称:"如果老是谈论这种量子跃迁,那么我真懊悔为什么要致力于这个理论。"而玻尔却指出:"我们大家人都要感谢你,在数学上你的波动力学比现在形式的量子力学清楚简明,因而是一个巨大的进步。"

这场争论在薛定谔访问期间日夜持续着,甚至当薛定谔累病卧床后也没有停息。正如海森堡所说:"由于当时对量子力学还没有达到真正的理解,双方都不可能提供一个完整而又有力的关于量子力学的诠释。"一时间谁也说服不了谁,但对双方都是有益的和重要的:

薛定谔由此认识到量子跃迁在量子力学,至少是玻尔等人主张的量子力学中的核心地位,并进一步反省出波动图景所面临的不可逾越的困难——试图仅用经典图景(尽管换了一种)而不做概念变革去诠释量子力学体系是不可能的。

玻尔从中也充分把握了薛定谔所极力强调的微观客体的波动特征,并进一步坚定了通过变革经典的概念框架,发展出一种适应量子客体本质特征的一致的、完备的诠释来的信心——他经过几个月的努力,终于提出了著名的"互补原理",成为量子力学正统诠释的核心。

薛定谔提出的波动解释最终没有成功,但它却导引了波动力学的诞生,揭示了微观客体的波动性质,促成了玻尔提出互补原理,在量子力学的概念发展史上起到了重要的作用,并在量子力学的进一步发展和相关哲学讨论中留下了久远的影响。

薛定谔的"猫悖论"

1926 年 6 月,玻恩提出了波函数的概率解释。他依据爱因斯坦把光波振幅解释为光子的概率密度,从而使光波的粒子性成为可理解的这一思路,提出波动力学中的相应振幅、即波函数绝对值的平方应解释为电子

（及其他粒子）的概率密度。这就是说当 $\psi(r \cdot t)$ 描述一个电子的状态，$|\psi|^2$ 即在 t 时 r 地找到这个电子的概率，波函数表述的不是实在的波，而仅仅是一种概率波。他在碰撞问题的研究中成功地应用了这一解释。

1927 年初，海森堡提出了不确定性关系（测不准原理），指出电子不可能有准确的轨迹，即在原子尺度上不可能同时准确地知道电子的位置和动量，这种不确定性由关系式

$$\Delta q \cdot \Delta p \geqslant \frac{h}{2\pi}$$

表示，并由此把云室中的电子径迹解释为实际上取一系列分立的不确定值的电子在运动中产生的水滴图像，从而揭示了量子力学与经典力学的又一本质差异。

紧接着，玻尔提出了互补原理（并协原理），用以系统阐述他对波粒二象性的理解和在量子概念框架中应用经典概念的互补描述思想。粒子和波动是两个理想的经典概念，逻辑上不能同时并存，是互斥的；但仅其中之一又不足以全面描述原子客体引起的量子现象，二者的并合为原子过程的完备描述所必需，因而是互补的。同理，位置和动量、时间和能量、时空描述和因果描述、观察测量和状态确定，这些原本可同时并存的经典概念在量子力学中也成为成对的互补概念：一方面由于量子效应，原子客体与观测仪器间的相互作用不可还原，不可忽略，因而这些概念成为互斥的，其相容性或相关精确度由测不准原理定量表示，玻恩的非决定论概率解释也可由严格的因果性不再成立获取依据；另一方面这些共轭变量的并合却为用经典概念获取全部可能的信息所必需。因此，"互补一词的意义是：一些经典概念的任何确定应用，将排除另一些经典概念的同时应用，而这另一些经典概念在另一种条件下却是阐明现象所同样不可缺少的。"

玻恩的波函数概率解释、海森堡的测不准原理和玻尔的互补原理一起，构成了量子力学的哥本哈根诠释，由于它逐步为大部分物理学家所接受，又称为量子力学的正统诠释。这一诠释的特征是量子性、概率性和波粒二象性，即除了坚持量子现象的量子不连续性，还强调量子规律的概率性、量子客体的波粒二象性作为量子理论的本质特征，并认为量子理论完备地描述了人们通过实验现象得以认识的量子客体。无疑，这一诠释突破了传统的物理学概念框架和世界图景，标志着物理学思想史上的又一次重大革命，一时很难为那些深受经典概念影响并坚信其普适性的物

理学家们所接受。

按照经典物理学理论,物理学现象应当是在时空中连续发生并可描述的;物理学规律应当是严格因果性、可由运动方程作决定论性预言的;物理学客体应当是具有确定的形式和性质、非波即粒子的。哥本哈根诠释所坚持的量子性、概率性和波粒二象性特征,与这些经典的物理学原理和信条是相悖的,因而受到了以爱因斯坦、劳厄、薛定谔、德布罗意等为代表的一批物理学家的反对。薛定谔提出的波动解释,就是试图摆脱波粒二象性困难,重建量子客体的明确图像,并进而对量子过程作出连续的时空描述,而爱因斯坦的反对矛头主要是指向不确定性关系和量子力学的概率解释,这与他的和谐宇宙要处在因果联系中的观念相抵触。

爱因斯坦是 20 世纪物理学革命的旗手。他不仅几乎是单枪匹马建立了狭义相对论和广义相对论,而且在量子领域中首倡光量子理论,提出了光的波粒二象性思想,在光的吸收和发射中引进了概率方法,促成了德布罗意和薛定谔的成功,在量子理论的发展中起到了重要的作用。然而对于爱因斯坦来说,他的最基本的信念,他的全部研究工作的出发点,即坚信"有一个离开知觉主体而独立的外在世界,是一切自然科学的基础,""相信我们的理论构造能够掌握实在",因此他不能同意量子客体的状态和性质依赖于我们的观察认识,不能同意一种完备的物理学理论只能对实在作概率性的描述和预言,并以"我无论如何深信上帝不是在掷骰子"这句名言代表了他的立场,从而揭开了一场震撼 20 世纪的、旷日持久的两位科学巨人之间的大论战的序幕。

1927 年 9 月,玻尔在纪念意大利物理学家伏打逝世一百周年的科莫国际物理学会议上首次正式提出他的互补原理,但爱因斯坦没有出席这次会议。同年 10 月举行的以"电子与光子"为主题的第五届索尔维会议上,玻尔再次阐述了他的互补原理和量子力学的诠释,爱因斯坦则起而反对这以测不准关系和概率解释为核心的量子力学是一种完备的理论。论争的第一阶段集中在理论的逻辑一致性、即内部自洽性上。爱因斯坦首先试图通过设计一系列的理想实验,来找出可以同时精确确定共轭量的范例,以反驳测不准关系,但他提出的单缝衍射实验、双缝干涉实验、直至1930 年第六届索尔维会议上提出的爱因斯坦光盒实验都被玻尔一一解释为支持测不准关系的证据。这使爱因斯坦认可了量子力学理论的内部自洽性,因而论争的第二阶段集中到理论对实在描述的完备性上来。

1935 年 5 月,爱因斯坦和他的两位美国同事 B. 波多尔斯基和 N. 罗森提出了著名的"EPR 悖论",从而把这场论战推向了新的高潮。EPR 悖论以物理学理论的完备性条件和物理实在的实在性判据为基础:

完备性条件:物理实在的每个元素都必须在理论中有它的对应物。

实在性判据:要是对一个体系没有任何干扰,我们能确定地预测(即概率等于 1)一个物理量的值,那么对应于这个物理量,必定存在着一个物理实在的要素。

而按量子力学中的测不准关系,两个共轭物理量不能同时确定。因此,结论是要么(1)量子力学中波函数对实在的描述不完备;要么(2)这两个量不可能同时是实在的。EPR 悖论设计了一个巧妙的理想实验,两个原来耦合的系统在脱离相互作用后,通过对系统 A 的共轭量的两次测量可以确定地预测系统 B 的两个共轭量,因而由实在性判据可得出这两个量同时是实在的,即否定了(2)。按照上述二者择一的推论,由测不准关系,物理实在的这两个元素不能同时在理论中有对应,因此结论只能是肯定(1),即量子力学对实在的描述不完备。

EPR 悖论的论证是比较严谨的,它涉及实在性、完备性、定域性、理论和实在的关系等一系列基本概念,更深刻地揭示了量子力学诠释所牵涉的理论背景和哲学蕴涵,引起了以玻尔为代表的哥本哈根学派的极大重视,并成为量子力学思想史上的分水岭。一方面,玻尔等主流派正是由此发展和完善了整体性的量子力学实在论,测量仪器和微观系统构成一整体,系统 A 和系统 B 构成一整体,因此对 A 的测量不可能不影响到 B 的状态,从而坚持了量子力学中两个共轭物理量不可能同时是实在的这一观点,即肯定了(2)而否定了(1),回答了 EPR 的诘难;另一方面,以后对量子力学的新的挑战,如隐变量理论、贝尔不等式等也都是循这一思路发展起来的。

面对再度掀起的论战高潮,薛定谔自然不甘旁观。作为量子力学的奠基人之一,他仍不满于现有的量子力学的诠释,心中不吐不快;作为与爱因斯坦同声相应、同气相投的老朋友,更当披挂上阵,走上几个回合。尽管此时他与爱因斯坦在英美各一方,远隔大洋,他却一连发表了几篇文章,参加讨论。其中一篇讨论了"分离系统间的概率关系",证明按现行量子力学的正统诠释,被预言的客体被看做是一定时间内测量的结果,因此当依据系统 A 的测量结果对系统 B 的状态作出预言时,系统 A 本身正发生着变化,而无法与由系统 B 的状态反推回来的预言相符。他认为"这个悖论仅当观察不与一定时间相关时才有希望解决,但这将使现行的量子力学解释没有意义。"

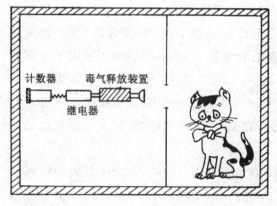

薛定谔在这次论战中最为著称的是他提出的"猫悖论"。这个聪明的理想实验甚至比EPR悖论更生动地抓住了爱因斯坦的批评精神,即揭示不管量子力学对实验的结果的预言如何精确,它对于独立于观察的实在的描述是不能接受的。"为了说明情况,可能构造一个几乎是讽刺的例子。假设一只猫囚禁于包含下述'痛苦装置'的盒子里,猫自己不能操纵这个装置。一个带有很少放射性物质的盖革计数器放在盒子里,这样一小时中或许有一个原子衰变,则计数器反应并通过一个继电器扳动一个小槌,打碎氰化物小瓶。人们让这系统放上一小时后,这猫可能是活着的,如果这中间没有原子衰变,而第一个原子衰变将毒死它。整个系统的 ψ 函数将是这样的形式,活猫和死猫的状态相等地混合在一起。"即按哥本哈根解释,实验终了时的状态为 $\psi = \dfrac{1}{\sqrt{2}}(\psi_A + \psi_D)$,其中 ψ_A 为猫活着的状态,ψ_D 为猫死了的状态,各自概率为 $\left|\dfrac{1}{\sqrt{2}}\right|^2$,$\psi$ 完备地描述了实验终了的状态,猫处于不死不活的中间状态。只是当我们打开盒子观察时,才使"波包编缩"为或死或活的本征态,这样猫的死活就不是原有的实在状态,而为我们打开盒子的行为所产生,这无疑是与人们的实在观念相悖的。

薛定谔的"猫悖论"按照哥本哈根诠释的微观状态的概率描述和状态的确定依赖于观察的思想,通过一个理想实验把微观状态(原子衰变)与宏观状态(猫的死活)联系起来,从而得出猫的死活这样的宏观状态也不确定、有待于我们的观察的结论,而这样的结论显然相悖于我们的日常经验和实在观念,因而说明量子力学对实在的描述不完备。爱因斯坦对这一悖论非常赞赏,在1939年8月9日和1950年12月22日给薛定谔的信中,都称之为揭示了量子力学描述实在的不完备性的最巧妙方法,并提出应当进一步发展完备的描述。而哥本哈根学派对此的回答,则是强调量子力学描述的是客体在仪器上的显现和观察结果,它的完备性体现在所有仪器探测到的现象,所有实验结果都在理论中得到反映。正是在这个意义上,玻恩强调 ψ 函数表示我们关于微观实在的知识容量,而玻尔则认为探索与观察无关而独立存在的东西是不科学的。"猫悖论"再一次突出了爱因斯坦和玻尔在物质认识观上的尖锐对立,前者坚持"不依赖于观察或测量而客观存在的物理实在,它原则上可以用物理的表述方法描述,"把与观察干扰无关的客体看做唯一的实在,而后者则认为谈论不进入认识领域的实在没有意义,量子力学描述的现象是微观客体与宏观仪器相互作用的结果。

哥本哈根学派对"猫悖论"的具体解释有多种,早期有意识假设解释(即猫的状态确定依赖于实验者有意识地观察猫这一行为)和多值世界解释(猫死和猫活都是宇宙中独立的世界)等,而这些都是与人们只有一个确定的真实的世界的常识相悖的,因而强化了"猫悖论"的地位,也更显现出薛定谔这一设计的巧妙和机敏,即他本人所说的恶作剧成分。而后期提出的区分微观状态和宏观状态解释与区分薛定谔方程描述的和测量理论描述的两种物理过程解释则使这一"猫悖论"得到了较好的回答。前一解释指出量子力学描述的微观状态是不确定的,而猫的死活作为宏观状态却是确定的,关键在于原子衰变后计数器的工作使状态确定并放大为宏观态;而后一解释则更抓住了要害,指出微观系统之间的相互作用由状态连续变化的薛定谔方程描述,而微观系统与宏观仪器的相互作用则由状态不连续变化的测量理论描述,其结果不是状态的叠加而是分立,猫的状态或是 ψ_A,或是 ψ_D,至于究竟是哪种,取决于原子是否衰变,即计数器是否工作,因此这一状态不论我们观察与否,都是确定的。

薛定谔提出的"猫悖论",又一次表明了他对量子力学诠释问题的关注,也又一次证实了他反对正统诠释的执著。与爱因斯坦一样,他的这种关注始终如一,也与爱因斯坦一样,他的这种执著使他后来在物理学家中十分孤立。第二次世界大战中止了关于量子力学诠释问题的论战,但当 20 世纪 50 年代初论战再起,D. 玻姆提出"隐变量诠释"时,薛定谔又发表了"波动力学的意义"、"有没有量子跃迁?""基本粒子是什么"、"我们的物质图像"等一系列文章,一方面指出几率解释在量子测量理论中要求双重变化方式,把能量的确定归结于测量、对实验装置难作量子力学描述等困难,另一方面认为"二次量子化"等理论进展和粒子衰变的事实有助于消除波动解释的部分困难,因此试图以一种"并非以往的朴素的波动理论,而是一种以二次量子化和粒子的非个体性为基础的更加精巧的波动理论"来重建量子力学的解释,并作了全面的尝试,爱因斯坦在给他的信中也认为完备的描述不能建立在粒子概念上。但他的努力并没有引起太大的反响,因为现有的量子力学具有很强的逻辑性和实用价值,而波动解释仍然无法克服致命的质量和电荷的发散困难。

薛定谔在量子力学诠释问题上的态度,可以看做一个范式决定人们的信念和思维方式的典型,也可以看出一个科学家对其信念的彻底性和坚定性。但理论上的反对,并不排斥他在实际研究中应用量子跃迁作为简捷的叙述工具,对纯波动解释的向往,也不排斥对波粒二象性的分析阐述。早在 1926 年总结波动力学的论文中,他就在分别强调了波动解释和粒子解释后指出:"当然我们必须认识到物理现象的所有特征相互间的详尽关系,或许仅能为这两个极端的和谐统一所提供。"在 1933 年诺贝尔奖演讲中,他提出微观客体的运动在每点都有双重结构效应,纵向结构为波矢,有类似粒子行为,而横向结构为波,能产生干涉衍射等效应,两者不能同时出现,形象地表现了波粒二象性的机制。1950 年他指出"大量实验数据已使人们相信,波动特性和粒子特性绝不是单独遇到的,而总是统一的;它们形成了同一现象的不同方面,而且确实是所有物理现象的不同方面。这种统一不是松散的和表面的。"1957 年他又强调"粒子图像和波动图像都有真理的价值,我们不能放弃其中的这个或那个,但我们不知道如何综合它们。""一切——真实的一切——都既是粒子又是波场。……甚至被看做分立粒子的核子也产生了干涉图像,但在所有情况下,把这两种特征组合成一个智力图像到今天仍然是主要障碍,以至我们的物质图像变化不定。我们只能说,真实的一切都既是粒子又是波场。"这就是当一个科学家的信念与科学事实发生冲突时应有的态度,也是对微观客体的波粒二象性的恰当描述。

开始流亡

薛定谔是一个典型的书斋里的学者,他只把自己关在学术的象牙塔里,而很少参加社会活动和过问政治上的事情。但不问政治并非不辨政治是非,正如在学术上坚守信念一样,他的人格使他在政治上也有基本的准则,这就是保持人的平等、自由和尊严,保持探讨科学问题所必需的宽松和民主的环境,这对于人的生存和科学的发展像水和生命一样是不可须臾被剥夺的。

1933 年希特勒上台后，开始根据其"一个民族、一个国家、一个政党、一个领袖"的法西斯原则，推行政治、经济和社会文化生活方面的一体化运动，肆意践踏民主，疯狂发展垄断资本和军备生产，实行法西斯奴化教育，残酷迫害不愿屈服和顺从他们的知识分子，尤其是犹太血统的知识分子，整个社会生活、包括学校教育都开始纳粹化。在大学校园和科研机构里，犹太血统的科学家纷纷被勒令停止授课、工作和解雇，爱因斯坦首当其冲，是迫害的目标，他主动辞去了各种职务以示抗议纳粹的暴行，并被普鲁士科学院开除，接着，被爱因斯坦称作"我们的居里夫人"的迈特纳等几十位教师因不属于"纯雅利安人"被剥夺教职，哈伯则被迫辞去了威廉皇家化学研究所的领导职务并于此后不久在流亡国外时死去。仅以柏林大学为例，就有二百多名教员被解职，其中既包括著名的科学家，也包括像 H. 赖辛巴赫这样著名的哲学家和人文学者。

面对着这种赤裸裸的种族歧视、奴化教育和法西斯暴政，薛定谔义愤填膺，无法容忍。当然，凭着他的天主教背景、雅利安血统和作为普朗克继承人的地位，薛定谔并没有受到迫害，职位也还稳固，并没人逼他放弃职位，更不必离开德国，但他自愿这么做了。他不能为自己的私利而苟且偷生，不愿被强迫效忠于这样的政府，不能忍受在这种野蛮制度下工作，也不能不以他所仅能选择的方式来反对纳粹对他的同事的迫害和对人类良知的亵渎，否则在他看来就等于与纳粹同流合污。正如因犹太血统关系而被剥夺了自 1921 年起担任的格丁根大学物理系主任职位和财产而在薛定谔建议下流亡国外的玻恩后来所说："当希特勒上台后，薛定谔由于他的'雅利安人'血统和作为普朗克继承人的地位，完全不需要放弃自己的职位，离开德国。但他却辞职了，也离开了德国。对此我们都很钦佩，因为人到中年还要拔根迁居，侨居异邦，这绝不是一件轻而易举的事，但他却不在乎。人们打扰了他，要他关心政治，他就走了。他的确是不喜欢过问政治，即便以后他的研究成果被悲剧性地卷入一场伟大的政治斗争时也是如此，仅有极少例外。"薛定谔的"在柏林教书和研究的非常美妙的时期"就此结束了。

1933 年 11 月初，薛定谔借口科学休假离开德国，来到英国的牛津大学，在这儿一住就是三年。在抵达后的第五天，他被接纳为玛格达林学院的研究员。紧接着伦敦《泰晤士报》打电话到他住的旅馆，通知他一个令人振奋的好消息，"因为发现原子结构的新的富有成效的形式，"他与狄拉克一起被授予 1933 年诺贝尔物理学奖。他终于摘取了这项世人仰慕的最高科学大奖，他的工作赢得了国际科学界的普遍承认和尊敬。消息传来，不仅他本人非常高兴，奥地利国内的舆论界也欢欣鼓舞，纷纷报道，这不仅仅是他个人的荣誉，也是祖国同胞的荣誉，他为自己的祖国第一次赢得了诺贝尔物理学奖。

同年 12 月 12 日，在斯德哥尔摩，面对瑞典国王古斯塔夫五世和瑞典皇家科学院的全体成员，薛定谔发表了题为"波动力学的基本思想"的获奖演讲，在简略地介绍了自己的传略后，他从光学思想史入手，以哈密顿光学-力学相似思想为契机，分析和论证了用原子核捕获的"电子波"解释原子现象所取得的成功，但也强调波动力学并不完全取代质点力学，而只说明实在的一个方面。他的演讲再次显示出他对思想史的熟识喜爱和他的通俗生动的文学风格，使听众大为折服。

薛定谔在牛津大学受到了高度的尊敬。他主要从事研究工作。正是从这时起，他与当时流亡到剑桥大学的玻恩建立起密切的个人联系，他们经常互相走访，通了大量的信，讨论各种学术问题，并成为终生的好朋友，尽管他们彼此间在量子力学的注释上观点尖锐对立，并不时进行着激烈的争论。然而，薛定谔开始发现自己不适应长期生活于这个具有悠久传统的大学城的学术环境中，对祖国的思念也日益萦绕心怀。另外按玻恩的回忆，"他对清心寡欲的学院生活感到不满。异性是他社交的一个重要部分。当然这是谨慎地悄悄进行的。不止一次他对我开玩笑地说：如果他把自己在这方面的看法以薛定谔式的坦率告诉他的同事，而这个同事却装得像前总理这类大人物一样的一本正经，那他会感到十分尴尬。"

1936 年，薛定谔同时收到来自苏格兰首府的爱丁堡大学和奥地利南方名城的格拉茨大学的邀请。爱丁堡大学也是英国的一流名牌大学，历史悠久，但思乡之情使他接受了朋友蒂林格的劝告，回到祖国，任教于格拉茨大学，而玻恩则去了爱丁堡。两年后，德国吞并了奥地利，薛定谔立即遇到了麻烦，纳粹党徒并没有忘记他从德国的不辞而别，他们认为那是一种不友好的行为。1938 年 9 月 1 日，薛定谔被不加解释地从格拉茨的职位上解雇，他必须再次出走，但这次是为了逃生。幸运的是得益于纳粹的疏忽，他和夫人仍持有自己的护照，他们丢下了房屋、汽车和其他财产，"仅带着一个小小的皮箱"溜过边境，来到意大利，作为教皇科学院成员寻求避难，开始了逃亡生活。

薛定谔在学术界的朋友们对他的困境十分关切，纷纷向他伸出援助之手。其中原都柏林大学数学教授、爱尔兰资深政治家和当时的总理 E. 德·瓦勒拉早在 5 月份就曾去信薛定谔，希望他能前往正在筹建的都柏林高等研究院就职；当薛定谔来到罗马，瓦勒拉又请他前往日内瓦面谈，瓦勒拉本人正在这儿担任 1938 年国际联盟会议主席。利用会议间歇，他们商讨了筹建研究院和提高爱尔兰在国际数学界和理论物理界的地位等事宜。但在研究院建立之前，薛定谔还是先返回牛津大学，然后又应布鲁塞尔的弗兰斯克基金会之邀，前往比利时根特大学等处任客座教授。

1939 年 9 月 1 日，法西斯德国突然袭击波兰，第二次世界大战全面爆发。薛定谔作为一个被吞并后的德国流亡者，一夜之间成了敌对国家的侨民，处境不无尴尬。瓦勒拉通过爱尔兰驻大英帝国的高级官员，为他准备了一份安全通行证，使他得以于 10 月 5 日用 24 时内有效的签证取道英国前往都柏林，开始了在那儿长达 17 年的侨居生活，开始了他生命旅途中最后一段富有创造性的征程。

六、生命是什么

第二次世界大战是十分残酷的。德、日、意法西斯隆隆的战争机器，把欧洲，把远东，把整个世界拖入了一场旷古未有、空前规模的血腥厮杀，人类文明经受着血与火的洗礼，正义与邪恶，进步与反动之间展开了一场旷日持久的较量。

战争打破了人们和平安宁的生活，给人民带来了深重的苦难；战争造成了经济建设的停滞倒退，只有服务于战争的军事工业畸形发展；同样战争也使除了效力于军事与战争的科学工作之外的其他研究工作在大部分国家陷于停顿，科学家不是上了前线，就是缺乏基本的工作环境和条件，国际上的交流与合作更成了天方夜谭。

比起大部分同行来，薛定谔无疑是幸运的。爱尔兰在地理位置上，隔圣乔治海峡与大不列颠岛相望，远离战火纷飞的欧洲大陆，在政治上则保持着中立，而没有卷入战争的旋涡。这就使得薛定谔在这场波及欧、亚、非三大洲和太平洋、大西洋、印度洋、北冰洋四大洋的世界大战中得以偏安一隅，寻得一块远离战祸的绿地，继续在相对安稳的环境中从事他所矢志献身的事业，过着一种田园诗般的生活，尽管他同时也不可能不关注着这场人类文明的空前劫难，这场决定着人类前途和命运的殊死战争。

都柏林的田园诗

爱尔兰位于欧洲西部的爱尔兰岛上，东北与英国的北爱尔兰毗邻，东隔爱尔兰海和圣乔治海峡与英格兰相望，北部、西部和南部濒临大西洋。境内既有高原山区，也有美丽的平原、湖泊和河流，属海洋性温带气候，风光秀丽，景色宜人，沿海风光优美，名胜古迹众多，经济以农牧业为主，旅游业也很发达。自古以来，爱尔兰岛为克尔特部落所居住。12 世纪以后，英国势力侵入，1801 年英爱同盟条约规定成立"大不列颠及爱尔兰联合王国"，置于英国统治之下。第一次世界大战末期，爱尔兰民族独立运动高涨,运动的领导人之一便是德·瓦勒拉,终于迫使英国政府于 1921 年 12 月签订英爱条约,爱尔兰南部 26 郡成立"自由邦",享有自治权,北部 6 郡则划归英国,成为"大不列颠及北爱尔兰联合王国"的一部分。1937 年,爱尔兰"自由邦"在德·瓦勒拉领导下成为独立的共和国,但仍留在英联邦内。

独立后的爱尔兰把发展科学教育事业放在重要地位予以优先考虑。德·瓦勒拉首相作为数学家,十分了解理论物理学在发展科学中的基础作用和特殊吸引力,而且"这样的科学分支中不需要精心制作的仪器,需要的仅仅是足够的自由,是头脑、人和论文",这对于百废待兴、资金匮乏的新兴国家来说更为适宜,因此他极力说服和促使爱尔兰议会通过了建立都柏林高等研究院的法令,也极力邀请薛定谔前来主持这个筹划中的研究院,希冀通过薛定谔的威望和知名度,把研究院办成一个具有国际影响的理论物理学中心。

爱尔兰热烈欢迎薛定谔,薛定谔也选择了爱尔兰。他在美丽的岛屿上度过了 17 年田园诗般的侨居生活,和这新兴的国家一起,避开了第二次世界大战的战祸和随之而来的冷战岁月,潜心于他所钟爱的事业而无须他顾,遨游于他所迷恋的王国而无暇分心,执著地追求着人类理解自然和理解自身的古老理想。他后来称这些岁月是"非常非常美好的时光。否则我将永远无法了解和懂得热爱这美丽的爱尔兰岛。倘若我在格拉茨度过这十七年,无法想象能有什么会使我如此高兴。"

1941 年,都柏林高等研究院以举办关于介子的讨论班而正式开学,它分为理论物理学和克尔特人语言学两部分,薛定谔担任理论物理部主任。他的好朋友蒂林格称他的教学职位是"一个学者能为自己想象的最好位置:完全的教授和研究自由而没有任何特别的教学责任。"薛定谔在这儿享有的地位类似于爱因斯坦在普林斯顿高等研究院的地位,在朋友的小圈子中被戏称为"尊贵的神仙殿堂"。高等研究院院址就坐落于都柏林麦瑞恩广场上的前市政厅,广场四周保存着许多完整的 18 世纪乔治式建筑,这些建筑的雕花扇形门楣漆成鲜红、天蓝或淡紫色,大门上装着的黄铜兽头口衔发亮的光环,衬以镂花窗棂和洁白的装饰立柱,显得古色古香,独特典雅,成为这座旅游名城的一景。在苏黎世时期就是薛定谔的研究生并和薛定谔一起来到研究院的海特勒称这些古老的建筑"对安静的工作是非常合适和舒服的"。正如工作于爱尔兰在当时的世界大环境中是闹中取静一样,高等研究院虽处于繁华喧闹的市中心,但也是闹中有静,颇为恬静安逸，周围大片的绿地公园树绿荫浓，满目芳草，泉水清澄，具有浓厚的乡村气息。而从这里步行几分钟，就可以抵达欧洲最古老的大学之一、英女王伊丽莎白一世于 1592 年创立的爱尔兰三一学院、都柏林大学学院、哈密顿曾任主席的爱尔兰皇家学会等，往来方便，有利于薛定谔前往讲学及各种学术合作交流。

高等研究院内学术空气生动、活跃，人员往来形成动态的开放性结构，每年都提供 10 到 15 个名额的奖学金，供世界各地的年轻物理学家来这儿作为期 1—2 年的学术访问和交流进修，他们中的佼佼者还可依据薛定谔与在爱丁堡大学主持物理系的老朋友玻恩的安排，在两地间交换进修，以博采众长，得到更充分更扎实的培训。在这些年轻学者中，包括后来成为著名物理学家的 W. 蒂林格、F. 毛特纳、B. 伯多蒂和来自中国的彭桓武。彭桓武先生 1935 年毕业于清华大学物理系，1937 年任教于昆明云南大学，自 1938 年冬至 1941 年于英国爱丁堡大学理论物理系随玻恩工作，以固体物理方面的论文《电子之量子理论对于金属力学和热学性质的应用》获哲学博士学位。1941 年至 1943 年，他赴爱尔兰都柏林高等研究院做博士后研究学者，与海特勒合作从事介子理论的研究；1943 年至 1945 年，他又回到爱丁堡大学做博士后卡内基研究员，与玻恩合作从事场论方面的研究，以论文《关于量子场论的发散困难和辐射反作用的严格处理》获科学博士学位；1945 年至 1947 年，他又到都柏林高等研究院任教授，继续场论和介子理论方面的研究。之后，他回到祖国，为发展中国的理论物理学，为中国的原子能科学事业和核武器的理论设计，为培养一代优秀的年轻物理学家做出了重大贡献。彭桓武先生曾满怀深情地回忆起他在都柏林高等研究院从事研究和教学的时光与薛定谔留给他的印象和影响，回忆起研究院里自由紧张的研究气氛。这里每年一度的暑期讨论班云集了来自各国的物理学家，特别是薛定谔的好友、分别工作于爱丁堡大学和剑桥大学的玻恩和狄拉克经常参加"这种有趣的和令人兴奋的聚会，原来的数学家、如今的爱尔兰首相也经常出席。"使得讲习班成为战时条件下探讨各种物理问题的颇负盛名的非正式会议。

科学的统一

安定的环境，优越的条件，使薛定谔得以避开战乱的纷扰，潜心于科学研究和理论思维,他的创造性极大地迸发出来。

和晚年的爱因斯坦一样,这个时期薛定谔以特别的热情致力于推广爱因斯坦的引力理论为统一场论,致力于时空结构和宇宙学研究。甚至早在 1940 年,他就试图发明可综合引力、电磁和核三种相互作用的一种统一场论,即"考虑到粒子间的所有力建立起的度规测定场理论"。他顶言了弯曲空间中粒子的创生,讨论了微观世界中时空概念的使用限度,并力图把波动力学应用于宇宙学中,构造膨胀宇宙中的本征振动和波包。这些方面的研究,集中反映在 1950 年和 1956 年先后出版的《时空结构》和《膨胀着的宇宙》这两本书中。同时他也研究非线性电动力学和介子场,继续保持他对量子力学和统计力学的兴趣。他在高等研究院讲课基础上写的《统计热力学》(1946 年)一书,以惊人的明晰和统一的标准方法,论述了统计力学的基本问题及其应用,特别是对那些通常被忽略的重要问题,如能斯特定理和吉布斯佯谬等,作了较详细的讨论。

也正是在这一时期,薛定谔的目光更加开阔和深刻,他的哲学素养和理论物理学本身发展的要求,都使他不再仅局限于纯粹物理学问题的研究,而是进而对物理学的基础,它与其他自然科学的关系,它的历史发展及其对认识论的影响等问题进行探索,作出了可贵的贡献。特别是他为致力于科学的统一而写下的《生命是什么——活细胞的物理学观》(1944年)一书,在当时产生了极大的影响。

科学的统一,是薛定谔毕生的信念和追求。薛定谔是个理性主义者,他坚信自然界是可以理解的,追求对自然界和谐统一的理解,从而导致了对科学统一的信念和追求。同时,作为一个典型的维也纳人,他也和他的许多科学前辈一样,在科学工作中体现了本民族善于吸收汇合不同民族特色的特征,常常能独具慧眼,在不同的科学概念、定律和研究领域间发现联系和找到沟通的桥梁。他的同乡弗洛伊德把医学和心理学的研究方法结合起来,创立了精神分析学;另一同乡 J. 孟德尔则把组合数学方法引入生物学,成为遗传学的创始人;这种跨学科的或多学科交汇处的研究常常成为新理论或新学科的生长点,也体现了现代科学在学科划分日益复杂精细的同时的一种综合的统一的趋势。

薛定谔在建立波动力学的过程中,正是从哈密顿的力学-光学的形式统一获得启发,通过相对论与量子理论的统一推导出波动方程的;量子力学的物理诠释,也要求波动性和粒子性的统一以解释微观客体的波粒二象性。但这一次,他探索科学统一的目光却超越了物理学的界限,投向了涉及人类本身性质的生物学和生命现象，这或许有其家学渊源，与他父亲对生物学的爱好不无关系，或许也与他 20 年前对生理光学的研究不无关系，但主要还是因为生物学本身的发展正酝酿着理论和方法上的重大突破，因为当时的战争环境促使人们更多地去思考生命的价值和本性。

"我们从祖先那儿继承了对于统一的、无所不包的知识的强烈渴望。最高学府这个名称使我们想起了从古到今多少世纪以来，只有普遍性才是唯一地享有盛誉的。可是，最近一百多年来，知识的各种各样的分支在广度上和深度上的展开，却使我们陷入了一种奇异的困难。我们清楚地感到，要把所有已知知识综合成一个统一体，我们现在还只是刚开始获得可靠的资料；可是另一方面，一个人要想充分掌握比一个狭小的专门领域再多一点的知识，也已是几乎不可能的了。

除非我们中间有些人敢于去着手综合这些事实和理论，即使他们有的是第二手的和不完全的知识，而且还要敢于承担使我们成为蠢人的风险，除此之外，我看不到再有摆脱这种困境的其他办法了（否则，我们的真正目的将永远达不到）。"

这些写在"序言"中的话就是薛定谔进入生物学领域探险时的宣言，它也充分体现了他在探寻真理中无所牵挂的真挚和胆略。文中最后提到的"我们的真正目的"就是对世界的本质的统一的理解，正是为了科学的统一，为了人类理解自然的和谐统一的理想，他甘愿放弃已取得的名望，敢于承担被指责为蠢人的风险，尝试对奇妙的生命现象、特别是遗传性状的不变性和新陈代谢等进行新的物理思考，运用物理学的最新成就和方法进行剖析，提出了一些很有价值的见解，这些论述使这本不到 100 页的小书在西方科学界受到了广泛的重视。

第二次世界大战结束期间，许多物理学家面临着职业选择。物理学的发展导致了毁灭性核武器的产生，使无数生灵涂炭，促使他们对自己工作与人类福利的关系重作深刻的反省，同时相对于量子力学迅速发展的激动人心的年代，理论物理学也已进入一个相对平静的时期。在这种时刻，作为量子力学创立人之一的薛定谔提出用热力学和量子力学研究生命的本质，认为新的物理学定律将在这种研究中发现，这无疑对大批渴望自己的工作能够造福于人类而不是用于人类自戕的年轻物理学家有极大的诱惑力，很快吸引他们走进了这个充满希望和生机的新领域，也不啻预告了生物学革命的新时代的黎明。

生命的奥秘

　　1953 年美国生物学家 J. 沃森和英国物理学家 F. 克里克在剑桥大学卡文迪许实验室合作研究，在 W. 威尔金斯的 X 射线衍射资料基础上，建立了遗传物质 DNA（脱氧核糖核酸）的双螺旋结构模型，这是 20 世纪生物科学中最伟大的成就，标志着分子生物学的发端。他们三人因为对"核酸分子结构及其对生物中信息传递的意义"的发现而获 1962 年诺贝尔生物学奖。三人中克里克和威尔金斯在战时都是服务于军事部门的物理学家，战争结束后当他们寻找一个新的研究领域时，正是薛定谔的《生命是什么》一书，使克里克放弃了研究基本粒子的计划，而选择了"原来根本不打算涉猎的生物学"，也使"部分由于原子弹而对物理学失去兴趣"的威尔金斯"为控制生命的高度复杂的分子结构所打动"，而"第一次对生物学产生了浓厚的兴趣。"而三人中年轻得多的沃森则是在芝加哥大学学生物时读了《生命是什么》，感到自己"深深地为发现基因的奥秘所吸引"而投身对它的研究。其他如 1969 年获诺贝尔奖的 S. 卢里亚及 E. 查尔加夫、S. 本泽等著名分子生物学家，都承认曾为《生命是什么》一书所影响。仅此几例，可见《生命是什么》在 20 世纪的生物学革命中的作用确实非同凡响。

　　诚然，薛定谔于生物学并非行家，他所具有的"只是第二手的和不完全的知识"，但如威尔金斯所说，他的著作所以有影响的理由之一，就是他"是作为一个物理学家写作，如果他作为一个正式的大分子化学家来写，或许就不会有同样的功效。"正是从一个有深邃眼光的理论物理学家的角度，他对生命物质和遗传机制等问题发表了精湛见解，开拓了一种新的研究途径。

　　分子生物学的研究目的，是认识生物大分子的结构和功能。正是这些生物大分子的结构决定了它们的性质和在生命过程中的作用。生物体中遗传性状的不变性，说明了基因作为遗传物质在外界无序干扰中的高度稳定性，这用经典统计物理的涨落观念是无法解释的。薛定谔发挥了 M. 德尔布罗克的思想，提出基因大分子是一种由同分异构元素连续组成的非周期晶体，像稳固的晶体结构一样，它的稳定是由于原子间的海特勒-伦敦键的作用。这些元素的排列浓缩了涉及有机体未来发育的精确计划的"遗传密码"，能在很小的空间范围内体现出复杂的决定系统。基因的

"突变实际上是由于基因分子中的量子跃迁所引起的"，"这种变化在于原子的重新排列并导致了一种同分异构的分子"。而比之于原子的平均热能，这种构型变化的阈能之高使这种变化的概率极低 $\left[\dfrac{\tau}{t}=\exp(-\dfrac{W}{KT})\right]$，这种罕见的变化即自发突变，它们成为自然选择的基础。这里，薛定谔率先引入了"遗传密码"的概念，并致力于解释遗传信息的物理基础，成为分子生物学的信息主义学派的先驱之一。

薛定谔承认，他写作《生命是什么》的唯一动机，是揭示"生命物质在服从迄今为止已确立的'物理学定律'的同时，可能涉及迄今还不了解的'物理学的其他定律'。"由热力学第二定律，孤立系统的不可逆过程中的熵值总是趋于增加，系统总是趋于概率增大的无序状态，直至达到热力学平衡。而生命却是物质的有秩序有规律的行为，生命有机体作为宏观系统能保持自身的高度有序状态和不可几状态，避免很快衰退到平衡态，并不断向增加组织性的方向进化。应当怎样解释生命物质的这种功能呢？薛定谔在前人把新陈代谢解释为物质交换和能量交换的基础上，引入了"负熵"概念。他认为"一个生命有机体要活着，唯一的办法就是从环境中不断地汲取负熵。……有机体就是依赖负熵为生的。或者更确切地说，新陈代谢中本质的东西，乃是使有机体成功地消除了当它活着时不得不产生的全部的熵。"他定义负熵 $=K\log(\dfrac{1}{D})$（D 为无序状态的量度），并以动物为例，认为它们正是从极有秩序的食物中汲取秩序维持自身组织的高度有序水平。尽管他的论述不免粗糙，但无疑其中蕴涵着极有价值的开拓性见解。引入负熵概念，指出生命物质具有从外界环境中汲取负熵以维持自身和产生有序事件的自组织能力，薛定谔的这些论述对于后人关于生命系统的研究很有影响。他的同乡、一般系统论的创始人 L. 贝塔朗菲所提出的生命系统论和 1977 年诺贝尔化学奖得主 I. 普里戈金的耗散结构理论都从中获益匪浅。

《生命是什么》的重大意义，并不止于倡导从分子水平探索遗传机制和生命本质，并且引入了"遗传密码"、"信息"、"负熵"等概念来说明一系列生命现象。它的深远意义还在于提出了下面这个重大问题："在一个生命有机体的空间范围内，在空间和时间中发生着的事件，如何用物理学和化学来解释？"以及他力求阐明和确立的初步答案："当前物理学和化学在解释这些事件时明显的无能为力，决不能成为怀疑这些事件可以用物理学和化学解释的理由。"在方法论上,他倡导用物理学和化学的理论、方法和实验手段研究生物学,并且身体力行地率先作出有益的尝试,这正是薛定谔对生物学的主要贡献。

　　量子力学的诞生,标志着微观层次的理论物理学的成熟,它为从分子水平认识生命现象提供了很有帮助的理论工具,而 X 射线衍射等技术为探测生命物质的结构提供了有效的实验手段。引进这些精密科学的概念和方法,将使发展较慢的生物学经历重大的变革,从定性描述转到定量研究,从强调整体转到重视具体机制,从强调生命与非生命的差别转到强调两者之间的同一性,从单科研究转到多学科综合研究,从而实现向现代生物学的转变。而正是在这一转变中,由于薛定谔本人的声望、他提出问题的鲜明性和时机,使他的上述倡导及其尝试给物理学与生物学的结合以极大的推动,成为探索二者统一的先驱,同时促成了分子生物学的诞生,以致日本遗传学家近藤原平说:"给予生物学界以革命的契机的是叫做《生命是什么》的一本小册子。它所起的作用正像《黑奴吁天录》这本书成为奴隶解放的南北战争的契机一样。"

广博的知识

　　在都柏林时期,薛定谔作为资深(superior)教授,还负有一项他胜任的愉快的义务,定期到都柏林三一学院等高等学府发表一系列公开演讲,这也是他的主要科学工作之一。他既是一个著名的科学家,也是一个天生的通俗解释能手,他对陈述自己的思想倾注了大量的精力和辛勤的劳动,言辞中洋溢着艺术天赋,以自己的明晰、智慧和深入浅出的讲解使听众折服,即使是外行也不难理解他所表述的科学和哲学问题。著名的量子论大师索末菲曾把他的演讲誉之为具有一种独特的"薛定谔风格"。他的学生 W. 尤尔格劳则称赞他"处理最复杂最需要的现代物理学概念更像一个艺术家而不是方法论教师","他的惊人的科学解释能力甚至在他的研究领域之外也表现出来"。

　　薛定谔的演讲不仅仅围绕着物理学本身,也涉及物理学进展对其他学科的关系和影响、科学的历史发展的思想渊源、科学应具有的批判精神、研究方法及其与艺术、道德、宗教等的关系、科学的认识论基础等广泛的题目,充分体现了他广博的知识、宽阔的视野和深刻的理性思辨。他的演讲不仅普及着物理知识,光大着科学精神,充满了哲理,其本身也常常就是极有价值的科研成果。例如《生命是什么》就是根据他在三一学院的讲演稿整理出版的,这期间他发表的另外几本书,如《科学与人道主义》(1951年)、《大自然与希腊人》(1954年)、《心与物》(1958年)等也是出于这样的系列演讲。在演讲中,薛定谔能旁征博引从古希腊到当代的哲学大师,也能根据听众的不同采用德、英、法、西班牙四种语言,他的希腊文和拉丁文也很好。薛定谔的外祖母是英国人,在她的影响下,他从小就能流畅地使用英语,并且准确地掌握了英文的风格和智慧。特别是在1933年离开柏林到牛津大学以后,他的绝大部分论文都是用英文写作的。

薛定谔的语言天赋,他运用语言的熟悉和自如程度,在他对文学的爱好中也表现出来。在紧张的科学工作和创造性思维的间歇,他会把古希腊诗人荷马的诗译成英文,或者把法国古代普罗旺斯语的诗歌翻成现代德语,从中获得精神上的享受和满足,并让大脑得到休息。正如他的老朋友玻恩所说,要对薛定谔的广博的知识和充沛的创造力加以概括是很困难的,"他熟悉人类思想和实践的许多领域,他的广博的知识像他的敏锐的思想和创造力一样是惊人的。""我没有能力描绘这位具有多方面才能的杰出人物的形象。他所涉足的许多领域我所知甚少——特别是在文学和诗歌方面。"他爱好经典文学名著,喜欢戏剧艺术,动手尝试过雕塑,而最能代表他在文学艺术方面的修养和创造性的,是他于1949年在西德出版的一本《诗集》,其中编入了他用德文和英文创作的诗歌,以抒情诗为主。这些诗与当时德语诗坛的风格既有相似之处,但又别具一格。无论如何,在近现代科学史上,著名的科学家兼具诗人气质,这本身就是十分独特而稀见的。伟大的科学家和伟大的诗人,他们在创作的冲动上是一样的——他们都是伟大的艺术家。我们或许可以从下面这首诗中领略他的才情和诗品于一斑:

> 葡萄饱含着汁液鲜美而香甜,
> 在那山前,它现出目光深沉的容颜。
> 太阳在八月蔚蓝色的天空里,
> 发热、燃烧着,让冷飕飕的山风消散。
>
> 紫色的果实把红日引到身边:
> 请尝一尝串串的果儿馈赠的香甜。
> 汁液沿太阳的血管缓缓流动,

它蕴藏着给你和他人的欢乐无限。

啊！已临近岁暮，那成熟之年，
夜晚降临了，带来的是凛冽严寒。
云儿在高空飘浮，在那日出之前，
寒霜覆盖着网一般的别致的藤蔓。

七、哲人风范

诚如前述,薛定谔的广博的知识和充沛的创造力是惊人的。在他的专业领域内,他先后发表了五本专著和不下 150 篇论文,其范围几乎覆盖了所有理论物理学前沿,而在专业领域之外,他除了在生物学发展中的重要贡献(《生命是什么》)和文学上的造诣(《诗集》)外,还发表过一系列哲学论著,其内容涉及许多哲学上的重大课题。他确实近乎一位"百科全书"式的学者,尽管随着时代的发展和科学的分化,这样的人物是愈加难以出现了。

然而博学多才并不足以揭示薛定谔人格形象的本质,究其全部研究工作和毕生追求的指向,人们可以发现他是一位哲学家,一位根本意义上的哲学家——智慧的热爱者和追求者。和爱因斯坦、玻尔、海森堡一样,他是本世纪物理学革命中涌现出来的集杰出的科学家和思想家于一身的风云人物。他崇尚理性,热爱科学,富于开拓精神,追求科学的内在和谐统一;他在努力探索自然规律的同时,也瞩目于哲学认识论研究的基本课题,对人类思维过程及其规律作深刻的反思,写下了《科学与人文主义》、《大自然与希腊人》、《科学理论与人》(1957 年)、《心与物》、《我的世界观》(1961 年)和他身后出版的《自然规律是什么——关于自然科学世界观的论文》(1962 年)等哲学论著,折射出他苦苦探寻和追求科学真谛和人生智慧的思维历程。

薛定谔全部哲学探索的核心,是自然与自我的问题,即如何理解自然和自我、自然与自我的关系、自我在自然中的地位等一系列相关问题。这些问题使他殚智竭力,梦魂萦绕,难以解脱,而又愈发追求,终其一生,这种智者的苦恼和追求都伴随着他,他的全部学术工作也可以因此而一言以蔽之:毕生致力于人类对于自然和自身的理解。

薛定谔曾写过这样一首爱情小诗:

> 啊,圣女! 我向你屈下双膝,
> 从你那里,我吸取

人间的气息。

我是你的。

只要你称心如意,

我不惜生命止息。

如果把诗中的"圣女"指作智慧女神,这首诗确也可借以表达薛定谔毕生对她的尊崇,热爱,和矢志不渝的追求。

实在的物质世界

薛定谔始终对哲学抱有浓厚的兴趣,如前所述,这点早在他的学生时代和维也纳工作时期就表现出来。他称斯宾诺莎、叔本华和马赫为自己的哲学导师,并经常与哲学家往来,探讨哲学和人生中的共同话题。在英国逗留期间,他曾多次与著名哲学家和和平战士 B. 罗素相会,他的哲学在一些重要观点上也与罗素有相同之处。

与普朗克和爱因斯坦一样,薛定谔也是一个关于外部世界的实在论者,并坚持人类认识的目的在于获得关于外部世界的真实知识,理解它的本质和规律。他认为问题并不仅仅在于我们能否说明观察现象,而在于例如"实际上自然是否作了跃迁?"他指出外部世界这一概念"虽然合适,但略嫌素朴",倒不如说"实在的物理世界",因为人体本身也属于这个世界。

薛定谔坚持哲学探索对科学研究的意义,认为形而上学、亦即对实在及其本质的哲学思辨是"我们的普遍知识和特殊知识的必不可少的基础。"他指出马赫的"思维经济原理"过于枯燥空泛,它使我们"无法在任何领域推进研究工作,因为真要把形而上学排斥出去,就意味着抽去艺术和科学的灵魂,置它们于裹足不前的境地。"对于思辨的形而上学在科学研究中的作用和局限性,他作了生动的描述:"形象地说,当我们在知识的道路上迈进的时候,我们必须借助形而上学的无形之手引导我们走出迷雾,但同时也必须时刻保持警惕,以防它温柔的诱惑把我们引离正路而坠入深渊。或者换种说法,在探求知识的道路上迈进的大军中,形而上学是一支先遣队,它深入到情况不明的敌方境内布下前哨。我们不能没有这些前哨,但我们也知道这些前哨最容易遭到狙击。再打个比方,形而上学并非知识大厦的一部分,而只是建造大厦不可或缺的脚手架。或许我们甚至可以说形而上学在其发展过程中可以转变为物理学(形而下学)……"

言如其行。薛定谔的哲学思想确实几乎始终贯穿于他的科学探索中,导引着他的成败得失。正是在这个意义上,他的学生埃尔萨塞将他的话与著名军事学家克劳塞维茨"战争是政治的继续"这一名言作为类比,薛定谔曾说过,"科学是哲学的继续,只是手段不同,"并承认这种"自然哲学"式的热情在自己身上延续下来,给以后的生命历程以许多鼓舞。也正是这种哲学精神的体现,薛定谔在量子力学诠释问题的激烈论战中站在了爱因斯坦为代表的少数派一边。爱因斯坦在给他的信中说:"在当代物理学家中(除了劳厄),只有你才了解到人是不能回避'实在'这一前提的——只要人是诚实的话。"薛定谔试图确立波函数的波动图景,用物质波及其叠加来解释微观实在的结构,并提出著名的"猫悖论"来论证客观实在的状态不依赖于我们对它的认识而存在,这些都是追求实在的客观图景的一种努力。尽管"实证主义哲学被用来告诫我们不必区分我们能获得的物理客体的知识和它的实际状况,二者是同一的。"但他不同意"我们必须放弃用物理世界真实发生的事情来讨论和思考。""物理学发现本身并没有这个权威,强迫我们结束把物理世界描述为客观实在的习惯。""我们确实渴望物质世界在时空中的完全描述,我们认为远未证明这个目的不能达到。"

显然,实在论思想是薛定谔全部科学哲学的前提,尽管他所坚持的实在概念不乏需要修改和补充之处。正如海森堡所说:"所有哥本哈根学派的反对者有一点是一致的,这就是照他们看来,应当回到经典物理学的实在概念,或者用更普遍的哲学术语来说,回到唯物主义的本体论。"

主体和客体

实在论前提,从本体论角度确认了自然作为认识对象的客观存在,那么从认识论角度看,自然与自我的关系如何呢? 薛定谔提出了两条基本原理:其一,自然的可理解性原理——自我能够理解自然;其二,客观化原理——自我如何理解自然。它们反映了薛定谔科学世界观的特征,也是他的科学方法论的基础。

薛定谔把可理解性(Comprehensibility)定义为"表现自然能被理解的

假说。……它是非迷信、非神灵、非魔力的观点。"他认为这种理性主义的见解是科学的灵魂,正是由此我们把首先提出自然的可理解性的古希腊米利都学派奠基人泰勒斯称为科学史上的第一人,把这种思想的提出看做科学的诞生。自然的可理解性原理是全部科学以至于全部人类认识过程的形而上学基础,是科学始终必须坚持的信条,以致"最令人吃惊的是不得不发明它,必须发明它。"正如爱因斯坦所指出的:"要是不相信我们的理论构造能够掌握实在,要是不相信我们世界的内在和谐,那就根本不可能有科学。这种信念是,并且永远是一切科学创造的根本动力。在我们的一切努力中,在每一次新旧观点之间的戏剧性冲突中,我们都认识到求理解的永恒的欲望,以及对于我们世界的和谐的坚定信念,都随着求理解的障碍的增长而不断地加强。"这种对于自然可理解性的信念和对理解客观实在的追求,正是爱因斯坦和薛定谔不满意于量子力学的哥本哈根解释的主要原因之一。

薛定谔的可理解性原理还隐含着一项他认为至关重要的要求,这就是作为人们对于自然界的理解,任何科学理论和模型都必须具有自然的和明显直观的性质。这种直观性要求实际上构成了经典物理学的一项基本原则,而他所推崇的玻耳兹曼统计力学则是贯彻这种原则的典范。他以这种构造图景和理解自然的经典方式在研究中追求着自己的理想,追求概念的明晰、推理的自然和逻辑的严密,并以此作为理论评价的标准,其优越性和局限性在波动力学的建立和解释中得到了充分的展现。正是这种追求,使他不满意玻尔原子模型中摒弃时空描述,从而在理解链条上留下间断点的量子跃迁,而接受了出现于他所熟悉的易于理解的理论框架中的德布罗意理论,并在自己的第一篇波动力学论文中开宗明义地提出用像振动弦的节点数那样**自然的方式**引入量子化条件中的整数,而在第二篇论文中又改用哈密顿的光学-力学相似的类比手法重建薛定谔方程,使理论更为**直观和合乎逻辑**;也正是这种追求,使他在量子力学的解释中,在正确地坚持实在性要求的同时,仍力求维持物理图景的自然明晰和直观的时空描述,认为"我们确实不能改变我们按时空思考的方式,我们不能以这种方式理解的,我们就根本不能理解,"从而忽略了量子实在的基本特征。

显然,自然的和明显直观的思维方式立足于日常经验和经典物理学,在量子力学的建立和发展中,一方面它具有启发性和助发现作用,另一方面它也有很大的局限性,这是因为微观层次上客体的本性决定了它很难图像化,对它的时空描述也要受海森堡不确定性关系的限制。薛定谔作为物理学观念变革中的过渡性人物,一方面用简洁的类经典方法建立了波动力学,在量子理论的发展中作出了极有价值的突破,另一方面却由于固守感性直观原则,试图建立与宏观宇宙仅有量的差别的微观直观模型,在原子尺度上重返经典理论而未能摆脱旧物理学之窠臼。

薛定谔在对自然与自我问题的理性探索中,并没有满足于把可理解性仅限定于自然。自我既作为认识主体与自然处于对立的统一体中,同时他本身又是对象化自然的一部分,因而生命现象包括人的意识也是可以理解的,这种可理解性的扩散导致了他的科学主义倾向:他在《生命是什么》一书中试图用物理学最新成就辅之以尚未发现的定律来勾画理解生命现象的前景;他在《心与物》一书中把意识解释为人从周围环境中学习的过程,但承认尚无法具体说明感觉的产生机制;他甚至期望并尝试了用科学来解释人的伦理观念——所有这些努力无不打上"自然的和明显直观"的标记。

薛定谔认为从可理解性原理必然引出客观化原理,客观化原理论及自我、亦即认识主体在整个认识过程及其结果中的地位。"科学在试图描述和理解自然界时简化了这个非常复杂的问题。科学家下意识地、几乎是出于无心地简化了理解自然的问题,通过在被构造的图景中漠视或删去他自己、他的人性、认识主体。"自我在感知和认识周围环境时总是把自己从力求解释的自然中排除出去,正是这种主客体形式上的分离和脱耦程序使自我处于外部旁观者的地位,而自然则成为**客观的独立**的世界。这就称之为客观化。客观化过程尽管作为思维习惯是无意识的,但却是逻辑上必需的,它"已成为根深蒂固的习性,是任何构造客观世界图景的尝试中所固有的。"同时思考自我和自然是互斥的,因为它们都必须以感觉为材料;认识主体提供了整个世界图景的舞台,在这个意义上二者是同一的,后者不能再包括产生它的那点,把认识主体再作为这个图景的一部分会产生悖论。"因此我们不属于科学为我们构造的这个客观世界,""在我们的科学世界图景中到处碰不到感觉的、知觉的和思维的自我的原因,能由七个词很容易地回答:因为它就是世界图景本身(Because it is itself that world picture.)。思维自我与整个图景同一,因而前者不能被后者包含作为其中的一部分。""我把从客观世界图景中移出认识主体看做是为了求出令人满意的图景而付出的高昂代价。"正是由于排除了认识主体,我们发现产生于人的感觉和思维的世界图景却是"无色的、冷漠的、缄默的",它产生于主客体相互作用的认识过程中,却难以探索出这种相互作用的结合部,"特别重要的是,这就是为什么科学世界观本身不包含伦理价值、美学价值,不涉及我们自己的最终目的或意图,也不包含上帝(如果你喜欢提及)的原因。"

客观化无疑是人们认识过程中的习见方式与必要阶段,它使认识主体和客体得以形成认识中对立的两极,也使世界图景作为认识结果由于排除了主体而具有客观性。然而任何认识过程都是主体和客体的矛盾统一体,二者必然既互相对立,又不可分割地互相依赖、互相联系,因而绝非截然对立、彼此隔绝的独立实体,主体也绝非置身事外的旁观者。认识的发生和发展,从开始就决定于主客体间的相互作用;认识的最终目的,则是要通过这种相互作用,达到主体与客体的一致。其间客观化有助于使主客体析离以便更好地研究其处于统一体中的运动,同时使世界图景作为阶段性成果而相对稳定并成为进一步认识的基础。但倘若把客观化绝对化,使主客体截然脱耦,那只能意味着认识的终结,也必然面临一系列理论和实践上的难题。

从理论上说,薛定谔自己也已认识到自我和他人的身体都构成客观世界的一部分,这样人作为认识主体兼有主体和客体的二重性,在社会交往中与他人互为主客体,当认识自身时则既是主体又是客体,把客观化绝对化显然无法解释这种主客体间的相互渗透转化。从实践上说,哥本哈根学派在量子力学的发展中提出了这样的认识论命题:因为观察过程中干扰不可避免,因此主客体之间的界限模糊了(或称原则上不可区分)。这就不仅违背客观化原理,甚至进而危及可理解性原理,使薛定谔无论从感情上、理智上都无法接受,但又苦于无法从科学上给予反击。针对这种"主客体间屏障的崩溃"的说法,他首先指出对主客体关系和它们之间区别的真实含义的深刻哲学思考不应依赖于物理学和化学测量的定量结果,处于抽象性最高层次的哲学信念不应为具体的科学结论所动摇,这儿存有被解决问题与应用手段之间的一种不协调;其次,他指出从历史上看,主客体在认识中不可分解地交织在一起的观点并无新意,它几乎和科学本身一样古老,任何知识都会有个人的主观色彩,任何观察行为也都会修饰或濡染客体;最后,为了克服上述理论和实践上的困难,解决认识过程中主客体的统一,他走向了"主客体同一论"。借助罗素的"中立一元论",他认为主客体为同种元素组成,仅仅构造方式不同,并最终认为"主体和客体就是一个东西。主体和客体之间的界限并不因现代物理学的成果而消亡,因为这种界限并不存在。"对于主客体之间的区别,"尽管我们必须在日常生活中'为了实用的关系'承认它,我相信在哲学思维中我们应当抛弃它。它的严格的逻辑推论已为康德所揭示:崇高然而空洞的'自在之物'的观念,关于它我们永远一无所知。"这种在主客体关系问题上从"客观化原理"走向"主客体同一"的探索历程是很能给人以启迪的。

和谐的统一

薛定谔科学工作中总的方法论准则,是对科学的统一和科学美的信念和追求。在认识论上,他坚信自然界是可以理解的,在方法论上,他则追求这种理解的和谐统一。这种信念和追求不仅使他在物理学领域内硕果累累,也是促使他写作《生命是什么》的主要动机,诚如前述,这本小册子为以分子生物学的建立为标志的生物学革命开辟了道路。他甚至还提出过生物学中达尔文理论与拉马克理论的统一,并力图把这种对统一的追求扩展到科学之外,扩展到科学与人类文化生活的其他方面的关系中去。尽管他对统一性的理解不免直观和机械,受限于科学的发展水平,他的统一概念中也常缺乏具体的结构和层次讨论,但他仍借此作出了出色的工作。

正是基于对科学的统一的信念和追求,薛定谔的主要科学方法之一即类比和比拟,并成为他创造性思维的手段。坚信自然界的和谐统一和科学的统一,就应致力于以对已有科学成就的类比作为新的科学发现的契机,尽管这并非严格的逻辑思维方法,但唯其如此,才能在思维的跳跃性创造中起桥梁和触发作用。薛定谔指出:"我们这些现代知识分子不习惯于把一个形象化的比拟当做哲学洞见,我们坚持要有逻辑推演。但与此对照,或许逻辑思维至少可以向我们揭示这点:要通过逻辑思维来掌握现象的基础很可能完全做不到,因为它本身就是现象的一部分,和现象完全扯在一起。既然如此,我们也就不妨问一下,我们是否仅仅因为一个形象化的比拟不能被严格证明,就逼得不能运用它呢?"在科学发现中,逻辑思维仅能使人循它前进有限路程,其后的探索全靠各种助发现方法交叠使用及逐步聚焦,由类比、直觉、灵感等触发思想的创造性跳跃,只有在发现结果的确证、重整和发展中才是逻辑思维大显身手的阶段,演绎仅解决体系的形式和逻辑蕴涵问题。薛定谔不仅在波动力学的建立中成功地运用了哈密顿光学-力学相似,而且在《生命是什么》中也对生命物质和无机界作了广泛的类比,如基因分子与晶体结构、基因中遗传信息与电报中莫尔斯密码、有机体与钟表装置等类比,其中大部分无疑是很有见地和启发作用的。

　　与科学统一的信念相关,薛定谔极为欣赏科学美。他在《大自然与希腊人》中指出了"令今天严肃的科学家为难的惊人事实,毕达哥拉斯学派用他们的偏见和关于美和简单性的先入之见作出了比严肃的伊奥尼亚学派更好的进展,至少在对宇宙结构的理解这方面是这样。"他认为英国著名理论物理学家 A. 爱丁顿所提倡的纯理性主义"出自于对自然界的合理性和简单性的强烈信心,我们将发现他的观点并不孤立。甚至爱因斯坦美妙的引力理论,建立于基本的经验数据之上且为他所预言的新的观察事实所严格证明,也只能被一个对简单性和美的观念具有强烈情感的人所发现。"在《科学、艺术和游戏》一文中他又指出:"我无须提及源自于纯知识的愉快性质;那些经验过它的人会知道它包含了强烈的审美因素,且与那些源自于艺术性意图的工作密切相关。"尽管科学的目的在于揭示宇宙的奥秘,但对真的追求中也不乏对美的向往,这既是因为自然界本身的和谐统一,也因为人们在自己的追求中注入了理想的艺术的自由创造。真与美并行不悖,科学与艺术和谐统一,科学家和艺术家也可兼于一身。狄拉克曾对薛定谔的沉醉于科学美作过很好的概括:"在所有我认识的物理学家中,我觉得他与我本人最相像。我发现自己同薛定谔意见相投要比同其他任何人容易得多。我相信其原因就在于我和薛定谔都极为欣赏数学美,这种对数学美的欣赏曾支配我们的全部工作。这是我们的一种信条,相信描述自然界基本规律的方程都必定有显著的数学美。这对我们像是一种宗教。奉行这种宗教是很有益的,可以把它看成是我们许多成功的基础。"

　　这种对数学美的欣赏,体现为薛定谔科学方法的另一主要特征——数学方法。从早期统计力学的研究到晚年对统一场论的探索,从著名的波动力学论文到《生命是什么》中的尝试,他始终不渝地追逐着数学美。他认为"我们通过一个有机的控制系统,一个对工作机制仅需付出最初支出的经济的努力即可支配事物的最完善的例子,可以在数学分析中找到。数学分析的运用是当代物理学的突出特征。""数学思想的本质是它从物质背景中抽象出数(长度、角度和其他量)并像这样处理它们的关系。实际上这样的过程,即以这种方式得到的关系、模型、公式和几何图形经常意外地应用于不同的物质背景。数学模型突然间使一个领域产生了秩序，而当推导出这模型时并没有打算这么做，甚至绝没有想到。这样的经验给人以深刻印象，并且很容易产生对于数学神秘力量的信仰。'数'似乎是每件事的起因，因为我们在没有提及它的地方意外地发现了它。"这正是数学方法的抽象力量和普适性的反映。他列举了微积分和微分方程对运动的描述为例，并特别强调了数理统计方法的应用，指出它作为现代控制大数系统的重要方法，在现代物理学、天文学和几乎所有公众生活领域的应用已成为时代的突出特征，并被证明为富有成效的全新思想。

科学美，在科学家创造性想象和由此体会到的快感中，在他们对理论的审美价值的评估中，体现着科学与艺术的结合，体现着以自然为对象的真与美的追求的统一。那么科学与伦理道德呢？真与善如何统一呢？

在《纯粹理性批判》的结尾，康德曾作此论断："人类理性之立法（哲学），有两大目标，即自然与自由，因而不仅包含自然法则，且亦包含道德法则，最初在两种不同体系中表现此两者，终极则在唯一之哲学体系中表现之。自然之哲学论究一切所有之事物，道德之哲学则论究一切应有之事物。"这种关于事实知识与道德知识的经典表述既显示出对事实标准和价值标准的区分，也要求每一个哲人去思考如何基于理性的法则去统一二者这一哲学史的中心问题之一。

薛定谔认为科学本身不包含伦理价值，但它有助于理解伦理学。他在客观化原理中提到科学作为人们的世界图景，由于删去了认识主体，失去了感觉性质，因而"科学世界观本身不包含伦理价值、美学价值、我们的终极看法或目的，不包含上帝。""如果个性被同意从中删去，它如何能包含把它自己介绍给人类精神的最崇高的思想呢？"但科学又告诉我们人是习惯性很强的动物，习惯是无意识的，意识仅当环境变化时才产生，它与生命物质的学习过程相联系。这种意识的理论将铺平科学地理解伦理学的道路。在任何时代对任何人，每个严肃的伦理法典都是自我否定的。它总是以禁诫、鞭策的形式出现，要求人们压抑个人的欲望，否定真实的自我，克制自然植根于人体中的自由发展的冲动，其缘由在于我们有意识的生命必须是反对个人的自我的持久斗争。"我们自然的自我、原始的意识和天生的期望显然与我们祖先的遗传物质有精神上的相关，"而我们的种族进化则要求我们不断地改变自己、雕刻自己以适应选择。"我们原始意志的抵抗是已有形状对雕刻凿子的抵抗的精神上的相关。因为我们同时既是凿子又是雕像，既是征服者又是被征服者——这是真正的连续的

'自我征服'。""在所有时代和所有人中,自我征服已成为所有美德的基础。"

　　薛定谔也指出了科学的发展于伦理价值不无冲突,于社会不无弊端。他相信我们应鼓励有才智的行为并开展"个人间有趣的聪明的竞争"以作为积极的选择过程促进大脑进化,但实际生产过程中机械性和愚笨性的增加却使这种选择让位而导致智力器官逐步退化,因此他希望人们能多从事感兴趣的工作,而把烦闷枯燥的例行公事留给机器,即使这要花更多的钱。他还指出在西方,科学的局部发展使精神生活的许多方面被忽略了,好像是生物有机体中单一器官的过度发展妨碍和危害到别的器官的发展一样。

　　可援引科学与宗教的关系为例。薛定谔认为宗教是一种道德力量,许多世纪来受到教会奴役的科学意识到自身的神圣权利和尊严使命,奋起猛攻以往的迫害者,以至于"现在大多数人都没有什么信仰可言,没有什么东西可以追随。他们既不相信上帝也不相信众神,教会对他们只不过是个政党,道德只不过是累赘的教条……一种普遍的返祖现象已经出现,西方人类有堕落到早期发展水平的危险;极端的放荡的利己主义已抬头,咧嘴大笑,它凭着人类原始习惯获得的粗暴力量,正伸手去捞我们船上无人执掌的舵。"把西方社会出现的部分道德沦丧现象全归之于宗教的衰败乃至科学的进展,薛定谔的这种观点显然失之偏颇,这或许与他的宗教上的失落感有关。

　　"科学能给予关于宗教的信息吗?科学研究的成果能有助于获得那些时时困扰着每个人的问题的合理满意的答案吗?"为了摆脱这种科学与宗教的对立及其后果,薛定谔对科学与宗教的关系作了历史的考察。他认为"宗教的主要任务之一,是为了完成人们对生活于其中的世界的不满和为难状况的理解,结束这种来自经验、悬而未决的为难,以增强他生活的信心,增加他对同胞的天然的善行和同情心。"对于整个社会,宗教是科学的一种补充,至少对那些没文化的人。科学与宗教是为同一目标而并行于两条道路上的努力,一条是纯理性的,另一条是心灵上的,二者的分裂分散了人类的精神力量。当回溯到两千多年前的古希腊时,这堵分隔的墙消失了,科学与宗教统一于古希腊哲学中。这是一种人类精神和文化的普遍统一。

　　科学是全部人类文明的一部分,科学家是这种文明中生长起来的社会成员。薛定谔相信,整个文化环境,对于决定科学发展的特定方向和理论评价的具体标准,具有极大的重要性。他在 1932 年 2 月 18 日在就任普鲁士科学院院士时发表的演说"科学是时代的风尚吗"中说道:"我们的文明形成一个有机整体。那些有幸于把生命贡献给科学研究事业的人并不仅仅是植物学家、物理学家或化学家。他们是人,他们是时代的孩子。当科学家进入实验室或登上演讲厅的讲坛时,他并不能摆脱世俗的烦恼……简言之,我们都是文化环境中的成员。""在经验科学中,最重要的事实很少是偶然发现的;更经常的,是新的概念指出了通向它们的道路。形成各门科学背景的概念具有内在的相互联系,并以非常根本的方式和时代的观念相联系。这种相互联系在于这样的简单事实,即不可忽略并正稳步增加的献身于科学的那些人也是分享时代的总的精神世界的人们。这些精神的影响经常可以循踪而至出乎意料的学科。"例如天文学就借助于物理学的概念而摆脱了其僵化的阶段。"所有这些都表明科学是如何依赖于它构成其一部分的那个时代流行的精神框架。当我们自己处于一普遍情形中时,很难发现总体上的相似。由于如此靠近,我们只善于发现那些明显的差别,而不注意相似处。……同样当我们生活于一文化时代中,很难发现那些这个时代的人类活动不同分支的共同特征。""不识庐山真面目,只缘身在此山中。"正是这种文化背景和共同特征,决定着科学的地位和价值。"看来已清楚和自明、但仍需指出的是:由一组专家在一个狭窄领域里取得的孤立知识,其本身没有任何价值,仅当它在与其他知识的综合中才有价值。""专门化并非好事而是不可避免的弊病,这种意识正在普及;而所有专门研究仅在知识的完整总体中才有价值的意识也是这样。"

这样,从科学的统一走向科学与艺术、科学与道德、科学与宗教乃至科学与人类文化知识总体的统一,在这种和谐的追求中薛定谔把他的方法论准则贯彻得十分彻底,也发挥到了极致。

东方的智慧

上述实在论前提、认识论原理和方法论准则都是有关科学哲学的,然而它们并不足以解决薛定谔所关注的终极哲学——自然与自我的关系,也难以回答人类世代对自我的反思:我们是谁?我们来自何处,去往何方?

在薛定谔看来，相对于这种终极哲学，自然科学是中性的，像因果性、概率解释、不确定性关系、互补原理、膨胀宇宙、连续创生这些自然科学的哲学问题"和哲学世界观的关系并不像一般人所想象的那么多"，而排除了认识主体的科学世界观也无助于对人文价值、人生目的和茫茫宇宙中的人类命运的思考。

实在论前提要求确认自然作为认识对象的客观存在，但真正实在的是什么（What）？是我们日常经验到的自然吗？认识论中可理解性原理指出自我可以理解自然，沟通了这二者，但为什么（Why）能理解？这种可理解性植根于什么？客观化原理认为科学图像来自感觉知觉，但怎么样（How）来的？感觉和意识的基础是什么？主客体相互作用的接触点在哪儿（Where）？显然这些前提和原理非但没有解决自然与自我的关系，甚至没有触及对自我的剖析，而恰恰要求以更深层的对自然与自我的思考为依据。

物质世界在个人意识中，但怎么解释这种个人意识在时空中的众多性？每个自我都无法确切了解他人的感觉世界，怎么知道世界对我们是共同的？在永恒的宇宙和短暂的人生的强烈对比中，能意识的自我究竟占据着什么样的地位？这一连串的问题困扰着他，折磨着他，驱使他在无尽的思辨中求索，在矛盾和混沌中追逐，他寻求着宇宙的终极智慧，寻求着人生的感情寄托，寻求着自我在尘世万物中的角色位置；他让自己的思想在抽象思维的辽阔天空中自由翱翔，让自己的批判之剑指向每种似是而非、貌似合理的理论和学说，遍访诸子百家，历经古今西东，终于在古印度吠檀多哲学中发现了他梦寐以求的理想——"梵我不二论（Doctrine of Identity）"。

"梵（Brāhmā）"是永恒的最高实在，它与作为纯意识的"自我（Athmān）"是同一的，最高实在就是纯意识。因此经验的物质世界是不真实的，是幻觉的产物。"不二"即绝对的非二元论哲学，除了"梵"或"自我"，没有任何东西是真实的，有关"自我"的真正知识，即对"自我"的真正性质的某种神秘理解是认识，也是人生的最高目的，这样一种启明即可带来解脱。这就是"不二论"吠檀多的教义。

薛定谔认为"梵我不二论"解决了所有难题。梵即自我，它是唯一的，自我的众多性只是一种幻觉。"'这里无论如何没有众多性。'这是《奥义书》简单的神秘的形而上学教义。"自我就是一切，自我就是世界，就是无限。"世界是我们的感觉、知觉、记忆的构造物，把它看成客观存在是方便的,但它确实不仅仅因为存在而明了。"自我与自然在同一的基础上得以统一,可理解性得以解释,理解自然成为神秘的自我体验的一部分;认识中的主客体在同一的基础上得以统一,"绝没有一个存在的世界和一个被感知的世界之分。主体和客体是一回事。"于是客观化原理因而成立。个人意识都来自最高实在,因而拥有共同的世界,解释了认识的客观性;梵是永恒的,自我也将世世代代无生无灭,不随肉体毁灭,从而填补了人对身后的空虚和恐惧。薛定谔"承认这里并非可逻辑演绎的而是神秘的形而上学,"不能在我们的理智范围内用无矛盾的思想来逻辑地论述,但他认为"以这种方式思索下去,你会突然间悟出吠檀多学派的基本信念是非常有道理的,""它在我们短暂的生命中提供我们以无与伦比的高尚的伦理内容和极深刻的宗教慰藉,""这个真理的意境是一切有道德价值的活动的基础。"他在这种哲学中找到了自己全部思辨、感情和价值观的归宿。

无疑,薛定谔的终极哲学陷入了唯心主义。他对诸般哲学重大问题的苦思不得其解使他最终走向了东方的神秘主义,祈求于"从东方思想的输血"。究其客观原因,是囿于人类智慧发展水平,对意识的具体物质基础及产生机制等问题尚无法清楚说明,而其主观原因则在于他脱离具体的认知实践去追求纯抽象的思辨,这种思辨由于把出现于头脑里的世界图像当做整个世界本身并定域于个人的头脑中,从而产生众多性困难,由于把人通过感觉形成外部世界的意识变成外部世界本身由我们的感觉所组成的问题而难以自拔。

或许薛定谔最终未能走到正确的方向,但他不懈地进行了独特的探索,留下了可贵的足迹,给后来者以深邃的启迪。我们不能简单地把薛定谔的哲学归于唯心主义,也不能单纯从唯心唯物评价一个人的哲学功过。唯物主义的旗号下并非都是真正的哲学家,唯心主义哲学家也未必不伟大。对于一个哲人科学家来说哲学的价值在于使用它,把它作为科学和人生探索的工具。正是就其毕生为探索人类的最高智慧而跋涉这点而言,薛定谔无愧为一个伟大的哲学家、思想家。

八、奥地利的骄傲

薛定谔无疑是辉映 20 世纪物理学夜空的熠熠巨星和流芳人类文明史的科学巨匠，也是真正意义上的、尽管并非职业的然而丝毫不减其伟大的哲学家和思想家。然而薛定谔首先是个普通人，一个在其特有的民族、文化和社会背景中成长起来的普通人。他有着普通人同样的喜怒哀乐、同样摆脱不了的忧愁和烦恼，有着在特有的环境中所塑造起的性格，他的学者风度和哲人气质也是文化背景和个性特征的共同产物。把他作为一个普通人，从文化背景和个性特征的角度去接近他的内心世界，或许能更完整地塑造出他的真实形象。

多色彩的性格

薛定谔的性格是复杂的，很难加以简单的概括。他继承了维也纳人的秉性，古老的奥匈帝国特有的多文化传统和奥地利人保持平衡的生活技巧在薛定谔身上得以折射和积淀，使他既富于批判精神，为寻求真理在争论中其态度之尖锐甚至令人不快，同时又不乏灵活，不排斥必要的暂时的妥协。玻恩称他是"有缺点的，脾气暴躁的，同时也是有魅力的，讨人喜欢的"，而埃尔萨塞却说自己最深的印象是"他的沉静和爱开玩笑，他的强烈的幽默感使他能保持平衡。"显然，他们在各自与薛定谔的不同关系和交往中把握了他性格的不同侧面。

玻恩是薛定谔多年的老朋友和学术上的老对手，特别是两人分别为躲避法西斯的迫害到了剑桥和牛津，再以后到爱丁堡和都柏林后，经常互相走访，通了大量的信，而两人之间深厚的友谊和在量子力学诠释问题上针锋相对的立场构成了"生活上和学术上的既一致又矛盾的'两重性'。"薛定谔在分析科学发展的条件时，曾指出其外部条件是自由的环境，允许学术自由，不存在那种为自身既得利益而反对任何观念变革的祭师阶层，不限制一个学者的发表意见要为某个特权学者所允许，而内部条件则是必须有探索精神,善于好奇并渴望发现,必须有批判精神和怀疑精神,不接受任何仅立足于传统的权威,而要求一切权威都必须受独立的理性的审查,在理性的法庭上证明自身的合法性,不承认任何具体理论的终极性和绝对性。正因为如此,当他在量子力学大论战中与爱因斯坦、普朗克、德布罗意、劳厄等人名列少数派时仍不气虚,不动摇,并继续与玻恩展开那种既粗鲁又亲切、既尖锐又风趣的争论。例如,薛定谔给玻恩的一封信中是这么写的:"马克塞尔,你知道我是爱你的,这一点不会改变。但是我觉得需要彻底地给你洗洗大脑,把你的头伸过来吧。"而下一封信的开场白则是:"谢谢你给我的洗脑以这样富于刺激的长篇回答。"接着又针对玻恩列举了许多赞成哥本哈根学派的量子力学观点的优秀学者的名字以说明这种观点总的来说是可以接受的说法反驳说:"什么时候科学观点是由多数来决定的(你当然可以自己来回答,至少从牛顿以来)?"这种激烈而近乎"粗野"的争论直发展到薛定谔在《英国科学哲学杂志》1952 年第 3 期上发表了"量子跃迁存在吗"的长篇论文对量子力学的正统诠释进行了尖锐的抨击,英国物理学会特邀他与玻恩前往伦敦举行一次公开的学术辩论。然而令人惋惜的是薛定谔恰患重疾未能前往,唇枪舌剑的双雄会成了玻恩一人唱的独角戏,而且即使对发表在同一刊物上的玻恩的论辩,薛定谔也未予置评。他在后来致玻恩的信中解释说:"这一点也不是因为害怕答复你会有损我的尊严,你一定知道英国国会下院的惯用语:'I have nothing to add to what I said'(我已说了我要说的一切)。因此,我不愿再麻烦总编和排字工人他们了。当时的情形就是这样。"除了关于量子力学的论辩,这两位老朋友之间的这些通常总是随便手写而非打字的信件的内容则是用亲切友好语气来交流的消息、看法和对彼此及其家庭的寒暄。

埃尔萨塞则是薛定谔在柏林时期的学生。当时薛定谔尽管在事业上春风得意,如日中天,但在感情和家庭生活中却经历了一度的危机,他的妻子安妮·玛丽娅常常不和他住在一处,即使偶尔在,也是稍事寒暄即回到她自己的房中,因此埃尔萨塞得以与薛定谔作漫无边际的彻夜长谈。在这种接触中,埃尔萨塞感受到薛定谔是一个典型的奥地利人,他深深植根于其民族的文化传统中,感受到他的沉静、幽默和爱开玩笑,他保持平衡的生活技巧和妥协的机敏。然而,埃尔萨塞也"有时瞥见精心藏于他甜蜜文雅的生活背后的痛苦,这是个人悲剧和社会悲剧的结合。他没有子女。这对一个如此酷爱生活的人必定是残酷的。他也经历了哈布斯堡王朝的垮台和两次大战的祸害,看到多少世纪以来构成欧洲基础部分的他的祖国古老奥地利的总崩溃。自从 1500 年前的迁移时代以来,欧洲还没有过这样的社会大变革。在干涉年代里,奥地利曾保卫了欧洲的东南边境以抵抗土耳其人,并建立起欧洲文化的灿烂中心,或许并不完全能与佛罗伦萨或巴黎并驾齐驱,但也并不逊色多少。维也纳成了世界音乐之都,更不用说其他许多文化成就了。""但到 1940 年,每个人都很明白这已到了尽头——历史仍将继续,但古老的奥地利已消失了。"埃尔萨塞的这种感受无疑很大程度上是正确的,生性敏感而又酷爱生活、热爱祖国的薛定谔在这种双重悲剧的折磨下,内心确实承受着很大的痛苦,但他并非"没有子女"。严格地说,他只是没有婚生的子女。浪漫而情意缠绵的薛定谔是一位多情种子,几乎始终陷于恋情的旋涡与纠葛中。即使在 33 岁那年成婚后,他仍然是激情充溢,外遇不断,并且对于每一段情感经历,他都非常投入,为此创作了不少缠绵的情诗,也曾有不止一个非婚生的孩子。如前所述,这些也是他对牛津的气氛感觉不适应的重要原因。这在科学家中或许也是不多见的。但最终,他与其夫人安妮还是白头偕老。在日常生活中薛定谔不拘小节,是个很随便的人,他为人诚挚,不会装腔作势,在学生面前也不摆教授和名流的架子。他非常喜爱登山运动和徒步旅行,当到布鲁塞尔出席物理学界权威聚会的索尔维会议时,在出了车站后,他索性自己用帆布包背上所有行李,徒步走到代表下榻的旅馆,以至于被接待处当做流浪汉而拒之门外,直到他说出为他保留的房间的号码才消除了误会。

在学术工作中薛定谔却不善于与人合作,共同研究。尽管他也常与别人讨论问题,交流思想,欢迎同行的批评,但实际工作却几乎都是单独做的,只有早期的十篇左右的论文是与他人共同署名发表的。同样,尽管他也曾有过像建立起氢分子共价键的量子力学解释的海特勒、伦敦及诸如埃尔萨塞、尤尔格劳这样优秀的学生和助手,但他却不习惯并很少接受学生和他一起工作。他认为科学的公共性质并不能归于与同事或学生的关系。惟其如此,当他的后期观点和工作方向都偏离了当时物理学发展的主流时,也像爱因斯坦的晚年一样有着某种程度的孤独感。

奥地利的骄傲

薛定谔在都柏林度过了整整 17 年的漫长岁月,这也是他生命历程中最长的一段侨居生涯。尽管他在爱尔兰条件优越，环境舒适，生活安定，他却无时无刻不在关注着战火纷飞中的祖国，惦念着法西斯铁蹄蹂躏下的苦难同胞，这种对于祖国铭心刻骨的眷恋之情，表明他始终而且彻底地是一个奥地利人，一个奥地利民族文化和精神养育起来的伟大儿子。

薛定谔对于故乡和祖国的这种思恋之情，在他毕生大部分侨居国外的科学生涯中一再表现出来。薛定谔获得博士学位后留在母校维也纳大学的第二物理研究所工作，第一次世界大战结束后，他分别收到来自母校和德国的布累斯劳、基尔三所大学的正式教授聘书。接替他导师哈泽内尔未竟的事业无疑对他有极大的诱惑力，只是由于当时奥地利大学教授的薪金实在菲薄，无法维持他新婚家庭的开支，他才去了布累斯劳，以后又去了苏黎世大学。到1925年年底前后，即他作出著名的科学发现前夕，收到了来自本国因斯布鲁克大学的教授和理论物理研究所所长的职务聘书。尽管他在苏黎世可称得上诸事顺遂，但仍十分倾心于这一提名。原因之一是因斯布鲁克地处奥国西部边陲，与位于德国南疆的慕尼黑相距很近，正在慕尼黑大学分别就任实验物理教授和理论物理教授，与他交情不浅、十分投机的维恩和索末菲极力怂恿他应聘此职，以便有更多的机会面晤切磋，另一原因即尽管远离维也纳，但毕竟可免他的思乡之愁。然而，奥国教授薪俸上尚无好转的窘境又一次使他好梦未能成真。1933年，当他从纳粹上台后的柏林大学不告而别来到牛津大学任研究员三年之后，他又一次接到分别来自英国名牌的爱丁堡大学和本国的格拉茨大学的聘书，这一次他没再犹豫，毅然返回了祖国，此时离他出国任教之日，已是"故国一十七年前"了。只是由于两年后德国的兼并和纳粹的威胁，才使他逃离了祖国，浪迹天涯，异邦为客，但即便如此，他始终保持着自己的国籍，保持着自己对祖国的一片浓浓的真情。

同样，祖国和人民也没有忘记薛定谔，也始终关怀着曾给他们带来崇高荣誉的这位科学巨匠，一代天骄。第二次世界大战结束后不久，奥地利有关方面就试图说服薛定谔返回家乡，甚至 K. 伦纳总统也于1946年出面劝说，但薛定谔的民族感情使他不愿回到当时按协定仍在苏军占领下的维也纳。在此后的岁月里，他和妻子常去他们酷爱的奥地利蒂罗尔山区游览，他们的满腔乡恋得以溶化在饱览祖国山河秀丽风光的喜悦中。直到1956年，苏、美、英、法四国占领军已全部撤走后，薛定谔才决定返回他朝思暮想的故乡，担任了维也纳大学理论物理学名誉教授的特别职位。尽管他已年届70，到了通常的退休年龄，他仍然又授课一年。此时气喘病和支气管炎已限制了他的创造力,他在这最后的岁月里写下了《或许能量仅可作为统计概念?》的论文和他的哲学自述《我的世界观》的后半部分"什么是实在的?",表明萦绕在他心头的,仍然是量子力学的诠释问题和自然与自我的关系问题。

薛定谔在晚年登上了荣誉的峰巅。他的祖国授予他大量的荣誉以致褒奖和谢忱。他刚回国就获得维也纳城市奖。政府设立了以他的名字命名、由奥地利科学院颁发的奖金,他是第一名获奖者。1957年他又荣获奥地利艺术和科学勋章、联邦德国高级荣誉勋章。他曾写道:"奥地利在各方面都给我以慷慨的款待,这样,我的学术生涯将荣幸地终止在它由之开始的同一个物理学院。"从维也纳起步,在经历了苏黎世、柏林、牛津、都柏林各个成绩斐然的时期后,他满载着荣誉回到了维也纳。他被许多大学授予荣誉学位,并是包括教皇科学院、伦敦皇家学会、普鲁士(后称德国)科学院和奥地利科学院在内的许多科学团体的成员。

1957年,薛定谔幸免于一次危及生命的重病,从此再也没有完全恢复健康。他继续从事着力所能及,不致过于劳累的工作,他的思想仍像过去一样活跃和清晰,但不得不更多地去蒂罗尔山区疗养。甚至直到1960年10月份,他仍在与玻恩通信,仍没有停顿他那无穷尽的探索,至于健康问题,他只对患有严重心脏病的安妮表示担心,却没想到自己却很快一病不起,于1961年1月4日撒手人寰,长眠于他所喜爱的蒂罗尔山区的阿尔巴赫小山村。

斯人已逝,风范长存。

奥地利人民将永远铭记着他。他是奥地利人民的优秀儿子和精神代表,是奥地利的骄傲。1984年9月1日,奥地利政府又设立薛定谔出国奖学金,供35岁以下科研人员去国外有先进水平的科研机构进修和工作1至2年,以利于学习国外先进科技和科技人才的培养和成长。

国际科学界和全世界人民也将永远铭记着他,铭记着他所建立的薛定谔方程和波动力学,铭记着他给人类文明留下的不朽精神财富。1987年8月,来自世界各地的著名科学家和哲学家汇聚维也纳,纪念薛定谔一百周年诞辰,探讨他在科学史上的历史地位和久远影响,并出版了一本文献、资料和图片集,以致永久纪念。

第三编　附录

Part Ⅲ. Appendix

薛定谔的光辉论文无疑是科学史上最有影响的贡献之一。它深化了我们对原子物理现象的理解,成为用数学求解原子物理、固体物理及某种程度上核物理问题的便利基础,最终打开了新的思路。事实上,非相对论性量子力学以后的发展很大程度上仅仅是薛定谔工作的加工和运用。

——J. 雅默

附录 A　波动力学的意义

• Appendix A •

　　我确信,通过薛定谔的关于量子条件的公式表述,已作出了决定性的进展。在这些对量子规则作深刻阐明的新尝试中,我最满意的是薛定谔的表达方式。

——A. 爱因斯坦

在短短几年之内，紧接着 L. 德布罗意有关电子的波动现象的伟大理论发现而来的，一方面是（以干涉图样为根据的）关于德布罗意波的实在性的不可辩驳的实验证明（戴维孙和革末、G. P. 汤姆孙），另一方面是他首创的思想的广泛推广，它波及了物理学和化学的整个领域，并且可以说，它在今天已经占领了该领域的全部阵地了，虽然并不完全是以德布罗意和他的早期追随者所设想的那种方式。

有人对波动现象提出了一种超验的、几乎是心理上的解释，这种解释立即受到绝大多数第一流的理论家的欢呼，把它当做唯一符合于实验的解释，而且，这种解释现在已经成为人人都接受的（只有少数值得注意的人除外）正统教义了。当我们听到这些情况时，德布罗意必定也同我一样地感到震惊和失望。我们的失望是由于下面的原因：我们曾以为，与能级（直到那时都是这样称呼的）在数值上完全相符的波动现象的本征频率给出了对能级的合理理解。我们曾相信，关于从一个能级跳跃式地跃迁到另一个能级的神秘的"突然迸跳的理论"（fit and jerk theory）从此被排除了。可以期望用我们的波动方程来描述任何这种变化，就像描述缓慢的和实际上**可描述的**过程一样，鼓舞这种希望的不是个人对连续描述的偏爱，而只是对这些变化进行任何一种描述的愿望而已。这是一种可悲的需要。产生一列在精细光谱线中所观测到的长 100 厘米以上的相干光波列，它所需要的时间和跃迁的平均间隔相仿。跃迁必定和波列的产生直接相联系。因此，如果一个人不了解跃迁，而只了解"定态"，他就什么也没有了解。因为发射系统时刻不停地忙于发射光波列，发射系统没有时间逗留在人们所宠爱的"定态"上，除了它也许可以逗留在基态上。

概率解释的另一个令人不解的特点曾经是而现在还是在于人们认为**波函数**是以两种完全不同的方式变化的；当没有观测者干扰系统时，人们认为波函数是受波动方程支配的，但是一旦一个观测者做了一次测量，人们就认为波函数变成了观测者所已经测量过的有关算符的**那个**本征值的一个本征函数了。我只知道有过一次胆怯的尝试（J. 冯·诺伊曼在他的著

◀ 奇妙的量子围栏

名的书①中），即想在测量所引入的扰动算符中驱逐出这种"由于测量而引起的变化"，从而使这种变化也唯一地受波动方程控制。但是这个思想没有被继续追踪下去，部分是由于对那些准备囫囵吞枣地接受正统教义的人们讲来似乎没有这种必要，部分是由于很难把冯·诺伊曼的这个思想同正统教义调和起来。因为在许多情况下所谓的变化涉及**超距作用**（actio in distans），如果变化和一个物理实体有关，那么这种超距作用就会同已经牢固地建立起来了的原理相抵触。波函数（它有时被说成只不过是体现了我们的认识而已）的非物理品格甚至更加强烈地为下述事实强调出来：按照正统的观点，由于测量所引起的波函数的变化是依赖于观测者对实验结果的认识的。并且波函数的变化只对于认识了实验结果的观测者才是存在的。如果**你**在场，但是不知道实验的结果，那么，**对你来讲**，即使你对测量前的波函数和所有的测量装置都有最精确的知识，但改变了的波函数仍然像是与你无关的，是不存在的；**对你讲来**，存在的东西充其量不过是一个与测量装置加上受考察系统有关的波函数而已，在这个波函数中，正在认识实验结果的观测者所选取的那个波函数起不了突出的作用。

所以我认为，德布罗意先生过去像我一样不喜欢波动力学的概率解释。但是很快地，并在一个很长的时期内，人们曾不得不放弃反对它，并接受它作为一种方便的、暂时的解答。我将指出若干理由，说明为什么最初深思熟虑出来的办法似乎是虚假的，而且终归是太朴素了。我把这些理由一条条地用数目字标出，以便在后面引用。我所举的例子是具有广泛代表性的。

（Ⅰ）只要粒子、电子或质子等等还被认为是一种永恒不变的、一个个等同的实体，那就不可能在我们的心目中把它描绘为一种波包。因为，通常除了人为地构造的、从而是不相干的例外之外，就不能找到这样一种最终不弥散到不断增长的空间体积中去的波包。

（Ⅱ）氢原子的最初的波动力学模型不是自我一贯的。电子云有效地屏蔽了核电荷对外界的影响，组成一个中性的整体，但这在电子云的内部却是不能成立的。在估算电子云的结构时，它自身所产生的场必须不予考虑，而只考虑原子核的场。

（Ⅲ）假如，不假设辐射振子［空窖（hohlraum）中的本征振动方式］只

---

① 可能是指冯·诺伊曼：《量子力学的数学基础》一书。——译者

能有能量 $nh\nu$，其中 n 为一整数（也许是一个奇整数之半），似乎就不能说明普朗克的辐射公式。既然普朗克辐射公式在所有不遵循经典的均分定律的热力学平衡的情况下都是成立的，我们就被带回到了分立的能量状态，在这些能量状态之间有突然的跃迁，从而也被带回到了概率解释。

（Ⅳ）许多非平衡过程甚至更强烈地暗示"整个量子的转换"，常常被人引用的典型例子是光电效应，这是爱因斯坦在 1905 年提出的光量子假说的主要支柱之一。

所有这一切在 25 年以前就知道了，它打消了"朴素的"波动力学家的种种希望。人们提出了把波函数看做是概率振幅的、现在流行的正统观点，并把它纳入具有令人惊叹的逻辑一贯性的方案之中。让我们首先回顾一下在我们具有当时的知识状况以后的形势。由（Ⅲ）和（Ⅳ）所提出的观点是，我们总可以发现辐射振子、电子和可观测系统的类似组分处在它们的各个能级中的一个能级上面，除了当它们突然地改变到另一个能级并把余额交给某一别的系统或者从某个别的系统得到这份差额的时候；这种观点，我始终认为同上述方案是有明显的矛盾的，不管后者有多么令人惊叹的逻辑一贯性。因为这个方案的金箴（Golden Rule）之一是：任何可观测的东西，当你量度它时，总是发现它是处在它的一个本征值上，但是如果你不量度它时，你就一定不能说它**有**任何值。把精确的能量值赋予所有那些我们甚至做梦也想不到（除非是在一个可怕的噩梦中）去量度其能量的组分，这不仅是无理由的，而且是被这一金箴所严格禁止的。

现在让我们再考察一下今天所处的形势。从那时以来，已经出现了两个新的方面，我认为它们同重新考虑概率解释是很有关系的。这两方面是密切关联的。它们并不是突然出现的。它们的根源十分久远，但它们的意义是逐渐认识到的。

我说的第一个方面指的是这样一种认识，就是曾经被称为粒子的和由于习惯势力今天仍用这类名称来称呼的东西，不管它可能是什么样子，肯定**不是**一个个的可以认为是等同的实体。我已在别处详细地论述了这一点〔英国《努力》（*Endeavor*）第 9 卷，第 35 期，1950 年 7 月；1950 年在《斯密司孙院报告》（*Smithsonian Institution Report*）第 183—196 页中重印；德译文见奥地利的《金字塔》（*Die Pyramide*）1951 年 1 月和 2 月号].[1] 第二点是通常所谓的"二次量子化"的极端重要性。

如果粒子不是永恒不变的实体,从这里开始,那么,在前面标了数目字的四个困难中,(Ⅰ)被消除了。说到(Ⅱ),围绕原子核的德布罗意波的量子化,把我为 n 体问题而设计的 $3n$ 维表象全部融合成为一个具有广泛意义的方案。这不是一个方便的方案,但它在逻辑上是清晰的,并且可以把它这样地构造起来,使得只有**相互**的库仑能才能够进入其中。

说到(Ⅲ)——仍举黑体辐射为例子——情况是这样的。如果辐射被量子化,每个辐射振子(本征振动方式)获得频率或能级 $nh\nu$。这足以得出在一个被巨大的热库包围的空窖中的普朗克辐射公式。我的意思是说,能级方案就足够了,没有必要再假设每个振子**是**处在它的一些能级的一个能级上,因为这从任何观点看来都是不合理的。同样的方案对于一切热力学平衡都成立。在我的《论文集》(*Collected Papers*)(英译本:Blackie and Son,Glasgow,1928 年版)[2]最后一部分中,我实际已作了一个普遍性的证明。我已把一个更好的论述作为附录,加在即将出版的《统计热力学》[3](剑桥大学出版社)的第二版印刷中。

在(Ⅳ)中,我们曾提到很大范围的现象意味着整个量子转换的决定性证明。但是,倘若在整个过程中,哪怕只有一个现象支持波动方面,我也不认为上述大范围现象是整个量子转换的决定性证明。当然,人们必须放弃下述想法,例如把电子设想为在波列中沿着一条神秘的不可知的**路线**而运动的某种东西中的小微粒。人们必须把"对电子的观测"看做是把一个机巧的装置插入德布罗意波列中时所发生的一个事件,这个装置由于它的本性不能不用分立的反应来作出回答,这类装置是:照相乳胶、发光屏、盖革计数器。人们还必须(让我再说一遍)始终如一地坚持波动方面。这包括下述一点在内:那些表示始终控制着波动力学的共振条件的频率和频率差之间的各个方程,**不**可以用普朗克恒量来乘,因此,也不可以把它们解释为某种至少不是永恒不变地存在着的东西中的各个小微粒之间的微观过程的微小能量的均衡。

这种情况要求对流行的解释作出一番修正,这种解释醉心于从一个

---

① 即《基本粒子是什么?》一文,已辑入 E. 薛定谔著:《科学理论和人》这一论文集(纽约,Dover1957 年版)中。——译者

② 即 E. 薛定谔:《波动力学论文集》(*Collected Papers on Wave Mechanics*)。——译者

③ 参见 E. 薛定谔:《统计热力学》(北京,科学出版社,1964 年版)中的《附录:量子力学振幅的正则分布》。——译者

能级到另一个能级的跃迁概率的计算,而不顾下面的事实:波动方程并没有指示这类事情(如果有的话,也只是极少数例外),它只是把每个反应系统导入一个由一些广泛扩展开的能量本征态所构成的状态中。假设系统实际上正好跳进能量本征态之一,它好像是"掷骰子"一样地被挑选出来,这不仅是没有理由的,而且,如前面指出的,在绝大多数情况下甚至和流行的解释相矛盾。如果回到波动理论,这样的不一贯性就可以避免,这个波动理论不是为骰子奇迹所一再取消的那种波动理论,当然也不是以往的朴素的波动理论,而是一种以"二次量子化"和"粒子"的非个体性为基础的更加精巧的波动理论。根源于机巧的装置(由于它们的本质,只能给出分立的、离散的反应),概率面貌不适当地挤进了基本概念的行列,并且飞扬跋扈地对现代理论的基本结构发号施令。

在放弃概率解释的同时,我们必须不再害怕丧失久负声誉的原子论。原子论在(二次量子化的)能级方案中有其相似物,而在任何别的地方就没有了。人们可以相信,这种理论会公平地对待原子论的,用不着掷骰子来帮忙。

在这里指出现在的理论在寻求有限的跃迁概率和有限的表观质量与表观电荷值方面的全盘失败,似乎是一种廉价的论证。显见的反驳会是这样的:先生,你能做得更好吗?让我坦率地承认吧,我不能。然而我仍要求答辩,目前我几乎是单枪匹马地在探索着我的道路,并且和一大群在公认的思想路线上全力以赴的聪明人相对垒。

但是,让我还提醒大家注意人们很少谈到的一点。我曾说概率解释是一种具有令人惊叹的逻辑一贯性的方案。固然,它给我们一组详细的规定,这些规定是很不容易陷入自相矛盾的状况的,根据这些规定,当给定了那些同特定测量装置相联系的波函数和厄米算符以后,就可以计算任意指定的测量所获得的特定结果的概率。但是,当然,抽象的理论不可能说明算符和测量装置之间的这种**联系**。描写测量装置,对于实验家是一项长期而又细致的工作。至于他所推荐的装置是否真正对应于理论家所设立的算符,那是不容易决定的。然而这却是最为重要的事情。因为,一个测量装置在现在比在量子力学出现以前,比我在这里所反对的量子力学的解释出现以前,有着更大得多的意义。它对测量对象有一种物理作用;人们认为这种作用将把测量对象正确无误地压入有关算符的本征态之一。如果这种物理作用不能把测量对象纳入属于由测量得到的值的一个本征态中,那么这种测量在量子力学上就是不可重复的。我不能不感觉到上述联系的不确定性使得完美的、逻辑上一贯的理论方案有点儿失效了。总而言之，理论方案同实际的实验工作的关系和人们打算期望从这个理论方案的基本说明中得到的结果是很不相同的。

进一步讨论这篇文章所提出的要点，可以参看我在不久的将来在《英国科学哲学期刊》上发表的较长的（但同样是非数学的）论文。[1]

（本文是 E. 薛定谔于 1952 年为庆祝法国著名物理学家 L. 德布罗意的六十寿辰而作。原载《L. 德布罗意——物理学家和思想家论文集》，巴黎，Albin Michel，1953 年版，第 16—21 页。——编注）

（范岱年　译）

---

① 指《有没有量子跳跃?》一文，载于《英国科学哲学期刊》(*British Journal for the Philosophy of Science*)1952 年第 3、4 两期。——译者

附录 B　1933 年诺贝尔物理学奖授奖辞

——瑞典皇家科学院诺贝尔物理学奖委员会主席
H. 普雷叶

· *Appendix B* ·

　　我正像一个好奇的儿童听解他久久苦思的谜语那样，聚精会神地详读您的论文，并为在我眼前展现的美而感到高兴。

　　您可以想象，我怀着怎样的兴趣和振奋的心情，沉浸在对这篇具有划时代的著作的研究之中，尽管现在我在这特殊的思维过程中进行得十分缓慢。

——M. 普朗克

陛下,殿下,女士们,先生们:

今年的诺贝尔物理学奖献给新的原子物理学。科学院决定把奖金授予创立和发展现代原子物理学基本思想的海森堡、薛定谔和狄拉克。

1900 年,普朗克首次提出光具有原子性这一思想,后来爱因斯坦更详尽地发展了普朗克提出的理论。人们从不同的途径得出一个信念:物质只能以一份份能量的形式发射或吸收光,这些能量是一个特殊的能量单位的倍数。这个能量单位称为光量子或光子。虽然对于不同颜色的光来说光子的大小是不同的,但是,如果光子的能量除以光线的频率,却总是得到同一个量值,这称为普朗克常量 h。这个常数是一个普适常数,它是现代原子物理学的基础之一。

由于光也被这样地分成一个个原子,似乎所有的现象都可以解释成不同种类的原子之间的相互作用。光原子也有质量,而且可以利用物体碰撞的定律来解释光线入射到物质上时所观察到的效应。

发现光子和光线之间的联系之后没有过几年,又有了关于物质的运动和正在探索的波的传播之间的联系。

大家早就知道,通常是用光线来描述光的传播。光从一种媒质进入另一种媒质时被折射和反射。这种描述是实际情况的一种近似,只有当光的波长与光所通过的物体的尺寸和观察仪器的尺寸相比是无限小时,这种近似才是理想的。实际上,光是以波的形式按照波的传播规律向四面八方传播的。

德布罗意提出了一个寻找光线路径与质点轨迹的相似性的光辉思想。他认为,物质粒子的轨迹也像光线的路径一样,但因为我们的感觉粗糙,只能近似地表示真实。在这里我们是否忽略了波动呢?德布罗意用爱因斯坦的相对论,同样成功地把物质的运动表示成为波的组合,这些波本身的传播速度大于光速。物质是由大量这种波构成的,各个波的传播速度稍有差别,在所考查的一点上各个波的相位也略有差别。这样的波系构成一个波峰,波峰的传播速度与分波的速度完全不同,这个速度叫做群速度。这样的一个波峰表示由波构成或者说与波联系的一个质点,称为波包。德布罗意发现,事实上质点的速度就是物质波的群速度。

◀ 量子混沌

德布罗意的物质波理论后来得到了实验证实。如果一个低速运动的电子碰到晶体表面，它就会像一束入射波那样出现折射和反射现象。

作为德布罗意理论的一个结果，人们只得承认物质是不稳定的，或者说物质会在空间中扩散这样一个结论。事实上，物质波是以不同的速度运动的，因此迟早会分散开，物质会在空间中改变其形状和大小，物质是由不变的粒子构成的图像必须加以修正。

如果用光学仪器把原子或分子因振动而产生的光进行分解，就会得到许多线状光谱或带状光谱。这些光谱的出现是最难以正确解释的物理现象之一。大家早就知道，每一条谱线对应着一种频率的光，频率因谱线出现在彩色光谱的不同位置而异。

正确地解释这些谱线的强度和在光谱上的位置具有重大意义，因为这能使我们深入地了解原子和分子的结构以及它们的相互关系。

1913年玻尔发表了这样的思想：普朗克常量应该是原子内部运动的决定性因素，同时也是光波的发射和吸收的决定性因素。

依照卢瑟福的看法，玻尔假设原子是由带正电的重粒子和带负电的轻粒子（电子）构成的，电子围绕着重粒子在一些闭合的轨道上运行，引力使电子维持在核的周围。电子根据其轨道距离核的远近而有不同的速度和能量。玻尔进一步假设，只有当电子做轨道运动的能量是其旋转频率所对应的光量子的整数倍时，这种轨道才存在。他还假设，如果电子突然从一个轨道跃迁到另一轨道，就会发出光；把跃迁中的能量变化除以普朗克常量，就将得出发射的光的频率。玻尔这样求得的频率对于只有一个电子的氢原子来说是正确的，但是应用到较复杂的原子和某些光学现象时，理论和实际不符。然而，玻尔的假设适用于氢原子这个事实表明，普朗克常量对于原子的光振荡来说是一个决定性因素。另一方面，人们感到经典力学规律应用到原子中的高速运动不可能是正确的，任何想推广和改进玻尔理论的努力都是徒劳的，需要用新的思想解决原子和分子的振荡问题。

1925年，海森堡、薛定谔和狄拉克的工作解决了这个问题，他们的出发点不同，采用的方法也不同。

我先详细地谈谈薛定谔的贡献，因为他的工作与当时原子物理学的发展有比别人的工作更为紧密的联系，尤其因为它是前面提到的德布罗意的物质波理论的结果。

因为电子是传播波的始原，所以薛定谔认为，对于电子的运动来说应当能够找到一个波动方程,就像波动方程决定着光的传播那样,这个方程决定着这些波。人们可以通过解这个波动方程去挑选适合于原子内部运动的振荡。薛定谔还成功地确定了一系列做不同运动的电子的波动方程,只有当系统的能量取普朗克常量所决定的分立值时,这些方程才有确定的解。在玻尔理论中,电子轨道的这些分立能量值是假设的,但在薛定谔理论中,它们完全是由波动方程确定的。薛定谔本人以及后来的其他人曾把波动理论应用到各种光学问题上,包括解释光线和电子之间碰撞时产生的现象,研究原子在电场和磁场中的性质,光线的衍射等等,在这些方面应用薛定谔理论得到的数据和公式,都比以前的理论更与经验相符合。薛定谔的波动方程为处理与光谱有关的问题提供了方便而简单的方法,成为当今物理学家不可缺少的工具。

海森堡发表著名的量子力学比薛定谔理论早一些。海森堡是从完全不同的观点出发的,他考虑问题的角度一开始就很广阔,就是说,他一开始就考虑电子、原子和分子的系统。根据海森堡的理论,人们必须从一些可直接观察的物理量出发,去寻找把这些物理量联系起来的规律。第一个要考虑的物理量应该是原子和分子光谱中谱线的频率和强度。然而,海森堡把这样一个光谱的所有振荡的组合看做是一个系统。为了对这个系统做数学处理,他建立了一些计算符号和规则。在此以前就已明确,原子内部的某些运动在一定程度上是彼此独立的,就像经典力学中的平动和转动有明显的差别一样。应当说,为了解释光谱的特性,必须假设带正电的核和电子有自转。原子和分子的不同种类的运动构成了海森堡量子力学中的不同系统。作为海森堡理论的基本要素,可以提出他所建立的计算规则,即电子位置的坐标和电子速度之间的关系。这个规则把普朗克常量作为决定性的因素引入量子力学的计算。

虽然海森堡理论和薛定谔理论的出发点不同,而且是通过不同的思维过程发展起来的,但是用这两种理论去处理问题时,却得到了相同的结果。

海森堡本人以及别人用海森堡的量子力学研究了原子和分子的光谱特性,得到的结果与实验一致。海森堡量子力学使原子光谱的分类成为可能。还应指出,当海森堡用他的理论去处理两个相同原子所组成的分子时,发现氢分子应当以两种不同的方式存在,这两种方式彼此有确定的比例。海森堡理论的这个预言后来也被实验证实了。

狄拉克从最普遍的条件出发,建立了波动力学,提出了满足相对论条件的要求。以前，电子的自旋是为了解释实验事实而作为一个假设引入理论的。现在，从问题的普遍阐述出发，自旋是作为狄拉克普遍理论的一个结果而出现的。

狄拉克把原始的波动方程分成两个较简单的方程，每个方程都独立地给出解。现在看来，有一组解要求有质量和电荷与已知的负电子相同的正电子存在。这种情况一开始就使狄拉克理论遇到了巨大的困难，因为已知的正电粒子是以重原子核的形式存在的。这个与理论矛盾的困难现在却成了证明理论正确性的光辉证据。在狄拉克理论中规定的这个阳电子（即正电子）后来由实验发现了。

新的量子力学大大改变了我们关于原子和分子构成的微观世界中存在的关系的全部概念。我们说过，新的波动力学要求我们修正"物质粒子不能改变"这样的概念。此外，海森堡指出，根据量子力学，不能设想在给定的时刻同时确定粒子的位置和速度。对量子力学的进一步研究表明，我们愈是想精确地确定粒子的位置，它的速度就变得愈不确定，反之亦然。其次还要考虑到，不用仪器和光源等，是不可能测量原子或分子的状况的，但这些仪器本身又会改变所要测量的状况，电子发射的光在光学仪器中发生了变化。但是，这种相互关系的意义还要更加深刻，因为引进了光量子后，在微观世界中量子力学必须放弃因果关系的要求。入射到光学仪器上的光线被分解了，然而，光子却是不可分的。这时只能做这样的理解：光在分解时，一些光子以一种方式活动，另一些光子以另一种方式活动。关于因果律，可以得到的唯一结论是，物理定律所表示的是某个事件出现的概率。因为我们的感官和仪器不完善，我们只能感觉到平均值，因此我们的物理定律所涉及的是概率。于是就产生了一个问题：在物理世界中除了统计规律外，事实上是否有称得上是规律的东西呢？

海森堡教授，您在年轻的时候就创立了量子力学理论，为解决在辐射理论的不断实践中提出的各种问题提供了普遍的方法。您研究了分子的性质，成功地预言了氢分子会以两种形式出现，并为后来的实验所证实。您的量子力学创立了新的概念，为物理学增添了一系列崭新的思想，现在已可看出，它们对我们认识物理现象是多么重要。

为了表彰这些研究工作，皇家科学院决定授予您 1932 年的诺贝尔物理学奖，请您接受国王陛下授予这一荣誉。

薛定谔教授，您研究了物质的波动性，成功地建立了关于原子和分子内部运动的新的力学体，您用这个波动力学解决了原子物理学的许多问题。您的理论为研究原子和分子在不同的外部条件下具有的性质提供了简单的方法，对物理学的发展起了巨大作用。皇家科学院决定授予您诺贝尔物理学奖，以表彰您对原子物理学所做的富有成果的新发现及其应用。请您接受国王陛下授奖。

狄拉克教授，您创立的波动力学理论的特点是它的普遍性，因为您一开始就使用了满足相对论要求的条件，这样就说明了电子自旋的存在及其大小不只是一个假设，而是该理论的一个结果。

此外，您成功地把波动方程分成为两个方程，得出了两组解，其中的一组解表明有大小和电荷与负电子相等的正电子存在，实验发现正电子的存在已极好地证明了您的理论。

皇家科学院决定授予您诺贝尔奖，以表彰您对原子物理学所做的富有成果的新发现及其应用。现在请您接受国王陛下授奖。

（1933 年 12 月 10 日，同时举行 1932 年度和 1933 年度的诺贝尔物理学奖授奖仪式，海森堡被授予 1932 年度的物理学奖，薛定谔和狄拉克分享 1933 年度的物理学奖。海森堡的获奖工作是创立量子力学和应用这一理论发现氢的同素异形体。薛定谔和狄拉克的获奖工作是发现原子理论的新的有效形式。——编注）

附录C　诺贝尔物理学奖获奖讲演词

· Appendix C ·

> 　　我和薛定谔都极为欣赏数学美，这种对数学美的欣赏曾支配我们的全部工作。这是我们的一种信念，相信描述自然界基本规律的方程都必定有显著的数学美。
>
> 　　　　　　　　　　　——P. A. M. 狄拉克

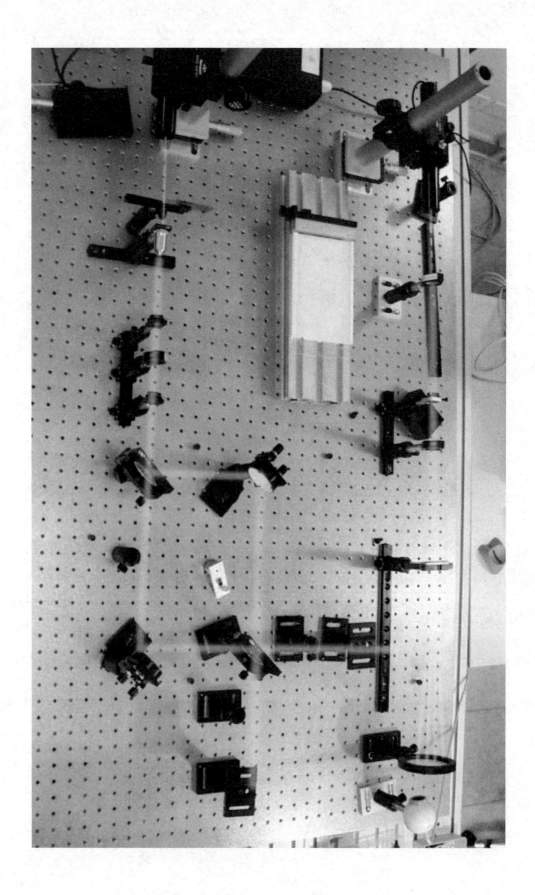

量子力学的发展

海森堡

今天我要讲的量子力学，就其正式的内容来说，是由于人们力图汲取玻尔见解的精华，把玻尔的对应原理扩展成一个完整的数学体系而产生的。不同的科学家研究了玻尔原子结构理论和光的辐射理论所面临的困难，提出了把量子力学与经典物理相区别的物理新概念。

1900 年，普朗克在研究他所发现的黑体辐射定律时，在光学现象中发现了完全不为经典物理所了解的不连续现象。几年之后，这一现象在爱因斯坦的光量子假说中被明确地表述出来。麦克斯韦理论与光量子假说中直截了当的概念有着不可调和的矛盾，这迫使研究者们做出结论说，只有慷慨地抛弃直观图像，才能理解辐射现象。在辐射现象中发现的不连续性也在物质过程中起着重要作用，这一事实是普朗克发现的，爱因斯坦、德拜（Debye）等人都应用过，并在玻尔的量子理论基本假设中做了系统的表述。玻尔的基本假设与玻尔-索末菲（Sommerfeld）的原子结构的量子条件一起定性地解释了原子的化学性质和光学性质。接受量子理论的这些基本假设和把经典力学用于原子系统有着不可调和的矛盾，然而后者至少在定性地描述原子的性质时是不可缺少的。这种情况是支持下述假设的一个新论据，即只有放弃直观描述，才能理解普朗克常量起重要作用的自然现象。经典物理看来是从根本上不能形象化的微观物理的形象化极限，普朗克常量与体系的参数相比越小，这个极限就越精确。这种把经典力学看成是量子力学的极限情况的观点也导致了玻尔的对应原理，这一原理至少在定性上把经典力学中公式化了的若干结论搬进了量子力学。联系到对应原理，人们还讨论了量子力学规律在原则上是不是统计规律的问题，这种可能性在爱因斯坦对于普朗克辐射定律的推导中变得特别明显。最后玻尔、克莱默（Kramers）和斯莱特（Slater）对于辐射

◀ 量子同步

理论和原子理论之间关系的分析导致了以下科学结论：

根据量子论的基本假设，原子系统具有分立的稳定态，因而有分立的能量值。这样的系统从原子的能量发射和吸收看来，发射和吸收是突然的、脉冲式的。另外，辐射的直观性质用波场描述，波场的频率用如下的关系式与原子初态和末态的能量差相联系：

$$E_1 - E_2 = h\nu.$$

原子的每个稳定态对应于一个完整参数集，这个参数集确定从这个态到其他态的跃迁概率。轨道电子的经典辐射和确定辐射概率的这些参数之间没有直接关系，然而玻尔的对应原理还是能使经典轨道的傅里叶（Fourier）展开式中的特定项与原子的每个跃迁相对应，并且特定跃迁的概率与傅里叶分量的强度定性地遵循相同的规律。因而，尽管在卢瑟福、玻尔、索末菲及其他人所做的研究中，把原子比作电子行星系可以定性地解释原子的光学和化学性质，但原子光谱与电子系统经典光谱之间的根本差别仍迫使人们抛弃电子轨道概念，放弃对原子的形象化描述。

确定电子轨道概念所必需的实验也为修正这一概念提供了重要帮助。如何才能看到原子内的电子轨道？最明白的回答也许是使用一台极高分辨率的显微镜。但由于必须用波长极短的光去照明这一显微镜下的样品，从光源发出的到达电子再进入观察者眼中的第一个光量子，按照康普顿（Compton）效应，将把电子完全轰离它的轨道。结果是在任何时刻，实验可观察的都只是轨道的一个点。

因而在这种情况下，明显的方针是一开始就放弃电子轨道概念，尽管它被威耳孙（Wilson）的实验证明过，也应尝试电子轨道概念能在多大程度上引入量子力学。

在经典理论中，指定原子发出的所有光波的频率、振幅和位相和指定原子的电子轨道是完全等同的。因为，从所发出波的振幅与位相可以确切地得到电子轨道傅里叶展开式中相应项的系数，因而整个电子轨道就可以从全部已知的振幅和位相得出。与此相似，在量子力学中也可以把原子发出的辐射的一组振幅和位相看成是对原子系统的完整描述，尽管不可能在电子轨道会导致辐射这种意义上来解释。因而在量子力学中，电子坐标的地位被经典轨道运动的傅里叶系数所对应的一组参数所取代，然而这些参数不再是用态的能量和相应的简谐振动的个数来分类，而是在每一种情况下都是与原子的两个稳定态相联系，并且是对原子从一个稳定态跃迁到另一个稳定态的概率的度量。这种类型的参数系可与线性代数中的矩阵相比较。经典力学中的每个参数，比如电子的动量和能量，都可以用完全相同的方法在量子力学中指派给一个对应的矩阵。为从这里超越仅由实验状况来描述事件，有必要把属于各参数的矩阵系统地联系起来，就像在经典力学中用运动方程把相应的参量联系起来一样。为把经典力学与量子力学尽可能紧密地对应起来，我们把傅里叶级数的加法和乘法尝试性地当做量子论系统中加法和乘法的例子，这样由矩阵代表的两个参数的乘积最自然的就是用线性代数意义下的矩阵乘积来代表，这是一个已经在克莱默-拉登堡(Ladenburg)色散理论中提出过的假设。

因此，把经典物理的运动方程简单地用于量子力学，把它们看成是代表经典变量的矩阵之间的关系看来是合理的。玻尔-索末菲量子条件也可以用矩阵之间的关系重新表示，再与运动方程一起，就可以确定所有矩阵，从而也就确定了实验观察到的原子特性。

玻恩(Born)、乔丹(Jordan)和狄拉克的功劳是把上述数学体系发展成统一的和实用的理论。他们首先发现，量子条件可以写成代表电子动量和代表电子坐标的矩阵之间的对易关系，并得出以下方程(p_r 是动量矩阵，q_r 是坐标矩阵)：

$$p_r q_s - q_s p_r \frac{h}{2\pi \mathrm{i}} \delta_{rs}, \quad q_s p_s - q_s p_r = 0, \quad p_r p_s - p_s p_r = 0.$$

$$\delta_{rs} = \begin{cases} 1, & \text{当 } r = s, \\ 0, & \text{当 } r \neq s. \end{cases}$$

用这些对易关系，他们也能够在量子力学中得到对于经典力学来说是很基本的规律，即能量、动量和角动量不随时间改变的规律。

如此得到的数学形式终于与经典理论在形式上具有广泛的相似性，表面上不同的只是对易关系，此外，这些对易关系可使我们从哈密顿(Hamiltonian)方程得出运动方程。

然而在物理意义上，量子力学与经典力学之间存在着深刻的差异，这就必须对量子力学的物理解释做深入的讨论。现在我们已经能用量子力学处理原子辐射、稳定态能量值以及表征稳定态的其他参数等问题，因而可以说这一理论是符合原子光谱的实验数据的。然而，在所有那些要求对瞬态事件做直观描述的场合，比方在解释威耳孙照片时，理论的形式似乎不适于解释实验的情况。在这种情况，在德布罗意论题的基础上建立起来的薛定谔波动力学支持了量子力学。

在薛定谔的研究中(他本人将在这里做这一报告)，确定原子能量值的问题转变成了坐标空间某原子系统的边值问题所确定的本征值问题。在薛定谔指出了波动力学在数学上与量子力学等价之后,这两个不同领域物理思想的成功结合使量子理论体系得到了极大的扩展和充实。最初只有波动力学才能使复杂的原子系统得到数学处理,后来对这两种理论的联系进行分析,产生了狄拉克和乔丹的变换理论。由于篇幅所限,在这里不可能对这一理论的数学结构做详细讨论,我只想指出它的基本物理意义。通过把量子力学的物理原理采取为它的扩展形式,变换理论使我们能以十分普遍的方式计算原子系统在给定的实验条件下出现的特定的、在实验上可确定的现象的概率。波函数能够确定粒子出现的概率这一假设(它是从辐射理论中推测出来的,并在玻恩碰撞理论中阐明的)看来是普通形式规律的一个特殊情况,是量子力学基本假设的一个自然结果。薛定谔以及后来的乔丹、克莱因(Klein)和维格纳(Wigner)在量子论原理允许的范围内成功地发展了德布罗意关于在时空中物质波的原始概念,这一概念在量子力学出现之前就已形成。但由于波动力学的统计解释以及由于强调薛定谔的理论是一个与多维空间的波有关的理论,薛定谔的概念和德布罗意的原始论题之间的联系会成为比较松散的,所以在讨论量子力学的明确意义之前,我得先简要地谈一下三维空间中物质波存在的问题。只有把波与量子力学联系在一起,才能解决这问题。

早在量子力学出现之前,泡利(Pauli)就从元素周期表的规律中得出一个著名原理,即一个特定的量子态在任何时刻都只能被一个电子所占据。一个初看起来使人惊奇的结果是,一个原子系统所可能具有的全部稳定态能被分成一定的类型,若原子处于某种类型的态中,则在任何扰动作用下都不会变到属于另一种类型的状态。已经证明,可以根据这一结果把泡利原理搬进量子力学。正如维格纳和亨德(Hund)的研究最后所清楚地表明的那样,这类状态的特点是,当交换两个电子的坐标时薛定谔本征函数具有一定的对称性,由于电子是相同的,所以交换两个电子时,原子对任何外界扰动保持不变,因而不引起不同种类态之间的转变。泡利原理和由此导出的费米-狄拉克统计与如下的假设是等同的:只有当交换两个电子时本征函数改变符号的那类状态才能在自然界中存在,根据狄拉克的观点,选用交换对称系统只能得出玻色-爱因斯坦电子统计,而不能导出泡利原理。

在属于泡利原理或玻色-爱因斯坦统计的不同类型的稳定态和德布罗意的物质波概念之间,存在一个特殊关系。一个空间波现象可以按照量子力学原理做如下处理:用傅里叶定理把它分解,再把波动的各个傅里叶分量看做只有一个自由度的系统而对其应用量子力学的普遍规律。这一处理程序在狄拉克的辐射理论研究中也是卓有成效的。把这一程序用于处理德布罗意的物质波,所得结果与按照量子力学处理物质粒子系统和选用交换对称系统所得结果完全相同。乔丹和克莱因认为,即使考虑电子的相互作用,也就是,用德布罗意的波动理论做计算时把连续分布空间电荷的场能量也包括进去,这两种方法在数学上也是等同的。薛定谔为物质波引进的能量-动量张量也可以作为这一理论体系的协调的组成部分而用于这一理论。乔丹和维格纳的研究表明,若在这一波动量子理论之下修改对易关系,就可以得到与建立在泡利不相容假设之上的量子力学体系等价的理论体系。

这些研究已经明确,把原子比作原子核和电子组成的行星系并不是我们可以想象的唯一图像。相反,可以把原子比作电荷云,并用这个概念所产生的量子论体系去定性地推导原子的性质,很显然这样也不失其正确性。然而,正是考虑了波动力学才得到了这个结果。

因此,我们再回到量子力学体系中,这一体系用于物理问题之所以正确,一方面是由于这一理论的原始基本假设,另一方面是由于它以波动力学为基础在变换理论方面的发展。现在的问题是要通过与经典物理的比较来揭示这一理论的明确意义。

在经典物理中,研究的目标是在时空中所发生的客观过程和找出支配这些过程从初始状态发展的规律。在经典物理中,若已经证明了某一现象在时空中客观地发生并说明其发生遵循着由微分方程所表示的经典物理的普遍规律,就可以认为这一问题得到了解决。了解每一过程的方法,即用何种观察方法在实验上确定这些过程是不重要的,对于经典物理的结论来说也是不重要的。观察只是为了证实理论的预言。然而在量子理论中情况却完全不同,量子力学体系不能解释为是对于在时间和空间中所发生的现象的形象描述。这一事实表明量子力学根本不是与确定客观的时空现象相联系的。相反,量子力学体系应以下述方法来应用,在原子系统中,下一步实验结果出现的概率可以从上一步的实验情况来决定,只要这个系统除了实行这两个实验所必需的扰动之外不再受到其他扰动。然而,对系统做了充分的实验研究之后所能明确的唯一确切结果,是第二次实验中出现某个结果的概率。这一事实表明,每次观察必然会使原子过程的描述形式发生不连续的变化,因而物理现象本身也会发生不连续的变化。在经典理论中观察的方式对事件不产生影响,在量子理论中,原子现象的每一个观察所引起的扰动都有决定性的作用。由于一个观察的结果只能断言下一个观察中某些结果发生的概率,因而每一扰动的从根本上不可检验的部分对于量子力学的无矛盾的运算来说必然是决定性的,如玻尔所指出的那样。当然,经典物理和原子物理的差别是可以理解的,因为对于像绕太阳运行的行星那样的沉重物体,在它们的表面所反射的阳光以及观察它们所需要的阳光对它们产生的压力是可以忽略不计的,而对于组成物质的最小单元,由于其质量很小,每一个观察对它们的物理行为都有决定性的影响。

观察所引起的对于被观察系统的扰动在确定对原子现象可做直观描述的极限时也是一个重要因素。若有一些实验,它们可以精确测量原子系统的所有特性,并用以计算经典运动,例如计算在某时刻一个系统中每一个电子的位置与速度的精确值,则这些实验的结果完全不能在量子理论形式下使用,反而与它有直接矛盾。因此,很明显,测量本身所引起的对系统的干扰的本质上无法检验的部分阻碍着对于经典性质的精确确定,这时则可以使用量子力学。对量子理论形式进一步检验表明,在确定粒子位置的精度与同时确定它的动量的精度之间存在一个关系,按照这一关系,测量所可能产生的误差的乘积总是大于或等于普朗克常量除以4π。因而用普遍的形式我们可以表示为:

$$\Delta p\,\Delta q \geqslant \frac{h}{4\pi}.$$

这里 p 和 q 是正则共轭变量。测量经典变量的这些测不准关系构成了用量子理论形式表示测量结果的必要条件。玻尔用一系列例子表明,每次观察所必然产生的扰动确实使人们不可能达到测不准关系的极限以下。玻尔指出,经过最终分析,由测量概念本身引入的不确定性起因于根本不能了解的扰动部分。在实验上无论确定什么时空事件,总需要一个固定的坐标系,比如,观察者处于静止状态的坐标系,所有观察都相对于此坐标系进行。这个坐标系是"固定的"这一假设意味着不考虑它的动量,因为"固定"当然是指任何传递给它的动量都不对它有明显影响。在这一点上,基本的不确定性是由测量仪器传给原子事件的。

由于这种情况,人们在考虑通过把观察对象、测量仪器和观察者合为一个量子力学系统而消除所有不确定性的可能性。需要强调的是,测量活动必须是真实的、具体的,因为物理学当然最终只是对于时空过程的系统化描述。因而观察者和他的测量仪器的行为必须按照经典物理规律来讨论,不然就再也没有进一步的物理问题了。玻尔强调指出,在测量仪器范围内,所有事件在经典理论的意义下都应被认为是已经确定的,这也是人们能够从测量结果明确知道发生了什么事件的先决条件。在量子论中也是这样,经典物理体系(它采用在时空过程中,遵从一些定律的形式来反映观察结果)也可以一直运用到一个基本极限,这个极限就是由普朗克常量所表征的原子事件的不可形象化的那个极限。对原子事件的直观描述只有在一个精度极限之内才有可能,但在这些极限之内经典物理学定律仍然适用。此外,由于测不准关系规定了这些精度极限,因而没有意义毫不含糊的原子直观图像。相反,微粒概念和波的概念都可以作为直观解释的基础。

量子力学规律从根本上是统计规律,尽管可以用实验确定原子系统的所有参数,通常仍不能精确地预言对系统做进一步观察的结果。但在以后的任一时刻都存在获得可精确预言结果的观察。对于其他的观测,只能给出某特定实验结果的概率。量子力学规律的正确性还表现在它能保证能量-动量守恒这些原理严格成立这一事实。它们可以在任何精度上加以检验,并且在任意精度上对它们的检验都表明它们是正确的。然而,量子力学规律的统计性在如下的情况中变得非常明显,即对能量条件的精确研究使得不可能同时在时空中追踪一个特定事件。

我们应感谢玻尔,他对量子力学的概念性原理做了最清楚的分析,特别是他把并协概念用于解释量子力学规律的正确性。测不准关系单独提供了一个例子,说明在量子力学中对于一个变量的精确了解如何排斥对于另一变量的精确了解。这在同一物理过程的不同方面之间的并协关系的确是量子力学整个结构的特点。例如,我刚才提到过,能量关系的确定排斥对于时空过程的详细描述。相像地,对于分子化学性质的研究是对于分子中单个电子的运动的研究的补充,对干涉现象的观察是对单个光子的观察的补充。最后,经典力学和量子力学的有效范围可以区别如下:经典物理力求通过观察客观过程去得到结论以了解自然,而忽略每一观察对于被观察客体的影响。因而经典物理的应用极限是观察对于事件的影响不再能被忽略。相反,量子力学部分地放弃对于原子过程的时空描述和具体化而使对于原子过程的处理成为可能。

为了不用过于抽象的术语,详细谈论关于量子力学的解释,我想通过一个大家熟悉的例子来简要地解释一下我们可以在多大程度上用原子理论来了解日常生活中的直观过程。研究者们的兴趣常集中于液体（比如过饱和盐溶液）突然形成规则形状的晶体这一现象。根据原子理论，这一过程中形成流体的理由，在一定程度上是薛定谔波动方程解的对称性，在这种程度上晶化可用原子理论解释。然而，这一过程仍然有一个不能再进一步缩小的统计的和一个（你甚至可以说）历史的成分：即使在晶化之前液体的状态已完全知道，晶体的形状也不能由量子力学的规律来确定。形成规则形状的可能性远比形成无定形的物体的可能性大。但形成最后形状的原因部分是由于在原则上不能做进一步分析的偶然因素。

在结束这篇关于量子力学的报告之前，请允许我简要地讨论一下这一研究分支进一步发展的前景。不用说，研究工作的发展应平行地基于德布罗意、薛定谔、玻尔、乔丹和狄拉克的研究之上。在这里研究工作主要是集中在使狭义相对论的要求和量子论的要求统一起来。狄拉克在这一领域取得了巨大进展（他将在这里作一报告），同时还提出一个问题，即，若不同时确定索末菲的精细结构常数，是否有可能满足这两个理论提出的要求。为得到量子论的相对论形式，至今所做的尝试都是以直观概念为基础的，它们与经典物理概念是如此的接近，以至于看来不可能在这个概念体系中确定精细结构常数。此外，这里所讨论的概念体系的推广将与波场的量子理论的进一步发展紧密相连。尽管这个问题已被不少科学家（狄拉克、泡利、乔丹、克莱因、维格纳和费米）彻底研究过，但在我看来这一体系似乎还不完全详尽无遗。关于原子核结构的实验中也显现出进一步发展量子力学的线索。他们根据伽莫夫（Gamow）理论所做的分析表明在原子核的基本粒子之间似乎有一些力在起作用，这些力与决定原子壳层结构的那些力的类型有所不同。此外，斯特恩（Stern）的实验看来是表明重基本粒子的行为不能用狄拉克的电子理论体系来解释。因此，必须为某些意想不到的发现准备进一步的研究，这些发现也许会出自核物理及宇宙射线领域中。但是无论怎样，理论在发展着。量子论至今所经历的道路表明，为了解决原子物理尚不清楚的问题，只能很大程度地放弃迄今所习惯的形象化和具体化的做法。也许我们没有理由对此表示遗憾，因为想到了以前的物理学中原子的形象化概念所遇到的认识论的巨大困难时，我们就希望目前发展起来的抽象原子物理学总会有一天更加协调地进入科学大厦。

（万绍宁译　刘锡珑校）

波动力学的基本思想

薛定谔

当光线通过光学仪器（如望远镜或照相机镜头）时，光线会在折射面和反射面上改变方向。如果我们知道光线改变传播方向的两条简单规律，就可以画出光线的路径。这两条规律就是斯内尔（Snell）在数百年以前发现的折射定律和阿基米得（Achimedes）在 2000 多年前就已经发现的反射定律。举一个简单的例子，图 1 中的光线 A—B，按照斯内尔定律，将在两个透镜的 4 个界面上发生折射。

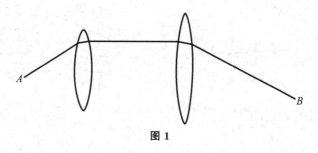

图 1

费马从一个很普遍的观点出发，确定了光线径迹的整个路程。不同的媒质中，光的传播速度不同，光线的传播路径应是使光尽快地传到终点（顺便提一下，这里可以把沿着光线的任两点看做起点和终点）。光的路径如有很小的偏差，就会有延迟。这就是著名的费马最小光程原理，它用一种巧妙的方法确定了光的总路程，而且也包括了较为普遍的情况，即媒质的性质不是在单个界面上发生突变而是随空间逐渐变化的情形。地球周围的大气就是一个例子。光线从太空进入大气层越深，空气的密度越大，光线就传播得越慢。虽然在传播速度上差异很小，但是根据费马原理，光线应向地面弯曲（见图 2）。这样，虽然在光速大的较高的大气层中路径较长，但要比沿着较短的直线路径会更早地达到终点（图 2 中的虚线）。我想诸位一定都看见过太阳落到地平线时不是圆的而是扁的，看起来垂直方向的直径好像缩短了，这正是光线弯曲的结果。

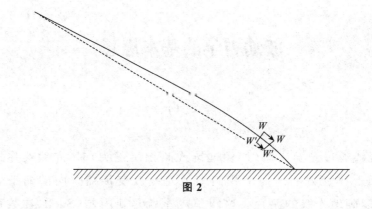

图 2

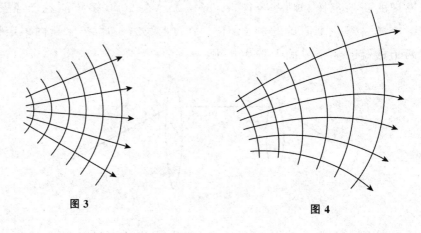

图 3   图 4

　　根据光波动理论,严格地说,光线只是虚构的意义。光线不是某些粒子的物理路径,而是一种数学图形,即所谓波阵面的正交轨迹,也就是想象的有指向的线。有向线垂直于波阵面,指向波的前进的方向(参看图 3,此图所表示的是最简单的情形:波阵面是同心球面,光线是直线。图 4 表示的是光线弯曲的情形)。令人奇怪的是,这一举足轻重的普遍原理直接和数学上的有向线相联系,而与波阵面无直接关系,因此人们可能认为这只是一种数学游戏。其实不然,只有从波动理论的观点出发,才能正确地理解费马原理,才不会感到费马原理深不可测。从波动的观点看,所谓的光线弯曲理解成波阵面偏斜更容易些,因为当波阵面的相邻部分以不同的速度前进时,显然就会出现这种光线弯曲情况。这很像一队正在前进的士兵,如果各人的步子不一样,右边的人步子小,左边的人步子大,那么队形将出现"右倾"。光线在大气中折射时(如图 2),波阵面的一部分 WW 应当偏斜到 $W'W'$,因为它的左半边处在较高层,这里空气稀薄些,因此比较低的右半部分要前进得快一点（顺便提一下，斯内尔观点不能解释这样一个问题：水平射出的光线应当保持水平，因为水平方向上折射率不变，而实质上，水平光线比任何其他光线弯曲得更厉害，这是波阵面偏斜理论得出的结论）。仔细研究就会发现，费马原理和上面所说的波阵面偏斜（局部的光速分布确定）这种通俗而明确的表述完全等价。我不能在这里证明这一点，但力图说明其合理性。大家再想象一下一队正在前进的士兵，为了使他们始终成一条直线前进，让每个人都握住一根细长的杆，连在一起。对于方向不下命令，只有一条命令：每个人都尽快地跑。如果地形是随地点而缓慢变化的，那么有时右边前进得快，有时左边快，前进方向自然会发生变化。过一段时间后将会看到，走过的整个路径不是直线，而是某种曲线。因为每个人都尽了最大的努力，所以至少可以说，这条弯曲的路径在任何时候都是按地形特点最快到达终点的路径。还可以看到，偏斜总是发生在地形较差的方向上，结果看起来像是人们有意地"绕过"慢的地方。

由此可见，费马原理是波动理论的"精华"。令人难忘的是：哈密顿（Hamilton）发现的质点在力场中的运动（例如行星绕太阳的轨道运动或抛出的石块在地球引力场中的运动），也受类似规律的支配。因此，从那时起，这个原理就以他的名字命名，并且使他成名。很明显，哈密顿原理没有明确说出质点选择了最快的路径，但它确实与最小光程原理非常类似，以至于使人迷惑不解，看起来大自然是把同一规律用完全不同的方式表现两次：一次是用十分明显的光线来表现，另一次是以质点来表现。除非以某种方式把质点和波动性联系起来才能理解这些。但做这样的设想似乎不可能，因为当时在实验上证明力学定律所涉及的质点只是大得可见的，有时是很大的物体，如行星，对于这类物体来说，表现出"波动性"是不可能的。

准确地说，今天我们称为质点的物质最小基本组成部分，在当时纯粹是假设，只是在发现放射性以后，由于测量方法的不断改进，才仔细地研究这些粒子的性质。现在已经可以用威耳孙（C. T. R. Wilson）的巧妙方法拍摄粒子的行迹，并做极精确的测量（立体摄影测量）。广泛的测量证明，对于这些微粒来说，力学定律也像对于大的物体（如行星等）那样是有效的，但是无论是分子还是单个原子，都不能看做是"最终的成分"，就连原子也是一个结构非常复杂的系统。在我们的头脑里已经形成了一个由粒子构成的原子结构图像，这个图像与行星系有一定的相似性。很自然，开始时人们认为在宏观范围内是正确的力学规律在此同样有效,换句话说,哈密顿力学(如上所述,已被总结成了哈密顿原理)也被运用到原子的"内部活动"中。在当时,哈密顿原理和费马原理之间的密切相似性几乎全被忘记了,如果说还记得的话,也只是记住了数学理论的奇特性。

现在,如果不做进一步的详细讨论,就很难对原子的这些经典力学图像的是非成败得出一个恰当的认识。一方面,哈密顿原理被证明是最正确可靠的准则,它是绝对不可缺少的;另一方面,人们为了妥善处理某些事实,必须接受完全崭新的难于理解的所谓量子条件或量子假设的严重干扰,经典力学的交响乐中出现的不和谐好像是同一个乐器演奏出来的。我们可以用数学语言来表述这一点:哈密顿原理只是假设了某个积分必须是最小,但没有确定这个最小数值,而现在却要求这个最小值必须是一个普适自然数即普朗克作用量的整数倍。这是很偶然的事情,但问题却相当严重。假如以前的力学完全无效了,那倒也不坏,因为在以后发展新力学体系时就不受约束了。可是事实上人们面临着一个困难的任务:既要拯救在微观世界中权威性已摇摇欲坠的旧体系的"灵魂",又要调整它,使它能接受量子条件,而不把量子条件当做一种障碍,就是要从旧体系的自身中,得出量子条件。

前面已经指出,有可能找到出路,出路在于哈密顿原理,也在于运用波动力学,即把质点的力学过程建立在波动力学的基础上,就像人们已习惯于光的现象和支配这些现象的费马原理那样。不可否认,质点的单个轨迹失去了它原来的物理意义,就像单条分开的光线一样变成虚构的。然而这个最小值原理不仅完全保存了它的本质,而且如前所述,只有在波动的形态下才显示出它的真实的简单的意义。严格地说,新的理论事实上并不是新的,它完全是旧理论的有机发展。人们也许喜欢说它是旧理论的更精确的解释。

这个更"精确"的解释究竟有什么值得注意的不同结果呢?当把它运用于原子时,是什么东西使它克服了旧理论所不能解决的困难,使严重干扰变成了可接受的,甚至变成了它自己的东西呢?

这些问题可以再一次用与光学的相似性来做最好的说明。的确,我在前面称费马原理是光波动理论的精华是很恰当的。尽管如此,它不能对波动过程本身做更精确的研究。只有详细地研究波动过程,才能理解光的所谓折射和干涉现象。因为问题不只是在于波的最后传播终点,而且还要解决在给定某一时刻到达的是波峰还是波谷。在以前粗糙的旧实验装置中,这些现象只是作为一些细节而存在,因而不易发现。一旦观察到它们并对它们做了正确的解释,就很容易设计出一些实验,以便不仅在微观上充分表现出光的波动性,而且能在宏观上发现这个现象的全部特征。

举两个例子。第一个例子是光学仪器,例如望远镜和显微镜等等,目的是获得清晰的图像,即从一点发出的光线全部重新会聚一点,即所谓焦点(参看图 5a)。开始时人们认为妨碍清晰成像的困难仅仅是几何光学的问题,而几何光学上的困难也确实是很大的。后来发现,即使仪器有最好的设计,光线的聚焦也远不像所期望的那样,每条光线都严格遵循费马原理而与邻近光线无关,从一点发出进入仪器的光,在仪器后面不再会聚于一点,而是分布在一个小圆面上,即成为衍射光斑。但是在多数情况下衍射光斑是圆的,因为光孔和透镜一般都是圆的。出现"衍射"现象的原因是:从一个物点发出的球面波不能全部进入仪器,透镜的边界和任何一个光孔只能截取波阵面的一部分(参看图 5b)。如果简练一点说,那就是波阵面的边缘妨碍了光严格会聚于一点,并产生有些模糊的图像。模糊的程度与光的波长有密切关系,而且是完全不可避免的,因为它存在着深刻的理论关系。开始时几乎没有注意到,是波长限制着先进的显微镜的性能,决定着成像的其他所有误差。对于与波长差不多大小或甚至更精细的结构来说,获得的像远不是或完全不是原来的样子。

第二个例子更简单,是一不透明的小物体被一小点光源投射在屏幕上的影子。为了构成影子的轮廓,必须画出每条光线,看看它是否被不透明物体挡住而不能到达屏幕上。影子的轮廓是由那些恰好扫过物体边缘的光线形成的。实验表明,即使是用点光源和边缘整齐的物体,影子的边缘也不是绝对清晰的,其原因同第一个例子一样,波阵面实际上被物体断开(参看图 6),这个损伤引起影子边缘的模糊,如果说每条光线是彼此无关的独立实体,那么影子边缘的模糊就不可理解。

这个现象也叫衍射,对于大物体来说一般不明显。但是,如果投影物体的尺寸至少有一处很小,那么衍射现象首先表现为不能形成相应的影子,其次是明显地表现为小物体本身好像就是一个光源,它向四方辐射光(在与入射光成一小角度的方向尤其明显)。大家一定都很熟悉当一束光线射进黑暗的房屋时在光线中看到的所谓"微尘"。逆着阳光观看山丘顶上的小草叶和蜘蛛丝或者背着阳光站立的人的一缕飘散的发丝时,它们常常因光的衍射而神秘地发出亮光。烟、尘所以能被看见,也是由于这个

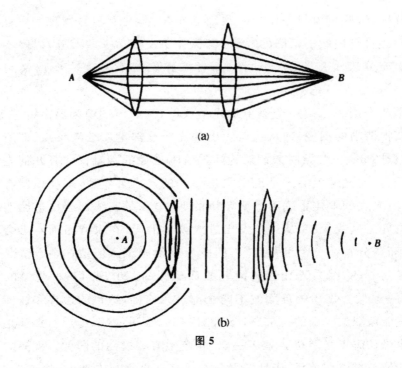

(a)

(b)

图 5

原因。发出的光并不真是来自物体本身,而是从它周围的一个区域发出的,物体对入射波在这个区域中的波阵面产生明显的干扰。有趣的是发现引起干扰的粒子无论怎样小,干涉区域总是向各个方向延伸一个波长或几个波长,这一点对于下面的讨论至关重要。因此我们再看一下衍射现象和波长之间的紧密联系。我们用另一个波动过程——声音——也许更能说明问题。声波波长的数量级为厘米和米,所以此时不再是影子的形成而是衍射起主要作用,而且它实际上起着重要作用。例如,我们很容易听到一个人从高墙后面或者房屋的拐角处呼唤,尽管我们看不见他。

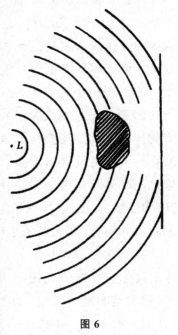

图 6

让我们从光学回到力学上来,充分地研究一下它们的相似性。旧的力学理论相当于光学中用彼此孤立的光线来处理问题,新的波动力学相当于光的波动理论。从旧的观点转变到新的观点的结果是引入衍射现象,说得更确切些,就是引入了与光的衍射现象十分类似的现象,而且总的来说这种相似性并不显得十分重要,否则,旧的力学就不会这么长时期地令人满意。但是可以想象到,如果整个力学系统的大小可以与"物质波"的波长相比(物质波在力学过程中的作用与光波在光学过程中的作用一样),那么,被忽略的现象在某些情况下将被很清楚的显现,并完全决定着力学过程。这对于旧的理论来说是个难解之谜。

这就是在原子这些微小系统中,为什么旧的观点注定要失败的原因,尽管旧的观点对于普通的力学过程仍然保持着其相当好的近似性,但是它不再适用于一个或数个波长数量级领域中的细微的相互作用。令人惊奇的是,所有那些奇怪的附加要求竟可从新的波动理论中提出,而这些附加要求曾经被强加于旧理论,以便能用于原子的内部活动并为观察到的事实提供某些解释。

于是,整个问题的要点是原子的直径与假设的物质波的波长具有几乎相同的数量级。现在大家一定会问:在我们对物质结构进行不断研究的过程中,正好达到物质波的数量级,这应当看做是纯粹偶然的呢,还是应当在一定程度上去理解呢?另外,大家还会问:既然物质波是这个理论的完全新的必需的东西,而且我们还完全不了解它,那么,我们如何知道事情就是如此呢,也许它不过是一个不得不做的"假设"吧!

数量级之间的一致既不是纯粹的偶然,也不是对它作的必要的特殊假设,它是明显地从理论中自然地得出的。原子的重核比原子小得多,因此在讨论中可以把它看做是引力的点中心,可以说它是卢瑟福和查德维克的 α 射线散射实验所确立的。我们引进假设的波来代替电子,波长完全是待定的,因为我们对它还一无所知。在计算中我们用一个字母 a 来表示这个未知数,我们在这种计算中是习惯于这一点的,它不妨碍我们计算原子核在这些波中应产生的衍射现象,就像微尘粒子在光波中产生的现象一样。同样可以得出结论说,核周围的干涉区的大小和波长之间有密切的关系,两者有相同的数量级,这就是我们要确定的问题。但是现在最重要的一步是:我们把干涉区(即衍射晕)与原子等同起来,我们肯定地说,原子实际上纯粹是被原子核俘获的电子波的衍射现象。原子的大小和波长有相同的数量级就不再是偶然的,而是当然的事情。这两个数值我们都不知道,因为在我们的计算中仍然有一个被称作 a 的未知常数。要确定这个常数,有两种可能的方法,这两种可能的方法可以互相检验。第一种方法,我们这样选择这个常数,就是使原子精确地定量地显示出它的活动现象(其中首要的是发射光谱),这些现象终究能被很精确地测量。第二种方法,通过光衍射晕的大小符合原子大小的要求,来确定常数 a。用这两种方法得出的 a 彼此完全一致(第二种方法可能很不精确,因为"原子的大小"是没有明确定义的名词)。另外,我们看到,从物理上说,这个未知常数事实上不具有长度的量纲,而具有作用量(即能量×时间)的量纲。下一步显然是用热辐射定律精确求出的普朗克普适作用量子的数值代替 a。显而易见,现在我们相当精确地完全回到了第一种(十分精确的)确定方法。

因此说,理论问题是用了极少的新假设解决的。只用了一个可用常数,这个常数应当是在旧量子理论中为已知的一个数值,首先是为了使衍射晕有正确的大小,以便合理地与原子等同,其次是为了定量地和正确地判断原子活动的全部表现、它辐射的光和电离能等等。

我用尽可能简单的方式向大家做了关于物质波动理论的基本思想的介绍。我必须承认,在开始时我本不打算纠缠于一些概念,结果我还是画蛇添足地讲了一些。这并不是由于考虑到非常周密地得出的所有结论都高度地被实验所证实,而是考虑到得出这些结论时所用的概念的简单性。这里我不是指数学上的困难,数学上的困难最后总是无关紧要的,而是指概念上的困难。说起来当然容易,我们是把弯曲轨道换成了与它垂直的波面系统,但是,即使我们只考虑波面的一小部分,它们至少也包含了很小的一组可能的弯曲轨道,波面与所有这些轨道都有相同的关系。如果按照旧的观点而不是按照新的观点,那么,在每一个具体情况中,其中的一条轨道作为"真实运行"的轨道就应区别于其他"仅仅是可能的"全部轨道。这样,我们将面临下述两者之间的逻辑上的完全对立:

不是……就是…… (质点力学),

既是……又是…… (量子力学)。

如果完全抛弃旧的体系而代之以新的体系,就不存在问题,遗憾的是情况并非如此。按照波动力学的观点,无限条可能的点轨道只是一种虚构,没有一条轨道会比其他轨道特殊,成为个别情况下的真实运行轨道。然而我们说过,在某些情况下,我们也确实看见过那种单个粒子的轨道,波动理论不是完全不能表示这一点,就是不能表达得很完全。我们发现,很难把我们看见的那些轨迹解释成只是一些有同等可能性的轨道束,波面在各轨道束之间形成交叉线。但是,这些交叉线对于理解衍射和干涉现象来说是必要的,这些现象是可用相同的真实性对相同的粒子演示出来的,是宏观上的结果,而不是以前提到过的对原子内部的理论认识结果。非常清楚,在每一种单独的具体情况中,我们总不会用两种不同的方式使得某些实验结果有不同的可能性。然而我们也不能用旧的,已熟悉了的诸如"真正的"或"可能的"说法来解决问题,我们永远也不能说什么是真正的或什么是真正发生的,我们只能说在任一单独的具体情况中将观察到什么。难道我们只能永远满足于此吗?……在原则上确实是如此。从原则上讲,在基本要求中没有什么新鲜的东西,精密科学最终的目标不过是描述能观察到的东西。问题是我们是否从现在开始还有必要再去试图提出一个明确的关于世界真实性的假说。直至今日,仍有许多人在做这种宣传,但是我认为,这把问题看得太简单了。

我想把我们目前的认识明确地表述如下:射线或粒子轨道表示传播过程的纵向关系(即在传播方向上),波面表示横向关系(与前者垂直),这两者无疑都是真实的。拍摄的粒子径迹相片就是前者的证明,干涉实验就是后者的证明。目前还不能把两者合并为统一的理论体系。只有在极端的情况下,或是以横向的球面形的关系为主,或是以纵向的辐射状的关系为主,从而使我们考虑只用波动理论,或是只用粒子理论来解决问题。

电子和正电子理论

狄拉克

实验物理学家们发现物质是由各种小粒子组成的,每一种粒子都是全同粒子。有些粒子无疑是复合粒子,就是说,是由性质简单的其他粒子组成的。但是,也存在着一些种类的粒子,它们没有表现出是复合粒子,人们预料它们永远不会是复合的,因此把这种粒子看成是基本粒子。

按照一般的哲学原理,人们起初总是希望基本粒子的种类尽可能少,比如说只有一两种,一切物质都由这种基本种类的粒子组成。然而,从实验结果来看,基本粒子比上面所说的更多。事实上,在近几年中,基本粒子种类的增加趋势是惊人的。

尽管如此,情况也许并不那么坏,因为更细致的工作表明:基本粒子和复合粒子之间的区别不可能很严格。为了解释某些现代的实验结果,人们必须假定粒子能产生和湮灭。因此,即使看到一个粒子从另一个粒子中跑出来,人们也不再确信后者是复合粒子,而且前者就可能是刚产生出来的。即便如此,区分基本粒子和复合粒子现在已成了一个简单的问题。单是这条理由就足以迫使人们不再去认为所有的物质都是由一两种"基元"构成的,必须放弃这样一种能引起兴趣的哲学思想。

在这里我想讨论几种较简单的粒子,看看从纯理论的论证能对它们得出什么结论。这几种较简单的粒子是:

(1) 光子或光量子,组成光的基本粒子;

(2) 电子和最近发现的正电子(正电子是电子的一种镜像,两者的区别只是它们的电荷符号不同);

(3) 重粒子——质子和中子。

这些粒子中,我只讲电子和正电子,并不是因为它们最有意义,而是因为关于电子和正电子的理论有了更进一步的发展。事实上,关于其他粒子的性质几乎很难从理论上推导。一方面,光子是很简单的,以至于它们很容易适合任何理论方案,因此理论不可能对它们的性质有任何限制。另一方面,质子和中子似乎太复杂,还没有可靠的基础去建立关于它们的理论。

　　首先我们考虑的问题是：在基本粒子性质的信息方面有哪些理论。目前的普通量子力学能用来描述任何一种粒子的运动，不论粒子性质如何。然而，只有在粒子的速度很小时，普通量子力学才适用，当粒子的速度可以与光速相比时，即相对论效应起作用时，它就失效了。没有能适用于具有任意性质的粒子的相对论量子力学（即适用于高速）。于是，若使量子力学服从相对论的要求，人们就要对粒子的性质加以限制，这样就可根据普遍的物理原理从纯理论的条件得出有关粒子的信息。

　　对电子和正电子来说，这样的处理是成功的，对于其他粒子来说，希望将来也发现这样的方法。在这里我想概述一下对电子和正电子所采用的方法，说明如何得出电子的自旋特性，如何推导出正电子也有与电子相同的自旋和在与电子碰撞时有可能湮灭的结论。

　　我们从相对论性经典力学中粒子的动能 W 和动量 $p_r,(r=1,2,3)$ 的方程开始：

$$\frac{W^2}{c^2} - p_r^2 - m^2c^2 = 0,\tag{1}$$

由此得到量子力学的波动方程，让方程的左边对波函数 ψ 作用，并把 W 和 p_r 理解成算符 $ih\frac{\partial}{\partial t}$ 和 $-ih\frac{\partial}{\partial x_r}$。此时，波动方程可写作

$$\left(\frac{W^2}{c^2} - p_r^2 - m^2c^2\right)\psi = 0.\tag{2}$$

因为量子力学一般要求波动方程对 W 或 $\frac{\partial}{\partial t}$ 是线性的，所以这个方程不合适，我们应当用 W 的某个线性方程去代替它。为了使这个方程具有相对论不变性，它还应当对各个 p 是线性的。

　　我们来考虑下面这种类型的方程：

$$\left(\frac{W}{c} - \alpha_r p_r - \alpha_0 mc\right)\psi = 0,\tag{3}$$

它包含 4 个新的变数 α_r 和 α_0，它们是能够作用于 ψ 的算符。我们假设它们满足下列条件：

$$\alpha_\mu^2 = 1,\quad \alpha_\mu\alpha_\nu + \alpha_\nu\alpha_\mu = 0.$$
$$(\mu \neq \nu,\quad \mu,\nu = 0,1,2,3)$$

而且各 α 可与 p 和 W 对易。α 的这些特性使方程（3）和方程（2）在一定程度上等效，因为我们用 $\frac{W}{c} + \alpha_r p_r + \alpha_0 mc$ 去乘（3）的左边，就正好得到方程（2）。

为得到对 W 是线性的相对论性波动方程而引进的新变量 α 导出了电子自旋。根据量子力学的普遍原理,很容易得出结论:这些新变量 α 使电子有半个量子的自旋角动量和一个取向与角动量相反的玻尔磁子的磁矩。这些结果与实验相符合。事实上,这些结果是先从光谱学提供的实验证据得到的,后来又为理论所证明。

这些新变量还产生了有关电子运动的某些意想不到的现象,薛定谔已经很好地解决了这些问题。我们发现,看起来似乎是缓慢运动的电子,实际上它在我们所看到的有规则运动中还有一个振幅很小、频率很高的振动。由于这种振动,电子在任何时候的速度都等于光速。这个预言不能直接用实验验证,因为振动的频率很高,振幅又很小。但是人们必须相信这个理论的结果,因为理论的其他一些结果已为实验所证实,例如,电子对光的散射规律与这个结果有不可分割的联系。

我们现在再来讨论方程的另一个特征。这个特征使我们预言了正电子。如果看一下方程(1),就会发现动能 W 可以是大于 mc^2 的正量,也可以是小于 $-mc^2$ 的负量。当你看过量子方程(2)或(3)时,就知道这个结果应当保留。当我们按照一般量子动力学理论做解释时,这些量子方程允许比 mc^2 大一点或比 $-mc^2$ 小一点的值作为测量 W 的可能结果。

实际上,粒子的动能总是正的,于是我们看到,我们的方程容许电子有两种运动,其中只有一种运动与我们熟悉的运动相对应,另一种运动所对应的电子有很奇特的运动,它们运动得越快,具有的能量就越少,人们必须给它们能量,才能使它们静止。

这样一来,作为该理论的一个新的假设,人们便倾向假定这两种运动实际上只有一种能够出现,但这引起了困难,因为我们从理论上发现,如果干扰电子,我们可能引起从运动的正能态到负能态的跃迁,那么,甚至即使我们假设世界上所有的电子都是从正能态开始的,过了一段时间,也会有一些电子成为负能态。

因此,在允许负能态时,理论上给出的一些东西似乎与实验上得知的都不一致,但是我们不应当用新的假定简单地把它们放弃,我们必须找出这些状态的某种含义。

研究电磁场中这些状态的性质表明,它们与带正电的电子(实验家们现在称之为正电子)运动相对应,而不对应于通常的负电子。因此,人们可能倾向于假定负能态电子就是正电子,但是不能这样,因为,观察到的正电子肯定不会有负能量。然而我们能用较间接的方法建立负能态电子和正电子之间的联系。

我们用泡利不相容原理。按照这一原理,任何一个运动状态只能有一个电子。现在我们假定,在我们所知道的世界中,几乎所有电子的负能态都被占据,每一个状态只有一个电子;而且所有的负能态的均匀填充,我们完全不能观察到。另外,任何一个未被占据的负能态都破坏了均匀性,因此可以被观察到,而它就是正电子。

一个未被占据的负能态(或简单地称之为空穴)具有正能量,因为它缺少负能量。事实上,空穴恰像一个普通粒子,把它和正电子的等同,看来是克服我们方程中出现负能量困难的最合理的方法。根据这个观点,正电子正好是电子的镜像,它们的质量完全相同,而电荷相反,实验已大致证明了这一点。正电子还应当具有和电子相同的自旋特性,但这一点还没有被实验证实。

从我们的理论出发可以想到,具有正能量的普通电子能够填充空穴,并以电磁辐射的形式释放能量,这就是电子和正电子彼此湮灭的过程。也应当有逆过程发生,即从电磁辐射产生电子和正电子。实验上已发现了这样的一些过程,目前,实验家们正在更仔细地研究它们。

刚才我概述的电子和正电子的理论是一个自洽理论,就目前所知,它与实验事实相符合。对于质子来说,人们很想有一个同样令人满意的理论。人们也许会想,上述理论也能适用于质子,这就要求有带负电的质子,通常为带正电粒子的镜像。然而,斯特恩得到了关于质子自旋磁矩的一些新的实验证据,它和质子的这种理论相矛盾。因为质子比电子重,可能要求某种更复杂的理论,虽然目前人们还不能说出这是一种什么理论。

不管怎样,我认为可能存在负质子,因为迄今的理论已确认正、负电荷之间有完全的对称性。如果这种对称性在自然界中是根本的,那就应该存在任何一种粒子的电荷反转,当然,在实验上产生负质子更加困难,因为需要有更大的能量与较大的质量相对应。

如果我们承认正、负电荷之间的完全对称性是宇宙的根本规律,那么,地球上(很可能是整个太阳系)负电子和正质子在数量上占优势应当看做是一种偶然现象。对于某些星球来说,情况可能完全是另一个样子,这些星球可能主要是由正电子和负质子构成的。事实上,有可能是每种星球各占一半,这两种星球的光谱完全相同,以至于目前的天文学方法无法区分它们。

(吴正龙译 刘锡珑校)

声　明

虽经多方努力，但仍未能与本书附录 B 和附录 C 的译者取得联系，在此我们深表歉意。请相关著作权人尽快与北京大学出版社教育出版中心联系，我们将向您支付稿酬。邮编 100871。

科学元典丛书